U0732334

新闻传播史论丛

第一辑

蒋建国——主编

龙　伟　林溪声——副主编

暨南大学出版社
JINAN UNIVERSITY PRESS

中国·广州

图书在版编目（CIP）数据

新闻传播史论丛. 第一辑 / 蒋建国主编 ; 龙伟, 林溪声副主编. -- 广州 : 暨南大学出版社, 2024. 7.
ISBN 978-7-5668-3976-3

Ⅰ. G219.29-53

中国国家版本馆 CIP 数据核字第 2024ZD8424 号

新闻传播史论丛（第一辑）

XINWEN CHUANBOSHI LUNCONG（DI-YI JI）

主　编：蒋建国　副主编：龙　伟　林溪声

出 版 人： 阳　翼
策划编辑： 杜小陆　刘宇韬
责任编辑： 刘宇韬
责任校对： 刘舜怡　陈慧妍　梁玮滟
责任印制： 周一丹　郑玉婷

出版发行： 暨南大学出版社（511434）
电　　话： 总编室（8620）31105261
营销部（8620）37331682　37331689
传　　真：（8620）31105289（办公室）　37331684（营销部）
网　　址： http://www.jnupress.com
排　　版： 广州良弓广告有限公司
印　　刷： 广州市友盛彩印有限公司
开　　本： 787mm × 960mm　1/16
印　　张： 17
字　　数： 300 千
版　　次： 2024 年 7 月第 1 版
印　　次： 2024 年 7 月第 1 次
定　　价： 69.80 元

前　言

新闻传播史研究者素来甘于寂寞，但不能甘于被边缘化。

2018 年 9 月，中国新闻史学会地方新闻史专业委员会成立。彼时，学界同仁便呼吁创办一份刊物，为会员提供发表的园地。但此后的四年，由于种种原因，这个愿望一直没有实现。值中国新闻史学会地方新闻史专委会换届之年，在复旦大学新闻学院的支持下，我们推出《新闻传播史论丛(第一辑)》，不仅是为了实现当初的期许，更须表达办刊的执念。在新技术和新潮流的挤压下，新闻传播史研究面临着空前的困境。在不少技术主义者和现实主义者看来，新闻传播史研究不能解决"问题"，已经"过时"。然而，学术并非时髦的化身。在众声喧哗之中，新闻传播史研究者并没有"沉沦"。近年来，一大批青年学者脱颖而出，他们在媒介史、思想史、阅读史与社会史等更为广阔的领域拓展视野和议题，撰写了不少有深度、高度和厚度的论文。但是，发表的困难极大地挫伤了他们的学术积极性和自信心。面对新闻传播史研究遭遇的各种问题，中国新闻史学会地方新闻史专业委员会推出这份年刊，并非奢望能解决同仁的学术困境，而是希图在幽暗中发出一丝火光，让大家在困惑中寻找慰藉的力量。

以文会友是传统士人交往的情感寄托，同仁办刊则是实现群体团结的重要方式。我们重拾传统，开辟这一园地，就是汇聚同仁的力量，为大家的相识、相知提供一些机缘，"为悦己容"并非学术研究的根本目的，但被同仁所了解、所认知，是建构学术共同体的情感基础。目前，地方新闻史专业委员会的成员已有三百多人，我们虽然在微信群中有过"集体感知"，但是，同仁办刊会带来更深刻的学术体验和群体团结。

《新闻传播史论丛》是中国新闻史学会地方新闻史专业委员会的"地方"，但不局限于"地方"。我们既要赓续传统，又要谋求发展，从媒介的"在地化"出发，深入探讨媒介、人与社会之间的"意义之网"。我们不设置固定栏目，而以每年的年会论文作为同仁交流的基础，坚持"学术导向"，从中选择优秀论文，形成若干议题，促进年会与年刊的互动和互进；通过年刊的论文展示，为更多的中青年学者提供"隔空对话"的平台，从而形成学术上的"涟漪效应"。学术深藏在我们的灵魂深处，但学问更需要在同侪中获得认同。我们热烈期盼各位师友颁赐宏论，嘉惠同仁。

让我们在寂寞中守望相助，根植历史，遥望远方。

目　录

报刊史研究

新闻人物研究

传播史研究

地方新闻传播史研究

《毛泽东在延安文艺座谈会上的讲话》在东北解放区的传播与影响*

安　平　姜雅楠①

摘　要：解放战争时期，中国共产党高度重视东北解放区文艺工作，通过间接影响和直接创办的一大批文艺期刊，传播和落实《毛泽东在延安文艺座谈会上的讲话》精神，发动和培养东北进步文艺工作者为解放区工农兵大众服务，使东北解放区文艺成为团结人民、教育人民、打击敌人、消灭敌人的有力武器。本文分析新近发现的文艺期刊史料：《星火》（1946，沈阳）、《烽火》（1946，阿城）和《文学战线》（1948，哈尔滨），阐述《毛泽东在延安文艺座谈会上的讲话》的传播与影响，再现了中国共产党在东北解放区文艺工作中表现出的理论自信和文化自信、确立的文艺方向和领导地位，揭示了东北人民在解放战争中坚定地选择了马克思主义、选择了中国共产党、选择了社会主义道路的历史真实。

关键词：《毛泽东在延安文艺座谈会上的讲话》；东北解放区；传播影响

在1942年5月召开的延安文艺座谈会上，毛泽东明确指出：文化军队是团结自己、战胜敌人必不可少的一支军队，文艺工作为工农兵服务，文艺工作者必须深入到工农兵群众中去，深入到实际斗争中去，熟悉工农兵，转移立足点，做真正无产阶级的文艺。②《毛泽东在延安文艺座谈会上的讲话》（以下简称《讲话》）全文虽然没有立即公开发表，但是在延安地区依靠口头传达和互告、报纸刊载文艺家谈话和解读文章等形式，依旧产生了广泛的社会影响——《讲话》体现的文化价值观的转变与“为人民大众”文艺方向的确立，“表现出无产阶级文艺与中国革命深度互动融合的必然趋向”，使得进入延安的左翼文学开始被重新阐释并向“工农兵文

---

* 本文为辽宁省社会科学规划一般委托基金项目“《毛泽东在延安文艺座谈会上的讲话》在东北解放区的传播”（项目编号：L21BWT012）的阶段性成果；2021年度辽宁省社会科学规划基金一般项目“《毛泽东在延安文艺座谈会上的讲话》在东北解放区的传播与影响”（项目编号：L21BXW003）的阶段性成果。

① 安平，渤海大学新闻与传播学院副教授；姜雅楠，渤海大学新闻与传播学院硕士研究生。

② 毛泽东：《在延安文艺座谈会上的讲话》，《解放日报》，1943年10月19日。

学”改造。[①] 1943 年 3 月 15 日，《新华日报》正式刊登了座谈会和毛泽东发表讲话的消息；同年 10 月 19 日，《解放日报》公开发表了《讲话》全文，考虑到发表时机，也为慎重起见，编者特意加了按语：

> 今天是鲁迅先生逝世七周年纪念。我们特发表毛泽东同志在 1942 年 5 月在延安文艺座谈会上的讲话，以纪念这位中国文化革命的最伟大、最英勇的旗手。[②]

《讲话》正式发表的第二天，中央总学委发出《关于学习毛泽东〈在延安文艺座谈会上的讲话〉的通知》。通知指出《讲话》是马列主义普遍真理的具体化，是每个共产党员对待任何事物应具有的阶级立场，并要求各地党组织在收到文章后，必须当作整风必读的文件，在适当时间组织干部、党员“进行深刻的学习和研究”，同时将其规定为今后干部学校和在职干部的必修课，并尽量印成小册子，发送给学生群众和文化界知识界的党外人士。[③] 同年 11 月 7 日，中共中央宣传部发出《关于执行党的文艺政策的决定》，再次强调《讲话》适用于一切文化部门和党的一切工作部门：

> 全党都应该研究这个文件，以便对于文艺的理论与实际问题获得一致的正确的认识，纠正过去各种错误的认识。全党的文艺工作者都应该研究和实行这个文件的指示，克服过去思想中工作中作品中存在的各种偏向，以便把党的方针贯彻到一切文艺部门中去，使文艺更好地服务于民族与人民的解放事业，并使文艺事业本身得到更好的发展。[④]

《关于执行党的文艺政策的决定》第一次明确地把《讲话》表述为“党对于现阶段中国文艺工作的基本方针”，以统一全党文艺工作者的思想认识。这两个文件，是中共中央对《讲话》的正式定位，此后《讲话》成

---

① 参见纪桂平、贾玉民：《〈在延安文艺座谈会上的讲话〉在 40 年代的传播与接受》，《河南社会科学》1997 年第 2 期；胡玉伟：《〈在延安文艺座谈会上的讲话〉与一九四〇年代的文学转型》，《当代作家评论》2011 年第 4 期；张炯：《论〈在延安文艺座谈会上的讲话〉的传播与影响》，《兰州学刊》2017 年第 8 期；赵学勇：《延安〈讲话〉与中国文艺的文化创造》，《中国社会科学》2022 年第 7 期。

② 参见黎辛：《关于“延安文艺座谈会”的召开、〈讲话〉的写作、发表和参加会议的人》，《新文学史料》1995 年第 2 期；胡乔木：《胡乔木回忆毛泽东》（增订本），北京：人民出版社，2015 年，第 260 页。

③ 《中央总学委关于学习毛泽东〈在延安文艺座谈会上的讲话〉的通知》，《解放日报》，1943 年 10 月 22 日。

④ 《中央宣传部关于执行党的文艺政策的决定》，《解放日报》，1943 年 11 月 8 日。

为中国共产党指导文艺工作的根本性文件。

在国统区，《新华日报》在 1944 年 1 月 1 日以“毛泽东同志对文艺问题的意见”为题，用一个整版的篇幅摘录了《讲话》内容，分别包含“文艺的为群众和如何为群众的问题”“文艺上的普及和提高”“文艺和政治”三个部分，这是《讲话》第一次在国统区公开和广大读者见面。[①] 同年 4 月，参加过延安文艺座谈会的何其芳被派往重庆任新华日报社副社长，向重庆文化界详细介绍了《讲话》的主要精神以及延安文艺座谈会前后解放区文艺创作方面的新变化。在负责《新华日报》文艺副刊的同时，何其芳还在国统区开展文艺调查工作，积极参加国统区进步文艺活动，宣传《讲话》精神。

同年 11 月 11 日，周恩来从延安来到重庆，又向重庆进步文化界的知识分子和进步的民主人士，介绍了延安的新气象和延安文艺战线的新面貌，并亲自领导重庆左翼文化界开展整风运动，进一步推动了《讲话》精神在国统区的深入传播。特别是进入 1945 年，新华日报社以“文艺问题”为题目公开出版发行了《讲话》，并在出版说明中介绍了《讲话》的主要内容，阐述了《讲话》的伟大意义，号召广大文艺工作者和人民群众认真学习。在《讲话》指引下，“国统区的进步文艺运动和文艺创作都逐步发生了显著变化”，《讲话》精神“逐步成为广大进步文艺工作者的指导思想”[②]。

但是在东北地区，由于日本控制下的伪满洲国实施严厉的文化统制、愚民政策和殖民地奴化教育，办学和教育受到极为严厉的管制，[③] 不可能公开地传播《讲话》精神。1945 年 8 月 15 日，日本投降，伪满洲国解体。9 月 19 日，中共中央发出了《关于向北发展向南防御的战略方针部署的指示》，迅速从延安向东北地区派出了一大批高级领导干部和文艺宣传骨干。[④] 在他们的间接影响和直接影响下，新创办的文艺期刊开始传播和落实《讲话》精神，发动和培养东北进步文艺工作者为解放区工农兵大众服务，使东北解放区文艺迅速成为团结人民、教育人民、打击敌人、消灭敌人的有力武器。

---

① 蔡清富：《〈在延安文艺座谈会上的讲话〉在国民党统治区的传播》，《中国现代文学研究丛刊》1980 年第 1 期。

② 参见《四十年代国统区革命文艺运动史》编写小组：《〈讲话〉在四十年代国统区的传播——纪念毛主席〈在延安文艺座谈会上的讲话〉发表三十六周年》，《西南师范大学学报（人文社会科学版）》1978 年第 1 期；张炯：《论〈在延安文艺座谈会上的讲话〉的传播与影响》，《兰州学刊》2017 年第 8 期。

③ 参见王野平：《东北沦陷十四年教育史》，长春：吉林教育出版社，1989 年，第 22－52 页。

④ 刘增杰主编：《中国解放区文学史》，郑州：河南大学出版社，1988 年，第 11 页。

就是在这样的大背景下，1946 年 4 月 1 日在沈阳创刊的文艺期刊《星火》以及同年 5 月 1 日在黑龙江阿城创刊的文艺期刊《烽火》等，均不同程度地受到《讲话》影响；1946 年 12 月创刊的《东北文艺》和 1948 年接替其出版的《文学战线》，则遵循《讲话》精神，传播《讲话》思想，刊发了大量反映东北解放区工农兵生产、生活和革命斗争的文艺作品，直接促进了东北解放区革命文艺宣传事业的大发展。

一、自觉贴近《讲话》要求："爱中国，更爱中国同胞"的《星火》

1946 年 4 月 1 日，一批"爱中国，更爱中国同胞"的东北青年①在沈阳创办了文艺期刊《星火》，他们主动接近中国共产党的文艺路线，自觉贴近《讲话》要求，积极宣传进步文化人的文学创作和文学动向，介绍苏联无产阶级作家的作品，其创刊号代发刊词《告白》，语言质朴，独具异彩，做到了"不空虚，不玄妙"，与封底"征稿简章"的"八不要"原则形成了严格的首尾呼应，体现了《星火》"为平民发声"的文学态度：

这儿没有堂皇的文采/这儿是满篇的土言土语/别的传单尽管是巧语花言/我们的告白只写出土字土腔/有一句不说两句话/我们卖什么就吆喝什么。

我们的小本儿营业没有后台靠山/我们的本钱是良心加良心加良心/我们的伙计是一群死搬椿的傻子/紧着肚子不懂得给经理当管家跑龙套/干自己的活儿呀，卖自己的货/卖自己的货儿呀，干自己的活。②

关于创刊动机，《星火》在刊尾"编者的话"中直言相告："我们想说点儿自己要说的话。"为了不受资本的控制，不受老板们的限制："我们全体通过：自己出钱，一家不够，十家零凑"，"吃自己的饭，流自己的汗！至少也顺心"。关于办刊初心："这几个相逢于流浪的旅途的小伙子"说全凭良心做事，"我们不敢打着什么'为人民服务''为文化献身'的大招牌，可我们总有一点小意思；能做多少就做多少，我们可不能没有良心"！至于这是要为了谁？"编者的话"更是直抒胸臆：

① 《星火》1946 年创刊号，第 26 页。

② 《告白》，《星火》1946 年创刊号，第 2 页。

若说我们为了谁？我们想给同胞办一点事情，若我们究竟是办一点儿什么？我们想替同胞说话，和同胞一起往前走，或者领着走。因为我们爱中国，所以更爱中国的同胞。只要能使中国好，我们就写。[①]

关于刊物风格，《星火》封底的《征稿简章》，除了强调“公开、自由，欢迎外稿”之外，还要求有对来稿删改的权利，最为引人注目的是对文章选取设定了条件——提醒投稿者注意“八不要”原则：

1：不要空虚无物的论文；2：不要马马虎虎的翻译；3：不要唉声叹气的杂文；4：不要糊涂玄妙的新诗；5：不要闲情逸致的小说；6：不要哼呵调情的散文；7：不要抄袭；8：不要忘记写上地址，盖上图章。[②]

“八不要”原则，是《星火》作为一本“纯文艺期刊”的态度，同时也表明了《星火》与其他文艺期刊的不同之处：用语依然直白，丝毫没有腔调，堪称近代东北文学史上的另类。此外，封底还特别注明《星火》的编辑和出版已经得到了政府有关部门的批准：本杂志已在市政府宣传科呈请备案。[③] 这显示了其在特殊的历史时期依然能够出版发行的合法性，也决定了《星火》文艺期刊在文章选用上要具有一定的广泛性和适当的平衡性。

曳重的《如何推进东北的文艺》显然是受到了《讲话》影响，文章强调首先要调整文艺方向：“从前只要是一篇含有抗日意识的东西，便都是我们的好文艺，现在便已经没有当时的需要性了。”根据现实的需求，文艺方向必须从“民族解放转向为人民生活的彻底幸福”而努力：

文艺是人民解放的武器，必须把它从醉饱者手里夺回来交给广泛的人群，让许多肮脏的手和许多愚笨的眼睛来接触它，亲近它，懂得了它。不但不背弃这些人们，并要和这些人们接近，融洽，联系，结合，渐渐改变成了适应他们的形式和内容，迎合着各层读者的知识程度，灌输给适合的普遍的教育与普遍的文化，增强他们对文艺的认识，扩大文艺行动的范围。[④]

---

① 《星火》1946 年创刊号，第 26 页。

② 《星火》1946 年创刊号，封底。

③ 《星火》1946 年创刊号，封底。

④ 曳重：《如何推进东北的文艺》，《星火》1946 年创刊号，第 3 页。

文艺是民族精神的火炬，是鼓舞人民奋进的号角。抗战胜利后的东北文艺必须彻底地洗心革面，而要做到这一点首先就要努力充实自己，如果不和这“许多肮脏的手”“许多愚笨的眼睛”接触、亲近，你想象的写出的一切东西，就不会跟他们的言语、心理、行动一致，也就没有价值。抗战胜利后迎来的新时代，要求文艺工作者必须顺应时代呼唤，回应群众关切，自觉主动地承担起为人民抒写、为人民放歌的历史重任。即“东北的文艺从事者应该洗涤个人传统的市民层的腐败的观念，使自己融化于整个东北人民的生活里去，融化到和他们同荣同辱同一命运的圈子里去，以此建立起人生观以及大公无私的社会观”①。应该说，在强调“文艺为人民服务”方面，《如何推进东北的文艺》所要表达的“要和这些（许多肮脏的手、许多愚笨的眼睛）人们接近，融洽，联系，结合”的文艺创作思想，体现的正是贴近实际、贴近群众、到群众中去，与人民同呼吸、共命运的新文艺道路，“这样推进东北文艺”的路子无疑是符合历史潮流的，也是对《讲话》的正面呼应和积极支持。

《如何推进东北的文艺》表现出了虚心学习的态度和甘愿接受改造的姿态。然而具体要如何做好东北文艺？舒啸的《脱掉长袍短褂》认为：

> 今日的文学，是科学的进步的，它纯粹是我们民众所有，决不是为一个特权阶级所独占，它渐渐的将渗透在广大的群众里面去……文学跟着时代不住的在改进，现在的文学照全国的文学思潮看来，将是“民主文学”了。②

《脱掉长袍短褂》肯定了文艺是大众所有的，是为大众服务的，一定要“捣碎”阻碍民族进步的、国家发展的“不痛不痒的”“空虚又腐败的”“长袍短褂式文学”，从而进一步明确了“文艺为谁服务”的问题，对《讲话》作出了积极的、热烈的回应。

在东北解放战争初期复杂混乱的大环境下，文艺期刊《星火》公开表达了自己的政治倾向，《文化动向》小栏目也报道了很多进步文化人的文艺动向，并特别关注了有关东北的信息。如陶行知、邓初民编辑的《民主星期刊》，该刊第十期载有对东北问题建设之社论。重庆有东北文化协会之创立，据闻于第二次筹备会上发表了对东北之意见，会员有周鲸文、骆宾基等数十人。在渝发刊之《东北文化》又载有《东北问题特辑》，执笔

① 曳重：《如何推进东北的文艺》，《星火》1946 年创刊号，第 3 页。

② 舒啸：《脱掉长袍短褂》，《星火》1946 年创刊号，第 7 页。

者为柳亚子。又有东北诗人徐放尽发表诗作《边城》等。① 同时在一些简短的文化新闻报道中，也蕴含着丰富的进步文化信息：

郑振铎在上海主编《民主》，自中华全国文联协会上海分会于昨年十二月中成立时，与夏丏尊等人当选为理事；

许广平努力从事写作，发布有《我的呼喊》《中国的癌》等评论，立论正确，近作《遭难前后》系记述上海沦陷后的痛苦生活；

诗人光未然在北平将主编《文艺工作》；

马彦祥、金山、盛家伦等由渝到平，萧军、艾青、草明、古元等现抵张家口；

艾青、田间，曾一度住乡下，与农民生活一起，向广泛的农民大众学习；

茅盾夫妇仍居渝，设法弄船票赴沪；

巴金长篇小说《憩园》出版后，《火》第二部，第三部，亦均由开明出版；

茅盾之《第一阶段的故事》将在沪付印，萧乾将于今年秋天，自英伦返国；

在重庆郭沫若主编《中原》，胡风主编《希望》，以群主编《文哨》，邵荃麟主编《文艺杂志》。②

这些信息不仅向东北人民介绍了国内最为知名的进步文化人士的作品，也展示了他们近期的文艺创作动向：他们已经在上海、北平、张家口等地蓬勃开展文艺创作活动，昭示着全国革命的形势犹如星星之火，呈燎原之势；通过对进步作家的关注，更是表达了东北文艺期刊对其在舆论上的大力支持和文化上的亲近渴望。

二、积极传播《讲话》思想："为了建设民主、富强新中国"的《烽火》

1946 年 5 月 1 日，《烽火》在黑龙江阿城创刊。时任阿城县县长、长期在东北地区从事革命斗争的共产党人胡起撰写了《发刊词》，关于当前的革命任务，胡起在《发刊词》中写道："中国革命的现阶段里，在国际

① 《星火》编辑部：《文化动向》，《星火》1946 年创刊号，第 2 页。

② 《星火》编辑部：《文化动向》，《星火》1946 年创刊号，第 2 – 4 页。

上要争取自由，独立，平等。在国内要争取和平，民主，团结。”要“建设一个富强的新中国”，阿城文化人就必须立足“文装战线”，认清真理“一致去冲锋上阵‘杀身成仁’‘舍生取义’，而不能老是抱着‘明哲保身’的滑头哲学”，做革命上的障碍物：

一种是“文装战线”一种是“武装战线”，在这里我们撇开后一种不讲（有投笔从戎的志向也可以讲），单讲前一种“文装战线”斗争，不说风凉话，你真得彻底觉悟，真得认清真理，真得有了正确的“宇宙观”和“人生观”，还更真得自觉的和实际行动，一致去冲锋上阵“杀身成仁”“舍生取义”。如果你老是抱着“明哲保身”的滑头哲学，那你无形中就减少了革命上的一份力量，增加了反革命的一份势力，最低你也是革命上的障碍物，或者是革命烈士的寄生虫，或者是苦劳大众的吸血鬼。①

在《烽火》创刊号上，《阿城县文化联合会成立宣言》（以下简称《宣言》）排在《发刊词》之前。从《宣言》的内容可见，《烽火》在中国共产党的影响下高扬革命精神，强烈呼吁“走向民主的新中国道路”，《宣言》开篇即欢呼：“粉碎了敌伪的压缩，恢复到祖国健全生命，是自由！是民主！解放幸福！”然后又反问：“大好山河里除掉了欣悦，还有什么？”继而阐明主旨：“我们这古老的乡土上，同样是得到了自由，同样的要求解放，追逐着光明”，再反转：“但是！看我们的沈寂的文化生活，如何能唤起广大群众？如何能提起同胞们觉醒——走向民主的新中国道路。”《宣言》明确表达了阿城文化人在这场文化启蒙和乡土文化大众化运动中的使命与责任：

这是文化人决对责任。我们不希求利禄！不贪图功名，淡泊的，至诚的，为着建设自己的文化，为了大众文化启蒙运动，奋起！达成我们乡土文化的大众化，阐扬它！提高它！普遍它！更能澎湃出乡土文化的热潮。②

《宣言》直面北方“沈寂的文化生活”，如充满斗争精神的战斗檄文，向“热心发扬我们乡土文化的人”发出号召：“一致团结起来，联合起来，活动起来，寻些为大众的工作。”③ 如果说《宣言》是一篇战斗檄文，充满了继续革命的斗争精神，那么《发刊词》则直指时弊，勇敢点燃了这场革

① 胡起：《发刊词》，《烽火》1946 年创刊号，第 3 页。
② 阿城文化联合会：《阿城县文化联合会成立宣言》，《烽火》1946 年创刊号，第 2 页。
③ 阿城文化联合会：《阿城县文化联合会成立宣言》，《烽火》1946 年创刊号，第 2 页。

命斗争的“烽火”，对中国革命的前途充满了必胜信心——“坚决奋斗”“建设一个富强的新中国”。

《烽火》立意高远，《论著》专栏第一篇《新文化的建设》认为，人类不间断的活动创造了历史，但是“社会的变革和时代的转换”却不是“某一阶级或少数人可以随便进行的”，而是社会达到一个新的发展阶段，“在某一个意识指导下的许多人自然进行的”，现在就是“这个历史大转换的时代”，必须接受社会发展法则的指示，去建设，去改革，去创造。文章还指出，受制于帝国主义侵略和封建恶魔作祟，近代中国的文化是“半殖民地半封建的文化”，当此“消灭帝国主义的在华势力，而有独立自主的新社会新国家产生”之际，我们的文化也要“归趋于这种的新方向”。①这篇“新文化的宣言书”提出了建设新文化的意义：

在这更生创造的新国家中，不但要有新政治新经济的产生，而且须有新文化的创造。我们不但要把政治上受压迫经济上受剥削的中国，变为独立自主，而且要把一个被旧文化统治愚昧的半封建国家，变为新文化熏陶新颖前进发展无穷的中国。②

《新文化的建设》先见性地指出了新文化的内容包括“检讨固有文化”“反帝反封建”“科学性”“大众化”，这种对新时代的新文化的认识，显然已经具备了社会主义文化的基本元素。

然而“新文化建设”该从何处入手？《烽火》敏锐地觉察到：振兴“乡土文学”是一个新的出路。《如何推动现时下的“乡土文学”》指出“新的世纪已经展开了，一切在新的需求下渴望着建设”③，“乡土文学”大发展的机运已然来临：

我们应该觉醒的走到乡土层里去看一看那些兢兢业业活动与我们乡土层的人们，为求生活而挣扎，为救生命延续而苦斗，不惜他们灵魂与生命为赎求的代价，他们柔善、沈默，而又雄浑有力，不怕一切的磨难和试炼，这是中国人民灵魂的所在，也是中国民族真的代表。④

“乡土文学”是新文化建设的突破口。《烽火》要做的是鼓励文艺工作

① 鲁石：《新文化的建设》，《烽火》1946 年创刊号，第 4 页。

② 鲁石：《新文化的建设》，《烽火》1946 年创刊号，第 4 页。

③ 老藤：《如何推动现时下的“乡土文学”》，《烽火》1946 年创刊号，第 7 页。

④ 老藤：《如何推动现时下的“乡土文学”》，《烽火》1946 年创刊号，第 8 页。

者，不但要相信，更要积极地去实践“文艺是旧社会的破坏者，是新社会的创造者，文艺时代的前驱”。因为文艺作品，要从熟悉的生活中取材，这是文艺工作者的使命，也是创作好的文艺作品的必由之路。正如文章所言，新时代的文学就是要“从坎坷分歧的来路，探寻着阔广坦直的进路，认清目标，站稳脚步，我们的民众，社会，思想，必是明朗的性格，明朗的生活，明朗的文发”①。

《烽火》创刊号还介绍了1935年6月牺牲的中国共产党早期主要领导人瞿秋白，并回顾了他的狱中遗作——秋白绝笔。对瞿秋白的介绍，即是对瞿秋白坚持的主义的高度赞同，对中国共产党的热烈支持；《烽火》以此宣传共产党人的高尚气节，传播红色革命思想，即是坚定地落实共产党“在国内要争取和平、民主、团结”的政治主张，指明无产阶级革命斗争的方向，文章虽短，意义重大。《烽火》创刊号介绍的还有1936年去世的苏联作家、诗人、评论家、政论家高尔基，并给予高度评价：“生存于当世的文学者，再没一个人是比玛克辛·高尔基更伟大的，在世界伟大的文学者中，也再没一个人像玛克辛·高尔基那样，历尽千辛万苦的荆棘之路，而永远做坚韧的战斗，永远站在时代的前哨。”②

当然，最能够代表《烽火》文艺创作指向的是其“专载”了《讲话》的引言部分，直接宣示了《烽火》文艺工作的政治立场。③ 在刊尾《征稿简约》第一条，再明确表示对“反映现实生活适合于大众作品尤为欢迎”④。如此明确的文艺创作要求表述，与七个月后中国共产党在哈尔滨创办《东北文艺》的办刊宗旨——“坚持毛主席《在延安文艺座谈会上的讲话》的方向。提倡作家深入生活，反映现实生活中的英雄业绩以鼓舞和教育人民”⑤ 颇为一致。在荒凉很久的东北文坛上，在阿城这个东北边陲角落里，《烽火》发出了第一声呐喊，宣传革命思想，团结革命群众，统一革命意志，较早地在东北解放区承担起了传播《讲话》思想，指引“走向民主新中国的革命道路”“建设富强新中国的斗争方向”和“高举新民主主义旗帜”“点燃文装战线烽火”的历史重任，勇敢地燃起了东北“文装战线上争取民主斗争的火把”，照耀的是民主新中国的革命道路和富强新中国的斗争方向，热切希望的是“未来千千万万战友们响应”⑥。在解放战

---

① 老藤：《如何推动现时下的“乡土文学”》，《烽火》1946年创刊号，第8页。

② 娄耀天：《玛克辛·高尔基略传》，《烽火》1946年创刊号，第13－14页。

③ 《毛泽东先生在延安文艺座谈会上的讲话·引言（一九四二年五月二日）》，《烽火》1946年创刊号，第19－20页。

④ 《烽火》编辑部：《征稿简约》，《烽火》1946年创刊号，封三。

⑤ 草明：《〈东北文艺〉创刊回溯》，《鸭绿江》2014年第3期，第88－91页。

⑥ 胡起：《发刊词》，《烽火》1946年创刊号，第3页。

争爆发前后的东北地区，特别是在黑龙江阿城地区的文艺战线上，无疑具有标志性意义。

三、贯彻落实《讲话》精神："为工农兵大众服务"的《文学战线》

1946 年 12 月，《东北文艺》在哈尔滨创刊。为了适应快速发展的解放战争形势，更好地贯彻落实党的文艺方针政策，1948 年 7 月，中共东北局宣传部在《东北文艺》基础上创办了为东北解放区"工农兵大众"服务的文学期刊《文学战线》，意在军事战线之外开辟新的"文学战线"。从 1948 年到 1950 年，《文学战线》始终遵循、贯彻落实《讲话》精神，以其强烈、鲜明的政治性文艺反映东北解放区人民的革命斗争和生产生活。在《讲话》精神的指引下，东北解放区文艺创作开始呈现与工农兵群众相结合的发展局面，开始向反映伟大革命斗争和塑造工农兵形象方面转变，一大批共产党员记者、作家、诗人，包括《文学战线》主编周立波与刘白羽、马加、舒群等人和倾向进步的职业文化人，陆续创作了一大批优秀的文学艺术作品，确立了党在东北文艺战线上的领导地位。

接替《东北文艺》的《文学战线》创刊号没有发刊词，但是在 1948 年最后两期（合刊）的《编后记》中，通过对作者身份的要求，还是进一步明确了刊物内容的倾向性，同时也是在动员、呼唤文艺新人的加入：

> 我们需要有实际工作经验的同志写稿，因为他的生活就储藏了丰富的文学内容，富于色彩和生命力。我们需要而且欢迎工人、农民、店员、学生们写稿。特别是工人和农民自身的创作，是非常宝贵的。①

遵循"革命文艺工作为工农兵服务"的《讲话》精神，《文学战线》创刊号的封面是一幅黑色油墨印木刻人物像——《火线上解放敌士兵》，这是美术家、版画家古元的作品，生动反映了解放战争的战场上敌我双方士兵的形象——木刻的右侧为左手拿着带有刺刀的步枪解放军战士，奔跑而来，身体前倾，主动伸出右手相迎；左侧是敌方士兵，放下手中步枪，原地不动，高举左手，表示投降，伸出右手，表示友好；木刻画面的背景是硝烟弥漫的战争场面。

在选稿方面，《文学战线》刊登了多篇反映解放战争的文章。曾任东

① 《文学战线》编辑部：《编后记》，《文学战线》1948 年第 1 卷第 5、6 期，第 160 – 161 页。

北民主联军《自卫报》记者的共产党员周洁夫，在小说《变化》中描写了解放军二炮手宋正和的变化。1946年春天，宋正和见到参军的人都被吹吹打打送上马，家属还受到优待，年轻人好名誉就报名了参军，家里留个老婆和6岁的孩子，部队三下江南，离家越来越远，宋正和惦念家人，多次想回家，在部队里很不安分。但是后来得到了战友们的关心和部队大熔炉的锻炼，又通过老婆来信得知土地改革后家乡生活状况发生了巨大变化：由原来无田无地、给地主放羊放猪的被压迫、被剥削的生活，转变为分田分地、吃穿不愁的生活："四屯的恶霸大地主都斗倒了。咱家分得一垧半好地，说咱家是军属，该优待。农会派人铲了两遍，庄稼长得饱饱的，可爱人哩。还分了八斗粮食，一床花被，两套棉衣。咱家已经搬到王四麻子的大院套里，家具锅灶都现成。"①

> 家中又分了半垧地，合计有两垧地了。我去年上了一冬冬学，上个月当了合作社主任，记账，开条子，都行了。牛娃也上学了。家里吃穿有余，身体都好，这都是共产党的恩情，你在前方要坚决杀敌人，不要惦念家里……②

看到家里的生活变好了，宋正和决定安心留在部队。在四平战役中，他"战志坚决，负伤作战，瞄准准确，记大功两次"③。在小说的结尾，宋正和对班长说："我又不是光为我家里人打仗。班长！我已经下定决心，就是东北都解放了，我也不回家！""真的，我应该为穷人多打几个好仗，换个毛主席奖章挂挂！"④ 在共产党领导下，东北解放区的土地改革使穷苦农民在经济上获得了解放，个人家庭生活发生了翻天覆地的变化，思想认识上也有了巨大的变化：从简单的参军有优待、参军有名利，向真心拥护共产党、支持解放战争转变。

中共党员、作家井岩盾在小说《在包围中》写道：

> 这是一场险恶的斗争。八个人，和二百多降队，一百多正牌的中央军，从吃过早饭的时候到太阳落，昏天黑地，干了足足一天！到头还弄了个胜利！要不是——唉！老杜在这个斗争里打牺牲了的话，大伙真不知道

---

① 周洁夫：《变化》，《文学战线》1948年创刊号，第30－31页。

② 周洁夫：《变化》，《文学战线》1948年创刊号，第39页。

③ 周洁夫：《变化》，《文学战线》1948年创刊号，第38页。

④ 周洁夫：《变化》，《文学战线》1948年创刊号，第39页。

该怎的乐了。[①]

全班打过仗的只有两个，其中王振江还是一个多月前在和“中央军”作战中解放过来的。在决定突围时，小说着重描写了班长李长青：“咱这里，就我是共产党员，又是你们的班长，当然是我掩护你们走！王同志，你战斗上有经验，只要把他们带出去，我牺牲了也值得！”[②] 在李长青的带领下，战士们坚持战斗，最后在县大队的支援下成功突围。小说突出李长青的共产党员身份，成功塑造了一个舍己为人、不怕牺牲的共产党员形象。

此外还有《〈枪杆词〉和〈顺口溜〉》《怕死鬼》《山羊坡——记一个诉苦会上的解放战士》等。这些由宣传员收集、整理，由战士直接创作的，以六五步枪、九九步枪、“加拿大”、重机枪、六〇炮、刺刀、七九步枪等轻重武器为内容的“诗”，语言通俗、节奏明快，生动活泼地描写了战士们的训练和战斗场景，表达了战士们决心打败蒋介石、为穷人立功劳的愿望：

六五步枪叭叭叭，找好地形就趴下，缺口对准星，枪托要贴紧。……学会瞄准，学点放，打死蒋匪，突突突，看他皮气大不大……扣好板机瞄好准，一枪一个打蒋匪，为穷人立功劳，立下功劳人人夸。

重机枪，要点放，瞄好准，打老蒋。六〇炮，个子小，战斗中间很重要，打前沿地堡，技术不高打不好，决心练兵学本领，一心一意要使好。[③]

《文学战线》创刊号刊登了很多以农民、农村为题材的作品，展现了国统区农民生产生活的场景，和解放区形成鲜明的对比。如褚嘉的《山羊坡——记一个诉苦会上的解放战士》，通过一位解放军战士描述了东北人民被压迫、被剥削的苦难生活，表达了他们对革命胜利的渴望：

山羊坡，山羊坡，山羊坡下一条河。岸上的房子廿多家，七坍八漏五撮塌。家家没米少烟火，大人小孩赤裸裸。

穷人跟着穷人走，吃自己的饭，流自己的汗，自己队伍里头我好好干，蒋管区的穷人眼巴巴的望，等着咱们去解放，擦擦枪杆擦擦泪，快快

① 井岩盾：《在包围中》，《文学战线》1948 年创刊号，第 40 页。
② 井岩盾：《在包围中》，《文学战线》1948 年创刊号，第 52 页。
③ 商烽汇辑：《〈枪杆词〉和〈顺口溜〉》，《文学战线》1948 年创刊号，第 59－60 页。

打到南京去。[1]

王庆章和周国君合作的《句句双》热情歌颂了东北老乡“送公粮支援前线，购粮贸易去换盐，棉花布匹都买全”紧张忙碌的生产生活状况，和“吃有吃穿有穿，合家老幼真喜欢，来年生产好好干，五谷丰收过新年”的喜悦心情。[2]

《文学战线》创刊号反映工人阶级的作品相对较少，对此，《文学往来》专栏特别作出回应，[3] 刊发了吴殿元（20 岁，东北铁路学院附设机工学校）在《东北日报》副刊上的一篇意见书——《工人要求文艺作品》，建议文艺工作者多深入工人群众，多反映工人阶级过去的苦难，多反映现在生产斗争的情形，表达了工人阶级对反映自身境遇和命运的文艺作品的强烈需求：

报纸上长登的前线杀敌故事，反映农村实际情况的报告，我都特别喜欢看。但是我感到文艺工作者反映农、兵多一些，对我们工人方面的文艺创作很少，甚至没有……希望文艺工作者同志们今后应多深入工人群众，多反映工人阶级的过去受压迫受苦难，和现在英勇的为自己阶级而生产斗争的情形。这才更多提高工人阶级的觉悟，鼓舞工人们在一九四八年大生产运动中情绪。[4]

同时《文学战线》也注重培养文学新人，以壮大文艺工作者队伍。如中耀在《加强文艺组织工作》中强调：“要完成这一任务（文艺组织工作），不是几个人能完成的。我们必须动员广大的文艺工作者，建立起统一而坚强的文艺阵线。”[5] 因为感觉到东北解放区报纸、杂志上的新文艺作品太少，海枫在《广泛培养文艺新军》一文也提出了“是不是爱好文艺工作的新同志不愿意写，还是写得不好”的疑问，并希望文艺期刊能够“广泛的培养出新的文艺大军和努力扶植新的文艺工作者，以充实解放区文艺血液，使文艺工作在群众中生根”[6]。如此，《文学战线》通过传播和落实

---

① 褚嘉：《山羊坡——记一个诉苦会上的解放战士》，《文学战线》1948 年创刊号，第 55、58 页。

② 王庆章、周国君：《句句双》，《文学战线》1948 年创刊号，第 62 页。

③ 《文学战线》十分重视与读者之间的交流，在创刊号中精心设置了 5 个页面的《文学往来》专栏，刊登了大量读者来信。

④ 吴殿元：《工人要求文艺作品》，《文学战线》1948 年创刊号，第 115 页。

⑤ 中耀：《加强文艺组织工作》，《文学战线》1948 年创刊号，第 116 页。

⑥ 海枫：《广泛培养文艺新军》，《文学战线》1948 年创刊号，第 118－119 页。

《讲话》精神，努力发动和培养了一大批进步文艺工作者，为东北地区的工农兵大众服务，使东北文艺成为团结人民、教育人民、打击敌人、消灭敌人的有力武器。

结　语

文艺事业是党和人民的重要事业，文艺战线是党和人民的重要战线。在《讲话》精神指引下，从 1946 年 4 月，一批“爱中国，更爱中国同胞”的爱国青年在沈阳创办文艺期刊《星火》，自觉贴近《讲话》要求，传播共产党的文艺路线；到同年 5 月，由共产党人胡起撰写《发刊词》的《烽火》在阿城创刊，积极传播《讲话》思想，坚持做“民众所有，渗透在群众里面”的东北文学；再到 1948 年 7 月，中共东北局宣传部创办《文学战线》，努力贯彻落实《讲话》精神，以强烈的、鲜明的政治性文艺为东北解放区工农兵大众服务，东北文艺工作者认真贯彻执行党的文艺路线和方针政策，认真吸收人民群众的意见和建议，认真到群众中去熟悉工农兵、响应人民群众需求，开展了生动形象、丰富多彩的文艺创作实践——满怀深情地塑造东北解放战争中的工农兵形象，饱含激情地讴歌东北人民在恢复生产、土地改革以及解放战争中迸发出的革命斗志，使中国共产党的文艺路线和方针政策迅速地在东北解放区的文艺话语建构中占据了领导地位，使得东北地区的人民深受影响、备受鼓舞，进而坚定地选择马克思主义、选择中国共产党、选择社会主义道路。一个稳定的东北战略大后方，为全国解放战争的胜利奠定了坚实基础。

清末民初河南报人的社会身份与办报价值取向研究

莫　凡[①]

摘　要：在河南近代报刊初创时期，新式报刊成为聚合文化生产、传播施政主张、承载个人价值的主要渠道。官员的体制内身份使其需要紧密投合朝廷的政局动向，在办报上表现为尊崇皇权主导下的宪政改革；民间士绅“非官却近官”的身份，所办报刊既要在意识形态上合乎朝廷的偏好，又要尽文人启迪民慧的救时济世之责；留日学生接受了新式教育和民主思想的启蒙，办报基于平民立场下的革命追求。在身份、媒介、政治的多重因子下，知识阶层利用报刊构架与其社会身份、价值相符的媒介内容，用以强化自身的社会界别，加速了本土传统文人的分化，成为反映中国近代早期报人办报的地方缩影。

关键词：清末民初；河南报人；官员办报；士绅办报；留学生办报

近代报人群体作为新式报刊的直接推动者与肩负者，在中国的近代化进程中发挥了重要作用。近年来，对晚清报人的整体和个案研究成果迭出[②]，有关报人的探讨也成为新闻史研究的主要面向之一。但总体而言，晚清中国报界“政论时代”的特点，使得以往报人研究的视线集中于政治家报人，而早期寄身外报的职业报人、小报报人或者思想保守的政治家报人，大多被忽略了[③]。清末民初是政治交替的关键时期，在追求现代化的过程中，国内早期报人的来源相对复杂，由于报业尚未稳定发展，职业角色缺位，从事报业的报人往往兼具多种社会身份，从官员到乡绅，甚至新式学生等知识精英，都不同程度地卷入了地方办报活动。鉴于报刊从业者的流动性大，办报很少被视为终身职业，这使得报人研究处于两难困境，曾有学者谈到：“清代新式报人为数庞大，身份复杂；相关的研究资料量大且分散，与史学相比，报人资料尚待进一步整理。”[④] 较为明显的是，相

---

① 莫凡，河南大学新闻与传播学院副教授，河南大学传媒研究所研究员。

② 代表性成果如方汉奇等：《百年中国记忆 · 报人系列》（共 7 册），北京：中国文史出版社，2020 年；程曼丽、乔云霞主编：《中国新闻传媒人物志》（十卷本），北京：长城出版社，2014 年；樊亚平：《中国新闻从业者职业认同研究（1815—1927）》，北京：人民出版社，2011 年；田中初：《游离中西之间的职业生存——晚清报人蔡尔康述评》，《新闻与传播研究》，2004 年第 3 期。总体而言，现有报人研究多关注于名家报人，关注点多为生平考据和办报活动，对早期报人群体鲜少关注。

③ 程丽红：《清代报人研究》，吉林大学博士学位论文，2007 年，第 10 页。

④ 程丽红：《清代报人研究》，吉林大学博士学位论文，2007 年，第 11 页。

比于知名报刊、政治家等“明星”报人研究而言，更多早期报刊从业者的历史面貌难以考察，国民报人的共时性塑造被提上议程。

地方社会是报人办报的起点，从地方性知识来看，“社会之人不断地编织‘意义之网’，‘意义之网’也不断生产着社会之人的行为风格”[①]。“当地人”的身份结合“地方”的社会属性，是地方报刊发展走向的关键因素。河南作为儒家文化最为浓厚的中原地区，近代报业的起步比沿海等地较晚。清末民初时期，新旧体制交错、多种价值观并存，思想界呈现出多元与失序的状态。“自从1905年废除科举以后，中国的知识阶层逐渐边缘化，传统士大夫转型成为现代型的知识人，但他们以天下为己任的情怀始终没有稍减，于是透过报刊、大学和学会干预政治”[②]，此时河南的近代报业虽然萌芽，但报人们尚未以报业为职志，多由官员、士绅、学生三个群体兼任，报刊折射出地方士人睁眼看世界、认识世界的思想指南，他们的办报动机与价值取向迥然而异，固有身份成为其在社会关系中对真实自我最核心的价值体现。有鉴于此，本文拟从地方的角度切入河南报人群体，探讨知识精英在各自社会身份下，如何立足本土，利用新型的媒介工具反观自我，编织意义之网。他们因何而办报？报刊价值取向如何？这些问题，既反映了河南报人从事报业的初衷，也为地方报业的走向埋下了伏笔。

一、官员办报：尊崇皇权主导下的宪政改革

1898年，河南报业受到晚清“新政”政策的影响，被动开启报刊近代化的进程[③]，地方官员作为最早推行报刊事业的督办者与实施者，兼具了报人身份。以“变法图强”为号召的维新运动兴起以后，清廷尤为重视报纸的作用。当时京广沪等地的报业渐成气候，地方行政官报也已经有多地创办[④]，大势所趋下，河南不甘其后，成为全国第十个创办行政官报的省份。《河南官报》首期的《河南官报缘起》中，交代了办官报即为践行

① ［美］克利福德·格尔茨著，杨德睿译：《地方知识——阐释人类学论文集》，北京：商务印书馆，2016年，第Ⅵ页。

② 余英时：《中国文化与现代变迁》，台北：三民书局，1992年，第33－55页。

③ 河南近代报业始于1898年，戊戌变法提供了合适的机会，来自清廷权力核心层的主动求变，使河南官方紧随时风，以开地方风气为名，创办了选摘式的近代报刊《汇报辑要》，其初具新闻纸特点，开启了河南近代报刊的历史。

④ 河南的《河南官报》筹建于1904年12月，在此之前，直隶《北洋官报》、山西《山西官报》、湖南《湖南官报》、江苏《南阳官报》、江西《江西官报》、湖北《湖北官报》、四川《四川官报》、陕西《秦中官报》、安徽《安徽官报》相继创刊。

"新政"的初衷:"今豫省新政已次第举行矣,独报章一事尤有待于今日者。"[①] 河南民风保守,"民习故常,士多墨守"[②],河南官方感慨于地方风气不开的情境,"盖寡噫民智之不开,风气之不辟"[③],而"开通风气、广益见闻,莫如报章"[④],办官报由此成为河南官方顺应新政时势、促进民智开化的主要途径。河南官员介入报刊多由其特定职位确定。1906 年底出任河南候补知府、兼主持河南官报局的黄寿衮[⑤],就直接参与了河南官报系统的建设,办好官报既是其本职工作内容,也方便寄寓个人的政治理想。在政治观上,黄寿衮是皇权的拥护者,但与清廷政坛上的极端保守派不同,他的观念和价值态度已经相当现代化,主张施行开明专制的君权统治,以此应对民族的各种内外危机。因而在官报局就职期间,黄寿衮旨在构建一个维护封建皇权的近代化舆论机构,接办官报局后立即修订了《官报局权限章程》,将《河南官报》办成落实新政的官方舆论机关。

在主持官报局期间,黄寿衮满怀着激情与爱国情愫,以《河南官报》为主要平台,为推行清廷和河南的新政建言献策,希冀借助新政之风,开通河南风气以期振兴,他在官报创办缘起中言:"睹时艰之迫,可激发爱国之精神,读新译之书,可增长学人之智慧。任编纂之劳者,既可本其平时之所讲求而施之于吏治,而阖省之官商士庶,亦藉此扩充其才识,疏浚其聪明。"[⑥] 此时的"新学"不再是政治禁忌,而以官方立场加以提倡,"土旷民游耕凿粗安,不能改良则惰;士民重道德薄智育,褒衣博带,不欲研究新政新学则腐"[⑦],办好官报成为河南官员践行"新学"的一项重要政务。开办之初,《河南官报》确实呈现出不同以往的"新"意,栏目内容新旧并呈,除了圣训、谕旨、奏议、文牍、批示等朝廷讯息之外,还包括外省纪事、路电、图表、论说、译书等新式内容。随着开办深入,又增加了法治章程及广告等栏目,如同其管理机构河南官报局所言:"本馆奉宪谕,开办官报,系为广闻见、开风气起见,本省一切要政,固已按次罗列,即各省各国要闻、东方战纪、广西近事暨辕抄牌示,无不采择备

---

① 《河南官报缘起一》,《河南官报》,1904 年 12 月 11 日。

② 《河南官报缘起一》,《河南官报》,1904 年 12 月 11 日。

③ 《摘录开办河南官报详文》,《河南官报》,1904 年 12 月 11 日。

④ 《摘录开办河南官报详文》,《河南官报》,1904 年 12 月 11 日。

⑤ 黄寿衮(1860—1918),字补臣,号小冲,又号梦南雷斋,浙江山阴县(今属绍兴市)斗门镇人,清末官员、诗人,为光绪二十四年(1898 年)戊戌科三甲进士,同年五月改翰林院庶吉士,光绪二十九年四月授翰林院检讨,历官河南候补知府。

⑥ 《河南官报缘起二》,《河南官报》,1904 年 12 月 16 日。

⑦ 《河南官报缘起三》,《河南官报》,1904 年 12 月 21 日。

登。”① 作为一份官方主导的政治时事性刊物，《河南官报》无论是在内容上还是样式上都极力突显皇权的尊崇地位。该报外观上仍为古时书册样式，文字排版时将官报目录中“圣训”“谕旨”二字在水平位置上高出其他栏目一至两个字符，“圣训”的正文页面也装饰有龙形边框，以示与其他正文的区分。在传播内容上，该报偏重于政事讯息的传达，最能体现其思想性的《论说》栏目，以端正思想的德育教化为主，偶有施政言论，也大多是无关痛痒的泛泛之言，如《州县官宜与民亲说》《豫省宜上下注重农务》等，而与之形成鲜明对比的是，该报对代表皇权的圣训、谕旨、折奏等栏目颇为重视，“圣训以正其趋，继之谕旨以见其大，参之折奏以会其通；他若公牍外政、新闻要电、论文译本，无非通其变以启其倦”②，确立了皇家命令在该报上的优先地位，这与办报者的官方身份有着必然联系，隶属朝廷的“体制内身份”决定了黄寿衮以皇权为主导的办报原则。且此原则一直贯彻始终。

在黄寿衮的悉心办理下，河南所办的官报很快显露出其作为朝廷喉舌的舆论作用。同其他地方官报相比，河南的官报中，刊有大量由黄寿衮所书写的宪政文章，官报成为其寄托个人施政理想的平台。究其思想的源流，黄寿衮主张施行开明君权下的立宪统治，在晚清立宪纷争中持缓行立宪的观点。在清政府预备立宪阶段，“立宪”虽被作为国策基本确立，但仍存有急进与缓进之争。出洋考察政治大臣端方在《请定国是以安中大计折》中道：“苟不与以若干年之预备，而即贸然从事，仿各国之宪法而制定、颁布之，则上无此制度，下无此习惯，仍不知宪法为何物，而举国上下无奉行此宪法之能力。”③ 端方所言代表了部分立宪缓行派的观点，其认为速行君宪统治以解决中国现实问题缺乏适宜的土壤，主要原因在于国家权威不足并且面临着严重的外部危机，对经历了千年封建统治的国民而言，也不具备立宪的教育程度和知识条件。因此，急于推行分权立宪不仅不能救国家于危亡，反而会由于民权的干预而削弱君权，“欲以立宪救亡，而不知适促其乱”④，最终导致国家分崩离析。正是基于这些原因，黄寿衮认为当下的中国需要的是开明权威政治，推行立宪政治要符合中国的国情，他积极利用所办官报发表观点，提出实施宪政的建议。清政府九月一

① 《河南官报局告白》，《河南官报》，1905 年 2 月 18 日。

② 《河南官报缘起一》，《河南官报》，1904 年 12 月 11 日。

③ 丁守和、陈有进、张跃铭等主编：《中国历代奏议大典》，哈尔滨：哈尔滨出版社，1994 年，第 856 页。

④ 故宫博物院明清档案部编：《清末筹备立宪档案史料（上册）》，北京：中华书局，1979 年，第 336 页。

日宣布“预备立宪”之后，《河南官报》很快作出回应，于同月底接连两期刊出立宪主题的论说文章，由黄寿衮发表题为《论立宪国民不可不研究法律》[①] 的论说，由于河南“迂旧不振，不知新法宪政为何物”，他开篇即言“何谓立宪，宪法也。立宪云者，立法之谓也”[②]，明确了国民普法对于立宪进程的重要性，同清廷推行立宪的步调一致。为了更好地阐述自己的宪政思想，黄寿衮编撰了大量的宪政著作，积极宣传立宪主张，广泛在《河南官报》《开封简报》《北洋法政学报》《北洋官报》等官报中发表，仅《河南官报》中就刊载了由他署名的论说文章如《宪法启言》《公法启言》《自治与时局关系说》等37篇，全部围绕地方自治、立宪等宪政主题，透过报刊将法制等西方政治话语带入河南，使这份官报真正有了“开智”的色彩。对他而言，此时的官报已不仅仅是政务，更成为他施展个人政治理想的平台。

报刊的价值取向与办报者的社会身份互为建构，官员报人的首要身份仍是朝廷官员，而非独立报人，因此，所办报刊需要紧密投合朝廷的政局动向。1908年，清廷颁布立宪进程之后，《河南官报》紧随清廷精神，于同月进行了刊物改良。改良后的《河南官报》“以统一全省政令为宗旨”[③]，通过进一步地削弱官报的新闻比重，强化官书色彩。同时，黄寿衮上奏《条陈调查事宜以为自治之本立宪之基折》，强调调查事宜为自治之根本，立宪之基础，只有设立调查局，才能最大限度了解各地风土人情，因地制宜推行新政。该议被采纳后，黄寿衮“按季调查登之报上，明列为表，以告公众，庶阅者一览之余，即可尽识本省庶政大略”[④]，这使得改良后的官报彻底沦为“纪政事之书”，河南官报局实质上成了清廷调查河南的情报机构。

在社会转型的关键时期，黄寿衮作为知识精英，显然受到西方文明的影响，利用报刊的“公共性”传播西方宪政知识和施政见解，具有一定的思想进步性，但官员身份的限定，使其难以处理“君意”与“公共性”的冲突。《河南官报》改版之后，报道重点由“新闻”“论说”转变为“政令”“文牍”，曾经闪现的思想性几乎消失殆尽，这种急转直下的转变无疑与官员报人忠于皇权的立场息息相关。传统社会的伦理观念，以及官员体制内的身份，使黄寿衮在办报思想上推行立宪知识，在办报原则上却推崇

① 《论立宪国民不可不研究法律》，《河南官报》，1906年10月2日。

② 《论立宪国民不可不研究法律》，《河南官报》，1906年10月2日。

③ 《河南官报改良例言》，《河南官报》，1911年6月26日。

④ 俞婉君：《被人遗忘的维新志士黄寿衮》，《浙江档案》2004年第12期，第39页。

君权为上，所办报刊仅是皇权下治理社会的工具，报刊的“公共性”也就无从实现。

二、士绅办报：率民教化以服务皇权统治

相较于官员报人办报的有利条件，早期民间士绅所办报刊的发展空间却极为有限。科举废除后，官绅之间基于科举功名的连续性中断，士绅“非官却近官”的身份也进一步弱化，官绅之间社会距离的拉大，突出了官与民的分野。晚清时期，本土士绅欲有办报之举，不仅要突破河南保守当局对私人办报的舆论审查，递交呈请层层审批，更要面临私人办报资金与政治管控的双重风险。晚清河南士绅报人中，以首开河南私人办报先河的旧文人狄郁[①]，以及依附官方机构、创办官民协办性质报刊的士绅祝鸿元[②]最为典型。这二人皆为晚清河南的名士，旧式文人习气鲜明，诗词、书画、戏文皆有造诣，但在功名上却少有可说之处。狄郁考取功名受挫后，一生不事科举，无功名；祝鸿元虽为进士，却是捐纳所得。他们于传统正途无斩获后潇洒余生，日常生活中的吟诗唱和、游走梨园、交游集会，似是不以为意的超脱，却又难掩正途不畅的落寞，正所谓“社会优秀分子大都醉心科举，无人肯从事于新闻事业。惟落拓文人、疏狂学子，或借报纸以发抒其抑郁无聊之意兴”[③]。“入世”一直是中国文人追求的核心价值，戊戌变法期间，光绪帝明令提倡官民士绅办报，这使得旧文人因生涯境遇而生的落寞心情得到了排解，办报因而成为旧文人欲入世有所作为的趋势之举。其中既夹杂着他们对仕途阻滞后襟抱未开的情愫，又带着士绅独有的优越感，他们自视清高地俯瞰民生，成为河南近代继官员之后主动参与办报的知识阶层。旧式文人的身份，使得狄郁、祝鸿元均带有浓厚的“先天下之忧而忧，后天下之乐而乐”的文人忧患意识，如狄郁曾言“非报无以助教育之普及”[④]“非报无以息风潮”[⑤]，说明其非常清楚报刊的舆论力量，并选择了以文人办报的形式，来实现其于家为国的入世理想。

---

① 狄郁（1855—1932），字杏南，河南名士之一，1907年创办《与舍学报》，首开河南私人办报的先河。

② 祝鸿元（1876—1939），字竹言，清末进士，清末创办有《河南白话演说报》《河南白话科学报》《河南白话报》。

③ 雷瑨：《申报馆之过去状况》，申报馆编：《申报馆·最近之五十年》，台北：文海出版社，1923年，第27页。

④ 《与舍学报》，光绪丁未（1907年）二月。

⑤ 《与舍学报》，光绪丁未（1907年）二月。

河南的传播环境封闭保守，官方一直视民间办报为禁忌，旧式文人以体制外的身份在河南官报体系下创办报刊，实属不易。1907 年，狄郁创办了河南近代第一份私人所办的报刊《与舍学报》，该报创办之时，正是国内革命派办报活动的高峰，为了防范与打击四地而起的革命出版活动，清政府前后连续出台了五条报律，具体到注册制度、禁言内容、检查制度及报道更正制度四大内容进行监管，以此加强对新闻舆论的管控。如《报章应守规则》中规定："除已开报馆之外，凡欲开设者，皆须来所呈报批准后，再行开设"；《大清报律》中对注册制度进一步补充，"本条之立法目的，系采取事前之登记注册制度，其最先登记之机关，为地方低层政府再申报本省督抚，最后咨民政部存案"①。这些官方颁发的报律强化了对书报等出版物的监控，无疑为民报的创办增加了难度，其创办人、创办机构皆须经过注册审查，创办宗旨更要契合官方的意识形态标准，以此防止"宗旨不纯"的报刊"淆乱政体"。尤其是在政治文化更加保守的内陆办刊，文人准入报界的重要标准即是认可并遵守清廷报律，在意识形态上合乎朝廷的偏好，为清廷所乐见。

正因如此，狄郁在禀请提学司的办报呈请中，完全站在官方立场，提出以倡导旧学的方式来应对清末出现的新学冲击，期冀教化日久，达到正歧启愚的目的。在办报呈请中，狄郁为学界纷争不当导致的破蔑伦纪而忧虑，言道："穷惟中国今日可喜者，学界之发达，可虑者学派之纷歧。"②而伴随着思想论辩出现的诸多新生名词，如果不加善用而使人误会，则有"鼓煽浮嚣、破蔑伦纪"③ 的风险，并将此归结为风气所致。他以官方口吻谈到，如果仅靠官方的禁令，是不能使其阻遏于萌芽中的，"风会所趋，专恃官长之禁令，恐未能尽遏其萌"④。只有重视思想的源头，才能匡救时弊，纠正风气，"惟在下有人研究旧学以发明新理，取后进之文明艺术，一范诸经训名教中。庶几灌输日久，稍稍正其歧，而壹其纷生，愚有见于斯，拟本此宗旨创设学报，以冀万有一当"⑤。《与舍学报》将启国民智慧作为办报宗旨，体例编排栏目庞杂，以"学"为核心，呈现出中西交融、博采新知的旨向。虽是旧式文人，狄郁的思想却受西学影响颇深，尤其是阅读"严又陵先生译以中文名之曰《群学肄言》"⑥，促使其辟设"群学

① 于衡：《大清报律之研究》，台北：台湾中华书局，1985 年，第 36 页。

② 《与舍学报》，光绪丁未（1907 年）二月。

③ 《与舍学报》，光绪丁未（1907 年）二月。

④ 《与舍学报》，光绪丁未（1907 年）二月。

⑤ 《与舍学报》，光绪丁未（1907 年）二月。

⑥ 《与舍学报》，光绪丁未（1907 年）二月。

门”专门讲解西学内容，诸如“新闻门”“物学门”等，涉及法学、医学、物理等诸多门类，犹如百科全书。《与舍学报》的受众多是同为文人的官绅，说明其传播人群仍以士绅阶层为主，具有一定的同质性，办报目的是以此会友，寻求同好。而同为河南名士的祝鸿元追随官方号召，官民协办的《河南白话演说报》则面向底层人群，以平民化的通俗语言编报，拉近了社会中下阶层与官报之间的距离，开启了河南报刊的白话时代。这两份报刊虽然传播面向不同，在价值取向上却存在着一致性，偏重于忠君思想下的智育启蒙。

“绅”是“官”与“民”的交叉地带，不同于官员办报政治色彩鲜明的官方话语，士绅办报带有更为中庸的色彩。首先，在报刊议题上，其极力避谈政治等可能有争议的话题，政治倾向趋于保守。《与舍学报》为免于在政治风潮中受到波及，恪守大清报律，在办报过程中不愿涉及官场，间有读者为外省报刊登载河南的不实报道一事来稿致函，希望学报登载其反驳文章，被学报以“不佞以本报体例不谈官事谢之”①，对待革命活动更是完全以官方立场视之。其次，在报刊内容上，其重视民众教化与劝惩，将维护、尊崇皇权的政治权威作为办刊的根基。报刊体例以皇旨圣谕为重，“首列圣纶广训直解，次演农工商兵，次中外历史，次新闻小说”②，“凡有关劝惩，又足以开通国民智慧者，照实登载”③。对比官员报人立足于社会结构上层，着眼于上，服务士绅官员开启官智的办报取向，晚清河南士绅的办报，既要兼顾于上，不敢有忤逆言论，又要着眼于下，尽文人启迪民慧的救时济世之责。祝鸿元在报中言道“凡做百姓的，都有帮着朝廷保守国界的责任”④；狄郁也言道“士也生当斯世，何容辜负皇恩”；儒家忠君爱国的传统思想促使其选择以办报形式实现其“修身、齐家、治国、平天下”的个人价值。作为地方精英，士大夫发挥着连接“君上”与“民下”的缓冲作用，是连接国家与地方社会的中间地带，他们带着忧国忧民、服务皇权的初衷，追求入世致用；所办的刊物即便避谈政治，也仍带有政治化的“身份”，用来规训思想、教化人心，显露出受儒家政治思想影响的局限性。

---

① 《与舍学报》，光绪丁未（1907 年）七月。

② 《报界发达》，《河南官报》，1906 年 9 月 3 日。

③ 《白话报条例》，《河南白话演说报》，1907 年 8 月 25 日。

④ 《敬告演说诸君子》，《河南白话演说报》，1907 年 8 月 25 日。

三、学生办报：平民立场下的革命追求

河南的学生报人主要来自晚清时期官费或自费留学于海外的豫籍学生群体，受到新式教育、海外教育的影响，在新式教育环境中接受了民主思想的启蒙，有着异于前者的人生追求。20 世纪初期，中国出洋留学的知识分子激增，仅日本来说，“1900 年留日学生不过百人，从 1901 年起人数激增，到 1904 年，已超过 3 000 人”[①]。对比外省积极派遣学生海外游学的热闹，河南海外留学的人数却甚少，主要原因仍然是地方官方的保守风气，河南巡抚陈夔龙曾言：“中国多一出洋留学生，即多一革命党，是以绝不派遣学生出洋。”[②] 1902 年“新政”施行后，河南迫于政治改革的需要发展新式教育，“嗣时势驱迫，始有考送出洋学生之举，皆限令学习农、工、水利建筑等实科”[③]。由大梁书院改办的河南大学堂为培养新式人才，成为河南留学预备教育的基地，河南早期报人王敬芳、刘基炎、张钟端等皆由此通过考选，于 1903 年被派往日本留学。其中，除官费派遣外，还不乏自费留学者，部分学生虽然已在国内考取科名，但仍积极赴海外接受再教育，如河南学生中，张登云、刘积学、王印川等 5 人出国前已是举人，均是省高等学堂和师范学堂的在校生。早期留学日本的河南青年学生，多数人都加入了由孙中山 1905 年于日本创立的反清革命组织“中国同盟会”。孙中山为了“物色有志学生，结为团体，以任国事”，曾亲自会见河南留学生，对他们进行革命宣传，传播反清革命思想，后经豫籍同盟会员曾昭文的介绍，河南留学生十几人入同盟会，致使他们得以接触三民主义等民主思想，在求学阶段通过私谊网络迅速发展社团、创办报刊，大力传播新学说和新思想，“河南革命精神，遂因之以增长”[④]。

留日学生介入报业的主要动机是革命理想的驱动。海外宽松于国内的舆论环境，方便学生以办报的形式，更为大胆直接地呼吁排满革命，宣传政治主张。这些清廷派遣的优等新式学生，身处国外现代的生活环境，经受着欧风美雨的文化洗礼，感受到继新式学堂教育之后更大的文化冲击，

---

① 方汉奇主编：《中国新闻事业通史（第 1 卷）》，北京：中国人民大学出版社 . 1996 年，第 712 页。

② 刘卫东、邱建章主编：《河南大学人才培养 ABC》，北京：中国文史出版社，2006 年，第 35 页。

③ 刘卫东、邱建章主编：《河南大学人才培养 ABC》，北京：中国文史出版社，2006 年，第 35 页。

④ 邹鲁编著：《中国国民党史稿（中）》，上海：中国出版集团东方出版中心，2011 年，第 953 页。

拂逆着他们传统的精神航向。观念驾驭了行为的动向，当留学生们掌握了传播权力时，从其理想，着手使用报刊舆论改造世界。在中国同盟会成立后的两三年时间里，由地缘关系缔结的留日同乡积极组织创办的革命报刊与日俱增，并多以地方命名，如《浙江潮》《江苏》《湖北学生界》等。

豫籍留日学生张钟端、刘积学[①]、燕斌等人创办的《豫报》《河南》《河南新女界》等进步刊物，为河南近代报刊增添了革命的色彩。学生报人在日本留学或考察的教育经历，使其具有从事文笔工作的能力。更为重要的是，学生大多正值青年，当亲临西方文化环境时，新旧知识的碰撞与中日现实的强烈反差，使其有了放眼世界的豁人耳目之感，这对其思想的冲击是剧烈而深远的，他们开始用新的价值观念观察社会，并逐步形成了新的价值取向和政治选择。学生报人一边办报，一边参与政治，在强烈的个人情感中，既有对国家时不我待的拯危情怀，也有报效桑梓、实现自我价值的个人理想。他们彻底着眼于下层社会，猛烈抨击皇权制度，积极普及现代化观念，为更多的平民输送民主思潮，从“美国独立”“法国大革命”中寻求自己“革命救国”的理想。

对思想老旧又无知的民众来说，去皇权、废人治的观念是极具颠覆性的，学生报人认为开化思想之首要，即普及国家、国民观念，传播主权、人权意识。其中，《平民的国家》一文就论证了国家、国际和国民的关系，“中国视其国即为世界……而其人民亦遂有世界观念而无国家观念”[②]，“人之所以为人，有生理上之人格，有法律上之人格，二者全者则为人。无法律上之人格而为奴也”[③]，并且提到，今日亡国之情形不同以往，中国古之亡国，“平民其人格固未消失”，而现今情形只有“为奴、为隶、为马牛”[④]，任人宰割，种族丧亡。对于中国深陷民族危机的原因，直指是清朝专制统治所致，强烈主张推翻现有政府，刊发出大胆的反政府言论：“此政府一日不倒，我国民之在中国即无日不如蝮蛇遍地傀焉，将被其毒螫也。”[⑤] 文中提出唯一的实践方针：“方针非他，即今人所恒言政治革命是矣。”[⑥] 学生报人带有鲜明政治观点的文章，均是围绕关于救亡之途的政见

---

① 刘积学（1880—1960），字群士，河南新蔡县人；清朝末年中举；1906 年赴日本留学，参加中国同盟会，1911 年毕业于东京法政大学；先后参与创办河南近代刊物《豫报》《河南》《国是日报》，归国后投身辛亥革命。曾历任中华民国临时参议院参议员、国会议员，河南省自治筹备处处长，河南省宣抚使，国民党南京政府立法院立法委员，河南省临时参议会议长等职。

② 鸿飞：《平民的国家》，《河南》1907 年第 1 期，第 23 页。

③ 朱宣：《发刊之旨趣》，《河南》1907 年第 1 期，第 2 页。

④ 鸿飞：《平民的国家》，《河南》1907 年第 1 期，第 29 页。

⑤ 朱宣：《发刊之旨趣》，《河南》1907 年第 1 期，第 14 – 15 页。

⑥ 朱宣：《发刊之旨趣》，《河南》1907 年第 1 期，第 13 页。

展开，敢言他人之不敢言，积极灌输革命思想、平民国家理念。铿锵激烈的文字一经发表很快就触动了清政府，清廷驻日公使请求日本警署采取行动，以致《河南》杂志仅发行九期就被勒令停刊。此后，刘积学写下《河南留日学生讨满清政府檄》，并在同盟会刊物《天讨》专号发表："国势愈弱，屡被人欺。西败于英，东败于日。八国联军，入京相继，割地赔款，接踵而至，丧权辱国，已非一日，昏聩腐败，至于斯极。全国同胞，愤恨不已。爰举义旗，所向披靡。打倒满清，推翻专制。建立民国，欢乐无极。爰布斯檄，希众周知，其各奋起，莫再迟疑。"①

可以看出，相比于官员、士绅办报，学生办报的价值取向和政治选择是截然不同的。有学者谈道："士的逐渐消失和知识分子社群的出现是中国近代社会区别于传统社会的最主要特征之一。"② 科举废停打断了读书人仕途晋升的传统道路，经由新学和海外西式教育的熏陶，读书人催生出民主思想，他们变得极具现代知识分子的思想意识，完成了从读书人到革命志士的身份转变。

结语

在中国区域性的新闻事业发展中，地方早期报人群体是不可或缺的重要基石，他们的办报活动映射了近代报刊起步时期，区域社会对于国家制度和国家话语的理解。戊戌变法前后，近代报刊得以在"新政"的东风下，被当地官员率先引入河南落地生根，并在本土文人的共同参与下发芽壮大。异于国内多数早期文人投身报界的无奈之举，河南报人虽然身兼多任，但多是主动选择投身报刊，办报主体从体制内向体制边缘扩散，官员、士绅、学生纷纷借报刊来参与公共事务。固有的社会身份体现出本土社会各个群体的志向追求，表明了近代报刊在地化的初始，即是政治活动的一种方式，报人社会身份不同是报刊政治立场、新闻话语、价值取向迥异的主因。但不谋而合的是，当"报刊"作为新兴事物进入地方社会时，知识阶层在接触过程中加深了对于"报刊"工具性的理性认识，跟随着心之所向，以言论启迪民智，影响报刊的舆论趋向。在追求现代化的过程中，"最有意思、也是最令人惊奇的不是知识分子当时社会阶层中的情况，

① 刘积学撰文，宋庆鼎追述：《河南留日学生讨满清政府檄》，《河南文史资料（第6辑）》，郑州：中国人民政治协商会议河南省委员会文史资料研究委员会，1981年，第10页。

② 罗志田：《权势转移：近代中国的思想、社会与学术》，武汉：湖北人民出版社，1999年，第193页。

而是知识分子如何想象自己，如何定位理想中的自己"[①]，新式报刊为地方传统士人提供了广阔的社会空间和政治舞台，报刊既是社会身份的建构手段，也是政治场域内舆论斗争的表现方式。报人社会身份的特征，一方面固化了其办报的主旨，另一方面促使他们在地方事务中扮演着日益重要的角色，用办报取向来表达自己的社会身份及立场，并与其他社会群体保持距离。新式报刊承载着文人们强烈的忧患意识，成为河南进步文人向现代知识分子转变的重要渠道，更为显见的是，知识阶层通过使用新型媒介工具，强化了自身的社会界别。这加速了本土传统文人的转型与分化，为日后地方的新闻职业化奠定了基础。

① 王汎森：《近代知识分子自我形象的转变》，《台大文史哲学报》2002 年第 56 期。

内蒙古自治区人民广播电台是如何深入群众的（1949—1966）*

意如贵　艾红红①

摘　要：中华人民共和国成立初期，依托横向与纵向的群众组织，内蒙古自治区初步铺展了一张连接城镇与农牧区的广播宣传网。社会主义建设开始后，以“助力生产”“促进民众精神文化”“加强民族团结”为重点，内蒙古人民广播电台创办了《对农村牧区广播》《可爱的祖国》《欣欣向荣的内蒙古》等社会教育节目，服务各族人民，满足其社会生活和生产一线的信息需求。电台人员经常深入基层，收集民意、改进节目、创作新型文艺节目，将国家历史与民族叙事相结合，录制播出了一些具有民族特色的爱国主义革命题材广播作品，拉近了各族人民群众的关系。在培育听众集体意识与家国情怀的同时，内蒙古人民广播电台还因地制宜，解决了广袤疆域中信息受阻的问题，开辟出了一条具有地域、民族特色的人民广播工作路径。

关键词：内蒙古自治区人民广播电台；社会主义建设；民族工作；群众路线

中华人民共和国成立初期，在被誉为“模范自治区”的内蒙古②，广播事业为“加强区内各族人民大团结，组织、鼓舞各族人民参加社会主义建设方面，发挥了重要作用”③。内蒙古人民广播电台工作人员依靠当地政府与群众，发挥民族区域优势，强化广播的民族特色，探索出了一条卓有成效的在地化广播之路。

一、组建“双语多能”“横纵贯通”“随‘队’流动”的广播宣传队伍

内蒙古人民广播电台开办于1950年，是中华人民共和国第一家省级少

* 本文为国家社会科学基金重大项目“百年中国播音史”（项目编号：20&ZD326）、中国传媒大学中央高校基本科研业务费专项资金项目“中国共产党百年新闻宣传工作的群众路线研究”（项目编号：CUC220A008）阶段性研究成果。

① 意如贵，中国传媒大学新闻学院博士生；艾红红，中国传媒大学新闻学院教授、博士生导师。

② 王一彪、陈沸宇、孔祥武等：《解码“模范自治区”（人民眼·民族区域自治）——听亲历者讲述内蒙古七十年》，《人民日报》，2017年7月13日第12版。

③ 乌兰夫：《新闻战线要学好毛主席著作》，《乌兰夫文选（下）》，北京：中央文献出版社，1999年，第68页。

数民族语言广播电台[①]，电台开播后，逐步铺展了以自治区广播电台、盟市地方广播电台和广播站、收音站组成的“三级广播传播链”；同时，为将广播的声音传播至散居于城市与农牧区的多语受众，保证传播范围的广度与深度、传播语言的多样性以及传播队伍的流动性，持续壮大广播工作队伍。

（一）培养深入群众的蒙古语播音员队伍

1950 年至 1966 年是内蒙古人民广播电台播音工作的初创时期，汉、蒙双语播音员队伍、蒙古语播音标准音均在这期间初步定型。

1950 年 11 月 1 日，内蒙古人民广播电台在乌兰浩特开播。为满足区内广大蒙古族农牧民的收听需求，该台格外注重蒙古语播音。初创时期，专职蒙古语播音员有官布拉希、温格、敖门达赉和敖敦格日勒四位，[②] 而汉语播音员仅有两位。[③] 为了提高汉语能力，蒙古语播音员还被安排每天学习汉语、数学等知识。[④] 因此蒙古语播音员都具备汉蒙双语的基础。

考虑到区内各盟市蒙古语方言的差异，电台采用了哲里木盟、昭乌达盟、呼伦贝尔盟和察哈尔盟等多地的口语方言进行广播，在武达、查干达日、罗布桑道尔吉、玛希毕力格、巴雅尔图等播音员 10 多年的努力下，才逐渐将察哈尔口音定为标准音。[⑤] 1962 年，内蒙古党委批复了“关于加强蒙古语广播的报告”，该台每日蒙古语播音时间延长至 555 分钟，[⑥] 推动了蒙古语播音的长足发展。

虽然中华人民共和国成立初期不具备专门培养少数民族语言播音员的条件，但为了保证播音员具备足够的政治素养来充当“党的喉舌”，他们基本是从教师、编辑、公务员等其他公职岗位转调过来，抑或是从党校毕业。为扩大播音队伍的群众基础，电台副台长昂如布经常带领播音员深入到群众中。据敖门达赉回忆，他曾在昂如布的带领下到访“军政大学、内

---

① 白润生：《我国少数民族语言广播的历史沿革、地位与作用》，《新闻爱好者》2012 年第 17 期，第 3 - 7 页。

② 《内蒙古广播五十年》编委会：《内蒙古广播五十年（蒙古文版）》，呼和浩特：内蒙古教育出版社，2000 年，第 37 页。

③ 《内蒙古广播电视志》编辑室：《内蒙古广播电视志》，呼和浩特：内蒙古人民出版社，1988 年，第 177 页。

④ 敖门达赉：《重要的工作　光荣的岗位》，内蒙古人民广播电台编：《内蒙古广播四十年（1950—1990）》，呼和浩特：内蒙古人民出版社，1990 年，第 143 - 144 页。

⑤ 《内蒙古广播电视志》编辑室：《内蒙古广播电视志》，呼和浩特：内蒙古人民出版社，1988 年，第 170 页。

⑥ 《内蒙古广播电视志》编辑室：《内蒙古广播电视志》，呼和浩特：内蒙古人民出版社，1988 年，第 169 页。

蒙党校等地”，当众宣读稿件、征求意见，到牧区、乡下学习语言，体验生活。[1]

为弥补专业上的不足，他们“钻研播音业务，抓紧时间练声，特别注意提高直播能力”[2]，同时也注重总结归纳业务经验，“争分夺秒挤时间学习和研究专业理论，总结摸索播音工作的经验，撰写文章”，给更多同岗位之人分享工作经验。由敖门达赉撰写，于1956年出版的《播音工作经验》一书，就曾在全区广播系统中得到广泛的肯定。

（二）建立覆盖城镇、农牧区的通讯员网络及收音站、广播站

内蒙古地区东西跨度长，地广人稀，人口散居，建设纵向贯通中央、地方与基层，横向联通各盟市的信息传收网络，既有利于解决媒体机构内部编制人员有限而信息采集不足的问题，还有助于更深入地了解群众、更好地为群众服务，从而有效开展政治传播工作。

最早一批通讯员是1950年建台后不久，在内蒙古自治区直属机关发展的50多名通讯员，他们的任务是把所在部门的工作以通讯报道的形式传至电台。[3] 起初电台内部并没有专门的通联机构，只有一两名专职通讯人员，因此编辑部要求全体编播人员都加入通联工作，通常是由每位编辑联系七八名通讯员。直到20世纪50年代中后期，台内才设立起通讯联络组和记者通讯组[4]，“根据编辑部的宣传报道计划，分赴各盟市采访、调查研究和组织发展通讯员队伍”[5]。由此，通联工作逐渐机构化。据统计，内蒙古人民广播电台在1951年至1966年间，蒙汉通讯员发展到1 500名左右，建立通讯组500个左右。[6]

1957年至1966年期间，全区蒙古语通讯员有300人。[7] 为调动通讯员

---

① 敖门达赉：《重要的工作　光荣的岗位》，内蒙古人民广播电台编：《内蒙古广播四十年（1950—1990）》，呼和浩特：内蒙古人民出版社，1990年，第142页。

② 娜仁其木格：《难忘的岁月——从乌兰浩特到呼和浩特》，内蒙古人民广播电台编：《内蒙古广播四十年（1950—1990）》，呼和浩特：内蒙古人民出版社，1990年，第151页。

③ 《内蒙古广播电视志》编辑室：《内蒙古广播电视志》，呼和浩特：内蒙古人民出版社，1988年，第191页。

④ 《内蒙古广播电视志》编辑室：《内蒙古广播电视志》，呼和浩特：内蒙古人民出版社，1988年，第187页。

⑤ 刘昌永：《开创记者工作的新局面》，内蒙古人民广播电台编：《内蒙古广播四十年（1950—1990）》，呼和浩特：内蒙古人民出版社，1990年，第190页。

⑥ 生格：《群众路线结硕果》，内蒙古人民广播电台编：《内蒙古广播四十年（1950—1990）》，呼和浩特：内蒙古人民出版社，1990年，第201页。

⑦ 《内蒙古广播电视志》编辑室：《内蒙古广播电视志》，呼和浩特：内蒙古人民出版社，1988年，第188页。

的持续积极性，进一步扩充通讯员队伍，编辑部门还特意创办了通讯刊物，表彰优秀通讯员、刊登优秀通讯稿、发表通讯业务相关文章。①

为响应中央人民政府新闻总署在全国建立广播收音网②的工作要求，也为弥补无法实现“一户一机（收音机）”的缺憾，1950 年，内蒙古自治区各旗县党政机关共建立了 90 个收音站。随后在 1951 年，由中共中央内蒙古分局与内蒙古自治区人民政府联合发出《关于加强收音工作的指示》。1955 年，内蒙古自治区人民政府又发出《关于建立自治区农牧渔业合作社及边远地区收音站的通知》。到 1955 年底，全区收音站达 1 132 个。③ 在此期间，1952 年起，在逐渐推进广播收音站建设工作的同时，在铁路沿线的各旗、县、市，大部分农区、牧区，以及工厂都发展起专职和兼职的收音员，④ 抄收中央与自治区人民广播电台的《记录新闻》，编印成《广播快报》供基层干部阅读；通过互助组、读报组、民校、屋顶广播、黑板报等形式组织群众了解时事政治。⑤ 若遇重要宣传任务，收音员则肩挑收音机深入到人口集中的嘎查、村落去组织农牧民收听广播。

（三）组织乌兰牧骑文艺队“广播业余播放队”

有着“草原文艺轻骑兵”称号的乌兰牧骑文艺队，是一支延续毛泽东“延安文艺精神”的党的文艺宣传队，是中国共产党“宣传下乡”工作在内蒙古自治区的具体实践。

1957 年，第一支乌兰牧骑文艺队诞生于纯牧区苏尼特右旗。⑥ 乌兰牧骑以“普及”作为工作主线，通过演出、宣传和辅导三种形式开展。具体来说，“通过各种文化艺术活动，向广大人民宣传马克思列宁主义、毛泽东思想，进行共产主义教育；普及与工农牧林业生产和群众生活有关的科学、技术知识和卫生常识；辅导群众业余文化艺术活动；编创、翻译演唱材料和宣传材料，搜集整理当地民族的民间文艺遗产”⑦。其队员身兼多职，除了开展相关文艺活动之外，还会组织收听广播、放映幻灯片、宣传

---

① 内蒙古自治区广播电视志编审委员会编：《内蒙古自治区志·广播电视志》，呼和浩特：内蒙古人民出版社，2003 年，第 84 页。

② 《中央人民政府新闻总署召集全国新闻工作会议》，《人民日报》，1950 年 4 月 23 日第 1 版。

③ 内蒙古自治区广播电视志编审委员会编：《内蒙古自治区志·广播电视志》，呼和浩特：内蒙古人民出版社，2003 年，第 143 – 144 页。

④ 《少数民族广播事业两年来有很大发展》，《人民日报》，1952 年 6 月 9 日第 3 版。

⑤ 《内蒙古广播电视志》编辑室：《内蒙古广播电视志》，呼和浩特：内蒙古人民出版社，1988 年，第 75 页。

⑥ 奎曾：《民族群众文化学通论》，呼和浩特：内蒙古人民出版社，1999 年，第 101 页。

⑦ 布赫：《乌兰牧骑要为建设精神文明做出贡献》，《文化工作漫谈》，北京：民族出版社，2000 年，第 336 页。

时事政治，提供图书借阅和代卖各种书刊，[①] 运用多媒体形式将毛泽东思想和社会主义文化传播至群众中，将革命文化知识和文艺作品普及到群众中。

由于设备轻便、队员一专多能，乌兰牧骑流动性强，便于常年游走在农牧民群众中开展宣传教育。每个乌兰牧骑一年中至少有 6 个月的时间都在农牧区活动，平均演出 150 场以上[②]，其巡回活动遍及各个生产队与生产组，还会在夏、秋两季那达慕大会中进行宣传展演。平日在每场活动的间隙，通过留声机、收音机等听觉设备进行“暖场”和“转场”，[③] 以此来丰富展演内容。若遇风雨、下雪天，乌兰牧骑便分散到各户，“为这家说新书，组织那家听广播，牧民们根据自己的爱好分别参加活动”[④]，收听广播便成为组织群众的主要方法。

图 1　乌兰牧骑组织阿拉善人民公社的牧民收听广播[⑤]

① 席宣政：《内蒙古草原上的文艺尖兵——“乌兰牧骑”》，《乌兰牧骑（一）》，呼和浩特：内蒙古人民出版社，1965 年，第 22 页。

② 布赫：《把社会主义文化送给劳动人民》，《文化工作漫谈》，北京：民族出版社，2000 年，第 198 - 199 页。

③ 《乌兰牧骑简介》，内蒙古自治区文化局编：《乌兰牧骑之歌》，北京：音乐出版社，1965 年，第 27 页。

④ 《乌兰牧骑简介》，内蒙古自治区文化局编：《乌兰牧骑之歌》，北京：音乐出版社，1965 年，第 25 页。

⑤ 《打成一片——再赞“乌兰牧骑”》，《人民日报》，1964 年 12 月 14 日第 6 版。

二、创设具有民族地域特色的对象性、文艺性广播节目

梅益在 1959 年指出，“少数民族地区的广播一定要注意民族特点，大力宣传党的民族政策”，文艺广播“要认真重视少数民族的文化遗产”[①]。乌兰夫也曾强调，“祖国统一，民族团结”要通过社会主义教育运动、发展各族党员、壮大工人阶级队伍来打下“政治基础”，通过农牧业结合发展打下“经济基础”，也要通过发展民族文化、社会主义民族文化，实现为无产阶级政治话语服务的“文化基础”。[②]

（一）开办社会教育性节目，连接中央、地方与多民族群众

广播的普及使“国家，不再只是以地理广度、人群密度等的有形存在，而且具有了‘声音’形态”[③]。1956 年，中央广播事业局要求各地方台转播由中央人民广播电台创办的《全国新闻联播》。此后，内蒙古人民广播电台蒙古语编辑部开办《全区联播》和《内蒙古报纸摘要》节目，同时转播中央台的蒙古语节目。[④] 由此，来自中央和首府的新闻消息经过声音媒介流淌于广袤的内蒙古疆域，加强了全区人民的政治认同，进一步确立了共同的生产行动指南。

中华人民共和国成立初期的对象性节目，“发挥了面向特定群体开展宣传教育和传播知识的重要作用”[⑤]。这一时期，内蒙古人民广播电台相继推出了面向工人、农牧民、基层干部、青年、妇女等不同对象的教育性轮回节目[⑥]，指向群众多元，具备地方性与民族性的双重特性。最具代表性的是蒙古语节目《对农村牧区广播》和汉语节目《对农牧民广播》。后者虽然自诞生以来在节目性质、目标受众、播出任务以及节目名称上曾做过多次调整，但始终以服务农牧生产为宗旨，从农牧民的实际与生产需求出发，以通俗、生动、口语化的风格，采用新闻故事、对话交谈等形式展开

① 《全国少数民族地区广播电台举行首次协作会议》，人民日报内蒙古分站、新华社内蒙古分社编：《内蒙古新闻汇编（1959 年）》，1959 年，第 565 页。

② 乌兰夫：《关于祖国统一、民族团结的三个基础（一九六六年二月四日）》，《乌兰夫文选（下册）》，北京：中央文献出版社，1999 年，第 211－213 页。

③ 张闳：《现代国家声音系统的生产和消费》，《媒介批评》2005 年第 00 期，第 3－15 页。

④ 内蒙古自治区广播电视志编审委员会编：《内蒙古自治区志·广播电视志》，呼和浩特：内蒙古人民出版社，2003 年，第 13 页。

⑤ 薛春燕：《新中国成立初期人民广播对象性节目的探索》，《新闻论坛》2021 年第 5 期，第 43－44 页。

⑥ 内蒙古自治区广播电视志编审委员会编：《内蒙古自治区志·广播电视志》，呼和浩特：内蒙古人民出版社，2003 年，第 47 页。

叙事传播，曾一度成为该台听众来信最多的节目。[①]

除了对农、对牧的对象性广播节目之外，内蒙古广播电台还创办了针对不同主体的民族知识科普类节目。具体来看，1957 年蒙古语广播节目《可爱的祖国》无疑是针对蒙古族受众的，目的在于通过介绍祖国辽阔的疆域、悠久的历史、壮丽的山河、灿烂的文化、各民族的风情民俗以及各地名胜古迹，提高少数民族群众对祖国的了解[②]，进而激发其对祖国的认同感。同一类汉语广播节目有《欣欣向荣的内蒙古》，以汉族群众作为主要收听主体，旨在介绍内蒙古自治区丰富的自然资源、独特的民族风情、多彩的文化传统及新时期的建设成就，以此引导汉、蒙各族人民热爱内蒙古、建设内蒙古、振兴内蒙古。[③] 另外，蒙古语广播节目《可爱的中国》与汉语广播节目《伟大的祖国》也分别以“可爱”和“伟大”作为叙事逻辑，面向不同民族的群众展开科普教育，凝聚共识，树立国家认同与地域认同。

（二）创作“新”文艺，整合国家叙事与民族阐释

电台初创时期，蒙古语文艺广播节目除了借助日伪时期残存的旧唱片与几位民间艺人录制的说书（乌里格尔）之外，急需编创更多符合新时期要求的文艺节目。由此，在人力与物力匮乏的情况下，节目编创工作主要由编辑亲自出演，需经常性地深入群众、征询群众意见、动员群众参与，借此来获取素材。据蒙古语文艺广播先驱塞西回忆，自己在做广播文艺工作时，经常亲自拿着四胡在广播里说刘胡兰的故事，而“晚间说书，白天走到工厂、机关学校找一些业余文艺爱好者组织节目，审定节目，排练节目”则是当时的一种常态化工作方式。[④]

1956 年，在塞西等同志努力下，内蒙古广播电台蒙古语文艺组成立[⑤]。为进一步充实蒙古语文艺广播节目，同时也为将节目办得更贴合群众口味，塞西提出“采录民族民间音乐歌曲”的工作方针，经常性地深入民间进行文艺采录工作，将国家历史叙事与地域、民族阐释相结合，促进精神

---

① 内蒙古自治区广播电视志编审委员会编：《内蒙古自治区志 · 广播电视志》，呼和浩特：内蒙古人民出版社，2003 年，第 16、48 页。

② 内蒙古自治区广播电视志编审委员会编：《内蒙古自治区志 · 广播电视志》，呼和浩特：内蒙古人民出版社，2003 年，第 20 页。

③ 内蒙古自治区广播电视志编审委员会编：《内蒙古自治区志 · 广播电视志》，呼和浩特：内蒙古人民出版社，2003 年，第 49 页。

④ 塞西：《蒙语文艺广播创业回顾》，内蒙古人民广播电台编：《内蒙古广播四十年（1950—1990）》，呼和浩特：内蒙古人民出版社，1990 年，第 78 页。

⑤ 策 · 玛希毕力格：《谈谈民族曲艺节目》，内蒙古人民广播电台编：《内蒙古广播四十年（1950—1990）》，呼和浩特：内蒙古人民出版社，1990 年，第 178 页。

文化的社会流通，增进共同体意识，拉近多元文化主体之间的距离。首先以哲里木盟科尔沁左翼中旗作为试点开展民间歌曲的采录工作。中央人民广播电台、中央实验歌剧院、中央广播文工团和以塞西为首的内蒙古广播文艺组共同构成采录团队，通过内蒙古歌舞团退休老艺人孙亮牵线，“以歌会友”，与多位民间老艺人取得了联系，奠定了该台蒙古语文艺广播的群众文艺基础。[①] 1958 年，蒙古民间艺人演唱组组建后，电台又录制了大量的蒙古族民间歌曲和器乐曲。[②] 1963 年，文艺广播采编团队又赴锡林郭勒盟，选调十几名民间歌手和文艺爱好者，录制了 50 多首歌曲作为节目素材。至此，文艺组的内容涵盖译制播出的《西游记》《孟姜女》等中华民族经典作品，《风雪大别山》《铁道游击队》等革命爱国题材作品，以及原创的《草原烽火》《巴林怒火》等带有地域、民族特色的爱国题材作品。[③]

虽然这些民间艺人的群众基础好，但囿于他们惯用于旧形式、旧方法演绎旧社会的内容，与新社会风貌存有偏差。因此在整队录制工作开始时，塞西等人首先对他们进行了思想改造与技能培训。采取“严格要求，放手工作”的策略，[④] 力图使其打破过去自拉自唱的独唱形式，在统一歌词与唱法的基础上，与乐队伴奏相配合；在内容上鼓励其针对新的社会现实问题、新的社会风气进行文艺创作。

在日常的广播节目之外，一种被认为最具有动员效果的形式——广播大会也在内蒙古广播的群众工作中得到运用。1954 年，内蒙古自治区广播电台举办“笑呵”广播大会，通过十几个表演节目，从不同侧面反映社会现实、弘扬主流价值观。如《锻炼眼镜》阐释了学习毛泽东著作有助于提高识别能力的理念，《宝中之宝》宣传了党的农业政策，《打狼》则表达了对阶级敌人保持高度警惕的重要性。[⑤] 实际上，“笑呵”（也称“笑嗑亚热”）是在蒙古族民间演唱“代日拉差”（讽刺问答）与“赫勒木日其乌格”（辩论性说唱）的基础上，吸收汉语相声的表现技巧，运用诙谐、幽默的语言与形式风格，将汉、蒙文化交流、再创作的一项新尝试，本就是多元文化交融的文艺形式。

---

① 塞西：《蒙语文艺广播创业回顾》，内蒙古人民广播电台编：《内蒙古广播四十年（1950—1990）》，呼和浩特：内蒙古人民出版社，1990 年，第 78 – 79 页。

② 李德隆：《肯定成绩　继续前进——建台四十周年文艺广播回顾》，内蒙古人民广播电台编：《内蒙古广播四十年（1950—1990）》，呼和浩特：内蒙古人民出版社，1990 年，第 25 页。

③ 内蒙古自治区广播电视志编审委员会编：《内蒙古自治区志·广播电视志》，呼和浩特：内蒙古人民出版社，2003 年，第 22 页。

④ 塞西：《蒙语文艺广播创业回顾》，内蒙古人民广播电台编：《内蒙古广播四十年（1950—1990）》，呼和浩特：内蒙古人民出版社，1990 年，第 80 页。

⑤ 《内蒙古举行“笑呵”广播大会》，新华社内蒙古分社、人民日报内蒙古分站编：《内蒙古新闻汇编（1964 年）》，1964 年，第 242 – 243 页。

三、基于群众/听众角度的广播效果回溯

内蒙古人民广播电台建构的具有多语能力、辐射广泛、流动性强的广播宣传队伍，确保了来自中央的信息纵向触达基层、横向贯通全区。其“联播制度”、对象性节目、知识科普类节目，消解了信息与文化的区隔；其反映现实、展现主流价值观的“新”文艺，则将国家的宏观叙事与地域、民族阐释有机结合，进一步为各民族群众构建起新的国家认知，搭建起新型民族关系。其收音站、广播站建立在合作社和互助组的固定地点，还使广播内容与自治区农牧民的生产实践、生产资料建立起一种紧密的关联。

首先是一种集体意识的培养。来自中央与全国各地生产一线的消息，通过收音站和广播站传播至农牧民共同劳作的场域中，各族群众“利用休息时间在田间、炕头、树荫下集体读报、听广播”，“学习国内外时事、党的总路线和各地先进经验”①，与祖国各地“同呼吸，共命运”的家国意识得到强化。其次，在此基础上延伸出“心系国家”的家国情结，使听众自觉加入到祖国的社会主义建设中，进而拉近与各族人民群众的心理距离，促进民族团结。如乌兰察布盟达尔罕茂明安联合旗达拉斯格互助组的组员们在收音站听到关于“中国人民一定要解放台湾”的新闻后，立即提出要努力做好畜牧安全过春和接羔的工作，来支援台湾。而呼伦贝尔盟陈巴尔虎旗生产合作社的社员们在收听到关于“畜产品出口与国家工业化关系”的广播后，提出将家畜的皮、毛等畜牧业的产品出口国外，为国家换来工业建设的物资和机器，以此来支援国家的建设工作。② 最后，听到广播中对各地生产经验的分享与应用，如湖北红安县领导生产、广东鹤山县用牛粪作饲料，以及山西阳城县建设土高炉的经验，内蒙古自治区的合作社、互助组的社员、组员们立马将这些经验与内蒙古的生产条件相结合，改进了当地的生产与建设工作。③

“流动的广播”曾在中国近现代土地革命、镇压反革命、互助合作等运动中得到有效运用，被人民群众亲切称呼为“一口水都不喝的下乡干

① 《内蒙古新闻事业出现百花齐放局面》，新华社内蒙古分社、人民日报内蒙古分站编：《内蒙古新闻汇编（1958 年）》，1958 年，第 483 页。

② 《内蒙古自治区建立一百四十七个无线广播收音站》，新华通讯社内蒙古分社编：《内蒙古新闻汇编（1955 年）》，1955 年，第 324 页。

③ 《内蒙古新闻事业出现百花齐放局面》，新华社内蒙古分社、人民日报内蒙古分站编：《内蒙古新闻汇编（1958 年）》，1958 年，第 484 页。

部”“毛主席派来的通讯员”①。《人民日报》1952 年的一则新闻，记录了察哈尔盟太左旗的一次收音机下乡活动共组织了两千多牧民收听广播，②可见其影响力之广。这也说明了人民广播在内蒙古自治区开展群众工作的成效是显著的。而乌兰牧骑文艺队“流动”的广播实践，解决了大型文艺团、文化馆“下不去、走不动”“不能适应客观需求”，以及偏远地区老百姓听不到广播的问题。③ 当乌兰牧骑携带收音机等宣传设备抵达一个个定居点后，牧民们在其安排下坐在蒙古包内外收听广播，观看节目。据记载，阿拉善左旗桑根达来公社一位贫困牧民感叹于自己身处“好的时代”，感激“党和毛主席连我们住在沙窝子里的牧民都想到了”；达尔罕茂明安联合旗一位双目失明的老人感谢乌兰牧骑专门为她出演的节目，说“毛主席教育出来的孩子，真懂得牧民的心”④。

通过上述工作，内蒙古自治区人民广播为民族团结进行了一系列有益尝试，建构起具有共同体意识的新型民族关系。此前，由于内蒙古地区的广播先后被民国国民党政府和日本侵略者用于宣传统治政策与法西斯奴化政策的宣传⑤，导致民众对广播存有某一定程度的偏见。同时，新中国成立初期内蒙古地区也处在一个复杂的政权管辖之内，人民群众之间也存在一定的隔阂。对于此，乌兰夫认为，要消除少数民族在新中国成立之前由多方因素造成的隔阂，“必须经过一个耐心的、反复的教育过程”⑥。“人心是最大的政治，边疆治理最管用的是争取人心，最关键的是民族团结。”⑦内蒙古自治区人民广播延续延安时期“以人民为中心”的广播事业模式，担负民族工作重任，发展出了一套具地方特色，赢得民心的工作经验，烛照了边疆少数民族地区人民群众的精神世界，也为区域稳定、民族团结贡献了宝贵力量。

---

① 内蒙古自治区广播电视志编审委员会编：《内蒙古自治区志·广播电视志》，呼和浩特：内蒙古人民出版社，2003 年，第 143 页。

② 《少数民族广播事业两年来有很大发展》，《人民日报》，1952 年 6 月 9 日第 3 版。

③ 阿勒得尔图：《红色文艺轻骑兵——乌兰牧骑纪事》，呼和浩特：内蒙古人民出版社，2020 年，第 20 页。

④ 朱嘉庚、吉日嘎拉主编：《乌兰牧骑回忆录》，呼和浩特：内蒙古人民出版社，2018 年，第 23 –24 页。

⑤ 赵玉明、艾红红、刘书峰编：《新修地方志早期广播史料汇编》，北京：中国广播电视出版社，2016 年，第 184 页。

⑥ 乌兰夫：《十年来的内蒙古（摘要）》，新华通讯社内蒙古分社编：《内蒙古新闻汇编（1957 年）》，1957 年，第 2 页。

⑦ 马克思主义理论研究和建设工程课题组：《治国必先治边——云南边疆民族地区治理体系建设的实践经验》，人民网，http：//theory. people. com. cn/n1/2016/0915/c8384 5 –28717573. html，2016 年 9 月 15 日。

《新湖南报》的国家叙述与在地化建构

刘　晗①

摘　要：中华人民共和国成立初期，随着现代民族－国家的重构和“社会主义改造”运动的开展，“中央”与“地方”的新和谐政治以及“现代化”的政治诉求影响着文化建设包括大众媒介的叙述表达。基于国家叙述的特定规约，1949 年创办的湖南省委机关报《新湖南报》通过宣传观念、叙事策略和象征符号的在地化使用，以及对湖南传统文化艺术的改良和湖湘文化的主流化改造，实施了国家文化的在地化演绎。《新湖南报》的国家叙述与在地化建构，激发了民众的政治情感，重构了民众的政治思想，形塑了湖南民众的文化记忆。因此，探寻《新湖南报》国家叙述话语中的在地化建构逻辑，可以为国家知识的在地化生产、社会主义文化的在地化传播以及地方党报的新闻生产提供历史的见证和参考。

关键词：《新湖南报》；社会主义文化；湖湘文化；国家叙述；在地化

中华人民共和国成立初期的新民主主义社会，尽管还不完全是社会主义的，但“由于其都是无产阶级领导的缘故，就都具有社会主义的因素，并且不是普通的因素，而是起决定作用的因素”②。社会主义改造和现代化建设，以及现代民族－国家的重建等一整套中国的社会主义规划，经由“国家”对“地方”的改造和“地方”不断被重新发现，并以各种方式被“国家知识”或“现代性知识”所构建的国家文化所吸纳，逐渐实现新民主主义文化向社会主义文化的过渡，呈现复杂的社会文化形态③，构建“自我否定的紧张乃至继续革命的冲动”“进城的焦虑”④ 的历史运动过程，影响文化建设乃至大众媒介的舆论生产。

基于这种历史文化语境和思想文艺体制逐步“一体化”的局势，各省委逐渐建立机关报，在国家力量的收编与地方要素的本土化互动中，建构了“国家/地方”社会主义文化的叙述方式，发挥社会主义革命建设的“动员”功能。湖南省委机关报《新湖南报》便是典型个案。它的舆论发

---

① 刘晗，国防科技大学军政基础教育学院人文科学系讲师。

② 毛泽东：《毛泽东选集（第二卷）》，北京：人民出版社，1991 年，第 704－705 页。

③ 蔡翔：《革命/叙述：中国社会主义文学—文化想象（1949—1966）（第 2 版）》，北京：北京大学出版社，2018 年，第 26 页。

④ 蔡翔：《革命/叙述：中国社会主义文学—文化想象（1949—1966）（第 2 版）》，北京：北京大学出版社，2018 年，第 11、276－278 页。

布如何顺应了国家一体化体制，以怎样的叙述方式实现地方与国家的有效对接，进而实现“共同的感情”效果等话题，引起人们的思考。

前人的相关研究成果彰显出鲜明的特色和优势。或是以社会文化史为视角，聚焦报刊内容的互动关系论[①]；或是以社会动员、跨文化传播为视角的媒介功能论。[②] 在中华人民共和国成立初期的文化研究中，更多学者聚焦于文本的意识形态倾向，并把这段时期定义为通往“文革”之路的过渡时期。对湖南地方文化而言，基于自近代以来孕育的“湖湘文化”盛誉，成果多数集中在文化内涵、历史演变、文化现代性等主题的研究上。[③] 相对而言，关于承载湖南社会政治经济文化的机关报《新湖南报》的研究却略显单薄，大多为编辑部报人的回忆录，[④] 或是内容生产实践的经验性描述，[⑤] 关于《新湖南报》的个案研究和深刻分析较少。由此，本文试图以报刊的社会建构论为视角，分析新中国成立初期的《新湖南报》叙述和建构了国家社会主义文化的哪些方面，建构手段和策略及其社会效应如何。具体来说，对于媒介实践的考察，关注的重点不仅是“人们用媒介做什么”，更为重要的是“媒介使人做了什么，形成了何种传播形态，并由此产生何种改变”[⑥]。基于此种逻辑思路，本文对《新湖南报》的国家叙述

---

① 如吴果中：《〈良友〉画报与上海都市文化》，长沙：湖南师范大学出版社，2007 年；李楠：《晚清、民国时期上海小报研究——一种综合的文化、文学考察》，北京：人民文学出版社，2008 年。

② 如王海、王乐：《〈京报〉英译活动中的跨文化传播策略与技巧——以〈中国丛报〉文本为例》，《国际新闻界》2014 年第 10 期，第 62 – 81 页；董贵成：《从〈湘报〉文化类广告看戊戌时期的文化运动》，《广西师范大学学报（哲学社会科学版）》2004 年第 3 期，第 112 – 115 页。

③ 如朱有志等：《当代湖湘文化应该实现 10 大转换》，长沙：湖南大学出版社，2006 年；李霞等：《湖湘文化当代转型的核心要素》，湖南省第五届研究所创新论坛·湖湘文化传承与发展研究分论坛会议论文，2012 年；陈先初：《湖湘文化的现代转型及基本面向》，《湖南社会科学》2014 年第 3 期，第 178 – 182 页；朱汉民：《湖湘文化传统与现代发展》，《湖南社会科学》2011 年第 1 期，第 1 – 4 页；罗能生：《湖湘文化与当代湖南经济发展》，《湖湘论坛》2003 年第 3 期，第 41 – 42 页；史海威、雷菁：《湖湘文化创新与湖南经济发展》，《湖南大学学报（社会科学版）》2015 年第 6 期，第 125 – 128 页。

④ 如朱正：《1957 新湖南报人》，长沙：长沙市天心区井岗印刷厂，2002 年；王炯华：《朱九思评传》，武汉：华中科技大学出版社，2011 年；朱九思：《卅五话沧桑》，《新闻天地》2009 年第 9 期，第 11 页；邓钧洪：《追记〈新湖南报〉的反右斗争》，《新闻记者》1989 年第 6 期，第 42 – 43 页；张式军：《〈新湖南报〉诞生记》，《新闻天地》2007 年第 8 期，第 9 – 11 页；李锐：《初创时期的〈新湖南报〉》，《新闻天地》2009 年第 9 期，第 10 页。

⑤ 如湖南省地方志编纂委员会：《湖南省志第二十卷新闻出版志》，长沙：湖南出版社，1993 年；王瑞芳：《“李四喜思想”讨论：建国初期中共教育农民的尝试》，《史学月刊》2006 年第 9 期，第 50 – 58 页；与毛泽东相关文献如江晓军：《三题报名凝聚伟人关怀——毛主席三次为湖南日报题写报名的故事》，《新闻天地》2009 年第 9 期，第 8 – 9 页。

⑥ 黄旦：《新报刊（媒介）史书写：范式的变更》，《新闻与传播研究》2015 年第 22 期。

和在地化建构加以文本性的个案阐释，为特定时期大众传播媒介的文化建设和舆论动员实践提供历史性参考。

一、《新湖南报》国家叙述的历史文化语境

《新湖南报》是中共湖南省委1949年5月报请党中央，并于8月15日正式创刊的，1964年10月1日被更名为《湖南日报》，沿用至今。第一任社长兼总编辑为原中央冀察热辽中央分局机关报《群众日报》社长李锐，副社长兼副总编辑是原《群众日报》总编辑朱九思。二人与部分老报人共同自天津出发，一路南下，途经开封，遴选了来自延安《解放日报》和重庆《新华日报》部分人员共七八十人，于1949年8月15日于武汉拟就创刊词《庆祝新湖南的诞生》，宣告《新湖南报》成功创办。进驻长沙后，《新湖南报》顺利接收了原国民党湖南《中央日报》的全部机器设备、房屋、纸张和各项资财，这为报刊的运行提供了物质和技术条件。同年9月，为适应党的新闻工作发展需要，《新湖南报》开办了新闻干部训练班，招收了包括先进党团员和进步青年146人，由此构成了初创时期《新湖南报》的编创团队。李锐曾在回忆录中写道："我印象最深的是南下的与本地的两部分同志一开始合作共事，就亲密无间、水乳交融，取长补短，相得益彰。"① 正是这批由天南地北而来共同组成的报人群体，使得初创时期的《新湖南报》既熟悉湖南风土民情，又对国家社会主义文化建设有一定的理解，并由此影响了《新湖南报》的办报目标及宗旨。这点从发刊词《庆祝新湖南的诞生》中可以管窥：

> 本报是中国共产党湖南省委员会的机关报，也就是全湖南人民的报纸。我们的任务一方面是宣传共产党和人民政府的政策法令，宣传马克思列宁主义和毛泽东思想，另一方面是反映湖南人民大众的意见，作为党联系群众、制定政策、建设新湖南的根据。②

可以看出，作为中共湖南省委机关报，《新湖南报》一方面需将党中央指示传达到地方，另一方面还需联系群众，向上反映意见。而这种"沟通上下"的媒介功能，使得其在文化上具有既反映国家文化，又满足地方受众文化需求的特性。而湖南地区在文化上又有独特之处：

---

① 李锐：《初创时期的〈新湖南报〉》，《新闻天地》2009年第9期，第10页。

② 《庆祝新湖南的诞生——代发刊词》，《新湖南报》，1949年8月15日创刊号第1版。

湖南是近代中国革命策源地之一，湖南人民在中国近代革命运动中，特别是在三十年来新民主主义革命运动中，具有光荣的斗争历史……湖南人民今后的长期任务，就是恢复与发展湖南的经济建设和文化建设，将落后的、反动的旧湖南，建设成为人民的、进步的、繁荣的新湖南。[①]

一方面，《新湖南报》肯定了原有湖湘文化的历史成就；另一方面，其将这种成果的延续纳入国家建设任务中，确定了国家与地方的联系和区隔，由此也确定了《新湖南报》在文化层面的目标和使命，即建构新的国家文化和对传统湖湘文化进行收编。为何《新湖南报》被赋予这样的使命？这与当时的时代背景有关。

《新湖南报》创办的背景，在文化建设上表现为新民主主义文化向社会主义文化的过渡。国家逐步将各地原本多元混杂的文化艺术纳入计划经济体制内，从而改造成由国家控制的“规划文化”，以实现对意识形态的全面掌控。1940 年 1 月，毛泽东在《新民主主义论》一文中就明确指出新民主主义革命的文化纲领是建立“民族的、科学的、大众的文化”，“它应为全民族中百分之九十以上的工农劳苦民众服务，并逐渐成为他们的文化”[②]。1942 年 5 月，《在延安文艺座谈会上的讲话》确立了共产党政权的最高媒介意识形态规范，明确提出了新民主主义文化建设的任务，亦即构建具有时代特征的、民族的、科学的、大众的新文化，并为文艺指明了“为政治服务”“为工农兵服务”的发展方向，“以确保新政权的文化媒介意识形态得以合法建立并按照预设轨道稳妥运行”[③]。这个预设轨道，即是把标准的、统一的国家话语渗进所有文化产品当中，以社会意识形态的标准语言来统一国民，意图造就一个在同一话语体系下的想象的共同体。在宣传体制上，随着各地的公营新闻事业网逐步铺开，全国陆续建立起了以《人民日报》为中心，以党报为主体的报刊网以及以新华通讯社为主体的国家通讯社网。一方面，国家文化的传播对地方党报提出了具体要求；另一方面，一元化宣传体系致使党报内容被“不断模仿”，规范党报及其从业人员的“规则”和新闻报道的常规范式随之出现。为了使地方党报在宣传任务中更有活力，地方党报就需建构一套具有地方特色的宣传话语体系，以此建构地方民众对于国家的认识。

---

① 《庆祝新湖南的诞生——代发刊词》，《新湖南报》，1949 年 8 月 15 日创刊号第 1 版。

② 毛泽东：《新民主主义论》，《毛泽东选集（第二卷）》，北京：人民出版社，1991 年，第 708 页。

③ 张勇锋：《纠偏与规训：建国初期的连环画媒介批评》，《现代传播（中国传媒大学学报）》2017 年第 1 期，第 68 – 73 页。

与国家社会主义文化建设同步，湖湘文化实施在地化的转变。湖湘文化起源于屈原、贾谊所塑造的忧患意识，发展为以事功为第一要义、敢为天下先、“无所依傍，浩然独往”、勇于奋斗不怕牺牲的“特别独立之根性”的精神，表现出革命性、独创性、奋斗精神、经世致用精神、奉献精神、从不党同伐异的治学态度等方面的属性。[①] 脱胎于这种文化精神的熏陶，《新湖南报》体现出强烈的国家意识和民族情怀，在国家自上而下和民众自下而上两种具有关联性却又处于不同层次的文化需求中，从事新闻报道和舆论宣传的内容选择和框架设定，以更好地发挥媒介功能。

二、《新湖南报》国家知识与地方知识的互动

中华人民共和国成立前，革命根据地就已经建立起了具有新民主主义社会性质的文化形态，同时也具有共产党领导、马克思主义指导的社会主义文化因素。中华人民共和国成立后，随着我国社会主义革命的进行，文化也开始向社会主义文化转变。《新湖南报》所呈现的国家文化，正处在一个从新民主主义向社会主义动态转变的过程中，趋势为内容中向社会主义化变革、宣传范围中向农民群体转移、反对政治对象中向一切剥削阶级包括资产阶级和小资产阶级思想转移。[②] 对于原本存在的旧文化，周恩来在 1949 年 7 月召开的第一次全国文代会上指出：“凡是在群众中有基础的旧文艺，都应当重视它的改造。这种改造，首先和主要的是内容的改造，但是伴随这种内容的改造而来的，对于旧形式也必须有适当的与逐步的改造，然后才能达到内容与形式的和谐与统一。”[③] 基于国家文化的转变和地方文化的收编，《新湖南报》创新性地建构了国家主流话语的信息体系。

（一）普及湖南特色文艺

湖南特色文化艺术是在湖湘文化的基础上发展起来的一种具备地域特色的文化艺术形式，也是中华人民共和国成立之后出现的具有一定社会主义性质的文化模式之一。《新湖南报》中对湖南特色文化艺术的报道，是将国家文化收编地方文化的典型。如根据当时戏剧“百花齐放”“推陈出

---

① 郑大华：《近代湖湘文化精神及其当代价值》，长沙：岳麓书社，2018 年，第 21 – 22 页。

② 参见张向群、阎治才：《论我国从新民主主义文化到社会主义文化的转变》，《学术交流》2015 年第 9 期，第 56 – 59 页。

③ 周恩来：《在中华全国文学艺术工作者代表大会上的政治报告（1949 年 7 月 6 日）》，张炯主编：《新中国文艺大系（1949—1966）理论 · 史料集》，北京：中国文联出版公司，1994 年，第 21 页。

新”的改革工作战略，《新湖南报》特开辟专栏呈现了如《琵琶上路》《刘海砍樵》等经典改编剧目。以1953年为例，全年直接反映湖南特色文化艺术的报道约为118条，[①] 大部分分布于省内的文学艺术版、文化教育的新闻栏目以及专栏《文化宫》中。其中有23条为湖南地方戏剧的评论文章，如《介绍湘剧“打猎归来”》[②]《湖南兄弟民族艺术园地里的两朵红花——介绍苗族的猴儿鼓和瑶族的长鼓舞》[③]《表现勇敢、智慧的“狮舞”》[④]《从艰苦中得来的艺术——介绍“捕蝴蝶”和“放风筝”的优秀演员老艺人廖春山》[⑤] 等。有25条为文化制度介绍，如《积极的领导戏曲改革工作》[⑥]《关于农村戏团的几个问题》[⑦] 等。报刊还普及了其他地方戏剧如楚剧、汉剧、桂剧等优秀作品，并通过介绍这些文艺作品，增强了群众的艺术鉴赏和文化水平，也经常收到读者的反馈和讨论，如《楚剧“白日缘”是一个感人的好剧》[⑧]《看桂剧“抢伞”的演出》[⑨] 等。再者，《新湖南报》还采访文艺工作者，批判对文化演出时的不良现象，如《我修改“打猎回归”的一些体会》[⑩]《湖南的民间艺人参加全国民间音乐、舞蹈会演回来后的感想》[⑪] 等。可见《新湖南报》不仅对新湖南特色文艺进行普及，还为群众建构了“中国艺术”的国家艺术意识，并向受众灌输“文学艺术为政治服务”的概念，如《农村剧团的首要任务是为政治、为生产服务》[⑫]《关于文艺为政治服务的问题》[⑬] 等。这些报道将地方艺术规约于国家文化之内。

（二）培养社会主义政治情感

民众的政治情感是传播国家政治文化的根基。创办之初，《新湖南报》

---

① 数据来源：《新湖南报》编辑部：《新湖南报索引》，1953年。湖南图书馆藏。

② 《介绍湘剧“打猎归来”》，《新湖南报》，1953年1月13日第3版。

③ 《湖南兄弟民族艺术园地里的两朵红花——介绍苗族的猴儿鼓和瑶族的长鼓舞》，《新湖南报》，1953年3月11日第3版。

④ 《表现勇敢、智慧的“狮舞”》，《新湖南报》，1953年3月14日第3版。

⑤ 《从艰苦中得来的艺术——介绍“捕蝴蝶”和“放风筝”的优秀演员老艺人廖春山》，《新湖南报》，1953年3月25日第3版。

⑥ 《积极的领导戏曲改革工作》，《新湖南报》，1953年5月28日第3版。

⑦ 《关于农村戏团的几个问题》，《新湖南报》，1953年9月9日第3版。

⑧ 《楚剧“白日缘”是一个感人的好剧》，《新湖南报》，1953年1月22日第3版。

⑨ 《看桂剧“抢伞”的演出》，《新湖南报》，1953年1月22日第3版。

⑩ 《我修改“打猎回归”的一些体会》，《新湖南报》，1953年6月10日第3版。

⑪ 《湖南的民间艺人参加全国民间音乐、舞蹈会演回来后的感想》，《新湖南报》，1953年5月13日第3版。

⑫ 《农村剧团的首要任务是为政治、为生产服务》，《新湖南报》，1953年6月30日第3版。

⑬ 《关于文艺为政治服务的问题》，《新湖南报》，1953年8月8日第3版。

经常开辟新的栏目以鼓励培养文化后备力量，拟通过民众自发的创造，培养民众的政治情感。如文艺副刊《湘江》自创刊起，就在群众中挖掘和培养新人来构建文艺“新湘军”。“如刘勇、谢璞、叶蔚林、罗石贤、鲁之洛等，都曾在此发表过处女作或初期作品。”[①] 在这些被培养的“群众作家”中，有一位叫王殿存的部队作家。初向《湘江》投稿时，他只有小学文化水平，在报社编辑部的指导下，这位对文学有着极大热忱的作家创作了湖南解放后第一部长篇小说《盼望》，是当时工农兵长篇创作中的佳作。王殿存的事迹受到了读者的喜爱，并引发了群众情感的反馈。1953 年 3 月 11 日第 3 版《新湖南报》刊发了建湘烟厂女工凤仁慧的来信《向王殿存同志学习》，同版的还有《学习王殿存苦学苦练的精神》《读王殿存“我底自传”的感想》等文章。

同时，湘人重文重教，对于教育有很高的情感追求。利用这一特性，《新湖南报》全力推行全省教育事业，对于全国和全省科学、卫生、体育等领域的动态均有报道，其覆盖面之广、数量之多、形式之多样，在全国党报中尤为明显。以 1953 年为例，光教育类的报道一年内可达 200 多篇，占据了绝大多数的文化专版，有的甚至在头版发表。1949 年 10 月 19 日，《新湖南报》曾就楚怡工业学校师生不团结的问题发表社论，谆谆开导，影响力较大。1950 年 9 月和 1951 年 3 月《新湖南报》发表社论，要求中学教师加强团结，力求进步，克服暂时的困难等。这些社论受实事求是的湖湘精神影响，一再反对在思想改造与教学改革中的急躁冒进偏向。同时，《新湖南报》还经常针对中小学校中存在的问题，如校长兼职过多、抽调教师过多、动员学生参加社会活动过多等，进行批评报道，并鼓励群众展开讨论，引发群众的情感共鸣。

（三）深化社会主义思想与政治意识形态

国家文化是在国家政治思想、政治意识形态的熏陶下形成的。政治思想和国家文化有着密不可分的联系。为正确引导民众思想，《新湖南报》自创办之初就设置了专门的群众工作部，架起与民众沟通的桥梁。“1951 年 3 月起，‘读者来信’基本能够天天见报。据统计，1949 年 8 月 15 日至 9 月 15 日，一个月内收到读者来信 1 017 件。1951 年 4 月增至 2 919 件，几乎增加 2 倍。”[②] 20 世纪 50 年代，报社开辟了“读报参考”“新人新事”

---

① 湖南省地方志编纂委员会：《湖南省志（第二十卷）》，长沙：湖南出版社，1993 年，第 270 页。

② 湖南省地方志编纂委员会：《湖南省志（第二十卷）》，长沙：湖南出版社，1993 年，第 284 页。

“互助合作”和脱胎于读者来信的“小品文”等板块，如《开到十三点钟的会》①，批评农村干部开会时长篇大论，“疲劳轰炸”影响了农民的生产和健康等。同时，《新湖南报》还充分利用党报的批评监督功能，正面地对民众政治思想进行批评和纠偏。其中，关于“李四喜思想”的互动性报道最为典型。

1951 年土地改革时期，农村开始普遍出现基层干部和农民群众思想懈怠、组织涣散的现象。1951 年 7 月 18 日，《新湖南报》以读者章正发的来信问询农村干部问题为契机，策划发起了一场长达 5 个多月的关于“李四喜思想”的大讨论。“李四喜”是《新湖南报》编辑部虚构的人物，其原型为长沙县十五区农民干部朱中立。这位在土改中分了田的干部在当时的情况下，遇到了人生“四喜”：翻身、分田、娶妻、生子，却害怕因天天开会而耽误生产生活，便逃避工作，辞去职位。7 月 21 日起，《新湖南报》开辟《关于李四喜思想的讨论》专栏，运用社论的形式，鼓励农民及乡村干部积极参与、展开批评。讨论结束后，报社对读者来信和讨论过程进行总结，归纳问题本质，分析思想出现的原因。

这种从一个看似“偶然”的真实事件中引申开来，用“讲故事”的形式进行的批评报道，既满足了国家经济生产的文化需求，又对旧的“小农”思想进行了批判，较宏大叙事和宽泛宣传更能直指人心、引发共鸣。“李四喜思想”报道大多采用第三人称视角，运用“他者”化战略以及“半公开叙述者身份”的互动模式，增加对话感的同时又不缺乏权威性。“李四喜”这个反面典型，能够反映出当时湖南社会旧思想中民众的极端与彷徨、对于国家利益和个人得失的矛盾心理。1951 年 9 月 19 日，中央宣传部发布通报称：“《新湖南报》这个经验值得重视和推广。各地党委都应该注意在党报上有准备地提出当地党内外群众中普遍存在的思想问题，并有领导地展开讨论；这是加强思想领导、提高党员和群众政治水平的有效方式之一。”② 这场大讨论是根植于最基层的大规模思想教育运动，被视为中华人民共和国成立以后对农民进行思想教育的开端。③ 1950 年 6 月 29 日，《人民日报》发布电讯：“《新湖南报》采用多种形式进行批评，引起被批评者和社会上广泛注意，对于推进各项工作起了积极作用。”④《新湖

① 《开到十三点钟的会》，《新湖南报》，1954 年 3 月 9 日第 3 版。

② 中共中央宣传部办公厅、中央档案馆编研部编：《中国共产党宣传工作文献选编（1949—1956）》，北京：学习出版社，1996 年，第 290 页。

③ 王瑞芳：《“李四喜思想”讨论：建国初期中共教育农民的尝试》，《史学月刊》2006 年第 9 期，第 50 – 58 页。

④ 新华社电讯：《新湖南报采用多种形式进行批评　引起被批评者和社会上广泛注意　对于推进各项工作起了积极作用》，《人民日报》，1950 年 6 月 29 日第 3 版。

南报》通过类似于“李四喜思想讨论”的报道模式，利用受众的接受习惯，与群众进行了有效互动，将政治思想统一于国家文化总体要求下，对旧思想进行了批判与改良。

《新湖南报》对湖南特色文化艺术的报道、对民众政治情感和政治思想的培养，既符合国家文化的内在发展动态，又呈现出地方文化与国家文化的融合，在国家文化的话题体系内对地方文化进行了改良和收编。

三、《新湖南报》国家叙述的在地化建构策略

文化的功能主要是通过宣传的手段实现的。《新湖南报》在对国家文化的在地化建构中，在报道策略上又有什么独特手段？新国家文化中的“新”又是如何呈现的呢？

首先是对国家政策的“故事化”宣讲和国家象征符号的地方化运用。《新湖南报》创刊时，每日出版对开报纸 1 张，共 4 版，第 1 版为社论及要闻；第 2 版为地方新闻和读者服务版；第 3 版为文艺版；第 4 版为国际新闻版，其中广告版面通常在第 3、4 版的下方，各版栏目时常变化。编辑部专门设立了文化版面以及教育专栏，用以发布国内和省内的文化发展动态，内容包括科学、文学、艺术、教育、卫生、医药等，也经常发表文艺评论。这样的排版策略，既延承了中共党报的一贯传统，还特以显著位置鼓舞士气，介绍劳动人民的高尚品德，运用“讲故事”的方式对中央政策进行宣讲，将空洞抽象的政策文件具象化。如《湘西苗族自治区展开各种活动》[①]《湘西苗族自治州开展春季造林运动》[②] 等头版的报道，就利用对湘西苗族特色民族活动形式的报道，进行政策的宣讲。20 世纪 50 年代产生了大量象征国家意识形态的符号，是一个承上启下的关键时期。“在这个时期，延安时期制造的象征和意象被重新定义和规范，并为后一时期的象征符号泛滥奠定语法规则。”[③]《新湖南报》运用地方受众所熟知的国家象征符号，根植于群众心理，在第 1 期创刊号的头版便运用了湘籍领袖毛泽东的正面照作为头版照片。在日常的新闻生产中也大量刊载毛泽东讲话及评论文章。如创刊号第 2 版印发的毛泽东讲词、第 3 版刊载的郭沫若的文章《在毛泽东旗帜下》等。

再是对党报宣传观念的深化。《新湖南报》结合湖湘文化事功化取向

---

① 《湘西苗族自治区展开各种活动》，《新湖南报》，1955 年 1 月 13 日第 1 版。

② 《湘西苗族自治州开展春季造林运动》，《新湖南报》，1955 年 2 月 25 日第 1 版。

③ 刘海龙：《宣传：观念、话语及其正当化》，北京：中国大百科全书出版社，2020 年，第 289 页。

与实事求是的精神特质，对宣传过程中存在的不真实、样板化、假大空等现象进行了修正，进一步深化了党报的宣传观。如在1952年爱国丰产运动中，醴陵县政府报送该县34个乡为“千斤乡”。1953年春耕前，《新湖南报》冲破阻挠，对此乡的具体产量进行实地采访，证实当地干部弄虚作假，并发布《醴陵攸坞乡是个假“千斤乡”》[①] 等社论，指出虚报丰收成绩的严重恶果。1953年8月，《人民日报》发表专栏文章《接受醴陵县攸坞乡假千斤乡事件的教训》，刊载当地政府的检讨，并声援《新湖南报》。这种维护新闻真实性的做法强调了新闻报道的独立性，摆脱了单一的宣传形式，为其他地方党报提供了借鉴。在《新湖南报》这种求真求实的观念影响下，民众能够真正地了解国家建设情况，从而对国家政策和地方实际产生思考，积极地投身到社会建设中去。《新湖南报》保持了这种坚持新闻客观真实的观念，也受到了群众的支持和肯定。

最后，是借助富有战斗精神的话语风格动员群众参与国家事务。湘人多“好战”，《新湖南报》的新闻和评论文辞犀利，颇具战斗风格，且不拘一格，大胆创新，讲究实用价值。如在朝鲜战争爆发时，湖南和平解放不到一年的时间，不少人对于复杂的国际形势认识模糊，害怕美国的新式武器，也害怕爆发第三次世界大战。此种情况下，《新湖南报》打破当时地方报纸不评论国际时事的惯例，发表了《恶狗必须用粗棍打》[②] 等荡气回肠的国际评论文章，体现湖南报人犀利的风格，对群众进行情感动员。同时，湖南是农业大省，为了让农村地区的民众有条件直接接受国家知识，《新湖南报》深入农村开展积极开展读报工作，组织工农群众读报。1953年1月至9月，报社开辟了《通讯与读报》专栏，介绍农村与工厂读报小组的经验。1956年报社还开辟了《读者评报》小专栏，发表读者评论。

在中华人民共和国成立的背景下，《新湖南报》结合地方特色呈现出的话语风格、策略以及宣传观念，是在国内复杂形势的作用下形成的。其主要目的是更接地气地将政治社会化、社会政治化，以维护国家主权的完整和政权稳定。《新湖南报》的这种建构既不同于解放战争、抗日战争时期的社会动员，也不同于之后“文化大革命”时期的“工具”论调，而是在一种“承上启下”的中间状况中寻找平衡。

四、《新湖南报》国家知识在地化建构的社会效应

中华人民共和国成立初期，人民群众对建立一个倡导新思想、新风

① 《醴陵攸坞乡是个假“千斤乡”》，《新湖南报》，1953年6月10日第1版。

② 《恶狗必须用粗棍打》，《新湖南报》，1950年10月26日第1版。

俗、新文化的新社会充满激情。《新湖南报》对国家文化的呈现，建构了湖南民众新社会的想象。然而，报刊在面对地方文化的受众时，又需要根据受众不同的喜好来对国家文化进行反馈。《新湖南报》进行了何种反馈？又有什么意义？

文化包含知识，并依靠知识来界定标准。而在现代报刊理念中，报刊传递“新知”且自身就是“新知”。《新湖南报》将国家文化形成的国家知识通过报刊的在地化呈现，融合了地方知识特点，使得国家知识本土化，并再一次对国家知识进行二次生产和解释。如在对民众建构国家观念的传播实践中，《新湖南报》在1952年以摄影图片的形式报道苏联文化代表团来湘访问，编发整版图片，并介绍苏联文化的相关知识。这样的做法让受众将日常生活的场景与国家外交政策和国际地位产生了联系，既普及了苏联文化知识，又满足了国家文化的要求。1953年9月21日《新湖南报》刊载摄影照片《长沙的秋天》[①]，14幅图片涉及工业、农业、文教、市政建设及普选等各方面，生活气息颇浓。其中一幅长沙市民参与普选运动的照片，以及百货公司长沙市公司食品加工厂赶装月饼的图像，将民众的“街头”生活、身边的建设场景等熟知的符号与国家知识相融合，达到二次生产的目的。更具特色的是，《新湖南报》还通过创新专栏《唱新闻》的形式，对新闻进行通俗化表达。在尝试创作的共12期的《唱新闻》中，有《文盲诗人今作诗》《说唱小铁牛》等作品，既通过民众熟知的内容符号和简单易懂的说唱方式深入百姓的生活场景，又对知识进行了普及，是一种对国家知识二次生产的尝试。

同时，《新湖南报》在当时的社会大变革当中，通过呈现国家文化，对民众也起到了引导和解惑的作用。其更多地将关注点放在如何以有效的方式应对当时的社会变革，解决民众实际的思想困惑和自我认同中。如除了1951年关于“李四喜思想”的讨论外，还有1952年关于“自流论”[②]思想的讨论、1953年关于“从小农经济现状出发，克服主观主义”的讨论等。这些讨论着眼于当时的各类社会现象，实事求是地解决民众困惑。1953年3月19日，毛泽东关于在农村中反对“五多”（任务多、会议集训多、公文报告表册多、组织多、积极分子兼职多）的批示，就是根据《新湖南报》的报道情况所作的。对于传统湖湘文化来说，其原有的文化气质外化为激进的改革观念及积极的动员行为，也使人更加自觉和积极地为社会政治服务。

---

① 《长沙的秋天》，《新湖南报》，1953年9月21日第2版。

② 自流论指的是认为农村会自流地跟着社会主义城市走，自发地按照社会主义城市的形象进行改造的认识，反对国家对农业社会主义改造的规划。

总的来看，本文将社会主义改造时期，社会主义文化的形成与发展话题在历史纵向上通过媒介的视角进行分析，并在横向空间上将其置于“国家/地方”的论域当中，探讨地方媒介在社会主义改造期间对国家文化进行的在地化传播实践。通过对史料的爬梳，发现湖南省委机关报《新湖南报》为了更好地将国家宣传内容有效传达，结合地方独特的湖湘文化传统对受众进行在地化的传播，建构了受众的国家观念，培养了受众的政治情感、政治思想，并对原有的湖湘文化艺术进行社会化改造，使其收编于国家文化体系之内。并利用国家政策和国家象征符号的地方化传播策略，以及宣传观念和话语风格的变化，呈现在国家文化形态下的新文化、新思想和新风俗，从而构建新社会。《新湖南报》对国家文化的在地化呈现，让国家知识在地方被二次生产和诠释，也对地方民众发挥了引导和解惑的作用。

影响《新湖南报》的绝不只是简单的国家－地方二元文化互动，而是多个关系主体的协调与互通。“报刊使人与人、人与社会相遇、碰撞、改变和构成的历史，是媒介之通如何造就媒介之通的历史。”① 在社会主义改造语境下，受众的文化记忆与党报建构的国家意识相融合，使得大众文化的想象和记忆更加丰富，也为之后民众对当代湖湘文化的“致幻”提供了想象空间。“随着社会的发展，现代社会国家与地方的界限逐渐模糊，统治意识形态与地方性知识的边界也不再清晰。”② 故曾有观点认为，中华人民共和国成立初期的“一体化”文化管理体制，让地域的特性日益被削弱，其所传达的地方文化也应不再具备地域性，不再具有现实价值。这种说法显然忽略了文化本身内在的系统性和所具有的生命力。回顾看来，中华人民共和国成立初期的全国文化建设刚刚起步，宣传制度也时常调整。在这种环境下，诸多报刊以宏观叙事为主，更偏向于表现积极的一面而时常忽略消极的一面，造成了诸多冤假错案和浮夸之风。但是，当我们将视角集中于地方报刊时，似乎能发现地方报刊的地域性与求实性对国家文化存在正向反馈。

当下的社会环境正面临“百年不遇之大变革”，但文化作为一种认知模式和价值观念具有长期的稳定性，其对于人的认知、规范和指导在新的社会环境下同样起作用。媒介沟通“南北”，因之报刊所透露出来的认知模式和价值观念，经过文化的内在传承，对于当下湖南民众的生活方式仍然能够产生指导作用。同理，也对于当下地方党报的生产实践有一定启发。

---

① 摘自黄旦在“传播与城市：新视野、新路径、新方法——第16届‘中外新闻传播理论研究与方法’暑期学校”中“报刊与报馆——考察中国报刊历史的两种视野”的讲义内容。

② 郭于华：《仪式与社会变迁》，北京：社会科学文献出版社，2000年，第5页。

中共新闻思想史研究

书报流通与政治革命：中共早期宣传型革命的展开及其困境（1921—1927）

龙　伟[1]

摘　要：在中共早期宣传型革命中，书报的流动是宣传得以展开的关键环节。中共早期书报发行主要依托传统流通渠道，以邮寄为主向地方流动。在流通终端，除公开销售外，大量书报依靠各地基层组织在内部分发。这套体系受地方局势、邮政审查等多种外部因素影响，一直不够顺畅。1925 年后，中共决心发展自己的党内秘密交通。然而因基层执行不一，中共未能在短时期内组织遍布全国的秘密交通网络。中共早期的信息流通网络虽有助于传播马克思主义，形成轰轰烈烈的革命浪潮，但也表现出层级过多、战线过长、分布过广、反应过慢的特征，以致难以应对革命瞬息万变的斗争要求。从信息传播的角度看，1927 年大革命的失败未尝不是早期党内信息流通不畅的必然结果。

关键词：信息流动；书报发行；中国共产党；大革命；组织史

文本在中共早期的组织与活动中扮演着关键性的角色。1927 年前，中共的革命形式可概称为“动员型革命”或“宣传型革命”，即中共主要通过宣传的方式进行斗争，这与大革命之后形成的武装斗争为中心的军事革命截然不同。法国学者方德万（Hans J. Van de Ven）曾指出，中共早期是一个以文本为中心的政党（Text - Centered Party），这一判断可谓极具洞察力，揭示出“文本”在早期中共组织过程中的特殊意义。[2] 然而相当重要的问题是，中共早期革命宣传到底是如何展开的，宣传所依赖的文本又是如何流动的，文本流动所仰赖的物质网络与党的组织又如何彼此联结？早期宣传流动遭遇了何种困难，对中共革命又造成了哪些影响？这些问题极

---

① 龙伟，重庆大学新闻学院教授、博士生导师。

② Hans J. Van de Ven, The Emergence of the Text - Centered Party, in edited by Tony Saich and Hans Van de Ven, *New Perspectives on the Chinese Communist Revolution*, Armokn, New York: Sharpe m. e. , 1995.

为重要，却没有得到充分的解答。① 本文以中共早期的党、团刊物为对象，尝试从书报流通的视角理解中共早期革命文本的流通网络及其背后的组织生态。需要指出的是，本文据史料所见，只是中共早期在面对复杂政治环境中的部分面相，其中的一些现象或有共性，可折射出早期政党组织与文本流通中的某些问题，但未必完全代表中共早期党报活动的一般状况。笔者无意否定其他因素对革命的意义，更非有意拔高信息流动于革命的价值。本文只是侧重从信息流动的角度重新理解中国革命的内在逻辑，抛砖引玉，不足之处，敬请批评指正。

一、流通的血管：中共早期书报的发行架构与基层网络

文本不仅是中共彼此聚集的思想纽带，而且也是中共成立后指挥、联动全国的重要方式。中共高度重视党的宣传工作，早期党的创建者在不同语境下都表达过文本宣传的重要性。然而中共早期大多强调马克思主义的翻译出版，即宣传文本生产的一面，直到中共“三大”才开始逐步完善党内的发行机构。1923 年 11 月，中共党、团系统协定成立教育宣传委员会，下设编辑部和印行部，由印行部专门负责党内书报发行，初步确立党内的发行制度。为推动出版物的发行，中央还专门成立了秘密发行机构——上海书店，并试图以此为中心建立全国书报发行网。1925 年中共“四大”前后，出于组织建设与训练的考虑，中共对革命书报宣教功能尤为关注，书报发行网络建设才得以提速。该时期，中共的发行工作主要集中在两方面：一是对中央出版发行组织机构的完善，二是推动基层组织建立出版发行网络。因而不难看到，中共对宣传动员的认识存在渐次转向的过程，早期较为重视翻译，成立之初则侧重出版，“四大”前后转向发行。

“四大”前后，中共在中央层面着手对发行机构进行调整和完善。1924 年 5 月，中共先后成立出版部、机关报编辑委员会和编译委员会，由出版部专门负责《新青年》《向导》等党内刊物的发行工作。1925 年 1 月，中共“四大”通过《对于组织问题之议决案》，明确“我们党的组织

① 学术界对相关问题的研究不多。就笔者目力所及，部分党史研究者初步探讨过中共大革命失败后中共的交通和情报传递，参见王奇生：《党员、党组织与乡村社会：广东的中共地下党（1927—1932）》，《近代史研究》2002 年第 5 期；高桥申夫：《党、红军、农民（一）：闽西根据地，1929—1934》，《法学研究》第 77 卷第 10 号；李里：《中共文件印发机制探析（1927—1931）》，《中共党史研究》2020 年第 6 期。关于大革命时期的发行问题，最近的研究可见张朋：《“人身上的血脉”：大革命时期中共党报发行网络》，《新闻与传播研究》2020 年第 4 期。该文侧重探讨早期书报网络的建立及意义，然其对存在的问题及与中共革命道路转型的内在关系未及申论，这是本文致力所在。

部重要工作之一，现在就是设立能够普遍传布党的印刷品之机关"，"必须借着传布印刷品的方法"深入群众。[①] 三个月后，中共专门就建立健全党内交通作出指示，将党内交通喻为人身之血脉，视其为影响党生死存亡的重大问题。[②] 1925 年 10 月，中央出版科代替中央出版部，成为新的出版发行领导机构。

基层方面，中共则着手创建全国性的出版发行网络，尝试将发行下沉到一线，调动起全体党员，确立起全党办发行的构想。在中央到地方的两级发行模式中，地方其实扮演了极为重要的角色。不过基层发行网络的建立并不顺畅。从 1924 年 9 月到 1925 年底，中共多次发出指示，要求各地方执委组织部下单独设立"交通"职务，指导出版部向各地扩张公开宣传品的销路，筹划向各地秘密输送本党宣传品及函件。[③] 尽管督促再三，甚至语气极为强硬，然而由于各地执行参差不齐，效果并不理想。因而直到 1925 年，各省委与中央的发行仍未完全对接，地方发行网络在组织机构上仍是简单的雏形。

笼统而言，中共早期的发行网络主要有公开、内部两个不同的网络渠道。公开的渠道主要是依托各地进步书局代销建立的发行网络，内部渠道则是通过基层党团组织建立的发行网络。自《新青年》始，济南齐鲁书社、武昌时中书社、长沙文化书社、杭州今古图书店、成都华阳书报流通处等书报代售处就时常出现在革命报刊的代售名单中，构成革命书报公开流通的核心网络。这些代售处自"五四"以来即是各地传播新思想的重要文化阵地，部分代售处后来也成为中共基层组织的活动据点。这些代售网点的设立多与所在区域旧有的信息系统、书报发行网络、文化氛围等因素有关。公开发行网络主要是在争取党外的进步群众，属于大众传播的范畴，并不直接反映中共系统内部的信息传播效能。

除公开流通外，更多的革命报刊通过组织内部以全体成员共办发行的方法流通。革命书报的内部流通既是中共"全党办报"理念的早期实践，也是早期中共组织力、传播力的直接体现。基层党、团支部对革命书报的分发主要有两种方式，一是通过党团成员强制性地订阅、推销。例如中共党、团曾多次发文要求各地党、团员推销、订阅革命书报，并将之视为

---

① 中央档案馆编：《对于组织问题之议决案》，《中共中央文件选集（第一册）》（一九二一—一九二五），北京：中共中央党校出版社，1989 年，第 382 页。

② 《中央通告第二十八号——关于建立和健全党内交通问题》（1925 年 4 月 30 日），中共中央组织部、中共中央党史研究室、中央档案馆编：《中国共产党组织史资料（第 8 卷）》，北京：中共党史出版社，2000 年，第 59 页。

③ 中央档案馆编：《对于组织问题之议决案》，《中共中央文件选集（第一册）》（一九二一—一九二五），北京：中共中央党校出版社，1989 年，第 381－382 页。

党、团员的基本义务。二是派专人推销或设立流通处，将流动销售与定点销售相结合。为加强书报流通，一些基层组织陆续设立专门的代派员，负责书报的发行流通。为解决流动推销获取书报的不便，部分基层组织也尝试在有条件情况下设立相对固定的书报流通处。

由于中央组织有待完善，基层发行的网络则属草创，因此早期革命书报的流通始终是一个大问题。1927 年 4 月，陈独秀在中共“五大”报告中对宣传工作评价说：“中央的工作做得最好的是宣传工作，做得最差的是组织工作。”不过陈独秀这里所说的宣传工作主要是指出版工作。他指出“宣传工作虽然做得比较好，但事实上他们主要是做了出版工作”。至于发行工作，则存在很大的缺点。陈独秀批评：“宣传部没有工作计划，不给地方发通告，也不向中央报告工作。宣传材料出版得很少，而鼓动材料却很多。例如，在江苏、湖南、广东和浙江等省，我们出版了许多鼓动小册子，其数量由九万册增加到了四十万册，可是这些出版物散发得很不好。例如，我们有十万份号召书，人们读到的却不到五万份。材料和出版物的散发情况很不好。因此，我们的宣传鼓动工作做得不好。党内教育跟不上党的发展。”① 如何实现出版物由上而下的散发，成为中共早期宣传鼓动以及党内教育迫待解决的问题。

二、不畅通的流动：中共早期革命书报的流通

在早期人力相对有限的情况之下，“全党办报”有助于基层传播网络的迅速建立，同时将书报阅读和党团训练有机结合在一起。这显然不失为一种有效的组织与训练手段。通过嵌入地方的基层党团组织，中共迅速形成了遍布全国的流通网络，这无疑有助于推进革命书报在全国的基层流通，从而形成轰轰烈烈的革命浪潮。但不必讳言的是早期书报的流通效率并不高，不但流动不够畅通，而且极易受到外部因素的左右与影响，反映出早期中共书报发行系统的脆弱。

“中央—地方”的发行模式首先要解决的问题是如何从中央分发到各个地方。中共早期书报的流通渠道较为单一，在党内秘密交通网络尚未建立起来之前，大多通过邮寄的方式从中央流向地方，部分也通过茶房、海

① 陈独秀：《在中国共产党第五次全国代表大会上的报告》（1927 年 4 月 29 日），中共中央党史研究室、中央档案馆编：《中国共产党第五次全国代表大会档案文献选编》，北京：中央党史出版社，2015 年，第 46－47 页。

员等可靠渠道掩护运送，以实现书报从上海向全国的空间转移。[①] 按邮政总局的规定，杂志要登记主编真实的姓名、地址和身份，才能作为新闻报刊交邮局发行。早期革命书报很少办理发行登记手续，因此不能从邮局公开发行，只有以秘密的方式寄送。由于主要的发行渠道都暴露在中共组织系统之外，因此依附于邮政的发行模式很容易受到外部环境的影响。

首要的问题是邮递状况严重制约革命书报的自由流通。受政府检查、邮局业务等方面的影响，中共早期很多刊物寄出后往往杳无音信，经常发生不能送达的情况。早期各地报告中，邮寄丢失的报告比比皆是。团中央寄往武昌的各类小册子、传单不时遗失。1922 年 5 月 2 日，刘昌群在给团中央施存统的信中报告，五一节前团中央所寄“五一”传单二千份，“五五”传单五百份，马氏小册一百份，除收到二百份“五一”传单外，其余均未收到。刘昌群推断：“没有收到的东西，不消说，是被邮局的狗子拿去当字纸烧了！”因此，他提出以后团中央寄武汉的“武汉方面，最好是请长江轮船上的茶房带汉交汉俊，另外给他几个酒钱”[②]。两周后，刘昌群再度报告，前几天寄给包惠僧的五百本《劳动运动史》“被狗儿扒去了”，“以后寄印刷物，总得另外想法子”。[③] 不过，团中央并未采纳刘昌群所说的这种捎带方式，仍以邮局寄送。总的来看，政治查禁、邮寄耗损一直是早期书报由中央向地方分发过程中难以有效解决的问题。

其次，中央与地方往往因沟通、交接、经费等问题互生误，会影响流通效率。中央办理发行的机构人少事多，遇事难免迁延稽留、处理不周，导致地方工作的被动。湖北团方面就埋怨上海方面寄发刊物太慢，以致内部不能销售。湖北团特别提醒中央，“各处寄件地点，时有改变，发行处亦应特别注意”，否则“虽寄了而不能收到”，因而要求中央在“发行方面应大改善”。[④] 由于中共早期的发行不纯粹是“传递事业”，更是一种“资本事业”[⑤]。中央指望收支平衡，是以催款不断，基层则因经费匮乏，总是

---

① 中共成立时虽然电报等现代通信手段已有相当运用，但由于地下斗争的秘密性，除特殊及紧密情况之外，中共一般不常使用官方的通信系统。参见王奇生：《革命与反革命：社会文化视野下的民国政治》，北京：社会科学文献出版社，2010 年，第 184 页。

② 《刘昌群致国昌信——关于纪念“五一”和宣传工作的情况》（1922 年 5 月 2 日），中央档案馆、湖北省档案馆编：《湖北革命历史文化汇集（1922—1924）》，1983 年，第 16 页。

③ 《刘昌群致秋人信——关于十三日全体团员会议情况》（1922 年 5 月 16 日），中央档案馆、湖北省档案馆编：《湖北革命历史文化汇集（1922—1924）》，1983 年，第 18 页。

④ 《育南致子云、仲海、代英、士奇信——关于平教运动、施兄善后事和团刊发行情况》（1923 年 12 月 10 日），中央档案馆、湖北省档案馆编：《湖北革命历史文件汇集（1922—1924）》，1983 年，第 116 页。

⑤ 瞿骏：《助产“主义时代”：〈中国青年〉的定位、推广与阅读（1923—1927）》，《中共党史研究》2020 年第 6 期，第 44 - 66 页。

“缺钱”欠账，两者难免产生矛盾。早期发行中，上海书店因书款问题就多次与基层发生纠纷。就各地报告来看，各地因书款、寄送、交接等问题不乏与中央的误会、矛盾，暴露出早期“中央—地方”两级发行模式信息流动的漏洞。1925年，中共在检查党内交通时就直言，由于交通办法的制度并未落实，党内出现极大危险与困难，党的印刷品“不但不能深入群众，并且与各级党部断绝关系，或发生障碍”①。

上述风险大多发生在中央与地方的接洽与流通环节，但事实上更大的问题出现在各地基层面向受众的流通过程之中。中共早期“中央—地方”的发行模式，表面上看是两级发行，但随着中共组织层级的增多，要使印刷物到达读者手中，还需要经过地委流向支部，再由支部向群众分发。在实际传播过程中，中共早期的书报流通呈现出由中心向多点发散的多层级、多节点模式。随着层级的增加，发行的风险和不可控性随之也同步增加。

基层发行方面，首先面临的问题是基层组织对刊物发行重视不够，基层发行队伍不健全，很多基层组织并没有指派专人负责刊物的发行。大多数同志往往将发行看成“技术”工作，“完全没有从政治上，从党与群众的关系上，去重视这一工作”②。中共虽然很早就要求地方委派专人负责书报发行，但由于基层党、团组织程度不一，各地很长一段时间的书报发行较为混乱，并没有形成明确的制度。其次，由于不少基层组织尚属初创，组织力量薄弱，直接影响到书报在发行终端的流通效果，很多地方书报流通止步于“最后一公里”。各地书报流通情况差异甚大，究其原因大抵有二：一者与政治环境与受众对象有关，二者与各基层的组织能力密切相关。前者主要是客观环境的影响，后者则主要与各基层的组织状况及其活动能力密切相关。

中央对基层的发行往往有强制性的数量要求，但就各地的报告而言，多数基层组织都难以完成推销任务，各地基层组织对强制推销的任务怨言甚大。例如团中央曾采取强制命令，要求识字团员每人必须订阅一份、代销两份《先驱》。但就实际来看，各地很难完成这一任务。一个很重要的原因是，很多知识青年对革命书报未必感兴趣。特别是在一些风气未开之地，革命书报鲜有人问津。在此情况下，许多地方只能将《先驱》作为福

---

① 《中央通告第二十八号——关于建立和健全党内交通问题》（1925年4月30日），中共中央组织部、中共中央党史研究室、中央档案馆编：《中国共产党组织史资料（第8卷）》，北京：中共党史出版社，2000年，第59页。

② 《提高我们党报的作用》（1930年3月26日），中国社会科学院新闻研究所编：《中国共产党新闻工作文件汇编（下）》，北京：新华出版社，1980年，第38页。

利赠阅。1923 年初，江西赵醒侬给施存统的信中，在要求团中央补寄《先驱》的同时，就说以后“每期可寄百份，虽然卖不着，送送人也好”。他反映南昌信仰新文化的人数较少，人民出版社的书“真是少有人买”，“《先驱》《向导》还可送送”[①]。虽然不清楚《先驱》的具体销量，但从各省的报告情况可以看出，多数地方《先驱》的销量只能略高于当地团员数量，很难达到团员的 2 倍数。例如 1923 年 6 月武昌团就报告，当地每期《先驱》“平均可销五十份至八十份”，但除了 S. Y.（团员）外，“别人买者甚少”[②]。当时武昌团团员共有 45 人，每期均销在 50～80 份之间，并没有完成定一销二的任务。即便是在知识青年较集中的上海，情况也不理想。1926 年上海区委曾报告《向导》在上海的发行情况：“我们以前对于导报是由上级机关决定数目，强迫下级机关去推销的。”“后来我们向中央要求可以退还，一方面也允许下级校部退还，以后因为退还的很多，又允许各校部发给的数目减少，可是减少后还有许多退还，因此我们对导报的推销一减再减，而至恢复到数目前还不如了。”[③] 不难看到，各支部对于强行推销均感困难，以至于在允许退还的情况下，推销数“一减再减”。最后区委没有办法，只得又强行规定从 176 期起，上级决定的推销数目“一律不准退还”。[④]

地方基层组织在推销革命书报的过程中，往往受到各种地方性、偶发性因素的影响，导致书报推销受阻。1926 年 5 月，徐州团报告政治环境异常恶劣。从北京“三一八”惨案发生以来，政治压力突然加紧。这种情况下，“《中青》前推销到六十份，但现在除了同学看阅外，没有人敢买了。《向导》已多少久期未寄来，对外宣传实未做到一点”[⑤]。同年 7 月，上大特支报告“推销刊物”的情况很不好，“除每人自己看一份外，一点不能推销，有时各同学间接着刊物也很迟缓，如今导报已出 158 期，而同学

---

① 《赵醒侬致存统信——关于组织分校及出版刊物情况》（1923 年 1 月），中央档案馆、江西省档案馆编：《江西革命历史文件汇集（1923—1926）》，1983 年，第 7 页。

② 《胡彦彬关于武昌 S. Y. 工作总报告——成立日期、略史、团员名单及组织宣传等工作情况》（1923 年 7 月），中央档案馆、湖北档案馆编：《湖北革命历史文化汇集（1922—1924）》，1983 年，第 76 页。

③ 《上海区委组织部关于改变推销导报办法的通知》（1926 年 10 月 17 日），中央档案馆、上海市档案馆编：《上海革命历史文件汇集（中共上海区委宣传部组织部等文件）》，1986 年，第 577 页。

④ 《上海区委组织部关于改变推销导报办法的通知》（1926 年 10 月 17 日），中央档案馆、上海市档案馆编：《上海革命历史文件汇集（中共上海区委宣传部组织部等文件）》，1986 年，第 577 页。

⑤ 《团徐州地委关于目前政治状况与团的工作情况报告》（1926 年 5 月 2 日），中央档案馆、上海市档案馆编：《上海革命历史文件汇集（团江苏各地委、特支、独支）》，1986 年，第 276 页。

155还未得到”[①]。不少地方组织因为早期经费困难，还不时出现挪用书款的现象。南昌团地委就先斩后奏：“《中国青年》每期约可售八十份上下，附此奉闻！南昌因经费困难，已在《中国青年》书款内用去五元，中央可否承认这款？”[②] 徐州方面报告：“我们连两种刊物共收五百文，上月起算收起了，作了大会费和买了一点零碎东西。我们恐怕你希望此点出项，所以附带说说，请你们不要有所希望。”[③] 中共早期很多报刊之所以办不下去，一个重要原因即是基层拖欠书款严重，中央难以收回款项，陷入越出版越亏损的地步，最后只能被迫关张。

通过全党的力量一起来推动革命书报的销行与强制性阅读，无疑是党扩大影响、统一认识、信仰凝聚的理想手段。但是这种全党发行的模式，在实践上却需要强有力的地方组织为之提供保障。“中央—地方”的发行模式看上去是由中央分配至地方，中央掌握调配全国之权，但事实上这一模式极其依赖地方的支持。书报寄至地方后，基层的组织发行全赖各地方组织的能力。从中共早期组织史的视角来看，中共早期各地党团多属初建，并未迅速形成坚强有力的组织。在此情境之下，由于缺乏基层组织强有力的支撑，全党办发行的理想实际上很难在基层实践中得以有效落实。

三、流通与革命：中共早期的信息流通与基层组织

早期革命书报的发行能力在很大程度上体现了中共的基层动员及组织能力。一个强有力的革命政党，必然要求其组织内部高效、迅捷的信息流动。在这个意义上，信息流动效率也代表着革命政党的组织力、战斗力。早期革命书报流通的阻滞不畅，也反映出中共早期在内部组织、联动上的诸多困境。

中共早期正式的党员人数极少，1925年1月中共“四大”时，全党仅有党员994人。[④] 各地基层组织多由城市返乡的知识青年依托地方关系组建，中央与各基层组织主要通过信函的方式进行联络。大革命期间，中央

① 《团上海地方各部委工作概况》(1926年7月)，中央档案馆、上海市档案馆编：《上海革命历史文件汇集（青年团上海地委文件)》，1986年，359页。

② 《赵兴隆致团中央执行委员会信——关于寒假临时委员会组成与刊物销售情况》(1924年1月9日)，中央档案馆、江西省档案馆编：《江西革命历史文件汇集（1923—1926)》，1983年，第54页。

③ 《团徐州临时执委关于组织改选并请求成立地委开展工作的报告》(1925年11月12日)，中央档案馆、上海市档案馆编：《上海革命历史文件汇集（团江苏各地委、特支、独支)》，1986年，第230页。

④ 吕枫主编：《中国共产党组织工作全书》，沈阳：白山出版社，1996年，第43页。

主要通过党内通告对地方形成指挥，并由此形成了“通告—执行—报告—再指示”的信息流通机制。然而由于中共早期未注意强化秘密高效的通信渠道，中央与基层的联络深受影响，很长时间内都未能形成高效联动的组织体系。

中央向基层的信息传递过程中，通信阻滞往往导致中央无法对地方实践形成有效指导。由于大量的通告主要依靠邮局寄递，存在严重的查禁、丢失、泄密问题，地方有时很长时间收不到中央的指令，偏远的基层党团收到指令，也往往因滞后的问题难以执行。1924 年，武止戈、雷晋笙在西安发展团员，就察觉“与中局太隔阂，要介绍人，须等中局的回复，等一次回信，须一月多”。其时，在西安，“这僻塞的地方，竟然连外边的消息一声也听不到”①。由于通信周期过长，有些通告送抵之时已时过境迁，地方再难执行。1925 年 9 月福州团就报告：“因消息隔阂殊甚。中兄通告大半多系半月前事，多半废事，实行实难。”由于信息传播受阻，文件分发迟滞已严重影响到地方党团的执行。这种情况下，福州团只能恳请“最好中兄能把通告早些寄来，或用快信寄来也行”。②

西安、福州两地与中央的通信时间虽长，但总算还是保持了联络。早期中央与地方的联动中，因检查、技术等方面原因，双方联系不时中断，甚至造成中央与地方的暂时性“失联”。1923 年 7 月间，武昌警厅查获外国语学校“杨君吾”通信，但中央未能及时获知，“致令武昌地方与中局有一两月未通音问”③。通信中断的情况并非偶然发生，而是早期中共与地方联动过程中的常态。1925 年 2 月，团西安第一支部在给中央的信中就抱怨说：“我们最感困难同时也是我们对你们最怀疑的地方，就是永不见你们的答复，永得不到你们的片纸只字。”④ 1925 年 11 月，南昌团地委在报告中也忍不住提出疑问：“前上的快信和改组的报告谅早已收到，吾兄对于此间校务，从无信来指示过，且与西校同性质的通告特别较迟，何故？”⑤ 从西安、南昌两地的情况来看，显然中央在较长时间内直接失去了

---

① 《雷晋笙关于接收团员等问题给邓中夏的信》（1924 年 9 月 10 日），中央档案馆、陕西省档案馆编：《陕西革命历史文件汇集（1924—1926）》，1991 年，第 58 页。

② 《方一号给弼时的信——求助经费及办报问题》（1925 年 7 月 17 日），中央档案馆、福建省档案馆编：《福建革命历史文件汇集（1923—1926）》，1983 年，第 76 页。

③ 《昌群致国昌信——关于武昌团的活动情况》（1923 年 7 月），中央档案馆、湖北省档案馆编：《湖北革命历史文件汇集(1922—1924)》，1983 年，第 83 页。

④ 《团西安第一支部关于团员人数及寒假工作等给团中央的报告》（1925 年 2 月 14 日），中央档案馆、陕西省档案馆编：《陕西革命历史文件汇集（1924—1926）》，1991 年，第 70 页。

⑤ 《团南昌地委致团中央信——关于通讯问题》（1925 年 11 月 9 日），中央档案馆、江西省档案馆编：《江西革命历史文件汇集（1923—1926）》，1986 年，第 260 页。

与两地的联络。由于信息不畅，中共指令往往不能及时、准确传达到地方，因而很难对地方实践作具体指导，地方也难以在行动上与中央保持步调一致。

中央的通告和指示不能及时准确送达地方，地方的报告也未必能报告给中央。1923年，南昌团报告说："本地方团的信件，常被军阀检查扣留、致令与各方隔膜。中央的通告，只收到二十七至三十一号，《先驱》大半没收到。本团报告中央两封重要的信也遗失了。我们离省后屡次函催南昌同志，从速把情形报告中央，至今也没收到。据南昌来信说已寄出，想被检查扣留。由南昌寄出之调查表，也损失了一半。"① 1925年11月，团武昌地委就写信抱怨："你们屡次来信责问我们，……似这一类的问题，我们都是再三的报告了你们过的，不知你们为何不知道？……接到我们的信而不好好的日检视清楚，这实是疏忽之处，我们给你们的信，都有底稿可查，因为你们屡来信责问这一类的问题，故我们这第十次教务会议中大家将从前给你们的信稿检查一番，结果我们并没能疏忽。"② 武昌地委之所以抱怨不断，恰是因为信息流通出现了严重的混乱，以致中央误以为没有收到地方的报告。

除通信困难的客观原因，基层报告制度不健全也是沟通不畅的重要原因。中央很大程度上依赖于地方的报告，才能及时掌握地方局势并做出决策。地方若不能及时准确地报告，中央则对地方一无所知，更无从进行指导。中央虽然三令五申要求地方及时报告，但早期基层的革命活动确有各种不可控性，各地方组织也难免有自由、散漫的风气，往往无法形成有效的报告制度。团赤水支部初成立时便报告："此间同志，自一九二二年七月加入S. Y团体以来，因有种种障碍，始终未有一字报告于中央委员会。"之所以如此，皆因加入团体后"不久此间人员四散，不能聚会"③。与赤水团情况不同，更多的基层组织则是没有报告的意识，没有专人负责报告事宜，未形成定期的信息报告制度，导致中央对地方缺乏细致的了解。1925年11月9日，团九江特支陈冰也报告："此地许久没有做过一个有系统的报告，是因人手太少，事务过忙，但这点也是要向中兄请罪的。"④ 此后，

① 《南昌地方团关于组织状况的报告》（1923年），中央档案馆、江西省档案馆编：《江西革命历史文件汇集（1923—1926）》，1986年，第5页。

② 《团武昌地委致团中央信——关于来往信函的收寄情况》（1925年11月28日），中央档案馆、湖北省档案馆编：《湖北革命历史文件汇集(1925—1926)》，1983年，第167–169页。

③ 《王尚德关于重建团赤水支部给团中央的报告》（1924年6月中旬），中央档案馆、陕西省档案馆编：《陕西革命历史文件汇集（1924—1926）》，1991年，第1页。

④ 《团九江特支综合报告（第一号）》（1925年11月9日），中央档案馆、江西省档案馆编：《江西革命历史文件汇集（1923—1926）》，1986年，第254页。

团中央陆续下发了86号至102号通告，但团九江特支仍然无暇回复，直到16日，陈冰又才作了极简要的报告。[①] 类似的情况也发生在芜湖。1926年，芜湖团地委报告说："此间最感困难的是无一专人负责，现有负责人除掉其个人本身工作外，所兼其他职务的亦不少。集会之参与，各种临时事件之应付，已劳于奔命，故每易将文字之报告忽略而忘记。"[②] 表面上看，这些大概都是基层组织的粗心、疏忽所致，但流通与组织实际构成一体两面。流通不畅在很大程度上暴露出基层组织自由、散漫的状态，也从一个侧面反映出早期中共对地方组织缺乏有效的动员与掌控。

因信息传递周期过长且不时中断，早期革命实践中地方与中央的联系相对松散。这种情况下，基层组织大多只能根据各地情况"自主"活动，甚至一度陷入无组织的境地。1925年，陕西全省仅11个县市建有党的组织，县级以下的农村支部基本没有。陈耀煌即注意到这一时期陕西地区革命组织的发展带有很强的地方性与自发性，很少是出于上层计划与指示。[③] 1925年11月，团西安地委仍报告："此地交通阻塞，总校消息及外边政局完全不晓，《向导》《中青》一直没见过，可怜之至!!! 能急死人，汇兑不通，更是至难，望钟兄速设法。"[④] 之所以出现这种情况，并不是中央不想指导，也非地方不愿接受指导，而实是受制于信息流动之弊，无法使各地基层高效协同。

书报发行在一定程度上显示了组织内的信息流动能力，反映了组织内部各节点之间的连接、协作、动员、组织能力。在1921—1927年间，中共的信息流动呈现出传播链条过长、外部噪声较大、传播渠道不稳定等诸多问题，中共与地方表现出典型的"弱连接"关系。诚如大革命失败后中共自我反思所言："党的宣传品不能深入到党外群众中去，而且不能普遍到党内的群众，支部不能在群众中起核心的作用。"[⑤] 信息传递的"弱连接"导致中共早期组织相对松散，远远没有形成一个有战斗力的紧密团体，以致中共只能将工作重心放在力量稍强的城市。对于该时期中共的组织，陈

---

① 《陈冰报告（第二号）——第八十六至一百零二号通告执行情况》（1925年11月16日），中央档案馆、江西省档案馆编：《江西革命历史文件汇集（1923—1926）》，1986年，第266－267页。

② 《顾耘致团中央的信——关于近期工作情况及困难》（1926年4月26日），中央档案馆、安徽省档案馆编：《安徽革命历史文件汇集》，1987年，第192页。

③ 陈耀煌：《陕西地区的共产革命，1924—1933——一个组织史的考察》，"中央研究院"近代史研究所：《中央研究院近代史研究所集刊（第93期）》，第51－52页。

④ 《崔物齐关于团西安地委成立情况给团中央的报告》（1925年11月5日），中央档案馆、陕西省档案馆编：《陕西革命历史文件汇集（1924—1926）》，1991年，第115页。

⑤ 《中央通告第三十二号——关于组织工作》（1928年1月30日），《中共中央文件选集（第4册）》，第77页。

独秀在五大报告中直言“我们的党目前还不是一个有完善组织的党，而是各个共产主义的小组”[①]，这一批评可谓一针见血。

余论：信息流动与革命模式的选择

信息流动的能力很大程度上决定和制约着政党的组织模式及其革命动员能力，甚至直接影响革命的成败。中共虽然高度重视组织内部书报流通，但受制于既有传播环境与传播水平，在成立初期主要依靠邮寄向地方传送，在地方则高度依赖各基层组织。这套体系受客观环境、政治局势、基层组织等多重因素影响，一直不够顺畅。1925 年，中共即因信息传递体系频遭破坏，下决心要发展自己的党内秘密交通，这意味着依附旧有社会信息系统的传播方式已无法满足中共革命的内在需求。遗憾的是，因中央督促不力，各地基层执行不一，“对于各地秘密发行路线，始终未能督促其建立起来”[②]。总体来说，中共早期的信息流动表现出层级过多、战线过长、分布过广、反应过慢的特征，中央与地方通信存在滞后、指挥不畅等诸多情况，以致无论书报流通还是组织联动都难以应对革命瞬息万变的斗争要求。当国民党背弃革命之时，中共很快遭受毁灭性的打击。1927 年大革命的失败意味着城市革命中心论的破产。从信息传播的角度看，失利未尝不是早期党内信息流通不畅、难以有效组织的必然结果。

1927 年大革命失败后，中共迅速调整战略，中国革命模式由此发生重大转折，中共的宣传与组织模式也随之明显变化。[③] 1927 年“八七会议”上，中共吸收了大革命失败的惨痛教训，甚至特别指出要“重新造党”。重造的关键即在严密性，要求自上而下一切党部都应“造成坚固的能奋斗的秘密机关”“每一党部都应严格的与其上级及下级党部建立极密切的极秘密的联系”[④]。“八七会议”上，中共决议由中央交通处牵头建立秘密的

---

① 陈独秀：《在中国共产党第五次全国代表大会上的报告》（1927 年 4 月 29 日），中共中央党史研究室、中央档案馆编：《中国共产党第五次全国代表大会档案文献选编》，北京：中共党史出版社，2015 年，第 46 页。

② 《宣传工作决议案》（1929 年 6 月 25 日），中央档案馆编：《中共中央文件选集（第 5 册）》，北京：中共中央党校出版社，1990 年，第 268 页。

③ 不少学者已注意到大革命失败后相当长的一段时间内，中共基层党组织的文件传递仍存在明显滞后现象。但大体而言这些问题主要表现在中央与白区党组织联系方面，随着 1931 年后中共工作重心向苏区的转移，中共信息传播的环境与方式均发生显著变化。参见李里：《中共文件印发机制探析（1927—1931）》，《中共党史研究》2020 年第 6 期，第 85 - 102 页。

④ 《八七会议关于党的组织问题议决案》（1927 年 8 月），中共中央党史研究室、中央档案馆编：《中国共产党第六次全国代表大会档案文献选编（上）》，北京：中共党史出版社，2015 年，第 3 页。

“党内交通网”，以确保中央能通达各省，各省能通达各县，各县能通达各乡。[①] 1928 年 10 月，毛泽东在湘赣边界党的第二次代表大会首次提出“工农武装割据”思想，指引革命将重心从城市转向农村。[②] 随着革命重心的转移，中共根据斗争实践不断调整发行策略，“注意改良分散刊物与输送方法”[③]，“建立秘密发行路线，扩大推销党的机关报于广大群众中间”[④]，强化发行体系的独立性，以构建迅捷、安全的流通体系。随着各根据地的广泛建立，工农割据形成一种外于传统社会的“独立”空间，中共报刊最终得以在各个根据地扎根基层，从而形成一套相对封闭、独立的发行体系，真正走上全党办报、群众办报的党报道路。解放战争时期，部分解放区甚至实现了“村村有报”，[⑤] 此时党报的流通与覆盖范围，显然远非早期革命书报流通可以相提并论。

高效有序的信息传播既是造党组党的前提，也是政党夺取革命胜利的关键。在中共革命进程中，信息流动不能单纯视为信息的单向或双向传播，也不宜看作凯瑞所说的“仪式”。信息流动本质上即是一种目标明确的组织行为，是革命政党组织的重要组成部分。革命书报发行所代表的党内信息流动与党的组织互为表里，它不仅是中共调动基层的重要组织方式，也是判断中共组织水平、组织能力的重要标尺。革命的成功虽是多种因素综合推动的结果，一个畅达的内部信息网络却是确保组织执行力、战斗力的重要保障，也是一个政党高效、有序运作的前提。从这个角度言说，信息流动的水平不但制约着政党的组织能力，也在一定程度上左右革命的成败。

---

① 《中央通告第三号——建立党内交通网》（1927 年 8 月 21 日），中共中央文献研究室、中央档案馆编：《建党以来重要文献选编：1921—1949（第 4 册）》，北京：中央文献出版社，2011 年，第 481 页。

② 毛泽东：《中国的红色政权为什么能够存在?》，北京：人民出版社，1951 年。

③ 《宣传工作的目前任务》（1928 年 7 月 10 日），中共中央文献研究室、中央档案馆编：《建党以来重要文献选编：1921—1949（第 5 册）》，北京：中央文献出版社，第 2011 年，490 页。

④ 《宣传工作决议案》（1929 年 6 月 25 日），中央档案馆编：《中共中央文件选集（第 5 册）》，北京：中共中央党校出版社，1990 年，第 267 页。

⑤ 《关于大量发展党报推进土改的通令》（1948 年 2 月），成安玉：《华北解放区交通邮政史料汇编（冀南区卷）》，北京：人民邮电出版社，1993 年，第 172 - 173 页。

中国共产党成立初期工人群体的马克思主义书报阅读接受研究

刘晓伟①

摘　要：中国共产党成立初期，通过对马克思主义的宣传，呼吁工人重新认识自身地位，提升了工人的阶级自觉意识。中国共产党创办工人报刊，吸引工人阅读报刊；创办工人俱乐部、图书馆和劳动补习学校等，促进工人接受马克思主义教育。工人群体通过马克思主义书报阅读和接受党的教育，有效实现阶级意识的觉醒，进而促进了马克思主义与工人运动的结合。

关键词：工人报刊；劳动补习学校；工人运动；阅读史

中国共产党是马克思主义和工人运动相结合的产物，这是中国共产党成立史表述中的主导性话语。其中，工人群体的马克思主义书报阅读为实现相结合奠定了思想基础。在中国共产党成立一百周年之际，回顾这一重大历史命题，总结中国共产党成立前后，早期共产党人将马克思主义引入工人群体并被接受的历史实践，具有重要的研究价值。

一、问题的提出

中国共产党是马克思主义和工人运动相结合的产物。然则在该问题的具体解释方面并非没有争论，正如一些研究者指出的，“产物论”具有明确的文献出处且多次被发展完善，但亦时常引起质疑。质疑的发生不是因为“产物论”本身是错误的或存在罅漏，而是学界对“产物论”包含的某些问题尚未辨析清楚。② 确然，在笔者看来，以往的研究大多是从应然层面展开，阐释马克思主义与中国工人运动相结合的宏观历史条件、发展过程和历史原因等，③ 而较少从实然的角度，将研究视角聚焦于最为关键的

① 刘晓伟，华南师范大学教育信息技术学院教授。

② 郑宁波：《“中国共产党是马克思主义与中国工人运动相结合的产物”四大关键性问题辨析》，《甘肃社会科学》2011 年第 5 期，第 156 – 158 页。

③ 周宏府：《中国早期工人运动的发展和中国共产党的诞生》，《湘潭大学（社会科学学报）》1981 年第 3 期，第 1 – 9 页；李勇华：《中国共产党创建过程的一个重大历史特点——对中国共产党是马克思列宁主义同中国工人运动相结合之产物问题的再研究》，《浙江社会科学》1995 年第 2 期，第 88 – 93 页。

“相结合”一词，从“接受史”的角度阐发在中国共产党创建过程中，马克思主义如何被作为工人运动主体的工人所接受，并有效转化为工人运动的思想动力。这些研究存在的共同问题是“见势不见人”，对历史趋势阐述透彻，但对其中的人关注不足。这就使得有关“相结合”的叙述缺乏具体的依托。

马克思主义和工人运动相结合的前提必然是依托于具体的人而展开，这个具体的人自然是接受了马克思主义的工人群体，而接受的途径则有阅读和教育两种。当然，这两种途径也是相互融合、相辅相成的。本文力图聚焦于作为“相结合”主体的工人，阐述马克思主义如何为当时的工人群体所阅读接受，又产生了怎样的政治功效。需要说明的是，当我们进入这一问题域时，所面临的主要难题是史料的匮乏，相对于在建党初期加入中国共产党的知识分子而言，当时的工人群体鲜有人留有日记，一些相关回忆录、自传或回忆文章也多是零零碎碎略有提及，难以寻觅具体个体的思想转变的经历。因此，本文将通过当时工人报刊中的读者来文、回忆文章涉及的零散史料等内容，探寻工人群体如何通过工人报刊的阅读实现思想裂变，进而为变“失语者”的“无”，为“在场者”的“有”提供一种可能。

需要指出的是，“相结合”的时间节点问题是“产物论”纷争话题中的一个焦点。这个问题关系本研究主题的时间断限，有必要在此略作阐述。一般认为，在中共“一大”之前，马克思主义与工人运动已经实现了结合，这种结合在中国共产党正式成立以后又进一步深化。有学者将有关时间节点的争议称为“伪命题”，主张马克思主义与工人运动在中共“一大”前已经实现结合，但这种结合做得还不够多，需要继续推进和扩大。① 也有的学者将建党看作一个过程，从 1918 年 7 月到 1923 年 2 月第一次工人运动高潮结束，沿着“马克思主义开始传播—开始与工人运动相结合—党成立—基本完成结合”的线索进行。② 同时，也有学者提出了“建党在前”“相结合在后”的判断，认为“产物论”是在较为特殊的形式上体现的一般规律。③ 本文无意评析上述观点的对错，但从中无疑可以看出，中国共产党成立初期马克思主义和工人运动的“相结合”是一个动态的时间

① 郑宁波：《“中国共产党是马克思主义与中国工人运动相结合的产物”四大关键性问题辨析》，《甘肃社会科学》2011 年第 5 期，第 156 – 158 页。

② 周宏府：《中国早期工人运动的发展和中国共产党的诞生》，《湘潭大学（社会科学学报）》1981 年第 3 期，第 1 – 9 页。

③ 王世谊：《二十世纪初中国国情与中国共产党的产生》，《河海大学学报（哲学社会科学版）》2002 年第 3 期，第 1 – 8 页。

过程，大致在1918年至1923年之间，而不能以1921年7月中共“一大”为静态的时间划分点。这也是本文采用的大致时间断限。

二、接受主体：工人阶级新社会地位的鼓与呼

在阅读史的研究中，“谁在读”是首要的问题。在本文的研究中，“谁在读”是设定的选题，即主要考察工人群体的阅读问题。与具有阅读自主性的知识分子群体不同，当时的工人群体属于待发动待教育的群体。1864年，马克思在《国际工人协会成立宣言》中就曾指出：“工人的一个成功因素就是他们的人数；但是只有当工人通过组织而联合起来并获得知识的指导时，人数才能起举足轻重的作用。”① 如何唤醒工人群体阅读接受马克思主义的主体性，从而获得马克思主义的“知识”，是中国共产党的天然使命和当时迫切需要解决的问题。

中国共产党建党过程中，深受国际共产主义运动和苏联社会主义革命模式的影响。在苏俄社会主义革命中，列宁曾指出：“工人本来也不可能有社会民主主义的意识。这种意识只能从外面灌输进去。”② 中国共产党成立初期受共产国际指导，工作重心是仿照苏俄革命模式发动工人参加革命，向工人阶级灌输社会主义思想同样成为工作的重中之重。《中国共产党的第一个决议》中指出：“本党基本任务是成立工会，……党在工会里要灌输阶级斗争的精神。”③ 中共“一大”后给共产国际的报告中也指出，“我们应该改善工人的状况，扩大他们的眼界，引导他们参加革命的斗争和争取出版自由、集会自由的斗争”，“鉴于我们党到现在为止几乎完全是由知识分子组成的，所以代表大会要求特别注意组织工人，以共产主义精神组织他们”。④

传统上，工人无论在精神层面还是在肉体层面都备受压迫，这也使得工人甘于接受低人一等的社会地位。因此，在中国共产党的早期工作中，促使工人群体接受马克思主义，首要的就是让工人重新认识自己的社会地

① 马克思：《国际工人协会成立宣言》，《马克思恩格斯选集（第3卷）》，北京：人民出版社，2012年，第10页。

② 列宁：《群众的自发性和社会民主党的自觉性》，《列宁选集（第1卷）》，北京：人民出版社，2012年，第317页。

③ 《中国共产党的第一个决议》，中国社会科学院现代史研究室、中国革命博物馆党史研究室选编：《“一大”前后：中国共产党第一次代表大会前后资料选编（一）》，北京：人民出版社，1980年，第12页。

④ 《中国共产党第一次代表大会》，《党史资料丛刊［一九八〇年第一辑（总第二辑）］》，上海：上海人民出版社，1980年，第14页。

位，树立谋求翻身解放的信心。从国际共运背景来看，第一次世界大战后，西方国家社会主义思潮兴起，工人革命运动高涨。这些工人运动的影响也传播到了中国。邓中夏曾经回忆指出："在一九一八年到一九二一年间，英国罢工四千多次，参加人数高达五六百万人。各国的社会革命运动表现出了资本主义制度的内在矛盾与弊端。而在当时的中国，各国工人革命的消息'在中国报纸上"日不绝书"。'"① 在这种背景下，中国社会"劳工神圣"思潮风行，使马克思主义在中国的实践有了现实的本源和阶级载体。② 一大批受到马克思主义影响的先进知识分子开始认识到发动工人参加革命的重要性，正如当时的工人运动领袖李立三指出的："一般进步青年，便受了这个浪潮的冲击，认识国民革命前途，必须唤起广大的群众来参加，尤其是工人群众。"③ 中国共产党成立后，在组织发动工人的过程中，更加注重宣传工人的社会价值，赋予工人新的社会地位，从而提升工人的阶级自觉性，促使工人在自我觉醒后加入工人运动。

中国共产党成立前后，在创办的工人报刊以及宣传演讲活动中积极呼应"劳工神圣"的理念，突出工人是"至高贵""至有用"的人，通过修辞的"加冕"为新兴的工人阶级鼓与呼。《劳动者》发刊词中宣扬："所以只有做工的人，是最有用的人，是最有高贵的人。"④《劳动周刊》以反映工人的需求为己任，在发刊词中明确呼吁："中国的工人们，快快把我们的头抬起来呀！"⑤《工人周刊》在创刊号中强调，"中国工人阶级是我国历史上的新兴阶级，他负有改造旧政治、旧经济、旧文化的重任，是革命的力量"⑥。除了在报刊上进行宣传之外，早期中国共产党人还通过演讲、讨论、发放传单等活动，强化对工人主体地位的宣传教育。1923 年 11 月通过的《教育宣传问题决议案》把研究讨论、讲演作为教育工人的重要方法，要求对国内劳动运动及各地现实的劳动生活，每小组均当加以讨

① 邓中夏：《回忆共产主义小组成立前后》，《邓中夏文集》，北京：人民出版社，1983 年，第 434 页。

② 熊秋良：《五四知识分子对"劳工神圣"的认知与实践》，《马克思主义研究》2019 年第 4 期，第 56－57、167－168 页。

③ 唐山市总工会办公室工运史研究组编：《唐山工运史资料汇辑》，唐山：唐山市总工会办公室工运史研究组，1985 年，第 53 页。

④ 《劳动者发刊词：劳动者呵》，中国社会科学院现代史研究室、中国革命博物馆党史研究室选编：《"一大"前后：中国共产党第一次代表大会前后资料选编（一）》，北京：人民出版社，1980 年，第 68 页。

⑤ 《劳动周刊发刊词》，中央宣传部办公厅、中央档案馆编研部主编：《中国共产党宣传工作文献选编（1915—1937）》，北京：学习出版社，1996 年，第 352 页。

⑥ 罗章龙：《椿园载记》，北京：生活·读书·新知三联书店，1984 年，第 131 页。

论，并特别点明要以《工人周刊》为材料。[①] 当时一些工人受演讲活动的影响而加入了革命潮流，如印刷工人毛齐华曾经回忆，自己参加革命的发端即是听了早期共产党人恽代英的演讲，“我生平第一次听这样的演讲，只觉得他们说出了我们穷苦人们的心里话”[②]。这些鼓与呼的实质是把马克思主义对工人阶级革命性的基本判断灌输到工人中去，促使工人阶级对自身社会地位和历史使命的认识上升到理性认识阶段。工人阶级自我意识的觉醒，是由自在阶级向自为阶级转变，也是实现工人运动由自发到自觉转变的前提条件。

三、接受的依托媒介：工人报刊的创办与阅读

在阅读史的研究中，“读什么”是一个重要问题。特别是对工人这一文化水平相对不高的群体来说，显然并非所有书报都适合其阅读。五四运动之后，马克思主义思想涌入中国，成为当时报纸杂志中的热点。不过，这些报刊的阅读群体主要是传统的官僚、知识分子和学生群体，实际上对工人群体的影响非常有限。李大钊指出：“要想把现代的新文明，从根底输入到社会里面，非把知识阶级和劳工阶级打成一气不可。”[③] 如何把当时先进知识分子宣传的马克思主义引入工人群体，为工人所接受，需要适合工人群体的新媒介。在欧洲早期工人运动中，工人阶级报刊起到了重要动员作用。[④] 在俄国社会主义革命中，列宁也曾经指出，“俄国工人报刊的历史同民主运动和社会主义运动的历史有着不可分割的联系”[⑤]。中国共产党成立前后，一大批先进知识分子同样致力于出版发行工人报刊，打造新的阅读媒介对工人进行马克思主义思想启蒙教育。

从1920年开始，中国共产党早期组织就出版发行工人小报，如上海的《劳动者》、北京的《劳动音》、广州的《劳动声》等周刊，根据邓中夏的记载，上海还有专门对店员宣传的小刊物《伙友》。[⑥] 尽管这些刊物出版的

---

① 《教育宣传问题决议案》，中央宣传部办公厅、中央档案馆编研部主编：《中国共产党宣传文献选编（1915—1937）》，北京：学习出版社，1996年，第561-562页。

② 毛齐华：《风雨征程七十春》，北京：当代中国出版社，1997年，第18页。

③ 李大钊：《李大钊文集（第2卷）》，北京：人民出版社，1999年，第287页。

④ 张莉、郭雨祺：《从〈北极星报〉到〈新莱茵报〉：早期工人阶级报刊新探》，《当代传播》2019年第5期，第20-25页。

⑤ 列宁：《俄国工人报刊的历史》，《列宁全集（第25卷）》，北京：人民出版社，1998年，第98-106页。

⑥ 邓中夏：《中国职工运动简史（一九一九—一九二六）》，《邓中夏文集》，北京：人民出版社，1983年，第435页。

时间不长，但在工人群体中受到欢迎，展现了工人报刊的生命力。如《劳动音》“在长辛店、南口等工人集聚区发行后，颇受工人欢迎，每期可销售二千份左右”①。这些报纸的创办初衷即是以工人为主要读者对象，通过宣传工人为何受压迫受剥削的道理，唤醒工人阶级的主体意识。对此，李汉俊在1920年创办的《劳动界》发刊词中明确指出：“我们印这个报，就是要教我们中国工人晓得他们应该晓得他们的事情。”②

中国共产党成立后，更加迫切希望创办工人报刊向工人宣传马克思主义，通过促进工人自身的觉醒使其参与到革命大潮中来。1921年8月20日，中国劳动组合书记部于上海创办《劳动周刊》，这是中国共产党创办的第一个全国性工人报刊。1922年6月，《劳动周刊》主编李启汉被上海巡捕房拘捕，判刑三个月后被逐出租界，该刊被勒令停刊。③ 在中国共产党创办的工人报刊中，最具影响力、出版时间最长的是《工人周刊》。1921年7月24日，中共北京党组织创办了《工人周刊》。④ 《工人周刊》是中国共产党在北方的主要党报，同时也是全国工人言论机关。《工人周刊》第一期试印一千五百份，逐期增加到两千份，后来发行激增，由三千份最高升到六千份，以后长期稳定在五千份左右，印行达五年之久，累计期数150期以上。读者群体遍布全国，远至东南亚、远东海参崴、赤塔和法国等地华工中间，成为中国共产党成立初期印行时间持续最久、在工人阶级中影响最大的党报。

针对当时工人阶级文化水平不高的实际，工人报刊注重以通俗的形式，向工人宣传马克思主义基本原理、十月革命道路和无产阶级专政学说。《工人周刊》开辟专栏《工人常识》，向工人教授文化、技术知识；《工人谈话》《工人之声》专栏则直接刊载来自工人的要求和呼声，在当时成为工人必不可少的读物⑤。《工人周刊》提出的反抗压迫、谋求解放的政治呼吁，切中工人的心声，得到工人的积极呼应。从《工人周刊》刊登的文章来看，《工人谈话》《工人之声》栏目主要反映工人生活的苦况，一些工人在其中主动发声，将自己的主张回馈给报社。如南口火车房工人高步安就在“工人谈话”栏目中揭发京绥铁路各小站站长不负责任、压迫工人的罪行，同时反映工人在火车上大量吸入煤烟的苦况。⑥ 又如工人金太瑞

① 罗章龙：《椿园载记》，北京：生活·读书·新知三联书店，1984年，第127页。

② 李汉俊：《我们为什么要印这个报》，《劳动界（第1册）》，1920年8月15日。

③ 《劳动周刊已被封　李启汉判徒刑三月》，《四民报》，1922年6月10日。

④ 李自华：《〈工人周刊〉创刊时间的考证》，《北京党史》2011年第4期，第61－62页。

⑤ 罗章龙：《椿园载记》，北京：生活·读书·新知三联书店，1984年，第141页。

⑥ 高步安：《我们的苦况》，《工人周刊》1922年第28期。

在《工人之声》控诉“现在人类中，最痛苦的就是工友们”，呼吁“工友们，还不快快醒来罢”，“工友们呀，还不快快解放罢”。[①]《劳动界》设有《读者来信》栏目，主要揭露工厂剥削工人的黑暗，反映工人的切身利益，表达工人实现觉悟、谋求解放的心声。如湖南工人量澄在读了《劳动界》之后实现思想觉悟，来信呼吁工人应有“人格上底觉悟”“待遇上底觉悟”“教育上底觉悟”“团体上底觉悟”[②]。此类例子在《劳动界》的《读者来信》栏目中还有很多。从这些例子中，可以看出当时工人阅读马克思主义书报的普遍性和积极性，反映出工人报刊对工人革命意识觉醒的深刻影响。实际上，苏俄社会主义革命前的工人报刊所宣传的内容也与此类似，列宁曾经指出：“20 年前的全部工人传单和社会民主党报纸，是现在的工人报刊的直接的先驱：所刊登的同样是‘揭发’工厂情况的文章，同样是‘经济’斗争的新闻，同样是从马克思主义和彻底的民主主义立场对工人运动的任务所作的原则性说明。”[③]

工人报刊对工人读者的关注和与读者的互动，使其具备了吸引工人阅读和养成工人阅读习惯的基础。部分识字的工人在工余时间阅读工人报刊，成为良好的习惯。书报阅读开始被工友们视为自己应有的人身权利，他们积极争取维护这个权利。《劳动周刊》中曾经报道了一个工人维护自己阅读工人报刊权利的案例。当时，官纱局工人陈义举在工闲的时候阅看《劳动周刊》，结果受到工头斥责，“同行工人，大抱不平，都说我们因家贫失学，已属自苦，今在工闲的时候，看看浅近的报纸，反被干涉，是不以人类待我们了。大家纷纷议论，听说工人们已经起来散发传单，不日开会讨论，要去质问局长哩”。对此，《劳动周刊》即以《工人连报都看不得了》为题进行了报道。[④] 1922 年，衡阳地区党团负责人秦北平在给上级的信中写道：“此处工人识字者多（颇有机械工），但苦无书报看。上海方面所有各种工人周刊、旬刊及各种小册子，请每寄数十份给我们，以便分送各工界。”[⑤] 这里所说苦无书报看，显然是指没有可资工人启蒙的进步书报可读。1923 年，“二七”运动失败后，《工人周刊》一度被北洋政府内务部以“此项印件实含过激主义关系地方治安颇大”为由予以查禁，“勿任

① 金太璐：《工友们快快解放罢》，《工人周刊》1922 年第 30 期。

② 量澄：《工人应该觉悟的地方》，《劳动界（第 16 册）》，1920 年 11 月 28 日。

③ 列宁：《俄国工人报刊的历史》，中共中央马克思恩格斯列宁斯大林著作编译局编译：《列宁全集（第 25 卷）》，北京：人民出版社，1998 年，第 98 – 106 页。

④《工人连报都看不得了》，《劳动周刊》1921 年第 18 期。

⑤ 秦北平：《秦北平致国昌、秋人信》，刘旅森主编：《中共衡南地方史（新民主主义革命时期）》，北京：中共党史出版社，1995 年，第 105 页。

散布”。[1] 对此，工人读者表达了强烈的关注，来函《工人周刊》咨询：“我是向来很喜欢看工人周刊，并且给了我很大的教训[2]，所以近日得不到工周一看以为憾。未知继续出版否。”[3]《工人周刊》在同期头版头条专门给“亲爱的阅者诸君”回复：“外界要求的十分迫切，使我们这个周刊再不能不按期出版了。”[4]

这些声音从一个侧面反映出工人群体阅读工人报刊之后在思想上的觉悟，体现了马克思主义思想对工人产生的深刻影响。工人与工人报刊的创办者同声共气，借由媒介空间交流观念，形成同质化的声音，使得工人报刊成为凝聚工人阶级意识的媒介平台。

四、接受场所：劳动补习学校、工人俱乐部与工人教育

在明晰主体意识和媒介基础等主客观问题后，工人群体通过何种场所阅读马克思主义即成为我们关注的重点。在阅读史的研究中，“在哪读”是一个重要问题，这涉及了报刊阅读所处的空间问题。正如列斐伏尔（Henri Lefebvre）指出，如果未曾生产一个合适的空间，那么“改变生活方式”“改变社会”等都是空话。[5]阅读是属于私人性的趣味阅读还是具有交互性的公共阅读，对于阅读的意义生产具有重要意义。

与欧洲大工业后的早期工人相比，中国的工人文化水平和思想觉悟更低，在马克思主义书报阅读上属于被发动被组织者。相比来说，欧洲早期工人掌握了文字，能够读书看报，并且工人开始有选择性地阅读书报，伦敦共产主义教育协会指出，“工人阶级只读书不思考、不检验的时代已经一去不复返了”[6]。列宁也曾经明确指出，“为了使工人能更多地做到这一点，就必须尽量设法提高全体工人的觉悟水平，就必须使他们不要自己局限于阅读被人为地缩小了的工人读物，而要学习愈来愈多地领会一般读物”，“因为工人自己是阅读并且也愿意去阅读那些写给知识分子看的读物的，而只有某些（坏的）知识分子，才认为对于工人只要讲讲有关工厂中

---

① 王桂林：《训令：江苏全省警务处训令第四三五号（中华民国十二年六月二十日）》，《江苏省公报》1923 年第 3395 期。

② 笔者注：应指教育。

③ 邝富仝：《通信》，《工人周刊》1923 年第 64 期。

④ 文虎：《本号发刊的话》，《工人周刊》1923 年第 64 期。

⑤ ［法］亨利·列斐伏尔著，王志弘译：:《空间：社会产物与使用价值》，包亚明主编：《现代性与空间的生产》，上海：上海教育出版社，2003 年，第 47 页。

⑥ 杨保军、陈硕：《无产阶级办报刊的使命——〈新莱茵报·政治经济评论出版启事〉评析》，《新闻与传播研究》2013 年第 6 期，第 5 – 17，125 页。

的情况，反复地咀嚼一些大家早已知道的东西就够了”[①]。相比之下，五四运动后的中国早期工人，很多人由于根本不识字或经济收入有限而并没有接受教育的机会，无法实现自主阅读，更谈不上阅读的选择性。一些工人甚至把工余的时间用于嫖赌上。[②] 对于工人来说，接受马克思主义的教育是需要养成的。在颇有影响的安源路矿工人运动中，安源路矿工人教育委员会即将“识字”“能记账、写信及读浅显的书报”，以及“灌输工人的知识”“最终目的就是要促进工人的阶级觉悟”等，作为“无产阶级教育的旨趣”[③]。工人的学习教育主要通过补习学校和书报阅读两种方式实现。当然，补习教育是提高工人阅读能力的基础，而工人的马克思主义书报阅读又是补习教育的重要方式，两者在一定程度上是相互融合、一体存在的。在当时，工人阶级阅读和接受马克思主义的养成场所主要是共产党人创办的劳动补习学校，以及工会组织的工人俱乐部、图书馆。

受工人的文化水平和经济条件等方面的限制，劳动补习学校是工人阅读和接受马克思主义的重要场所。创立劳动补习学校，是中国共产党在建党时期教育工人的重要方式，《中国共产党的第一个决议》中就指出：“因为工人学校是组织工会途中的一个阶段，所以必须在一切工业部门中成立这种学校。”[④] 在中国共产党建党初期创办的工人学校中，最具代表性的是1921 年 1 月 1 日北京党部在长辛店开办的劳动补习学校。[⑤] 劳动补习学校的教员都是审慎选择的，对工作十分认真，平日向工友们讲解革命大义，同时对工友生活非常关心，事无巨细，故工人将学校称为“工人之友”。在这些学校中，由于没有现成的教材，“各劳动学校教材由书记部教育委员会编辑，内容取材于《共产党》月刊、《工人周刊》、《向导》、《苦力》、《劳动界》及《国际通讯》英、德、法文版本的资料等”[⑥]。换言之，马克思主义书报中的内容即成为自编教材的主要内容，劳动补习学校也就成为工人接受马克思主义的重要场所。1925 年 1 月，团济南地委在《关于青工工作的报告》中提及创办非正式工人补习学校，将工人报刊等作为教材的

---

① 列宁：《怎么办》，《列宁选集（第 1 卷）》，北京：人民出版社，2012 年，第 326 页。

② 《中国社会主义青年团安源地委报告》，中共萍乡市委《安源路矿工人运动》编纂组编：《安源路矿工人运动》，北京：中共党史资料出版社，1990 年，第 415 页。

③ 刘义：《教育委员会报告》，中共萍乡市委《安源路矿工人运动》编纂组编：《安源路矿工人运动》，北京：中共党史资料出版社，1990 年，第 290 – 291 页。

④ 《中国共产党的第一个决议》，中国社会科学院现代史研究室、中国革命博物馆党史研究室选编：《“一大”前后：中国共产党第一次代表大会前后资料选编（一）》，北京：人民出版社，1980 年，第 12 页。

⑤ 任武雄、刘昌玉：《上海共产主义小组的有关几个问题》，《党史资料丛刊［一九八〇年第一辑（总第二辑）］》，上海：上海人民出版社，1980 年，第 50 页。

⑥ 罗章龙：《椿园载记》，北京：生活·读书·新知三联书店，1984 年，第 112 页。

事，“识字者我们则教他们看一点通讯、关于工人的报纸——《平民之友》《青年工人》《苦力》《工人周刊》等等”①。团大连特支创办了两间夜校，学生以工人和小商人居多，在教材方面也援用工人报刊，“教材虽主要者为平民千字课，然而计划暗中用《工人周刊》及《劳动青年》为课本，现已实行”②。在郑州工务段工作过的工人周云青所回忆的自身经历也印证了这些报告中所提情况，“我住房距俱乐部（指彰德工人俱乐部）很近，经常到俱乐部去活动，在工人夜校上学，还参加一些文娱活动。夜校里有时读读《工人周刊》登载的一些文章”③。当时，长辛店的工人实际上也将劳动补习学校作为类似俱乐部的场所，在其中读报、娱乐等，张国焘回忆说：“那间工人子弟学校成为工人经常会聚的场所。工人们放工以后，三五成群，甚至带着小孩，来到学校听讲时事或阅读报纸，也有唱戏、谈天的。”④

在劳动补习学校之外，工人俱乐部、工人图书馆是早期共产党人发动工人阅读马克思主义书报的另一种重要的教育机构。1925 年 10 月，中共中央在《宣传问题决议案》中明确总结道，“我们的党没有发生以前，工人俱乐部早已有很大作用。现在还是要发展这种工作，利用这种俱乐部一切好的习惯”，“俱乐部不但是一种宣传的地方，并且应当是工人团体生活的革命中心”。⑤ 对此，中共早期党员朱务善曾经回忆道：“实际上那时工人俱乐部，就是团结铁路工人教育铁路工人最良好的机会，同时我们那时又有自己的机关报《工人周刊》尽力宣传，所以其他铁路总站，如江岸及郑州等站都效法创办俱乐部。”⑥ 当时，开封、徐州、安源、唐山等地的工会都会创办图书馆，为工人提供书报阅读。开封工人组合机关（“老君会”）“设备了许多报纸乐器”，徐州陇海工业补习所会员三百多人，“内中设有阅报室，藏书很多”⑦。接受教育也是工人参加工会享有的权利之

① 《团济南地委关于青工工作的报告》，山东省总工会、山东省档案馆编：《山东工人运动历史文献选编：第一集（1921—1937）》，济南：山东人民出版社，1984 年，第 54 页。

② 《团大连特支关于十月份工作情况给团中央的报告》，大连史志办公室编：《中共大连地方组织文献选编》，北京：中共党史出版社，2009 年，第 23 页。

③ 《“二七”老工人周青云回忆彰德俱乐部组织和斗争》，陈素秀主编：《京汉铁路工人大罢工史料汇编》，郑州：河南人民出版社，1999 年，第 924 页。

④ 张国焘：《我的回忆》，北京：东方出版社，1991 年，第 114 页。

⑤ 《宣传问题决议案》，中央宣传部办公厅、中央档案馆编研部主编：《中国共产党宣传文献选编（1915—1937）》，北京：学习出版社，1996 年，第 657 – 658 页。

⑥ 朱务善：《中共成立前后在北京工作的回忆》，中国社会科学院现代史研究室、中国革命博物馆党史研究室选编：《“一大”前后：中国共产党第一次代表大会前后资料选编（二）》，北京：人民出版社，1980 年，第 99 页。

⑦ 罗章龙：《椿园载记》，北京：生活·读书·新知三联书店，1984 年，第 132 – 133 页。

一，京汉铁路总工会章程中就明确：“会员得享本会一切教育机关（如学校、讲演、书籍报纸等）、经济机关（如消费合作社等）、娱乐机关（如音乐戏剧等）所规定之应有权利。”[①] 安源工会设立工人学校七所，工人读书处五处，工人图书馆一所，有工人子弟学生七百余人，工人补习学生六百余人。安源的工人做完了工，可以读书，可以看戏，可以听讲，又可以做各种游艺。此外，工会订购有各种报纸，印刷各种传单小报及工会纪念册，工人处处都可看到的。[②] 李求实也曾经指出：“（安源路矿工人图书馆）完全是为我们的工友办的，所有的书报都是于我们工友有益处的。凡是俱乐部的部员，都可以到那里去看书报，或者依着图书馆规则借出来看。”[③] 蔡增准在当时的一份报告中描述过安源路矿工人在俱乐部阅读报刊的场景：“开辟一阅报室，备置各种日报和工人刊物——‘工人周刊’‘劳动周报’……以供工友工余之暇阅览，每夜执报诵读的，煞是热闹。他们极好问，有疑惑处辄详询各教员。”[④] 此外，工人俱乐部还设置公共阅报处供工人阅读，“安源路矿两局底各工作处悬挂报板二十块，各学校及俱乐部、合作社、紫家冲、湘东、醴陵、株洲设十一块。张贴日报或‘工人周刊’‘劳动周报’等，工友们好利用工余暇时，得随时随地有报阅览”[⑤]。

实践证明，办工人补习学校、工人夜校和识字班是共产主义知识分子与工人结合的最好方法之一。这种在工人中办学校的方法也是后来中国共产党在领导工人运动中经常采用的有效形式。[⑥] 实际上，在补习学校、夜校和识字班开展马克思主义书报阅读的学习教育，以及办读报栏、阅报处等公共读报方式，也为后来中国共产党在苏区、延安革命根据地乃至中华人民共和国成立之后组织开展基层群众公共阅读中所继承发扬，成为中国共产党发动基层群众介入马克思主义书报阅读的主要手段。

---

① 邓中夏：《中国职工运动简史（一九一九—一九二六）》，《邓中夏文集》，北京：人民出版社，1983 年，第 495、437 页。

② 刘少奇：《“二七”失败后的安源工会》，《中国工人》1925 年第 4 期。

③ 求实：《“朋友，歇歇脚力，预备爬山吧！”》，中共萍乡市委《安源路矿工人运动》编纂组编：《安源路矿工人运动》，北京：中共党史资料出版社，1990 年，第 112 页。

④ 增准：《教育股报告——一年半之教育事业》，长沙市革命纪念地办公室、安源路矿工人运动纪念馆合编：《安源路矿工人运动史料》，长沙：湖南人民出版社，1980 年，第 283 页；中共萍乡市委《安源路矿工人运动》编纂组编：《安源路矿工人运动》，北京：中共党史资料出版社，1990 年，第 172 页。

⑤ 增准：《教育股报告——一年半之教育事业》，长沙市革命纪念地办公室、安源路矿工人运动纪念馆合编：《安源路矿工人运动史料》，长沙：湖南人民出版社，1980 年，283 页；中共萍乡市委《安源路矿工人运动》编纂组编：《安源路矿工人运动》，北京：中共党史资料出版社，1990 年，第 184 页。

⑥ 刘明逵、唐玉良主编：《中国近代工人阶级和工人运动（第三册）》，北京：中共中央党校出版社，2000 年，第 699 页。

五、现实表现：工人接受马克思主义的政治功效

阅读效用问题的考察，是探寻阅读意义的重要维度。这涉及阅读对读者的影响，以及由此带来的对社会环境的可能改造。工人群体是一个不同于知识分子群体的、待启蒙的群体，阶级意识的唤醒对于促进工人群体的觉悟和行动具有先决性的意义。正如当代西方马克思主义学者在揭示马克思发表的“工人调查表”问卷的意义时指出的，“使得工人意识到他/她们自己身处资本主义社会的险境，穿透那层阻止工人理解其所处社会环境的由虚妄的幻觉和习惯性反应所构成的迷雾，并使得工人们意识到他/她们有机会去摆脱这种险境”，“并且，随着这种意识的不断增长，最终使得他/她们采取行动”。[①] 当时，工人群体对马克思主义书报特别是工人报刊的阅读接受，对启发工人觉悟，进而激励先进青年参加革命起到了重要推动作用。具体来看，这些政治功效主要表现在培养工人运动领导骨干、工人成为工人运动依靠群体和工会组织建设等三个层面，这也是“相结合”的具体表征。

第一，从工人群体中培养了一批工人运动以及民主革命运动的领导骨干。在具体人物事例方面，工人运动领袖、中国共产党的早期重要领导人项英就是一个典型代表。包惠僧回忆在引导项英参加革命的历程中，马克思主义书报的阅读起到了关键作用。最初，项英以《劳动周刊》读者的身份给包惠僧写信，与包惠僧建立了联系，其觉悟的产生得益于阅读《劳动周刊》，“工厂的黑暗，工人的痛苦是太多了，我自从读了《劳动周刊》，知道工人也要组织起来，我愿意从这方面来努力，希望你指导我如何造就自己，如何参加工作”，“《劳动周刊》号召我们‘组织起来’‘增加工资，减少工作时间’‘提高工人的政治地位’，这都是工人迫切的要求。如何实现这个要求呢？我愿意跟着你们共同努力”[②]。当时，项英是刚刚二十岁的青年，他对工人运动的这些认识，主要来自阅读马克思主义书报。他加入京汉铁路江岸工人俱乐部工作之后，更是勤于阅读书报，“我们每逢见面除汇报工作以外，他就讲他读了几页或者几本什么书，有什么心得，他一

① 布莱恩·布朗、安娜贝尔·奎恩－哈斯：《“工人调查表2.0”：社交媒介语境下生产性使用研究的民族志方法》，［瑞典］克里斯蒂安·福克斯、［美］文森特·莫斯可主编，传播驿站工作坊译：《马克思归来（上）》，上海：华东师范大学出版社，2017年，第865页。

② 包惠僧：《回忆共产党初期武汉劳动运动与项英烈士》，中国社会科学院现代史研究室、中国革命博物馆党史研究室选编：《“一大”前后：中国共产党第一次代表大会前后资料选编（二）》，北京：人民出版社，1980年，第326－327页。

到我们的机关部来首先就是翻书报，如有新出版的书报他必争取先读为快。所以他的进步很快”[①]。类似项英这样渴望阅读马克思主义书报的工人运动骨干在当时工人聚集的地区普遍存在。山东地区早期共产党员、工农运动组织者刘子久回忆自己在1923年左右接受进步思想时曾指出：“我这时读的书有《共产党宣言》《中国青年》《唯物史观》《社会主义讨论集》《向导周报》《铁路工人周刊》等，还读过罗章龙的《京汉工人流血记》。”[②] 这里的《铁路工人周刊》应该就是《工人周刊》。《京汉工人流血记》也是由工人周刊社出版的。原中顾委委员张维桢回忆过自己接触并阅读《工人周刊》的经历：“后来，看到一张小型的报纸，立即吸引住了我。这张报上讲的尽是我们工人的事，说我们工人生活如牛马，说我们是最受压迫、受剥削最深的阶级，告诉我们要团结斗争，要求改善生活……处处讲的是我心上的话。这个报叫《北京工人周报》。”[③]

第二，这些初步接受了马克思主义影响的工人读者群体成为中国共产党发动地方工人运动时的依靠群体。《工人周刊》在运营过程中征聘了一批通讯员，并在洛阳、郑州、开封、徐州等大站设点，设有经理人员，散发《工人周刊》，开阔工人的眼界，促使工人觉悟。[④] 这些通讯员、读者群体成为中国共产党发动组织工人运动的依靠力量。在陇海路工人罢工运动中，工人领导人游天洋（游泳）即是《工人周刊》洛阳站的通讯员。陇海路罢工开始以后，李大钊召集罗章龙等人在北京大学图书馆办公室商量对策，询问陇海路方面有无支部力量可用，罗章龙回答道：“那方面尚未建立支部，但是《工人周刊》却有几处通讯关系。”梅龚接着回答：“石家庄以南无正式工会组织，郑州、洛阳有《工人周刊》通讯员兼发行站，洛阳有《工刊》通讯员游泳。”[⑤] 两人都将《工人周刊》的通讯联络处视为依靠力量。罗章龙在赴洛阳指导陇海路工人罢工时，也确实依靠了《工人周刊》的通讯员和读者群体。[⑥] 在安源路矿工人罢工运动中，马克思主义书报阅读也培养了一批实现阶级觉悟的工人，对工人运动的开展起到了重要

---

① 包惠僧：《回忆共产党初期武汉劳动运动与项英烈士》中国社会科学院现代史研究室、中国革命博物馆党史研究室选编：《“一大”前后：中国共产党第一次代表大会前后资料选编（二）》，北京：人民出版社，1980年，第326－327页。

② 刘子久：《我对济南早期工人运动情况的回忆》，济南市总工会调研室编：《济南工运史料（第一辑）》，1982年，第3－9页。

③ 张维桢：《忆共青团在湖南第一纱厂的斗争》，长沙市博物馆、中共湘区委员会旧址陈列馆编：《中国共产党湘区执行委员会史料汇编》，长沙：湖南出版社，1993年，第367页。

④ 罗章龙：《椿园载记》，北京：生活·读书·新知三联书店，1984年，第150页。

⑤ 罗章龙：《椿园载记》，北京：生活·读书·新知三联书店，1984年，第153页。

⑥ 罗章龙：《椿园载记》，北京：生活·读书·新知三联书店，1984年，第155页。

推动作用。刘少奇回忆指出："《工人周刊》等出版物，乃时出张于工厂附近之墙壁，宣传因而大广，于是要求解放之念，在此少数工友之心中，乃如雨后春笋，勃然怒放。"①

第三，马克思主义书报特别是工人报刊对中国共产党成立前后各地工会组织的发展起到了指导作用，也从一个侧面展现了工人群体阅读马克思主义书报后产生的积极影响。《工人周刊》曾邀约洛阳、开封、郑州等地的工人来长辛店，参观学习办工会的经验。② 邓中夏也曾指出，《工人周刊》介绍国内外劳动消息，并极力鼓吹组织工会，尽量宣传长辛店工人俱乐部的一切活动，"使得北方各铁路工人知道长辛店有个俱乐部，大家不觉油然而生羡慕之心；在当时工人们仿佛觉得长辛店是工人的天国，于是纷纷派代表前来长辛店参观"，各地代表归去后也模仿长辛店组织起俱乐部，形成了北方各铁路工会组织的萌芽。③ 实际上，工人报刊以其指导工人运动的杰出成绩，也成为各地早期党组织学习工人运动经验的重要参考。1921 年陇海路罢工期间，《工人周刊》从第十八号到第三十号，连续报道安源路矿工人罢工情况，并发表评论号召各路工友予以援助。1921 年陇海路罢工成功后，陇海路工会给《工人周刊》的信中写道："同仁饮水思源，知道此次罢工所以致胜，是由于各地的联络；但是联络的指导，则赖贵社的功劳。同仁深感大惠，没世不忘。但是同仁知识浅乏，以后究竟应怎样进行？千祈贵社不弃，时常指导。"④ 四川早期工运领导王木石在给团中央的信中也曾经写道，"各省劳动运动之小报纸，可资此地取法者，虽已为他处之明日黄花，而此地尚属初次组织，盼介绍赐寄一份"，"《工人周刊》，于工人运动及劳工章程等，可资借（镜）鉴者不少，能介绍一份否"⑤。各地工人群体通过阅读工人报刊，强化了对劳动运动的认识，提升了其组织工会和工人运动的政治素养。

结语

中国近代以来传统的报刊阅读群体，主要由官僚阶层、知识分子和学

---

① 刘少奇、刘少连：《安源路矿工人俱乐部史略》，长沙市革命纪念地办公室、安源路矿工人运动纪念馆合编：《安源路矿工人运动史料》，长沙：湖南人民出版社，1980 年，第 148 页。

② 罗章龙：《椿园载记》，北京：生活・读书・新知三联书店，1984 年，第 150 页。

③ 邓中夏：《中国职工运动简史（一九一九——一九二六）》，《邓中夏文集》，北京：人民出版社，1983 年，第 437 页。

④ 罗章龙：《椿园载记》，北京：生活・读书・新知三联书店，1984 年，第 141 页。

⑤ 王右木：《致团中央负责人的信》，《四川马克思主义运动先驱者：纪念王右木诞生一百周年》，成都：四川大学出版社，1988 年，第 98 页。

生群体组成。换言之，传统上的报刊阅读属于精英阅读，底层阶级被排斥于报刊阅读的群体范畴之外。甚至资本家为防止工人读报产生思想觉悟，还刻意禁止工人阅读。前文所述官纱局工人陈义举工余时间阅读《劳动周刊》被工头呵斥即是例子。北京地毯业的老工人也曾说过："我们粗认识几个字的徒工，拣点旧报纸看，或者看看旧唱片，被掌柜、工头看见就是一耳光。"① 工人群体被排斥于现代政治信息和文化信息接受主体之外，成为没有话语权的沉默的社会群体。

中国近代以来的进步势力，无论是维新派还是国民党（同盟会）对工人阶级的力量都有所忽视，更谈不上大规模发动工人群体阅读进步报刊以促进思想觉悟。中国共产党成立前后致力于创办工人报刊，推进工人群体的马克思主义书报特别是工人报刊阅读，培养一个全新的阅读群体，使得工人群体由被忽视的群体变为信息接受主体和创造群体，彰显了马克思主义政党的政治本色。马克思主义书报为工人群体打破了资本主义剥削世界的"幻觉"与"迷雾"，使他们得以觉醒阶级主体性意识，进而具有付诸革命行动的可能。卢卡奇、汤普森以及葛兰西等人的研究让我们认识到，阶级不仅是经济意义上的生产关系的表现，而且是意识形态生产与再生产的表现。② 马克思主义的阅读接受过程，正是工人群体接受新的意识形态的过程。马克思主义帮助工人理解、掌握劳动价值创造原理、资本主义剥削的罪恶以及如何寻求解放的道理，为工人营造了一个值得向往与奋斗的世界，对于工人阶级的思想启蒙和阶级觉悟起到了精神导向的作用。

由于中国工人群体在文化水平上的落后，中国共产党组织开展的工人阅读活动并不是私人化的读报学习，而是寓于工人识字和社群文化活动之中，呈现出公共阅读的特点。工人群体在工人俱乐部和劳动补习学校等场所以读报的方式识字学习，相互交流。实际上，这种阅读模式与苏俄革命时期的组织方式一脉相承。列宁也曾经倡导尽可能普遍地组织工会、工人自学小组、秘密书刊阅读小组，以之为发动革命的方式。③ 工人群体在公共读报活动中不仅接受了马克思主义政治动员和文化教育，更是参与到现代政治场域之中，接受了全新的信息交流模式和社会话语模式。这有利于形成一个马克思主义知识生产、思想流通的工人共同体。在这个过程中，原本隔阂分散的工人群体得以共享马克思主义的政治话语，进而融入由中

---

① 《旧中国北京的地毯业及工人状况》，北京市总工会工人运动史研究组编：《北京工运史料（第2卷）》，北京：工人出版社，1982年，第83页。

② 王维佳：《作为劳动的传播：中国新闻记者劳动状况研究》，北京：中国传媒大学出版社，2011年，第296页。

③ 列宁：《怎么办》，《列宁选集（第1卷）》，北京：人民出版社，2012年，第406页。

国共产党塑造的新的工人共同体，并产生政治力量。中国共产党成立初期组织工人阅读的原初模式，也为后来中国共产党在不同历史阶段组织开展基层群众公共阅读提供了路径遵循。

同时，正如列宁指出的："报纸不仅是集体的宣传员和集体的鼓动员，而且是集体的组织者。"① 马克思主义报刊不同于一般商业报刊之处，在于其革命的实践性。中国共产党成立初期创办的工人报刊，同样具备这一鲜明特色。工人报刊不仅是工人群体阅读接受马克思主义的主要媒介渠道，还是工人群体参加阅读活动以及参加革命行动的重要组织者。在历史实践中，工人群体的马克思主义阅读与行动相互融合，阅读激发了工人群体的阶级觉悟，为工人运动的开展打下良好的思想基础。工人运动则为工人争取到更充分的阅读权利，创造了更为宽裕的阅读环境。从这个意义上讲，工人报刊不仅成为中国共产党早期革命的"宣传者"，也成为革命的"组织者"，马克思主义书报特别是工人报刊的阅读成为促进马克思主义与工人运动相结合的关键一环。

当然，当时阅读接受马克思主义的工人群体尚未遍布于全国各地，主要还是集中于北京、郑州、洛阳、开封、武汉、济南、安源等铁路、路矿等行业的产业工人聚集的东部地区，地域和行业不平衡发展的形态明显，人数也相当有限。这也从一个侧面昭示，在当时的历史条件下，单纯依靠工人运动谋求中国民主革命胜利的道路还远未成熟。

① 列宁：《从何着手?》，中共中央马克思恩格斯列宁斯大林著作编译局编译：《列宁全集（第5卷）》，北京：人民出版社，1986年，第8页。

抗战新闻史研究

“血火中的奋斗”：重庆大轰炸时期中国报业的难局与斗争*

齐　辉　陈　康①

摘　要：1938 年至 1941 年，侵华日军对重庆实施了大规模无差别轰炸，史称“重庆大轰炸”。日寇的狂轰滥炸不仅给中国新闻业造成了惨重的人员伤亡与物质损失，更深刻影响了中国新闻业的组织结构、空间分布与运作形态。在极端艰难的战争环境下，中国新闻业团结一致，发行联合版，疏散报馆，在防空洞中坚持新闻报道。他们以笔为矛，以前所未有的智慧与勇气书写了中国新闻史上最光荣的一页。当今世界正经历百年未有之大变局，和平环境中的新闻业更应居安思危，永远铭记大轰炸时期中国新闻业的实践与精神。

关键词：抗日战争；重庆大轰炸；中国报业；新闻精神

1938 年 10 月至 1941 年 8 月，日军凭借海空优势持续对战时陪都重庆及其周边地区展开长期无差别轰炸，给中国人民造成巨大人员伤亡和物质财产损失，史称“重庆大轰炸”②。重庆大轰炸不仅是抗战时期的重大历史事件，而且在中国新闻史上占有重要地位。大轰炸时期正值中国新闻业从内地迁徙至西南战略大后方的关键期，战时仅重庆一地即汇聚了包括《新华日报》在内的二十余家报馆，是战时中国新闻业的中心之一。日军对重庆的野蛮轰炸，使中国新闻业遭遇灭顶之灾，被称为“中国有报业史上永远惨痛悲壮的一页”③。作为新闻史上的重要事件，重庆大轰炸曾被多次载

---

* 本文系重庆市哲学社会科学规划研究项目“血火中的奋斗：重庆大轰炸时期中国报业的损失与应对研究”（项目编号：2022NDYB111）、国家社会科学基金项目重大项目“日本馆藏中国共产党新闻宣传史料整理与研究（1921—1945）”（项目编号：21&ZD323）的研究成果。

① 齐辉，重庆大学新闻学院教授、博士生导师；陈康，重庆大学新闻学院博士生。

② 当前史学界在重庆大轰炸的时间界定、地域范畴、人员伤亡、财产损失等问题方面存在分歧。本文的“重庆大轰炸”始于 1938 年 10 月 4 日日军第一次轰炸重庆市区，止于 1941 年 8 月 31 日。参见刘茂伟：《三十年来国内重庆大轰炸研究述评》，《日本侵华南京大屠杀研究》2019 年第 2 期，第 81－91、141 页。

③ 《联合版发刊词》，《重庆各报联合版》，1939 年 5 月 6 日第 1 版。

入报史。[①] 但囿于史料限制，现有研究仅对 1939 年 5 月 3 日、4 日两天的轰炸有较为详细的记载，其后日军对重庆的长期轰炸给中国新闻业造成的损失与影响却鲜被关注。

报人张季鸾曾说："中国报业，受敌人侵略战争的影响太大了！因为使得报业性质，报人地位，都发生了重大变化。"[②] 战时日本对重庆的长期轰炸究竟给中国新闻业造成了怎样惨重的损失？中国新闻业如何克服极端战争环境坚持报纸运营和发行？长期轰炸对中国新闻业运营与新闻生产又产生何种影响？对于这些新闻史研究的重要问题，目前学界尚缺乏系统且深入的讨论。事实证明，重庆大轰炸使中国新闻业蒙受了惨痛的财产损失与人员伤亡，严重破坏了中国新闻业的产业环境与物质基础，重塑了中国新闻事业的性质和面貌。残酷的战争语境亦迫使中国新闻业在空间布局、组织结构、运营模式乃至文本生产等方面都作出调整。有鉴于此，笔者尝试挖掘新史料，从新闻实践的微观视角，重现日寇轰炸之下中国新闻业所经历苦难及其应对，进而呈现抗战时期中国新闻业的精神状态与动员能力。

一、重庆——抗战初期"报人各显身手的好地方"

全面抗战爆发后，大量人口及工业设备内迁西南，使得重庆迅速从一个"内地落伍的不堪想象的城市"，一跃成为沦陷区外"全国唯一的大都市"，甚至享有战时"小上海"的美誉。战前，重庆新闻业的发展已有相当基础，据 1933 年《武汉日报》记载，当时重庆新闻业已"颇为发达"，官方备案的"日报"及"通讯社""计有四十余家"。[③] 全面抗战爆发后，重庆的"文化事业"进一步"日益发达"，"报纸之增加如雨后春笋，实空前所未有"。[④] 至 1939 年，重庆至少已拥有"大小型新闻纸五六家"，这

① ""五三""五四"大轰炸各报大多被炸毁，损失很大。(曾虚白主编：《中国新闻史》，台北：三民书局，1966 年，第 422 页) 1939 年 5 月 3 日和 4 日，日本侵略军飞机多批对重庆市区轮番轰炸，一些报社的房屋、机器设备遭受严重的损失，《大公报》等单位还有人员伤亡（方汉奇主编：《中国新闻事业通史（第 2 卷)》，北京：中国人民大学出版社，1996 年，第 651 页)，轰炸后各家报馆"或门市起火，或人员伤亡，或印刷间被炸，或纸张被焚毁"。(蔡斐：《重庆近代新闻传播史稿（1897—1949)》，重庆：重庆出版社，2017 年，第 214 页）涉及重庆大轰炸的专题研究论文主要有秦文志：《抗战时期中共新闻媒体对重庆大轰炸的反应》，《西南大学学报（社会科学版)》2008 年第 3 期，第 193 - 198 页；张瑾等人以"西方主流媒体对重庆大轰炸的报道分析"为主题撰写的 3 篇论文，分别从中共媒体及西方媒体视角对"大轰炸"的相关报道进行了解读。

② 张季鸾：《抗战与报人》，《战时记者》1939 年第 11 期，第 17 页。

③ 《重庆新闻业》，《武汉日报》，1933 年 8 月 13 日第 8 版。

④ 《重庆新闻事业》，《国华报》，1938 年 2 月 11 日第 4 版。

些报纸“皆有二三十年的历史”，其中《新蜀报》《国民公报》《商务日报》“日刊三大张”“销量很不错”。相较于京沪大报，重庆发行的报纸已堪称“比较健全的新闻纸”①。1938 年受战局影响，沪宁两地的《时事新报》《新民报》等陆续迁至重庆。其后，随着武汉失守，包括《新华日报》《大公报》在内的十余家国内大报又沿长江水道，辗转来渝。截至 1939 年 5 月日军全面轰炸重庆之前，当地新闻业已有“大报十一家，中型报二家，晚报三家”②。本土报业与外迁报业的合流，使得重庆迅速成长为战时中国新闻业的重镇。

据《申报》推算，重庆战时总人口约 70 万人，阅报读者约 30 万人。有限的阅读群体与过剩的报业产能，导致重庆新闻业市场竞争异常“惨烈”，各报在“编辑技术”“广告排列”等方面不断改进业务，③ 更重视言论经营的差异化。有报人曾这样评价战时重庆各报的特点：《新华日报》最“注意工人和农民的生活”，尤其注重对“沦陷区域的通信报道”，其“言论态度”虽“表现了共产党的意见”，但对“抗战却是极忠实的”，该报“自备有制铜锌版的机器”，其“漫画及新闻铜版”“成为各报所不具的特色”；《大公报》“言论虽平稳而相当有力”，“始终站在最前线为唤醒国人打击奸逆指斥敌人而努力呼喊”，是“机关团体教育界等上层知识分子”所倚重的报纸；《新民报》虽为四开“小报”，却将“美、俏、尖、新”的特点发挥尽致，“下层社会及中学生们几乎人手一份”，是重庆新闻业的“特殊势力”；即使《新蜀报》这类的小报，亦可凭借出色的“专栏”和“副刊”，在大报如林的市场中“争得一大席位，而岿然独存”。④内外报纸的汇聚和竞争，使得抗战初期重庆新闻业充满活力，呈现出异彩纷呈的繁荣局面，吸引了京津沪大量优秀新闻工作者纷至沓来。⑤

二、重庆大轰炸——“中国有报业史上永远惨痛悲壮的一页”

重庆新闻业的良好局面，因 1939 年 5 月 3 日、4 日日机的突然轰炸而戛然而止。由于疏于防范，“五三”“五四”轰炸，使重庆十余家报馆遭受灭顶之灾，新闻生产近乎瘫痪。此后，日军又先后制定了“100 号”“101

① 知我：《战时行都的新闻业》，《申报（香港版）》，1939 年 2 月 15 日第 3 版。

② 知我：《战时行都的新闻业》，《申报（香港版）》，1939 年 2 月 15 日第 3 版。

③ 刘光炎：《抗战期大后方新闻界追忆》，李瞻主编：《第六种中国新闻史》，台北：台湾学生书局，1979 年，第 395 页。

④ 则诚：《行都报业现况》，《战时记者》1940 年第 9 期，第 20－21 页。

⑤ 重庆日报社编：《抗战时期的重庆新闻界》，重庆：重庆出版社，1995 年，第 3 页。

号”“102 号”作战计划，从 1940 年 5 月至 1941 年上半年，持续对重庆实施无差别密集轰炸，进一步使重庆新闻业遭受了重大的人员伤亡与物质财产损失，主要有以下几个方面：

（一）难以估量的物质财产损失

日军轰炸下，重庆各报馆房舍、设备及存储物资均被数次摧毁，物质财产损失难以估量，其中尤以《大公报》《新民报》《新华日报》损失最甚。1938 年 10 月，《大公报》人员、设备从武汉转移至重庆途中，即不断遭受日机轰炸，导致其运输船只搁浅，纸张材料被“付之一炬”，“各种设备全部损失净尽”，该报人员设备被迫滞留宜昌。此前，王芸生为筹备重庆复刊先期抵渝，当有记者问及其他设备及人员何时到达，王芸生只能无奈表示：“运是运来了，至于什么时节运到，只有上帝知晓。”1938 年 11 月中旬，《大公报》滞留宜昌近一个月，才于 12 月 1 日在重庆复刊，轰炸迟滞该报复刊长达 40 余天。①

在渝发行期间，《大公报》并未摆脱被炸厄运。1939 年“五三”轰炸中，大公报社所在的下新丰街成为“敌机轰炸最烈的地方”②。该报编辑部、印刷厂乃至员工宿舍均被完全炸毁，报社仅剩“一点印刷器材、书籍和存稿”③。5 月 4 日该报在“瓦砾堆上又遭炸弹”，报馆被夷为平地。在随后的社论中一向乐观的大公报社也坦陈，“我们遭受了损失”。5 月 3 日《大公报》尽管仍照常出版，但版面仅为平时一半，印刷亦不清晰，这显然是受轰炸影响。1940 年 6 月 24 日至 6 月 28 日，《大公报》再次遭遇浩劫，空袭导致“营业部、印刷厂均被震毁，物资损失很重”④。同年 8 月 30 日及 9 月 15 日，日机又两次轰炸该报在李子坝的新报馆新馆，其新建的“经理部”“办公楼”“印刷厂”又“遭摧毁”。1941 年 7 月，该报经理部大楼再次被炸毁，楼体“半遭焚毁，半成瓦砾”，编辑部大楼也因爆炸冲击，屋顶开裂，成为危楼。印刷厂中弹后，印刷机架被毁，其纸张器材“损失不赀”。⑤ 据报人王芝琛回忆，1939 年到 1941 年，《大公报》累计被炸达七次之多，“每次损失都很惨重”⑥。

---

① 王芝琛：《一代报人王芸生》，武汉：长江文艺出版社，2004 年，第 67 页。

② 中国社科院新闻研究所编：《抗日战争时期的中国新闻界》，重庆：重庆出版社，1987 年，第 300 页。

③ 子冈：《五三的血仇更深了!》，《大公报》，1939 年 5 月 4 日第 1 版。

④ 王文彬编著：《中国现代报史资料汇辑》，重庆：重庆出版社，1996 年，第 1001 页。

⑤ 王芝琛：《百年沧桑：王芸生与〈大公报〉》，北京：中国工人出版社，2001 年，第 196 页。

⑥ 王芝琛、刘自立编：《1949 年以前的大公报》，济南：山东画报出版社，2002 年，第 39 页。

“五三”“五四”轰炸中，《新民报》地处七星岗的办公楼被完全炸毁。[①] 1939年6月7日，该报七星岗社址再次被焚，邻近的职工宿舍亦被殃及，保存在此的文件账册和多年收藏的报纸合订本均化为灰烬。[②] 1939年8月19日，该报排字房被炸。次年8月18日，排字房再次被炸，设备受损，报纸被迫“停刊一天，缩减篇幅七天”。1940年10月26日，七星岗社址被炸。1940年11月5日，“莲花池后街宿舍被炸，房屋、家具、衣物毁坏”。1941年6月7日，七星岗社址和邻近的莲花池后街职工宿舍被炸，“总社房屋被毁，楼下防空洞内存放的重要文件，发行、广告、会计三个部门的账册、单据，一部分同仁的衣物等等，全部化为灰烬。公私物资的损失，照当时市价折算，共达十万多元。文件、账册单据的价值，则无法计量”。1941年6月9日，“新民报为燃烧弹所击中”，“全部建筑于短时间内焚烧一光”。[③] 1941年6月30日，《新民报》编辑部办公处被炸，大部分原稿被毁，印刷车间、排字房也被同时震毁。1941年8月30日“《新民报》印刷厂旁的防空库房中弹一枚，公私财物荡然无存”[④]。

上述列举的重庆主要报纸遭受轰炸的情况，在新闻业中并非个案，具体损失参见笔者综合各方史料编纂的“重庆主要报馆被炸情况统计表”（表1）。

表1　重庆主要报馆被炸情况统计表（1939年5月—1941年8月）[⑤]

报刊名称	被炸日期	损失概况	累计次数
《新华日报》	1939年5月3日；1940年8月20日、10月26日	机房街的社址和印刷厂被炸毁，办公楼被两颗燃烧弹击中，编辑部、营业部被炸毁	4

① ［日］前田哲男著，李泓、黄莺译：《“国共同舟”的联合版》，《重庆大轰炸》，成都：成都科技大学出版社，1989年，第119页。

② 蔡斐：《重庆近代新闻传播史稿（1897—1949）》，重庆：重庆出版社，2017年，第317页。

③ 《重庆连遭空袭，新民报被炸焚毁》，《解放日报》，1941年6月10日第2版。

④ 重庆抗战丛书编纂委员会编：《抗战时期重庆的新闻界》，重庆：重庆出版社，1995年，第226页。

⑤ 文献来自报纸、报人回忆、期刊、报史和相关资料集。《时事新报》被炸10次（参见赖光临：《七十年中国报业史》，台北：“中央日报社”，1981年，第158页）；《商务日报》被炸11次（参见温少鹤：《〈商务日报〉之回忆》，重庆新闻志编辑部编：《重庆报史资料（第七辑）》，内部发行，1991年，第1页）。

（续上表）

报刊名称	被炸日期	损失概况	累计次数
《中央日报》	1939年5月3（4）日；1940年5月26（27）日、8月9日、8月20日	会仙桥编辑部被炸，化龙桥办公室被毁，报社、经理部、营业处等被炸	4
《扫荡报》	1939年5月3日、5月4日；1940年6月间；1941年7月10日、8月12日	小较场社址被炸毁，李子坝新址"房屋全毁，损失极重"	5
《大公报》	1939年5月3日、5月4日；1940年6月24（25、28）日、8月30日、9月15日；1941年7月10日、7月30日	新丰街编辑部、印刷厂、员工宿舍、营业部、李子坝经理部、办公楼、印刷厂等多次被炸，纸张、器材损失不赀，"每次损失都很惨重"	7
《时事新报》	1939年5月4日、7月30日；1940年8月20日、9月13日；1941年7月30日、9月15日	新街口报馆被毁，职工宿舍、印刷厂、编辑部等多次被炸，"报馆与职工损失颇巨"	10
《新民报》	1939年5月3（4）日、6月7日、8月19日；1940年8月18日、10月26日、11月5日；1941年6月7日、6月9日、6月30日、8月13日、8月22日	七星岗办公楼、莲花池职工宿舍、排字房、编辑部办公楼、印刷车间、防空库房等多次被炸，文本账册、存稿、器材损失严重，"公私财物荡然无存"	11
《商务日报》	1939年5月3（4）日、1939年8月23日；1940年8月20日；1941年8月22日、8月31日	社址、营业部等被炸，"报社与印刷厂前后被炸十一次，被焚一次"	11

由表1可知，大轰炸时期重庆各报均遭受了少则几次，多则十几次的轰炸袭击。各报的物质损失主要为房舍倒塌、印刷设备损坏、储备物资的焚毁。这些物质财产是新闻业生产经营的物质基础，日寇的持续轰炸使重

庆新闻业的经营运作遭受巨大困难，甚至一度陷入“一蹶不振之境”①。

（二）惨痛的报人伤亡与心灵创伤

除物质财产损失外，轰炸还给重庆新闻业造成了惨重的人员伤亡，报人罹难是中国新闻业难以弥补的伤痛。1938 年 10 月，新华日报社租用“新升隆”轮船从武汉撤退来渝，途经湖北嘉鱼燕子窝附近停靠时，突遭日机轰炸。记者舒宗侨亲历现场写道：

一架敌机俯冲下来……我俯在地上，可以清楚地看到机上的太阳徽记和敌人飞行员的面貌。“八办”（八路军办事处）负责人李克农喊道“全体隐蔽”“分散开来”，空气紧张到了极点。正在大家还没来得及喘气时，3 架敌机……先是成品字形，后来形成直线，越飞越低，低到快接近船顶了，砰然一声，一颗不大的炸弹投在驾驶台上。接着暴虐的敌人使用机关枪，哒哒哒哒……向着毫无抵抗能力的“新升隆”扫射开来。当我注视着敌机肆虐发泄其兽性时，“新升隆”冒出青烟，烧起来了。不一会儿，全船被火舌包围，半小时光景，一条小轮船只剩下一堆钢铁残骸。②

空袭导致《新华日报》16 名工作人员殒难。社长潘梓年在回忆牺牲同仁时悲痛地说：“殉难的 16 位同志可以说都是优秀分子。”他们的牺牲不仅是“本报的损失”，更是“抗战力量的损失”。③ 周恩来也在给邓颖超的信中写道：“（此事）《新华》损失更大，极有希望的李密林及潘美年牺牲，死伤共二十六人。全部移渝资料损失，同时广州分社的资料亦因船运而遭轰炸。”④ 据《新华日报》统计，1938 年至 1941 年，全国直接死于日军空袭的报人多达 26 人。⑤ 殒难人员身份涵盖记者、编辑与排字工人，其大致情况参见表 2。

---

① 余理明：《中国战时报业之特色》，成都：燕京大学，1945 年，第 25 页。

② 舒宗侨：《新升隆号遇险记》，新民晚报副刊部编：《夜光杯文粹：1982—1986》，上海：上海远东出版社，1999 年，第 530 - 531 页。

③ 新华社报馆编：《新升隆轮保卫大武汉殉难同志纪念册》，重庆：新华日报馆，1939 年，第 6 页。

④ 中共中央文献研究室编：《周恩来邓颖超通信选集》，北京：中央文献出版社，2014 年，第 7 页。

⑤ 《抗战以来殉职报人》，《新华日报》，1941 年 9 月 1 日第 2 版。

表2 重庆主要报馆报人伤亡情况统计（1938年10月—1941年8月）①

报刊名称	日期	人员名单	伤亡数/人
《新华日报》	1938年10月23日	李密林、潘美年、程德仁等	16
《中央日报》	1939年5月4日；1939年；1940年8月9日	记者张慕真、刘志平，工人徐鸿禄	3
《大公报》	1939年5月4日	王凤山	1
《时事新报》	1939年5月25日；1939年	工人阮德成、左某	2
《国民公报》	1940年5月26日	工人死伤二十多人	20余
《新民报》	1941年8月13日至30日	编辑谢云鹏、排字工人王金才、挑水工人杨清白	3
《益世报》	1941年8月31日	编辑	1

据表2可知，1938年至1941年，日军空袭造成重庆26位报人罹难，死伤合计46余人。大轰炸期间，很多报人曾亲历险境，死里逃生。据“中央社”张明炜回忆，“‘五·三’日机来炸，投掷燃烧弹”，其“寄住的瞰江饭店（被）炸毁”。他侥幸“从大火中”脱险。社长萧同兹则“是从瓦砾堆里爬出来的”。由于忙于“救火救人的工作”，“竟顾不得自己是否受了伤”。② 赵敏恒曾回忆，“五三”轰炸时因忙于赶稿，自己竟“从火焰中穿过，丝毫不知畏惧为何物”，“几乎死在敌人的大轰炸中”。③ 王芸生则在轰炸中数次历险堪称“幸运”。“五四”轰炸时，王芸生在防空洞因疲劳缺氧导致当场昏厥，幸有赖《新华日报》同行的救助，才得以脱险。1941年6月5日，重庆较场口发生防空洞因长期空袭引发的窒息踩踏事件，造成重大人员伤亡，史称“大隧道大惨案”。当日，适逢“王芸生当班”，他“逢着警报，入大公报旁的山洞躲，因为空气不好，大家都向外挤，秩序

① 文献来自报纸、报人回忆、期刊、报史和相关资料集。此外，1939年5月4日，中央通讯社也遭受轰炸，战区电台主任刘柏生、武汉分社主任李尧卿殉难，经理河思源重伤，社长萧同兹和总编陈博生被埋后，一度生死不明，后侥幸脱险仅受轻伤。参见《重庆各报联合版》，1939年5月9日第2版。

② 张明炜：《我创办成都中央日报——前后的经历》，中国人民政治协商会议常宁县委员会文史资料研究委员会编：《萧同兹和中央通讯社》，1988年，第74页。

③ 赵敏恒：《采访十五年》，重庆：天地出版社，1944年，第75页。

一乱，上千人往外行，强者都从人头上跑，弱者倒下去便起不来了”。危急时刻，王芸生仅靠“一位难友给了两粒人参丹和一小块八卦丹含在嘴里，才得幸免于难”。[①] 这次经历使得王芸生“几乎送命”，“到北碚养了一个月（身心）才恢复”。[②]

（三）新闻业务的萎缩与凋敝

狂轰滥炸严重破坏了新闻业生产所依赖的电力、水利、交通等基础设施。报馆自身房舍、机器设备及人员损失，纸张油墨等原料供应断绝，多种因素叠加导致新闻业广告收入减少，报纸缩版、停刊时有发生。战前，《益世报》《大公报》《时事新报》等都已是“第一流的大报”，报纸采用轮转印刷机，日出两版两大张。但轰炸后，报馆设备大多“因陋就简”，有“卷筒印刷机”者“寥寥可数”，[③] 能有“平版印刷机”已实属不易。[④] 轰炸前，各大报“每天出一大张，算是最普遍”，大报销量亦有数万份之多。“五三”轰炸后，《大公报》被摧毁，只能暂借《国民公报》的编辑部办公，“每日暂出半张”[⑤]。《新华日报》在评估了经营困难后，指出由于日机的轰炸，报社“人力、财力、物力均感困难”[⑥]，只能由“原来对开一大张改为半张”[⑦]。

大轰炸还一定程度影响到各报的新闻业务。据报人回忆，大轰炸期间重庆各报普遍减少了三分之一甚至一半的内外勤记者，以节约成本，这加剧了中国新闻业采编能力不足的痼疾。为填补新闻不足，各报“十之八九用的是中央通讯社的稿子”，信源的单一使得大轰炸时期的报纸内容“枯燥呆滞，生气毫无，千篇一律”[⑧]。王芸生曾批评：“因为有中央通讯社在，里里外外一把抓，报馆不愁没有稿登，也不怕遗漏新闻，外勤采访变成可有可无的搭配，内勤编辑成了中央社几次稿的伺候人。”[⑨] 借助各报对中央社的依赖，国民党则顺势加强了对战时新闻业的控制与垄断，有些报纸甚

---

① 王芝琛：《一代报人王芸生》，武汉：长江文艺出版社，2004 年，第 72 页。

② 刘光炎：《抗战期大后方新闻界追忆》，李瞻主编：《第六种中国新闻史》，台北：台湾学生书局，1979 年，第 397 页。

③ 郭荫棠：《抗战中的新闻业》，《福建日报》，1944 年 2 月 23 日第 1 版。

④ 严冬雪：《中国新闻事业之回顾与前瞻》，《通俗日报》，1943 年 9 月 1 日第 2 版。

⑤ 《本报特别启事》，《大公报》，1939 年 5 月 4 日第 1 版。

⑥ 蔡贵俊：《重庆各报联合版始末》，重庆新闻志编辑部编：《重庆报史资料（第七辑）》，内部发行，1991 年，第 45 页。

⑦ 韩辛茹：《新华日报史 1938—1947》，重庆：重庆出版社，1990 年，第 97 页。

⑧ 余梦燕：《重庆报纸新闻版之分析》，成都：燕京大学，1943 年，第 1－2 页。

⑨ 王芸生：《新闻的选择与编辑》，《中国新闻学会年刊　1》，重庆：中国新闻学会，1942 年，第 45 页。

至完全成了中央社的翻版，以至于读者购报“拿起报纸一看，就大有‘消息太少’之慨”[①]。另据燕京大学新闻系学生研究发现，大轰炸时期重庆报纸国内和国际新闻比重失衡，各报对国际新闻的报道远多于国内新闻。[②]为补贴报馆收入，重庆各报都增加了广告的投放，版面占比从战前1∶3提升到1∶1。联合版停刊后，很多复刊报纸的第1、4版都被广告塞满。第2、3版又被“国际要闻，评论，国内要论，专栏”占据。轰炸之前，报纸中社会版、经济版、教育版等，以及各种“与读者生活相关的消息”已难觅踪迹。[③] 而新闻评论也是题材单一，观点“趋于公式化”[④]。轰炸导致新闻业竞争的消弭，使得重庆新闻业在抗战初期的经营活力与业务进步荡然无存，一定程度上降低了其对读者的阅读吸引力。

三、重庆大轰炸时期新闻业的应对与抗争

面对长期无差别轰炸造成的残酷环境，重庆新闻业积极开展措施自救，在艰难困苦的斗争中，千方百计地保证新闻业的正常运作。具体措施主要有以下几个方面：

（一）从“联合版”到“地方版”，战时新闻格局的转圜

“五三”“五四”轰炸下，“重庆报业遭受损失者十之有九”，各报一时均不能独立出版报纸。“为了继续出版，以应敌机狂炸计，重庆各报的老板，在领事巷康心之公馆，商议组成重庆各报联合版。”[⑤] 1939年5月5日，由《中央日报》牵头，召集《新华日报》《大公报》《时事新报》《扫荡报》《新民报》《商务日报》《新蜀报》等十家报纸开会，决定组成重庆各报联合版委员会，共同应对危局。联合版委员会下设编辑和经理委员会，由《时事新报》黄天鹏和《大公报》王芸生负责，其他各报总编辑和主笔则轮流担任各版面编辑，常驻办公地点为轰炸中损失较小的《时事新报》社址。5月8日，《重庆各报联合版》正式出刊。“联合版”发行之初，每日仅万余份，后逐渐增发至3万余份；由于供不应求，7月起该报报价从每份5分涨至6分，销量仍有增无减，最多时日发行量高达5万余

---

① 李奈：《报面的检阅》，《新闻战线》1941年第1卷第7期，第15页。

② 余理明：《中国战时报业之特色》，成都：燕京大学，1945年，第7－8页。

③ 余理明：《中国战时报业之特色》，成都：燕京大学，1945年，第28－29页。

④ 梅世德：《中国战时后方报业》，成都：燕京大学，1945年，第78－79页。

⑤ 刘光延：《重庆各报之〈联合版〉》，李瞻主编：《第六种中国新闻史》，台北：台湾学生书局，1979年，第417页。

份。截至8月12日停刊，联合版实现盈余一万六千余元，重庆新闻业暂时渡过了难关。[①]《重庆各报联合版》是应对大轰炸及各报发行困难的临时之举。十大报的联合不仅是战时中国新闻业团结抗战的缩影，更成为中国新闻史上“最值得纪念的一页”[②]。

大轰炸时期，重庆报界普遍意识到“物质环境的压迫，不联合则不足以生存”，所以除大报联合版外，重庆小报的联合版更多。[③] 此外，由于战争加剧了各报发行的困难，“报纸一版”实现“全国性发行事实上已成为不可能”。各报纷纷创办地方版，以分散发行风险。《大公报》《扫荡报》除重庆版外还创办了桂林版；《中央日报》的地方版则更多，除重庆版外，又接连发行了昆明版、贵阳版和湖南版；重庆各报的联合版与地方版众多；中国新闻业版图则从“大城市”向“中小城市”下移，这是近中国新闻业格局的重要转型。

（二）疏散报馆，在防空洞中坚持发行

为应对轰炸，报馆的空间布局也作了相应调整。当时，重庆新闻业有集中办报的传统，受山城地形的局限，“交通方便的街道，只有上下半城几条”。所以最初“中央、扫荡、益世、世界……等十多家（报馆）都集中在新街口，大樑子，放牛巷一带”设馆发行，一时间“屋舍栉比”。针对隐患，曾有人提醒“需加强警惕，分散布置”。但各报大多以“交通不便，房屋难觅，迁建耗费巨大”为由，“延迟观望，未能实行”。据报人回忆，1939年“五三”轰炸之前，重庆的报人在思想上“都不以轰炸为意”，“谁也没有在意轰炸的危险”，报馆迁移难以“齐心行动”。[④] 思想麻痹与行动迟缓，最终导致在日军轰炸中各报措手不及、损失惨重的局面。

“五三”“五四”轰炸后，重庆各报迅速实施疏散和转移，不少报馆迁至李子坝、化龙桥等地。这里人烟稀少，山高林密，便于隐蔽。在报馆布局上，各报普遍将编辑部、经理部、印刷厂等关键部门分设不同区域，相互间隔，通过分散布局避免被集中炸毁。《大公报》从渝中迁至“近郊的李子坝建造新馆”[⑤]。报馆依山而建一面是壁立的高山，一面是陡坡，坡下则是湍急的嘉陵江。报馆还开凿了两座防空洞，用以安置机器和人员。

---

① 唐润明：《特殊时期的〈重庆各报联合版〉》，《民国春秋》1999年第3期，第46－47页。

② 程沧波：《香港回望重庆》，《战时记者》1940年第9期，第10页。

③ 关于抗战时期地方新闻业联合版情况，参见齐辉、赵冉：《近代中国报业发行困境与“联合版”的发生》，《现代传播（中国传媒大学学报）》2019年第10期，第49－54页。本文限于篇幅，不再赘述。

④ 黄天鹏：《中国报纸发刊联合版的试验》，《时代精神》1940年第2卷第4期，第79－86页。

⑤ 方汉奇主编：《〈大公报〉百年史》，北京：中国人民大学出版社，2004年，第238页。

《新华日报》编辑部和印刷厂先后迁移至磁器口高峰寺、化龙桥虎头岩等地。[①]《新民报》的编辑部和印刷厂则迁往两路口附近的大田湾，总社和经理部仍留在七星岗。[②] 据报人回忆，“抗战中间日敌对我后方的滥施轰炸，可说是‘无微不至’。我们新闻界的应付轰炸，大都是疏散”[③]。按报人说法，“重庆第二次轰炸以后较第一次的损失都小这是事实的证明”[④]，这说明报馆疏散防空的效果立竿见影。疏散是大后方报馆规避日军轰炸最为有效的手段。

在日机昼夜空袭的危难环境中，中国报界克服各种困难，在防空洞中坚持办报。从 1939 年到 1941 年，每年的 5 月至 8 月是日军空袭最猛烈的月份，这时亦是重庆“天气最热”的季节。此间，重庆各报多将员工分为两班，在空袭警报中坚持工作。缺乏铸字设备，报人就用木刻字代替；没有电和柴油发动机驱动，就用人工轮流手摇；土纸无法印刷照片，就用素描绘画；没有油墨，就用“佛青”调“生油”自制；没有纸张，就用价廉的“老莲纸”替代昂贵的“燕皮纸”。此外，“用碱水代替汽油洗版，用滑石粉代替云母石增进纸型光泽等等，无一不是发挥了（报人）克难创造的精神”[⑤]。有报人回忆，大轰炸时期各报大多把排字房和平版机“藏在临时凿的山洞”。“因为房屋在山岗，雨天的阴湿，夏天的闷蒸，（报人工作）谈不到卫生，更谈不上环境”，尽管条件艰苦，但报人仍在日机日夜疯狂轰炸下照旧工作。大公报的孔昭恺追忆，重庆大轰炸时期各报都挖有防空洞。报人工作时，“每人手边预备一个包裹，放些衣物，一听警报，就往山上跑”。待警报解除后，“编辑照样挥笔，工友照样排版，机器照常印报”。[⑥] 再后来，为应对频繁的轰炸，各报干脆就在防空洞里工作和生活，“夜里在防空洞编稿，白天在防空洞睡觉”[⑦]。由于长期生活在潮湿闷热、空气混浊的防空洞，加之黑白颠倒的工作性质，很多报人因此患上支气管哮喘、关节炎等职业病。[⑧] 在极端困难的条件下，除部分报社因水电阻碍导致出版延迟外，大都借助防空洞的掩护始终坚持出版，没有停刊。

---

① 熊飞宇：《艾芜与〈新华日报〉例谈》，《艾芜研究》编委会编：《艾芜研究（第 1 辑）》，成都：四川大学出版社，2017 年，第 162 页。

② 陈铭德、邓季惺等编：《〈新民报〉春秋》，重庆：重庆出版社，1987 年，第 121 页。

③ 刘光炎：《抗战期大后方新闻界追忆》，李瞻主编：《第六种中国新闻史》，台北：台湾学生书局，1979 年，第 395 页。

④ 《快疏散吧》，《扫荡报》，1939 年 7 月 6 日第 4 版。

⑤ 赖光临：《七十年中国报业史》，台北：“中央日报社”，1981 年，第 160 页。

⑥ 《我们在割稻子》，《大公报》，1941 年 8 月 19 日第 2 版。

⑦ 吴艺煤主编：《台盟口述历史集（一）》，北京：台海出版社，2017 年，第 62 页。

⑧ 石西民、范剑涯编：《新华日报的回忆续集》，成都：四川人民出版社，1983 年，第 26 页。

（三）守望相助，同舟共济

大轰炸时期，“重庆报界的合作精神是有目共见的”①。《大公报》在“五三”“五四”轰炸中遭受了惨重损失，来自其他报社的救助令大公报人备受感动。该报在《血火中的奋斗》一文中深情写道：“尤其可感的是社外的朋友，更表现了‘被发撄冠’的义侠精神，同业《新华日报》《新民报》《商务日报》都有多数同仁来为本报抢救器材。”该报还特别感谢《国民公报》在危难之时给予的“一切工具及便利使得本报得不间断”，能够“照常为国家社会服务”，完全是“国民公报所赐”。② 《新蜀报》被炸后亦首先感谢了《新华日报》同仁帮助，同时表示要为“事业而努力奋斗到底，纵有任何辛苦艰难，决不放弃自己岗位”③。

当时即使政见不同的报馆之间，也能以“同业的立场”相互帮助。作为在国统区发行的唯一中共报纸，《新华日报》在团结报界方面堪称典范。“五三”轰炸当天，新华日报社在自身严重受损的情况下主动派人帮助《大公报》《新蜀报》抢救器材。大轰炸中，《新华日报》与《大公报》《新民报》建立了患难与共的情谊。除各报编辑记者之间相互来往外，各报印刷厂、营业部也在业务上相互合作支援。④ 纸张短缺时，《新华日报》把筹措的纸张售卖给《新蜀报》。即便是国民党《中央日报》缺纸求援，《新华日报》同样伸出援手，慷慨相助，成就了战时国共新闻业合作的一段佳话。⑤

除了物资支援外，大轰炸期间各报在新闻人才与业务上亦互相“通融”。据报人回忆，当时如果某报主笔无法工作，其他报纸会主动帮助该报写稿。“各报采访来的消息”都是“互相关照”，鲜有“独占”私念。这是因为，当时交通不便，若要独占消息源，“便非漏消息不可”。刘光炎则说：“以那时的情形，纵有天大本事，一个人也难包办全部消息。所以只有合作，大家通知，大家欢喜。”⑥ 重庆大轰炸，让报人意识到唯有团结一致，同舟共济，才能共渡难关，战胜强敌。

---

① 马锐筹：《大量生产与版面节约》，《新闻战线》1942 年第 2 卷第 6 期，第 7 页。

② 《血火中的奋斗》，《大公报》，1939 年 5 月 4 日第 1 版。

③ 《本社救火记》，《新蜀报》，1939 年 5 月 4 日第 2 版。

④ 周雨编：《大公报人忆旧》，北京：中国文史出版社，1991 年，第 222 页。

⑤ 潘梓年、吴克坚、熊瑾玎等：《新华日报的回忆》，重庆：重庆人民出版社，1959 年，第 61 页。

⑥ 刘光炎：《抗战期大后方新闻界追忆》，李瞻主编：《第六种中国新闻史》，台北：台湾学生书局，1979 年，第 408 页。

结语

日军对重庆实施的无差别轰炸，使重庆新闻业遭受了灭顶之灾，蒙受了惨痛损失，这是日本帝国主义对中国新闻业乃至中国文化事业犯下的战争罪行，是中国新闻界永远不能忘却的历史记忆。正如《重庆各报联合版》所说，敌人不仅要“毁灭我们工商业机关……还尽量毁灭我们的文化事业”，“重庆这次敌机的狂炸，我们同业的牺牲惨重”。这“在将来中国有报业史上永远是惨痛悲壮的一页”，是“中国现在与未来的新闻记者”永志不忘的“惨痛环境”。①

日寇轰炸进一步激励了中国新闻业的职业认同与新闻精神。大轰炸前，报界普遍的认知是“办报一定要在安全的地带，在飞机大炮下是不可能办报的”②。故抗战爆发后，报馆多转移至远离战场前沿的后方城市。报人们长期工作和生活在“都市，或是内地城镇”，只能接触“有限的工作范围”，适应“迂缓的时事变化”，进而滋生了一种“故步自封”“不求上进”“进步也是不积极”的懒散习性。③ 大轰炸消弭了前线和后方的空间界限。报人与民众同样要“钻山洞”“躲空袭”，共同面临生死挣扎与国破家亡。这种经历使得报人从未如此与“战争”和“民众”紧密地联系在一起。血的现实让中国新闻业从实践到精神都为之一变。大轰炸时期，重庆新闻业无论从言论抑或精神上都充满着“斗争性”。报人普遍视自己为“战士”，认为报纸能够而且应当成为“战争的武器”，“报纸的战斗精神是与武装将士的精神有同样的光辉”。④

如于友所言，“战时（中国）报业”进入了一个“全新的新闻时代”，“敌人用侵略的野火迫使新闻事业进步”⑤。

当前世界正经历百年未有之大变局，国家面临的安全环境错综复杂。重温中国报人在民族危亡之际所经历的苦难与抗争，铭记并弘扬其爱国精神与职业操守，这不仅是中国新闻事业弥足珍贵的历史遗产，更为新闻业应对未来挑战，提供经验教训与历史参考。

---

① 《联合版发刊词》，《重庆各报联合版》，1939 年 5 月 6 日第 1 版。

② 范长江：《两年来的新闻事业》，《扫荡报（桂林版）》，1939 年 7 月 6 日第 4 版。

③ 于友：《两年来新闻记者的自我教育》，《扫荡报（桂林版）》，1939 年 7 月 6 日第 4 版。

④ 于友：《两年来新闻记者的自我教育》，《扫荡报（桂林版）》，1939 年 7 月 6 日第 4 版。

⑤ 于友：《两年来新闻记者的自我教育》，《扫荡报（桂林版）》，1939 年 7 月 6 日第 4 版。

在统制与抗争之间："孤岛"时期中共报刊抗日宣传阵线的形成与重构*

林溪声①

摘　要：上海"孤岛"时期是一个蕴藏丰富内涵的独特时空区域。1937 年 11 月 12 日，国民党守军全面西撤，上海沦为"孤岛"。随后上海租界各种背景不同、观点各异的报刊，集合在抗战的旗帜下，结成强大的报刊宣传阵营，使上海成为全国抗战宣传的中心。1939 年 5 月，一场严重的抗日报刊危机爆发。租界当局不断推出各类钳制抗日报刊的新措施，抗日报刊及其宣传活动处于十分险恶的生存境地。是时，中国共产党上海地下组织根据党中央指示，将办报的重心从"洋旗报"向各类抗日期刊、丛刊方面转移，重构了一条新的抗日宣传阵线。本文重点描述租界和日伪当局对"孤岛"新闻界的争夺、"孤岛"的舆论环境变化及中国共产党领导下的抗日新闻出版活动。

关键词："孤岛"时期；中共报刊；抗日宣传；"五月危机"

所谓"孤岛"是一个特定的时空概念，时间上是指 1937 年 11 月 12 日至 1941 年 12 月 8 日，空间上包括上海公共租界（不包括虹口、杨树浦两区）和法租界。1937 年 11 月 12 日，淞沪会战结束后，上海市区沦陷。此时，由于日本尚未做好与英美法等帝国主义国家开战的准备，公共租界和法租界得以孑立于日占区的包围之中。这块相对独立的"飞地"，被《大公报》率先称为"孤岛"②。"珍珠港事件"爆发后，英美对日宣战，"孤岛"时期至此结束，前后一共持续四年时间。

处于上述时空体中的上海租界因"孤岛"这一生动隐喻，被想象为日本侵略者从中国腹地切割出来的、一块孤立无援的水中陆地。但事实上，"孤岛不孤"：一方面，得益于各种背景不同、观点各异的报刊集结成强大的报刊抗日宣传阵营，彼时上海实际上是全国抗战宣传的中心；另一方面，岛内暗潮涌动，日本与英美法各国争相抢夺对租界的控制权；国共两党在抗日民族统一战线下开展了一系列抗争；各界爱国人士和上海民众积极投身抗日救亡的热潮。脱离现实语态的镜像，将"孤岛"置换到民族主

* 本文是教育部规划基金项目"上海'孤岛'时期的新闻统制与抗争研究"（项目编号：21YJA860007）成果。

① 林溪声，复旦大学新闻学院副教授。

② 《孤岛上》，《大公报》，1937 年 12 月 1 日第 1 版。

义与商业化原则交织的 20 世纪反法西斯历史情境，不难发现，所谓的“孤岛”上海，并不像隐喻所暗示的那样，处于绝对的封闭、陷落、囚禁状态。

“孤岛”是新闻史研究中的重要一页，但往往被放在国统区或者沦陷区之内论述，有意无意间遮蔽了“孤岛”文化景观的独立性。本文通过分析各种政治力量对“孤岛”舆论生态的控制，及其对中共上海地下组织新闻出版活动的影响，审视租界和日伪当局对“孤岛”新闻界的争夺，进而推进对“孤岛”新闻业的认识。在前人研究的基础上，本文希望相对完整地呈现：作为与国统区、解放区和沦陷区并列的特别区域，“孤岛”的新闻出版空间呈现的样态；租界和日伪当局如何争夺“孤岛”的控制权，对进步报刊活动进行管控和迫害；中共上海地下组织如何坚持抗日救亡工作，让新闻出版业成为文化抗战的一个有机组成部分。

一、“孤岛”前期舆论环境的变化与洋旗报崛起

1937 年 11 月，淞沪会战正处于激烈阶段。曾担任国民党上海市党部宣传部长的杨清源意识到，上海陷落已不可避免，中国人办的抗日报刊无法逃脱被禁止出版的命运，新闻界急需一张以外商名义出版的报纸，以便继续传播上海抗日救亡的呼声。① 面对紧迫的现实情况，杨清源通过爱国商人蔡晓堤与《华美晚报》经理朱作同的特殊关系，投资建立华美出版公司，公司在美国注册，请美国人密尔士为发行人，以便取得租界当局的保护。1937 年 11 月 25 日，上海陷落前第一张悬挂洋旗的爱国报纸《华美晚报晨刊》问世。② 事态发展恰如杨清源所料的那样，1937 年 12 月，日军侵占了上海。由于治外法权的保护和中日敌对状态下西方国家中立态度的影响，上海苏州河以南的公共租界和法租界成为日军围堵下的“孤岛”。租界和日本当局、上海伪政权③、国共两党等众多政治力量交错盘杂，因性

① 姚福申：《中国编辑史（第 2 版）》，上海：复旦大学出版社，2004 年，第 400 页。

② 为了早日出版报纸，在登记执照尚未取得之前，先用《华美晚报晨刊》的名义出版，等领到执照后改为《华美晨报》。

③ 日本侵华期间出现的上海伪政权大致分为四个阶段：以苏锡文为市长的伪大道市政府阶段，以苏锡文为首的伪上海市政督办公署阶段，以傅筱庵为市长的伪维新政府上海特别市政府阶段，以及先后由陈公博和周佛海担任市长的汪伪政府属下伪上海特别市政府阶段。自 1939 年 3 月汪伪政府“还都南京”后，上海特别市政府即属于汪伪政权，因此傅筱庵任期的后 7 个月是在汪伪政府名下。参见谢月恒、杨元华：《1938 年至 1940 年间伪上海特别市政府述论》，林克主编：《上海研究论丛（第 19 辑）》，上海：上海社会科学院出版社，2009 年，第 25 页。

质复杂的政治组织，“孤岛”在不测的威胁中成为性质较为复杂的安全区域。[①]

淞沪会战结束前后，外国势力利用租界支援蒋介石，国民党利用租界扰乱占领地区的治安，日方把租界视为扰乱治安的策动据点。经济方面，租界当局也不认同日本决定的金融政策、交易制度和经济措施。[②] 日方对租界的“敌对性”高度关注和警惕，不断要求租界当局取缔“骚乱活动”。这些“骚乱活动”包括在一些闹市区散发反日宣传册、传单和各种印刷品，以及强烈煽动中国民众反日情绪的言行。[③] 为根除租界内抗日新闻宣传，日军强占国民党宣传部设在租界的上海新闻检查所，并于 1937 年 11 月 28 日通知上海的 12 家报社：“原中国当局行使的报刊监督、检查的权力由日本军事当局接管”；“日本军事当局在原则上愿尊重报纸和其他印刷物等文化事业。只要这些报刊不再损害日本利益、日本军事当局可以既往不究”；“报纸和其他印刷物如果无视或反对日本军事当局行使上述权力，则一切后果将由自己负责”。[④] 12 月 13 日，日军攻占南京当晚，即以上海新闻检查所的名义发出通知，要求所有租界内刊行的中文报纸出版前将新闻稿小样送交检查，未经检查的新闻报道一概不许刊登。

在日方接连威胁和强制新闻检查政策下，多数报社以立即停刊的方式表示抗议：《民报》《时事新报》《神州日报》《立报》等相继宣布停刊，《申报》停刊后迁往汉口、香港出版，《时报》《新闻报》《大晚报》等接受敌人的新闻检查，不再发表抗日言论和有关抗日的消息，《大美晚报》则公开挑战日方新闻检查规定。12 月 16 日，美商《大美晚报》发行人史带发表声明：《大美晚报》华文版与英文版同属一家，“服膺报纸言论自由之精义，敢作无谓切实之评论，及登载不参成见纯重事实之新闻”，绝不接受“任何方面的检查”。[⑤]“史带声明”连续两天见诸报端，《大美晚报》未经检查继续发行，报纸销量激增，但日方未采取任何制裁措施。受这一成功策略的启发，很多报纸纷纷聘用与租界当局有关系的外国人，打出洋商的招牌，公开合法地出版抗日报纸。其中，既包括部分民主人士和国民党主办的抗日报纸，如《文汇报》《华美晚报》《大美晨报》《大英夜报》《循环报》等；也有直接在党领导下的报刊，如《每日译报》《华美》《译

---

① 《孤岛上》，《大公报》，1937 年 12 月 1 日第 1 版。

② ［日］今井就稔：《日中战争初期上海租界经济与重庆国民政府》，《抗日战争研究》2013 年第 4 期，第 69 – 71 页。

③ 李龙牧：《中国新闻事业史稿》，上海：上海人民出版社，1985 年，第 248 页。

④ 上海公共租界工部局英文档案，上海市档案馆藏，转引自马光仁主编：《上海新闻史（1850—1949）》，上海：复旦大学出版社，1996 年版，第 823 – 824 页。

⑤ 史带：《责任声明》，《大美晚报》，1937 年 12 月 16 日。

报周刊》《文献》《时论丛刊》等；《申报》在马荫良的率领下重返上海，以美商哥伦比亚出版公司名义出版，一再强调“主和即汉奸”“媾和即灭亡”的抗日观点。

国民党军队西撤后，日军对租界当局不断施压，要求厉行取缔“洋旗报”抗日言论。这一阶段日本侵略势力对“孤岛”的渗透尚不深入，租界当局在一定程度上对中国人民的抗战持同情的态度。换言之，尽管租界标榜中立，“但上海公共租界主导人员以英美中为主，租界领导层骨子里是反法西斯的，租界里的外侨绝大部分是反法西斯的”①。正是租界不动声色的同情和宽容，“孤岛”形成一年来的文化态势是“从公开刊物与秘密刊物的相互呼应，相互推进，经过了曲折的道路，而争得了抗战言论的公开性与合法性”②。1938 年 5 月到 1939 年 4 月，工部局对抗日言论激烈的报刊发出警告百余次，而以“左翼”地下党人主导的“洋旗报”已创办十余种，如果没有租界出版环境的无形保护是很难实现的。③

由于强行封禁“洋旗报”势必引起国际纠纷，于是日方一面不断向工部局施加压力，寻找机会扼杀宣传抗日救亡的报纸；另一面则采用投弹、暗杀等暴力手段，对持有抗日立场的新闻工作者进行迫害。各类围攻，暗杀、袭击事件层出不穷。1938 年 2 月 6 日，《社会晚报》报主蔡钓徒的人头被挂在法租界薛华立路巡捕房对面的电杆上，凶手在白布上书：“余等以断然手段对付死者，望其它中文报纸主笔，知所警惕。正义团。”④ 很明显，这是一宗政治谋杀案。与此同时，上海的主要报刊如《大美晚报》《文汇报》《华美晨报》《华美晚报》等报的社长、经理、主笔、编辑等，纷纷收到“正义团”“恐怖派”的恐吓信，甚至是断臂、人手。在舆论和民情压力下，法租界巡捕房很快破获蔡钓徒案。据嫌犯供述，租界内发生的人头、人臂、人手案，均系日本特务机关“兴亚会”控制的汉奸组织“黄道会”所为。⑤ 抗日地下组织很快还以颜色，如众多报贩拒不夹售敌方宣传品；日本在租界内的伪新闻机构先后遭到炸弹破坏；周凤歧、尤菊荪、顾馨一等沪上投敌的头面人物先后倒在锄奸队的枪口下。迫害与反抗在“孤岛”上进行了殊死博弈，“从 1938 年 3 月至 1939 年 2 月的一年内，

---

① 熊月之：《上海在世界反法西斯战争与中国抗日战争中的特殊地位与作用》，《历史教学问题》2015 年第 5 期，第 7 页。

② 白屋：《一年来上海文化界的总检讨》，转引自王鹏飞：《“孤岛”文学期刊研究》，北京：社会科学文献出版社，2013 年，第 30 页。

③ 王鹏飞：《“孤岛”文学期刊研究》，北京：社会科学文献出版社，2013 年，第 31 页。

④ 《沪社会晚报经理被暗杀》，《申报（汉口）》，1938 年 2 月 8 日第 1 版。

⑤ 《兴亚会中坚份子杨家驹等上诉》，《申报》，1938 年 12 月 7 日第 11 版。

反日事件高达七十多件，平均每5天就发生一桩暗杀案件”[①]，各大报馆像防御工事一样在门前布置沙袋及带刺的防护铁网，有的还会聘请“洋保安”巡逻[②]。

1938年下半年，鉴于欧洲局势日趋紧张，在远东问题上，英美等国一方面逐步加大对华援助的力度，使中国有可能对日本进行消耗战，借以削弱日本的实力；另一方面对日本采取调和态度，避免同日本直接冲突，以保全它们在殖民地区的“中立”角色。[③] 在此背景下，租界当局对日方提出的取缔抗日报刊活动的要求步步退让。1938年7月，英美领事馆通知各家报馆，不得登载过于刺激日本人的文字。8月，租界当局又通过各国驻沪领事馆，要求各国所属报刊不得刊载任何纪念“八·一三”抗战的文字。《文汇报》《每日译报》《导报》《大英夜报》和《循环报》等多家大报宣布8月12日停刊一日，以示抗议。此后，上海租界内的“洋旗报”经常接到这类通知、指令，但总体而言“孤岛”前期舆论环境“尚称自由”[④]。1939年4月底，上海租界以宣传抗日为主要内容的《洋旗报》已达17种之多，总销量达至20余万份。[⑤] 至此，“洋旗报”形成了一统天下的壮阔局面。这些报刊的影响并不局限于上海租界，而是深入江浙一带农村，有的还经过香港转销扩展到海外华侨聚居地区。

二、中共上海地下组织领导的抗战宣传前线

在大片沦陷区包围中，上海租界受英、美、法控制的地区宣称“保持中立态度”，以避免被日军独占。挂洋商招牌的报纸可以灵活利用中西方各国与日本之间的矛盾，绕开日方新闻检查，进行抗日宣传。面对相对自主与形势复杂的租界，中国共产党一面组织革命的新闻文化工作者奔赴战地和后方，一面重建地下党组织，团结进步力量来办中国人自己的报纸。1937年11月上旬，中共江苏省委在上海正式成立，由刘晓、刘长胜、张爱萍等人领导，并密切配合八路军办事处（由刘少文领导）的工作。[⑥] 省

---

① 熊月之：《上海在世界反法西斯战争与中国抗日战争中的特殊地位与作用》，《历史教学问题》2015年第5期，第9页。

② 柯灵、任嘉尧：《“孤岛”新闻史号外——关于洋商报历史的前后左右》，中国社科院新闻研究所编：《抗日战争时期的中国新闻界》，重庆：重庆出版社，1987年，第224页。

③ 参见中共中央党史研究室：《中国共产党历史第一卷（1921—1949）》（下册），北京：中共党史出版社，2011年，第526页。

④ 王鹏飞：《“孤岛”文学期刊研究》，北京：社会科学文献出版社，2013年，第29－31页。

⑤ 马光仁主编：《上海新闻史（1850—1949）》，上海：复旦大学出版社，1996年，第847页。

⑥ 刘晓：《上海地下党恢复和重建前后》，《党史丛刊》1979年第1期，第37－40页。

委以上海市为重点，同时领导江、浙两省地下党的工作，还担负开辟江浙敌后农村武装斗争的重任[①]。成立之后的省委重建了包括文化界运动委员会（简称文委）在内的各委员会。[②] 上海沦陷后，党组织围绕“民众动员和宣传，发动、组织人民加入抗日斗争中”等任务展开工作[③]，其中，报刊宣传作为重头任务，落在了由沙文汉和孙冶方领导的文化委员会身上。

（一）积极创办洋旗报，扩大党的政治影响

1937 年 12 月 9 日，夏衍、梅益等人发起创办《译报》，以翻译外报新闻材料的方式报道抗战新闻。《译报》内容充实，编排新颖，颇受读者欢迎。很快该报编辑部接连收到日伪新闻检查所通知，强令送检。最终，《译报》因印刷所受到威胁无法付印，在 12 月 20 日发行第 12 期后被迫停刊。1938 年 1 月 21 日，《每日译报》以英商名义出版，实为中共江苏省委机关报，钱纳水担任主编兼总编辑，编辑部由梅益负责，姜椿芳、林淡秋、胡仲持等参加翻译工作。最初，报纸以与《译报》相似的面貌出现。出版一个月后，其不再单纯依赖外文报纸，而是创办多种增刊副刊，开始从《新华日报》《救亡日报》等内地重要报刊转载文章。通过“本报特讯”“专电”“专稿”，以及范围广泛的转载和译文，该报不仅坚持了抗战宣传，还报道了许多敌后抗战的事实。1938 年 8 月，该报连续 12 天全文发表了毛泽东的《论持久战》，促成党的方针和敌占区民众直接见面。

（二）在文委领导下，开展轰轰烈烈的群众性抗日救亡文化运动

1938 年中，为了纪念上海抗战爆发一周年，文委决定用一年来上海社会的变化和广大市民的亲身经历，进行生动真切的抗日爱国鼓动宣传。文委委派党员作家商请华美周报社主持人同意，决定以该刊名义编撰出版《上海一日》一书，并于 7 月下旬在《华美周报》刊出向各界人士的征稿启事，希望不同作者从不同角度在上海抗战爆发一年间“任择一日”，记录自己的亲历见闻。《上海一日》征稿得到上海各界人士的积极响应。从 8 月初起，每天都有近百篇文章从各处寄到编者手中，至 8 月中旬收稿近二千篇，约四百万字。[④] 最后以 430 多篇文稿，共计 100 多万字，编成《上

---

① 李三星：《刘晓与上海地下党组织的重建》，《上海革命史资料与研究（第 5 辑）》，上海：上海古籍出版社，2005 年，第 34 页。

② 共分为劳动、文化、职员、教育、妇女、学生和难民六个委员会，以及海关和巡警两个特殊委员会。

③ 中共上海市委党史研究室：《中国共产党上海史（1920—1949）》，上海：上海人民出版社，1999 年，第 995 页。

④ 《上海一日》编委会：《编辑〈上海一日〉的经过》，《文艺》1938 年第 5 期。

海一日》。纷繁的“一日”组合，展现了上海抗战一年间复杂多样的现实。《上海一日》出版于1939年3月，主编者署名“朱作同、梅益”，由梅益、戴平万、林淡秋和殷扬（杨帆）等人实际承担编辑工作。① 《上海一日》的成功离不开上海民众迸发的书写激情，也展现出新闻通讯体裁在组织动员抗日爱国宣传方面的优势。文委决定尽可能挖掘上海民众的参与热情，在《上海一日》编就不久，即策划领导了“文艺通讯运动”。

（三）争夺出版重镇，《西行漫记》《鲁迅全集》在国内外产生巨大反响

1938年初，胡愈之在斯诺住处看到了《西行漫记》英文著作样本 *Red Star over China*，书中汇集了作者冲破严密的新闻封锁，到陕甘宁边区实地采访的第一手资料，详细而真实地描绘了红军的二万五千里长征和苏区人民的生活。胡愈之认为，这是一本难得的好书，颇有出版价值。但当时，大批书店、出版社已迁往内地，留在上海的出版社不敢公开出版这样的书。胡愈之便提议创办一家出版社，取名自明末江南爱国志士曾创办的“复社”，意为复兴中华。上海地下党还通过“星二聚餐会”，发售预付书券，顺利解决了书的印刷和纸张费用问题。1938年3月，《西行漫记》正式出版发行，首轮发售的2 000册很快售罄。当更多人知道这是一本写共产党、红军和延安的书时，购者更加踊跃，该书一年内连印4次。胡愈之在《西行漫记》中译本前言中说，《西行漫记》是复社出版的第一本书，也是由读者自己组织、自己编印、不以营利为目的而出版的第一本书。② 1938年6月，《鲁迅全集》由鲁迅纪念委员会编辑，在复社出版后反响轰动，成为“孤岛”文化出版的一大盛事。此外，中共影响下的进步出版业还形成了一波出版马恩列斯著作的热潮，中国第一部《资本论》也在这一年八九月间，由读书生活出版社正式出版。

三、“五月危机”爆发与洋旗报受挫

武汉会战以后，抗日战争转入战略相持阶段。由于战线延长、兵力分散、预备兵源枯竭以及国内的财政困难问题，日方被迫改变侵华方针策略，提出“建立东亚新秩序”“以战养战”等新口号，着力加强对占领区的控制。欧洲局势的动荡，使西方国家把战略重点转向欧洲，希望中日媾

---

① 陈青生：《抗战时期的上海文学》，上海：上海人民出版社，1995年，第120页。

② 关于复社的情况，参见胡愈之回忆，三联书店整理：《胡愈之谈〈西行漫记〉中译本翻译出版情况》，上海社会科学院文学研究所编：《上海“孤岛”文学回忆录（下）》，北京：中国社会科学出版社，1985年，第50－53页。

和，以成全其在远东地区的利益。西方国家充满绥靖主义色彩的妥协态度让日方有恃无恐，遂对租界当局不断施压，要求取缔抗日报刊。日本御前会议在《调整日华新关系的方针》中特别提及：日满华应该在宣传方面，废除那些相互之间破坏友谊的措施，并在将来禁绝这种情况。

日方认为，各家抗日报纸以第三国名义经营以后，新闻检查工作变得有名无实；上海的抗日报纸规模大、发行份数多，占据全中国抗日言论的中枢地位；如果能把它们溃灭，就等于封锁了全中国的抗日言论①。1939年4月12日，日本驻沪总领事三浦义秋访晤上海工部局总董樊克令，要求租界当局出面取缔租界内所有抗日报刊。三浦义秋随后又访晤了英、美两国驻沪总领事，向他们提出同样要求。上海工部局先后派员前往英美驻沪领事馆，共同商讨对策，决议给予日方更大程度的合作。4月26日、27日，上海工部局警务处分别向《大美晚报》《大美报》《华美晨报》《华美晚报》《中美日报》《新闻报》《新闻夜报》《申报》《儿童日报》9家美商报纸发出警告，要求不得刊载任何抗日文字。

即将来临的五月，在日本侵略者眼中是个“麻烦重重”的月份。② 国民党最高当局亦决定在1939年5月1日正式开展全国国民精神总动员运动。③ 日本驻沪总领事馆加紧向租界当局递交备忘录交涉，提出了一系列取缔抗日报刊的具体措施，要求租界当局照此办理。④ 重重压力下，租界当局最终接受了日本方面的所有要求，一场抗日报刊的严重危机爆发，史称“五月危机”。

1939年5月1日，上海工部局发出布告，宣称行使所有警权，禁止并解散抗日组织，禁阻抗日运动进行。美商《华美晨报》4月28日在副刊上发表《读褚民谊启事》一文，因内有主张杀汉奸的文字，于5月1日接到工部局警务处通知，被勒令停刊一日，成为“孤岛”第一家遭停刊处分的报纸。《中美日报》全文刊登了蒋介石在重庆发表的实行全国国民精神总动员演讲，《新闻报》《申报》等报纸采取摘要方式进行报道。对此，租界

① 马光仁主编：《上海新闻史（1850—1949）》，上海：复旦大学出版社，1996年，第850页。

② 五月有众多纪念日：五一劳动节、五三济南案纪念日、五四青年节、五五孙中山就任纪念日、五九二十一条纪念日、五一八陈英士殉国纪念日、五卅上海惨案纪念日。

③ 1939年3月12日，蒋介石通电全国，发布《国民精神总动员纲领》《国民精神总动员实施办法》和《国民公约及誓词》，1939年5月1日起“国民精神总动员”正式开始。

④ 这些具体措施包括：（1）上海租界当局发表布告，明确宣布凡刊载破坏和平安定的文字的报刊一律予以取缔；（2）禁止国民党在上海租界内出版报刊和控制报业；（3）逮捕从事抗日宣传活动的报人；（4）没收、禁售抗日报刊，上述报刊不得在租界内外传递；（5）租界警务部门定期或在必要时进行搜检，搜查时须有日本警务人员参加；（6）租界警务部门必须建立专职的督察报刊工作的机构。上海公共租界工部局英文档案，上海市档案馆藏，转引自马光仁主编：《上海新闻史（1850—1949）》，上海：复旦大学出版社，1996年，第851页。

当局也视作须加以取缔的政治宣传活动，由英国驻沪总领事馆通知英商报纸，上海工部局通知其他报纸，禁止续载蒋介石的演讲及有关报道。

此外，租界当局还试图对报纸实行事先检查，但这一举措遭到了所有洋旗报的一致反对。1939 年 5 月 11 日，工部局与法租界公董局发布联合布告，“有政治性质之活动，依法自不能在各该区域内进行……此后无论何人，凡直接或间接参与是项团体，两租界将不予保护或并驱逐出境”。[①]这一表态强调了租界当局取缔抗日报刊及其宣传活动的立场。5 月 16 日、17 日，《中美日报》《每日译报》《文汇报》《大美报》正常刊登了蒋介石在全国生产会议上的演讲，5 月 18 日，《文汇报》《每日译报》被勒令停刊两周，《大美报》《中美日报》被吊销登记证。[②] 四家风头正健的洋旗报被同时勒令停刊，这一消息令“孤岛”舆论大哗，新闻界群情激愤。

英美法与日本在租界既对峙又妥协的局面一旦被打破，洋旗报赖以依存的舆论环境即迅速恶化。1939 年 4 月，叛变投敌的汪精卫从河内抵达上海，密谋建立以其为首的伪中央党部及中央政府。最初，汪伪采取“金元”政策，花重金收买各洋旗报的外商，企图控制“孤岛”报刊舆论。汪伪用 10 万元巨款收买了克明，由他用董事会名义免除该报总经理严宝礼的职务，又通过克明，用 4 万元收买了《每日译报》《导报》的发行人裴士和鲍纳，使《每日译报》在停刊期满后无法复刊，《导报》亦于 7 月 1 日自行停刊。[③]

在日本特务机构授意下，丁默邨与汪精卫合作，成立汪伪国民党中央执行委员会特务委员会特工总部，地点设在沪西极司斐尔路“七十六号”，以“大棒”政策打压抗日舆论。《文汇报》《大美晚报》《申报》《中美日报》接连遭到武装袭击和捣毁，恐怖爆炸事件时有发生，洋旗报报馆与报人则遭到肆无忌惮的攻击。《大美晚报》副刊编辑朱惺公因多次严词斥责叛徒，为日伪所嫉恨，死得最为壮烈。[④] “七十六号”还开出一张对 83 人的通缉令，其中新闻工作者有 32 人，占 38%。[⑤] 《大美》系统的张似旭、

① 马光仁主编：《上海新闻史（1850—1949）》，上海：复旦大学出版社，1996 年，第 853－854 页。

② 黄立文：《〈文汇报〉对日伪的斗争》，中国社科院新闻研究所编：《抗日战争时期的中国新闻界》，重庆：重庆出版社，1987 年，第 232 页。

③ 文汇报报史研究室主编：《文汇报史略》，上海：文汇出版社，1988 年，第 71 页。

④ 柯灵、任嘉尧：《“孤岛”新闻史号外——关于洋商报历史的前后左右》，中国社科院新闻研究所编：《抗日战争时期的中国新闻界》，重庆：重庆出版社，1987 年，第 224－225 页。

⑤ 姚福申、叶翠娣、辛曙民：《汪伪新闻界大事记（上）》，中国社会科学院新闻研究所《新闻研究资料》编辑部编：《新闻研究资料（总第 48 辑）》，北京：中国社会科学出版社，1989 年，第 171 页。

程振常、朱惺公、李骏英四人先后被杀；瞿绍伊、顾执中遭枪击受伤，幸免于难；金学成、钱纳水、严独鹤等人遭到逮捕、绑架或传讯；《申报》著名记者金华亭被暴徒暗杀。①

经历“五月危机”的洗礼，“孤岛”洋旗报的规模大大缩水，影响也比以前有所减弱。1937 年 5 月至 7 月间，《每日译报》《文汇报》《华美晨报》《导报》《国际日报》《儿童日报》等洋旗报馆相继被迫停刊，中国共产党领导下的洋旗报损失殆尽。

四、中国共产党“孤岛”抗日宣传阵线的重构

在上海“孤岛”抗日办报活动经受重大挫折之时，中国共产党中央于 5 月 17 日发出了《关于宣传教育工作的指示》。这一指示分析指出：随着国际关系日趋紧张，抗战形势将更为艰难，党在敌后地区坚持抗日办报活动应以“力求持久，不图一时的痛快”为基本方针。② 指示要求各地党组织应“设法经过自己的同志与同情者，以很大的坚持性争取对于某种公开刊物与出版发行机关的影响，对于同志与同情者领导下或影响下的公开刊物与出版机关，应给以经常的帮助”③。鉴于“孤岛”政治形势急转直下，中共江苏省委决定调整斗争策略，改变抗日报刊宣传过于直露的特点，把工作重点转向创办各类抗日期刊、文学性期刊及不定期丛刊，尽可能在租界新闻出版业中占据一席之地。

（一）创办新洋旗报，《上海周报》和《时代》周刊应运而生

“五月危机”后“孤岛”内仍有十来种洋旗报生存，上海地下党决定创办新洋旗报，继续沉浮于“孤岛”舆论风浪中。《上海周报》创刊于 1939 年 11 月 1 日，由英商独立出版公司发行，英国人弗利特任编辑人，实际负责人为张宗麟，总编辑为吴景崧，梅益、王任叔、姚溱、钟望阳等为主要撰稿人。根据“隐蔽”的原则，该刊在创刊词中，强调自己是合乎英商法令的英商独立出版公司所发行的刊物。作为一份综合性刊物，《上海周报》设有《社论》《一周简评》《国际国内时事论著》《外论译丛》等栏目。在杜重远遇难新疆后，该报发表了报道和短评。1941 年 8 月，该刊

---

① 柯灵、任嘉尧：《“孤岛”新闻史号外——关于洋商报历史的前后左右》，中国社科院新闻研究所编：《抗日战争时期的中国新闻界》，重庆：重庆出版社，1987 年，第 225 页。

② 抗战进入相持阶段后，中共中央多次强调，党在沦陷区的工作，要坚决贯彻隐蔽精干的方针。

③ 中央档案馆、中共中央文献研究室编：《中共中央文献选集（一九三九——一九四〇）（第 12 册）》，北京：中共中央党校出版社，1991 年，第 71 页。

出版了“上海问题特大号”，发表了《沦为孤岛四周年》的专文。

中国共产党的抗日理论与主张，在其他地区无法公开发表，但在“孤岛”上能够通过洋旗报刊及时传达至各界民众。1940年1月毛泽东的《新民主主义论》在国统区遭禁，5月、6月间，《上海周报》《学习》接连发表多篇文章，宣传毛泽东的新民主主义思想。皖南事变发生后，国民党当局封锁消息，掩盖事实真相，几乎所有洋旗报都站在国民党的立场上，诬称新四军“抗命叛变”。《上海周报》第3卷第6期发表社论《不幸的事件》、短评《所谓与“党派” “政治”无关》《遮不尽的耳目》、评论《“为日作伥”与反共合作》和长篇论文《反对分裂、加强团结》等，对国民党的行径予以谴责。在第3卷第7期中，该报发表《新四军皖南部队惨被围歼的真相》及上海各界民众团体致全国各界公开信，报道皖南事变真相和各界态度，《学习》《求知文丛》等报刊紧随其后，揭露这一反共阴谋。①

《时代》周刊创刊于1941年8月20日，姜椿芳负责组织中文《时代》周刊出版，经费由俄方承担，文委成员唐守愚、梅益领导办刊。这是一个新的抗日和反法西斯宣传阵地。② 由于该刊以苏商名义出版，除大量报道苏联卫国战争的情况外，也为新四军对外传播提供了机会。苏中根据地曾几次带出报道我军反“扫荡”、反“清乡”等对敌斗争资料，交由塔斯社远东分社社长罗果夫转去苏联《消息报》发表。太平洋战争爆发、日军进占租界后，以苏商名义出版的《时代》周刊幸免于难，成为中国了解苏联红军和反法西斯斗争的唯一窗口。罗果夫为了加强在远东的宣传工作，在《时代》周刊出版的同时成立了时代出版社。

（二）利用报刊活动影响群众、发动群众和组织群众

中国共产党在沪报刊工作实行抗日民族统一战线策略，深入群众，团结社会最广大的社会群体，是中共上海地下党组织报刊工作的基线。通过报刊，党组织联系和团结各个阶层的群众，多次成功发起救难捐款、慰问新四军等群众性支援抗战的活动。有的报刊自筹资金、自己编辑、自办发行，全面贯彻全党办报、群众办报的方针。如《职业生活》周刊，经常刊登职工的声言与呼吁信件，上自中共江苏省委职委的领导干部，下至职业

---

① 戴知贤：《中国共产党领导的孤岛文化斗争》，《中共党史研究》1996年第4期，第45－46页。

② 苏商“时代”系列出版情况，参见闵大洪：《“苏商”时代出版社与〈时代〉周刊、〈时代日报〉》，《新闻研究资料》1986年第3期，第134－144页。

界各行业的广大群众，广泛参与撰写稿件和推销刊物。[①]《知识与生活》由沪江、大同、暨南三所大学和浙光中学部分学生创办，得到了文委的支持。该刊创刊前由青年学生自筹出版经费，创刊后学生自己担任不取报酬的记者、编辑。

报刊群众性运动方面则以“文艺通讯运动”为代表。这场轰轰烈烈的大众文艺活动，带有明显的组织运作特点，依托中共上海地下组织开展得非常扎实。文委专门设立文艺通讯组织，建立了由总站、分站、支站等构成的组织体系。总站是领导机构，负责人为钟望阳、林珏、王元化等；总站下设沪中区和沪西区两个分站，分站下设几个支站。“文通”组织以具有写作热情和具备一定写作能力的文学爱好者为骨干，作者群体相对稳定，成员按地址相近划在一个支站里。为了提高参加者的文学修养和写作水平，“文通”不时举办讲习班，邀请作家批阅基层文艺通讯员的作品，还会组织学习政治文件、布置写作任务等。[②]“文通”学员以工人、职员、学生、家庭妇女、小学教师为主，分布于各行各业，在“孤岛”编织起一张庞大的文艺通讯网。

很快，“孤岛”报刊上出现了一股“文艺通讯”风潮。石灵主编的《自学旬刊》，阿英、于伶先后主编的《译报·大家谈》，柯灵主编的《文汇报·世纪风》，锡金主编的《文艺新潮》等都设立过《文艺通讯》专栏或专辑；译报的《文通周刊》、钟望阳主编的《野火》、何为编辑的《每周文艺》等，更是以登载“文艺通讯”作品为特色的刊物。策划者还动员不少作家就“文艺通讯”一系列问题展开理论研讨，明确了《文艺通讯》的特点和写作方法，并提出战时《文艺通讯》是“大众的文艺武器”，“文艺通讯运动”应紧密“配合全国的政治斗争”、发挥“自我教育与教育群众”作用。在这一波风潮中，创刊于1939年8月20日的文艺刊物《野火》响应最为积极，并成为继《每日译报》之后文艺通讯运动的主要阵地。1940年初《野火》被迫停刊。当时，党考虑到“文通”各级组织公开地经常地进行活动，容易暴露，不符合白区工作原则，决定将公开的文艺通讯运动逐渐转入地下。

（三）办报活动的重心由“洋旗报”转移到各类抗日期刊与丛刊

“五月危机”后，租界和日伪当局对报刊实行监督和检查，一个更为

---

① 张承宗：《记〈职业生活〉周刊》，转引自钱晓文：《全面抗战时期中共在沪报刊宣传统战策略的特征及启示》，《新闻春秋》2022年第2期，第29页。

② 田青、应为：《“孤岛”文艺通讯运动概述》，上海社会科学院文学研究所编：《上海“孤岛”文学回忆录（下）》，北京：中国社会科学出版社，1985年，第7－14页。

强大的反日宣传阵营再度崛起。根据党中央指示，文委冷静分析了上海租界内抗日办报活动所处的实际情形，决定将抗日报刊向纵深发展，重构一条由中国共产党领导的抗日宣传新战线。

抗日刊物与洋旗报并立，构成了“孤岛”后期中共抗日报刊宣传阵营。1939 年下半年起，中共上海地下组织除了继续加强与巩固《职业生活》《时论丛刊》等原有的抗日刊物外，还积极新办了《学习》《简报》《大陆》《知识与生活》《时代》等大批抗日期刊[①]；一些“外灰内红”、较易通过检查的文学刊物在文委领导下出现，如陈望道主编的《新中国文艺丛刊》，王任叔、郑振铎等主编的《大时代文艺丛书》，楼适夷等主编的《奔流文艺丛刊》以及 20 余种具有抗日性质的不定期丛刊。[②] 这些刊物坚持以文学的形式作抗战宣传，成为“孤岛”进步文化传播的重要辅助阵地。

对于一些已经引起日伪和租界当局注意的抗日刊物，则及时予以隐蔽或转移。“孤岛”前期，中共上海地下组织在文化界、学生界、妇女界、职业界、工商界和工人运动各方面，领导创办了大量由群众团体或进步人士出面主持的刊物；“孤岛”后期，这类刊物的实际领导是中国共产党人，其公开负责人却由普通群众或中间人士担任。其中，影响较大的有《学习》《大陆》《知识与生活》等。[③] 例如，《大陆》由王任叔主持、楼适夷负责编辑，公开主持人是美国教会学校的一位教员，因该刊许多署名作者是鸳鸯蝴蝶派人物，被外界误读为鸳鸯蝴蝶派刊物。

1939 年 8 月，党创办书刊发行机构亚美书店，《资本论》《论持久战》等进步书刊在“孤岛”有了秘密发行渠道，部分书刊还远销中国大陆、香港、澳门和东南亚等地。1940 年，毛泽东的《新民主主义论》一书到上海后，为帮助普通读者阅读领会其精神，江苏省委工委指示地下党员陈公琪组织写作班子研究撰写《新民主主义的理论与实践》一书，并专门为发行此书成立了一个秘密出版社“北社”。[④] 北社还以“现代史资料丛刊”的形式，翻译出版了《第三国际纲领》《论中国革命》《论中国革命与共产国际的任务》等一批通俗性理论读物，受到广大读者欢迎。

---

① 黄瑚：《上海“孤岛”时期抗日报刊述评》，《新闻研究资料》1987 年第 3 期，第 122－125 页。

② 钱晓文：《全面抗战时期中共在沪报刊宣传统战策略的特征及启示》，《新闻春秋》2022 年第 2 期，第 24 页。

③ 黄瑚：《上海“孤岛”时期抗日报刊述评》，《新闻研究资料》1987 年第 3 期，第 122－125 页。

④ 陆象贤：《北社始末》，上海社会科学院文学研究所编：《上海“孤岛”文学回忆录（上）》，北京：中国社会科学出版社，1985 年，第 86－87 页。

结语

上海“孤岛”是一个极其特殊的时空领域，报刊不仅是各种权力关系斗争的工具，也是不同权力之间相互博弈的场域。租界的统治权和行政权没有发生变化，不受日军的直接控制，这一特殊属性一定程度上为国共两党和爱国人士利用新闻媒介宣传抗日救亡提供了有利条件。随着日伪势力极力向租界渗透，破坏抗日阵营，“孤岛”新闻界控制与反控制的斗争表现得异常激烈。租界、日伪与中国当局各持有不同的价值立场，并执行不同的法理标准，租界当局对日的一再妥协，表现出唯利是图、左右逢源的态度，“孤岛”新闻界对抗战新闻界所产生的各种效应，是其权衡利弊、自主裁量的一种选择结果。

中国共产党抗日斗争的重要方针是建立抗日民族统一战线，联合一切可以联合的力量，动员一切可以动员的力量投入抗战之中。发展新民主主义文化、激发民众抗战的内生动力是抗日民族统一战线的文化策略，报刊则是宣传和实行抗日民族统一战线的有力工具和载体。文化工作委员会的建立堪称中国共产党的一个创举，对开展舆论斗争、发动文化抗战意义非凡。基于文化运动对中国革命重要性的洞察，中共中央要求各级宣传部门经常注意对于文化运动的领导，积极参加各方面的文化运动，争取对各种文化团体与机关的影响，并要求在区党委、省委机上的宣传部门下组织文化工作委员会。① 中共在“孤岛”领导报刊抗日宣传阵线正是从设立文化工作委员会开始，整个“孤岛”时期，中共江苏省委领导下的文化工作委员会始终发挥作用，一直坚持到抗战胜利。

“孤岛”的重要性和特殊性自不待言，各方势力既相互争斗又长期并存，直至太平洋战争爆发，日伪对租界的独占才打破了各方的势力均衡；“华洋杂处，多方共存”的“孤岛”也是沟通国统区、根据地、沦陷区以及海外的重要通道。1937 年重建的江苏省委文委不仅是决策和领导机关，同时也具有强大的组织动员能力：一方面，通过协调各界“救国会”和各个文化团体开展活动，以适应上海地区特殊的办报环境；另一方面，灵活采用办报宣传与群众斗争、公开活动与秘密活动、合法手段与非法手段相结合的方式，将宣传与统战有机融合起来，建立新闻文化界统一战线，在办报方针、人员构成、宣传内容以及传播渠道等方面丰富了报刊宣传统战策略。

① 中央档案馆、中共中央文献研究室编：《中共中央文献选集（一九三九——九四〇）（第 12 册）》，北京：中共中央党校出版社，1991 年，第 71 页。

“孤岛”航灯：“孤岛”时期的中共“洋旗报”研究*

周立华　苏　健①

摘　要：“孤岛”时期，上海有四种“洋旗报”。其中，由中国共产党领导、共产党人主持的“洋旗报”，出现最早，持续时间最长，策略最灵活，数量也较多。中国共产党所办“洋旗报”，是“孤岛”抗日报刊的引领者，共产党人通过创办“洋旗报”、支持和影响爱国的“洋旗报”，以加强抗日宣传、引导抗日舆论的正确方向，为抗战的最后胜利做出了重要贡献。

关键词：“孤岛”时期；中国共产党；“洋旗报”

在中国共产党百年党报史上有一道独特风景——“洋旗报”，这是中国共产党组织、共产党人利用“孤岛”特殊环境，挂外商招牌进行抗日宣传的一种创造性办报方式。

上海沦陷后，由于日军实行严厉的新闻检查，坚持抗日的报刊被迫迁往外地出版或直接停刊，致使上海由“八一三”后的全国抗日宣传中心几变为抗日宣传的真空地带。在此情况下，中国共产党人先以“译报”为手段，重启抗战宣传事业，然后通过借助外力、整合内力，挂“洋旗”办报，进而开创了以“洋旗报”为主力军的抗日宣传阵营。

从办报力量看，“孤岛”时期的“洋旗报”主要有四种：一是中国共产党领导、共产党人主持的“洋旗报”，如《每日译报》《导报》等；二是进步、爱国人士创办的“洋旗报”，如《文汇报》等；三是中国国民党创办、国民党人主持的“洋旗报”，如《中美日报》《正言报》等；四是资产阶级商办的“洋旗报”，如《申报》《新闻报》等。其中，中共“洋旗报”是“孤岛”抗日报刊的引领者，不但创刊最早、持续时间最长，而且策略最灵活。在当时环境下，中共地下党组织、共产党人通过创办“洋旗报”、支持或影响爱国的“洋旗报”，加强抗日宣传，引导抗日舆论的正确方向。

---

* 本文为国家社会科学基金一般项目“近代中国的‘洋旗报’研究”（项目编号：14BXW006）阶段性成果。

① 周立华，江西财经大学人文学院副教授；苏健，江西财经大学人文学院硕士研究生。

一、中共“洋旗报”的创办与发展

中共“洋旗报”始见于上海沦陷之初，持续至抗战胜利之时，并以“五月危机”① 为界，分为两个发展阶段。

（一）从发创到高潮时期的中共“洋旗报”

在上海沦为“孤岛”后，为打破抗日宣传的沉寂局面、继续传播抗战消息、发出抗战声音，中共地下党组织采他山之石攻玉，利用上海租界外文报刊较多且载有许多抗战消息、资料与评论的条件，创办翻译性报刊，有目的地从外报选择译载抗战材料，“既为我所用，又使租界当局难以找到干涉的借口”②。其中代表便是创刊于 1937 年 12 月 9 日的《译报》。该报由中共江苏省文委直接领导，夏衍等主持编务，日出四开一张，精心选译于抗战有利的材料，向上海人民报道抗战局势，分析抗战必胜的前途，宣传我党有关抗战的正确主张。但是，没出几天《译报》便因抗日气息为日伪察觉，一天之内接到三道恫吓命令和三通恐吓电话，被迫令接受日伪新闻检查。③ 租界当局也畏其锋芒过利，便以“未经登记”为由责令停刊。因此，当年 12 月 20 日，《译报》仅发行 12 期即告夭折。

《译报》的刊行，打破了“孤岛”抗日宣传的沉寂，其“译而不作”的特点则给后来“孤岛”“洋旗报”的抗日宣传开创了一种话语抗争与传播策略。中国共产党所办的第一份“洋旗报”，便是《每日译报》。

《每日译报》，是在日军开展新闻检查后，由中国共产党人率先利用当时租界的中立地位与“洋商”报不接受日军检查的有利环境创办起来的第一份“洋旗报”，是“孤岛”“洋旗报”的“报春燕”。《每日译报》创刊后，“洋旗报”便如雨后春笋般出现，并迅速达到创办高峰。

1938 年 1 月 21 日，《每日译报》以英商名义创刊，由江苏省文委派梅益、韦悫、张宗麟、王纪华等负责筹备，经英国留学生赵邦镕，联系到在香港注册的英商大学图书公司主持人孙特司·裴士（J. A. E. Sanders-Bates）、拿门·鲍纳（N. E. Bonner）出面任发行人。裴士与鲍纳仅为名义

① 1939 年 5 月，上海租界当局对“孤岛”抗日报刊宣传活动的扼制加剧，不断有报纸被勒令停刊，5 月 18 日更有《每日译报》《文汇报》等四家“洋旗报”被勒令停刊两周或被吊销登记证。此间，日伪又通过收买“洋旗”发行人，使《每日译报》和《文汇报》等报在停刊期满后无法复刊。史称“五月危机”。

② 马光仁主编：《上海新闻史（1850—1949）》，上海：复旦大学出版社，1996 年，第 829 页。

③ 黄瑚：《论上海“孤岛”时期抗日报刊》，复旦大学硕士学位论文，1986 年，第 12 页。

任事、不干涉报社内政，各人每月领取两百美金。[①] 该报由中共领导与实际主持，以统一战线面貌出现，请各界知名人士组成董事会，由张宗麟任董事长，王纪华任经理，原《申报》编辑钱纳水任主编兼总编辑，编辑部同仁大多系中共党员，如梅益、姜椿芳、王任叔、恽逸群、林淡秋、杨帆、于伶等。

《每日译报》抓住当时“孤岛”民众需求，利用环境条件，既讲策略又坚持斗争，灵活地传播抗战信息、强化抗日宣传，不断充实内容，扩展版面。《每日译报》创刊时为四开四版，内容均译自外文报刊。2 月 20 日起增设《综合报道》栏目，综合各方电讯，报道中日战事新闻。5 月 1 日起扩为一张半六版，增加《社会动态》《新闻钥》等新闻与评论栏目，以及副刊《爝火》与每周一期的专刊《星期评论》《时代妇女》《职工生活》《书报评论》《社会学讲座》《青年园地》《戏剧电影》等，这些专刊针对不同受众群体，宣传内容各有特色；开始转载《新华日报》《救亡日报》等报刊文章，改变了原来纯翻译报纸的面目，内容更充实，战斗性也更强。6 月起扩为日出两张八版，一张为“新闻”，刊载社论与特写等内容，另一张刊登译文与副刊。6 月 28 日起，改出对开一张半，增加新闻篇幅，并辟副刊《大家谈》等。9 月增辟《每周论坛》。10 月设立《文选》栏目，刊载各地特约通讯和国内各报重要论文。因为抓住了“孤岛”民众的心声，《每日译报》半年内即发展至高峰。但自当年 10 月以来，“孤岛”形势趋紧，直接影响“洋旗报”的发展，如从 11 月 26 日起，《每日译报》即因经济拮据减为对开一张。不过，虽然篇幅缩减，但是注意精编、充实内容，仍然保持良好的发展状态。[②]《每日译报》由于内容、风格为“孤岛”民众所欢迎，在版面不断扩充的同时，发行数量也不断上升，最高时达到 3 万多份，一直到 1939 年 5 月 18 日，因刊登蒋介石在全国生产会议上的演讲新闻被勒令停刊两周。停刊后，汪伪特务趁机收买其英籍发行人，致使停刊期满后未能复刊。

《导报》是中国共产党领导创办的第二份“洋旗报”，于 1938 年 4 月 2 日创刊，亦以英商中华大学图书公司的名义发行，由孙特司·裴士担任编辑人，实际由中国人蒋光堂主持，刘述笙、胡山源先后担任总编辑，共产党人恽逸群担任主笔。《导报》打着“洋商”招牌，积极宣传抗日救国，

---

① 郝英杰：《苏俄文学的出版和传播：1940 年代到 1950 年代——以“时代出版社”为中心的考察》，温州大学硕士学位论文，2017 年，第 6 页。

② 方汉奇主编：《中国新闻事业通史（第 2 卷）》，北京：中国人民大学出版社，1996 年，第642 – 643 页。

揭露日伪暴行，“其影响仅次于《每日译报》与《文汇报》”[①]。在刊行过程中，《导报》不断遭到日伪迫害。1939 年 6 月 17 日，遭汪伪特务的武装袭击后，《导报》于 7 月 1 日被迫停刊。

《华美晨报》，原为《华美晚报晨刊》，1937 年 11 月 25 日创刊，名义上为美商华美出版公司发行，美国人密尔士担任发行人，蔡晓堤任经理，石招泰任编辑人，共产党员恽逸群主持评论工作；于 1938 年 4 月 19 日被改为《华美晨报》。1938 年 12 月，因原主持人在经济上无力维持，《华美晨报》进行大规模改组，八路军驻沪办事处秘密派人接办，使其成为中国共产党直接领导的“洋旗报”。[②]

《儿童日报》早在 1935 年 9 月 1 日，由共产党人何公超与黄一德在上海创办，发行兼主笔为黄一德，何公超任总编辑。抗战开始后曾一度停刊，1939 年 2 月挂“美商”招牌复刊。内容安排上，第一、二版分别为“国内新闻”与“国外新闻”，将国内国际大事用通俗语言撰写，并辅以漫画说明，告诉儿童“关心国内大事，才是爱国儿童”，“能明了世界大势，才是个现代儿童”，而且刊登不少世界各国反侵略的报道。第三版“儿童公园”，通过讲故事、画漫画，让儿童“天天游儿童公园，天天长见识”。第四版“儿童创作”，发表儿童作文，告诉儿童“常常投稿创作，作文就会进步”。当年 4 月 12 日，《儿童日报》在头版刊登周恩来的大幅照片，报道安源路矿工人“新四军在东战场有二十多万人积极准备反攻”的消息；当年秋停刊。[③]

在“五月危机”前，中国共产党组织或共产党人所办“洋旗报”主要有《每日译报》《导报》《华美晨报》《儿童日报》等。此外，《国际日报》与《国际夜报》或为共产党人士创办或主持或受其影响，惜资料有限，只知其“洋旗”的基本信息，而无更多翔实内容可考。[④]

---

① 方汉奇主编：《中国新闻事业通史（第 2 卷）》，北京：中国人民大学出版社，1996 年，第 647 页。

② 黄瑚：《上海“孤岛”时期抗日报刊述评》，《新闻研究资料》1987 年第 3 期，第 95 - 130 页。

③ 盛巽昌：《我国早期的儿童报纸及其他》，《图书馆杂志》1982 年第 2 期，第 52 - 53 页。

④ 其中，《国际夜报》是 1938 年 2 月新创报刊，请英籍印度商人克兰佩（D. W. S. Kelambi）任发行人与社长，褚保衡任总编辑。《国际日报》则是 1939 年 2 月 2 日挂“英商”招牌复刊的报刊，亦请克兰佩出面任发行人。两者都坚持抗日宣传，都在“五月危机”中，因汪伪特务用两万元收买其发行人克兰佩，《国际日报》编辑部同仁为抗议克兰佩的背叛行为，发表启事称“同仁等鉴于事势，不愿再与合作，忍痛于 6 月 1 日起全部脱离，今后国际日报一切概与同仁无关”，致使两报于 6 月 1 日起自行停刊。后《国际夜报》虽曾一度复刊，但颜色已变，不复为用。

（二）“五月危机”后的中共“洋旗报”

中共“洋旗报”，除《华美晨报》《儿童日报》挂“美商”招牌外，其余都挂“英商”招牌。因为1938年12月2日，英国大使馆颁行的《报纸条例》称，“非经大使书面批准，英国公民或团体不得印行、或促使印行、或以某种方式参与印行非英语报纸、小册子或其他出版物”，从而使中国人民失去了利用英商名义创办抗日中文报刊的可能，同时也为日伪特务迫害、扼杀挂“英商”招牌的“洋旗报”埋下了伏笔。因之，在1939年的“五月危机”中，中国共产党领导、共产党人主持的“洋旗报”全遭劫难：《每日译报》被勒令停刊期间，“洋旗”被收买，被迫停刊；《导报》在“洋旗”被收买后迭遭日伪特务捣毁，被迫停刊；《华美晨报》《儿童日报》因日伪扼制，致使经济困难而停刊；《国际日报》《国际夜报》因“洋旗”被收买，为编辑部同仁所抗议，自行停刊。

当时情势，一则在日伪逼迫下，租界当局加强了新闻管控并实行新闻检查，抗日报刊活动空间越发促狭，加上汪伪特务的暴行、威胁、收买，幸存“洋旗报”举步维艰；二则因1938年12月英国大使馆颁行的《报纸条例》，使爱国报人挂英商“招牌”办报几无可能，新创“洋旗报”更为少见，生存也愈发困难。有鉴于此，在日趋恶劣的“孤岛”环境下，中国共产党“不求一时之痛快”，进行战略调整，主要转向抗日刊物的发展。所以，在“孤岛”后半期，其抗日宣传力量，主要是“洋旗刊物”，所办“洋旗报”只有《上海周报》与《时代》周刊两家。

《上海周报》，1939年11月1日创刊，名义上由英商独立出版公司发行，英国人弗利特（Fleet）任编辑人，实为中共上海地下党组织的机关刊物[①]，张宗麟为实际负责人，吴景崧任总编辑，与王任叔等一同主持编辑与出版工作，每期发行8 000至10 000份。根据隐蔽的原则，其创刊词《我们的立场》纯然用英商口吻宣称：“《上海周报》是合乎英国法令的英商独立出版公司所发行的刊物，我们是中国的朋友，完全同情于中国为独立、自由与平等而抗战。”[②]《上海周报》为综合性刊物，内容主要有一周简述与短评、国际时事论著、国内动态等，还曾出过“上海问题特大号”，对上海的系列现实问题进行了有益的探讨。

《上海周报》挂“英商”招牌刊行，到1941年中也不能出了，至此共

---

① 方汉奇主编：《中国新闻事业通史（第2卷）》，北京：中国人民大学出版社，1996年，第649页。

② 《我们的立场》，《上海周报》1939年第1卷第1期。

产党公开出版的抗日报刊已全部遭禁。而在当时，不挂外商招牌根本无法生存，共产党急需寻找新的发行人以打开局面。① 但在当时环境下，找“英商”办报已无可能，找其他洋商亦非易事。最后，才以“苏商”名义创办了《时代》周刊，并得以维持至抗战胜利。

“孤岛”沦陷后，当时苏联虽与英、美等西方国家一样，在中日战争中保持中立，但是租界上的英美等国人士皆以苏联人是“宣传鼓动赤化的赤化分子”为由，对苏联人办报予以限制，故苏联人在租界少有话语权，其时也无挂“苏商”招牌之“洋旗报”。但是到1941年6月22日，希特勒向苏联进攻，苏德战争爆发，苏联改变了原来的中立立场。7月3日，斯大林通过广播发表演说，呼吁联合英美反对德国，从而形成反法西斯国际统一战线。上海租界形势因之改变，苏联在租界有了发言权，其办报便不再受限。另外，苏联在1941年4月与日本签订《苏日中立条约》，认定当其中一方与第三国交战时，另一方得保持中立。所以，在太平洋战争爆发、“孤岛”沦陷后，原“孤岛”内出版的英美报刊除个别投日外，几乎都停止了活动，“苏商”报刊则因苏日订约，得以保留、维持。

因了这一便利，1941年8月20日，中国共产党便用苏商“时代出版社”的名义创办了《时代》周刊。该刊为时事政治性刊物，由姜椿芳主持编务，在宣传上，除大量报道苏联卫国战争情况外，“布尔什维克党”“社会主义”“列宁”“工农苏维埃政权”等新名词也公开地载诸报端。在太平洋战争爆发、日军进占租界之后，因苏日签有条约，《时代》周刊仍得以继续出版，② 一枝独秀，继续发挥抗日宣传的作用。③ 也因这一缘故，共产党人所办“洋旗报”成为唯一在“孤岛”沦陷后继续出版、坚持抗日的“洋旗报”。

二、中共“洋旗报”的开创与引领作用

与其他类型的“洋旗报”相比，中共“洋旗报”具有鲜明的开创性特点与引领作用：率先在“孤岛”创办“洋旗报”（《每日译报》），并通过

① 姜椿芳：《姜椿芳文集·第九卷》，北京：中央编译出版社，2012年，第308页。

② 1941年末太平洋战争爆发后曾短暂停刊，次年元旦复刊后改为半月刊。1944年2月，因汪伪政权借口外国人不能在中国出版本国文字以外的报刊，被迫停刊。1945年5月1日，在苏军攻入柏林的形势下，自行复刊。解放战争时期坚持出版，至1951年8月停刊。参见方汉奇主编：《中国新闻事业编年史（第2版）·中》，福州：福建人民出版社，2018年，第751页。

③ 马光仁主编：《上海新闻史（1850—1949）》，上海：复旦大学出版社，1996年，第865页。

创办、支持“洋旗报”将之推向发展高潮；开创了“里红外灰”“译而不作”等抗日宣传策略；根据“孤岛”环境变化，及时调整策略，保存与发展抗日宣传力量，在“孤岛”时期的抗日宣传中发挥了引领作用。

（一）宣传全民抗战，阐释中共抗战主张与统战政策

这是中共“洋旗报”最鲜明的特点。作为中国共产党所办报刊，如《每日译报》，其主要内容除了通过大量报道、评论揭露抨击日军侵华暴行与汉奸投降卖国活动之外，便是宣传全民抗战，阐释中国共产党的抗战主张和统一战线政策；通过直接刊载、译载外报等形式，对中共中央的重要文件与中共领袖毛泽东、朱德、周恩来等人的演讲、文章，都予以及时发表，以之指导、鼓舞上海人民的抗日斗争。[①] 比如，从 1938 年 8 月 23 日起，《每日译报》连续 12 天全文刊载毛泽东的《论持久战》；11 月 27 日，译载中共六届六中全会的《告全国同胞书》，阐述游击战争的重要意义，号召人们抗战到底。还经常用“特讯”“专电”形式，给“孤岛”上的广大爱国民众提供其所关心而其他报刊很少刊载的中国共产党领导下的八路军、新四军的战况与捷报。如 1938 年 6 月以“本报特讯”形式，即时报道新四军向南京、芜湖等地挺进，建立以茅山为中心的苏南抗日根据地的消息；先后译载斯诺《在日军后方的八路军》《东战场上的新四军》等文章，报道八路军、新四军挺进敌后，英勇善战，在敌占区建立抗日民主根据地等方面的情况。总体来说，内容上更为侧重宣传党的路线、方针、政策，报道其敌后抗战业绩。[②]

（二）讲究谋略，形式灵活，开创抗日宣传的传播策略

因在“孤岛”环境下办报，中共“洋旗报”很讲斗争策略。一是采用“里红外灰”的策略，避免引起日伪注意、减少宣传中的麻烦。如《每日译报》发刊词，由外籍发行人署名，以外商口气说话，“一张好的新闻纸，应该使人发生好奇的心理”，表明其主要宗旨，除“提供当天的新闻中一种正确而且又及时的精粹外”，“还尽量译述各国报纸中的权威作品，尤注意中国及远东的事件”，“对所有提供的题材，毫无特殊的偏见，更无偏重的成见”，而是“尽量地要大公无私地来选择”。[③] 直到创刊五个月后，其才较明确地提出其办报的根本准则，是“维护中华民族的独立、自由、平

① 马光仁主编：《上海新闻史（1850—1949）》，上海：复旦大学出版社，1996 年，第 833 页。

② 付云鹏：《〈每日译报〉研究》，上海师范大学硕士学位论文，2009 年，第 28 页。

③ 《每日译报》，1938 年 1 月 21 日第 1 版。

等”与“建立世界和平”等六项主张。[①] 二是“译而不作”，侧重转载和评论外国报刊上对我党抗战有利的文章。如日本外相宇垣玩弄和议阴谋时，《每日译报》转载美国时代（*Times*）杂志记者哈利特·阿本德（Hallett Abend）文章犀利地指出，“宇垣的论调为混淆视听之烟雾弹，是妄图破坏抗战同盟之招数，是企图瓦解民众抗日斗志的手段。日本为霸占整个中国早已经孤注一掷并犯下滔天大罪，中国民众正以血战到底之精神为实现民族完全独立而奋起反抗，二者根本没有调和的可能”，“英、美等国依然静观其变，一时还不愿介入中日之战”。[②] 这些策略，在后面兴办的“洋旗报”的刊行中，得到比较广泛的运用。

（三）结合报、刊特性与发展情境转移，两条战线推进

在上海沦为“孤岛”的前期，中国共产党与共产党人在当时情势下，根据报与刊的时效要求、内容倾向与容量的不同，在刊行“洋旗报”的同时，还创办了“洋旗刊物”[③]，这些刊物与“洋旗报”在抗日宣传报道中密切配合，担负侧面出击的任务。这些“洋旗刊物”，都以“洋旗报”报馆名义开办，数量上超过其所办“洋旗报”数。如每日译报社就出版发行了《译报周刊》《公论丛书》《译报时论丛书》《译报丛书》等数种。这时期的中共“洋旗刊物”，主要有《华美》周刊、《公论丛刊》、《文献》月刊、《导报增刊》、《职业生活》等数种。

《华美》周刊是共产党人所办的第一个“洋旗刊物”，1938 年 4 月创刊，以美商华美出版公司名义发行，是中国共产党直接领导的时事政治类综合性刊物，由梅益、王任叔等主持编务，被誉为“最精彩、最富战斗力的一个周刊”[④]。

《公论丛刊》是综合性丛刊，由每日译报社出版，挂“英商”招牌于 1938 年 9 月创刊，由王任叔主编，每月一册，专门刊载党中央在延安公开

---

① 即六项主张：一是维护中华民族的独立、自由、平等，二是拥护民主政治，三是和睦民主集团间的邦交，四是巩固集体安全，五是主张国际主义，六是建立世界和平。其中一、六两条是最主要的。参见《本报宗旨》，《每日译报》，1938 年 6 月 26 日。

② 《日本能征服中国吗?》，《每日译报》，1938 年 6 月 22 日第 1 版。

③ 据统计，“孤岛”时期的上海，先后出有各种报刊五十余种，各种刊物两三百种。其中，中共上海地下党领导下创办的报刊有十多种（大部分为“洋旗报刊”）。参见朱敏彦、齐卫平：《上海抗战文化的发展与抗争》，上海市政协文史资料委员会等编：《上海纪念抗日战争胜利 60 周年研讨会论文集》，上海：上海人民出版社，2005 年，第 137 页。

④ 杨真：《一年来的上海出版界》，《译报周刊》1939 年第 1 卷第 12、13 期合刊。转引自梅丽红：《“孤岛”时期上海的“洋旗报”》，《档案与史学》1996 年第 5 期，第 61－64 页。

发表的社论和重要文献。[1] 1938 年 10 月 10 日创刊的《文献》月刊，则是党领导创办的一个以刊载抗战文献为主要内容的月刊，由英商中华大学图书公司发行，风雨书屋出版，阿英主编，共出 8 期，1939 年 5 月 10 日被日本宪兵会同工部局巡捕房查封。与《文献》月刊同日创刊的《译报周刊》，则是每日译报社出版的时事政治周刊，由冯宾符、梅益等主持编务。其发行在当时“孤岛”位居首位，达两万多份。1939 年 6 月 22 日，《译报周刊》出版第 2 卷第 11 期后被迫停刊。

另外，在“五月危机”前夕，中国共产党还创办了《导报增刊》与《职业生活》两份“洋旗刊物”。《导报增刊》于 1939 年 4 月创刊，是由英商导报社出版的时事政治性周刊，由恽逸群主持编务。1939 年 6 月出版第 13 期后，与《导报》同时被迫停刊。《职业生活》1939 年 4 月 15 日创刊，以英商《国际日报》增刊名义出版，何持中任发行人，汪之行任编辑，实为中共江苏省委职委领导下的上海职业救亡协会的机关刊物。在“孤岛”“五月危机”期间，因《国际日报》发行人被汪伪收买，立刻宣布脱离，改为独立出版。

在“五月危机”中，《华美》周刊、《公论丛刊》、《文献》月刊、《导报增刊》等“洋旗刊物”随《每日译报》《导报》《华美晨报》等“洋旗报”一起停刊了。《职业生活》则脱离《国际日报》独立出版。至此，共产党所办的“洋旗报”与“洋旗刊物”皆遭劫难停刊了。

根据当时局势，中国共产党及时调整策略，不求一时之痛快，而图长远之计。可以说这是当时环境下，宣传文化系统“持久战”思想的一种贯彻形式。

当时策略，即是挂“洋旗”办报与其他抗日刊物并行，以续抗日宣传之势。故在“孤岛”后半期，仍有“洋旗报”与“洋旗刊物”刊行。所办“洋旗”报刊，虽数量远不及前半期，但因有更多其他抗日刊物的刊行，故也形成可观之势。

当时的“洋旗报刊”，主要是《上海周报》与《时代》周刊。当时党的宣传转移战略，从《职业生活》与《时论丛刊》的发展转移可见一斑。

《职业生活》因《国际日报》发行人被收买而脱离之独立刊行。该刊有坚实的群众基础，其最大特点是全面贯彻全党办报、群众办报的方针，上自中共江苏省委职委的领导干部，下至职业界各行各业的广大群众，都积极撰写稿件、推销刊物，该刊编辑部收到的来信，平均每天有 10 篇至

---

① 方汉奇主编：《中国新闻事业编年史（第 2 版）·上）》，福州：福建人民出版社，2018 年，第 722 页。

20篇之多[①]。当时，为防敌伪破坏，该刊不设固定的办公地点，编辑与发行两项业务严格分开，编辑人员一般都另有公开职业作掩护，发行工作则由职委指定专人负责。直到一年后，该刊于1940年4月18日被工部局下令限期停刊，中共地下组织乃决定立即停办该刊，并在此基础上另发新刊，此即后来的《人人周刊》，从而使党在职业界的宣传阵地得到及时转移[②]。另有《时论丛刊》，则是八路军驻沪办事处领导出版的刊物，主要刊载中共重要文件和延安等抗日民主根据地报刊上的重要文章。因这些文章不便在公开的印刷所印刷，因而党的工作者常常采取在别处印刷好、装订时再设法插入的办法。[③] 1940年三、四月间，党组织鉴于"孤岛"形势险恶，设法及时转移阵地，在当年八月将《时论丛刊》改组成《求知文丛》，由王任叔等主持，内容也由直接转载延安等地报刊文章原文，改为经过改写的时论。而且为了策略起见，该刊还专门设立一个工作机构，对外称作祥泰纸号，以为掩护。[④]

结语

"孤岛"时期，为打破日伪新闻检查、打破"孤岛"抗日宣传的沉寂局面，中国共产党率先创办、发展"洋旗报"，积极支持其他爱国力量所办的"洋旗报"，开创了以"洋旗报"为主力军的抗日宣传阵营。

由中国共产党领导、中国共产党人主持的"洋旗报"，创刊最早，持续时间最长，其发展经历了两个主要阶段：从"孤岛"初期到"五月危机"前，主要有《每日译报》《导报》《华美晨报》《儿童日报》《国际日报》《国际夜报》等；从"五月危机"到"孤岛"沦陷后，主要有《上海周报》、《时代》周刊等。

中共"洋旗报"是"孤岛"抗日报刊的引领者。中共"洋旗报"既率先创办，又在继续发展中支持、影响其他爱国力量所办的"洋旗报"，将之推向发展高潮；开创了"里红外灰""译而不作"等抗日宣传策略，根据"孤岛"环境变化，及时调整策略，保存与发展抗日宣传力量，在

① 张承宗：《记〈职业生活〉周刊》，中国人民政治协商会议上海市委员会文史资料工作委员会编：《文史资料选辑（第6辑）》，上海：上海人民出版社，1980年，第39页。

② 谢宵浦：《〈职业生活〉纪要》，中国人民政治协商会议上海市委员会文史资料工作委员会编：《文史资料选辑（第6辑）》，上海：上海人民出版社，1980年，第55页。

③ 张纪恩：《周恩来同志在上海革命活动片断及其它》，《党史资料丛刊》编辑部编：《党史资料丛刊（一九七九年第一辑）》，上海：上海人民出版社，1979年，第29页。

④ 马光仁主编：《上海新闻史（1850—1949）》，上海：复旦大学出版社，1996年，第863页。

“孤岛”时期的抗日宣传中发挥了引领作用；重视宣传全民抗战、阐释中共抗战主张与统一战线政策，讲究策略，形式灵活，开创抗日宣传的传播策略，两条战线推进，“洋旗报”与“洋旗刊物”并举、挂“洋旗”办报与一般抗日刊物同行，加强抗日宣传，引导抗日舆论的正确方向，为抗战胜利做出了积极而重要的贡献。

报刊史研究

“以杂志体而发挥海军之精神”：民国初年的《海军杂志》*

赵建国①

摘　要：1912 年 8 月创刊的《海军杂志》，是近代中国第一份海军专业期刊。该刊集中讨论海军建设问题，宣扬“海军立国”，剖析海军战略，引介海军技术，在近代中国海军学术史上留下浓墨重彩的一页。《海军杂志》的创设与发行，不仅丰富了海军建设理论，而且有助于普及海军知识，推动国民海权意识觉醒，表明专业期刊成为近代海军知识转型的重要动因，“杂志”是新知识传播的绝佳手段、方式和物质基础。

关键词：民国初期；《海军杂志》；海军建设；海军知识；专业期刊

中华民国建立之初，知识界对于振兴中国海军抱有较大的希望。1912 年 8 月，《海军杂志》在北京创刊，成为海军学术界在国内创设的第一家海军专门杂志，② 也是民国初年第一份新出的军事杂志，“民国新出版之军事杂志，则自本报始”。该刊类似清末留学生在日本创办的《海军》季刊，集中讨论海军建设问题，宣扬“海军立国”，剖析海军战略，引介海军技术，丰富海军建设理论，普及海军知识，推动国民海权意识觉醒，在海军学术史上留下浓墨重彩的一页。尤为值得注意的是，《海军杂志》明确宣告“以杂志体而发挥海军之精神”，③ 主张区别“刊”与“报”，凸显“杂志”在理论建构和知识传播方面的独特作用，颇具“刊报两分”的意味，这在报刊史上亦相当少见。遗憾的是，后世研究者很少提及《海军杂志》，研究尚付阙如，基本史实模糊不清。④ 有鉴于此，本文试图分析《海军杂志》的相关文本，借此理解民国初年海军建设理论与海军知识转型，进而探索杂志对于近代中国知识传播的特殊意义。

---

* 本文系国家社科基金一般项目（项目编号：17BXW019）、国家社科基金重大项目（项目编号：18ZDA314）的研究成果。

① 赵建国，湖北省当阳市人，暨南大学新闻与传播学院教授、博士生导师。

② 海军司令部《近代中国海军》编辑部编著：《近代中国海军》，北京：海潮出版社，1994 年，第 1135 页。

③ 《叙例》，《海军杂志》1912 年第 1 期，第 30 – 44 页。

④ 代表性成果仅有皮明勇：《民国初年中国海军战略战术理论述论》，《军事历史研究》1994 年第 1 期，但也只是一笔带过。

一、宣扬“海军立国”

1912年1月，以黄钟瑛为总长、汤芗铭为次长的南京临时政府海军部，宣告成立。随后，汤芗铭、吴振南等人鉴于“海军军力薄弱，将校星散”，发起中华民国海军协会，以“研究世界海军之趋势，促当道以实行”为宗旨，吸纳海军士官充任会员。[①] 为“灌输欧美智识，协力提倡海军发达”，海军协会决议创设《海军杂志》，用来“发表自己的言论”，聘请吴振南担任社长。[②]

1912年8月15日，《海军杂志》在北京出版，由《顺天时报》社负责印刷，北京、上海、南京、太原、天津、奉天、苏州、汉口、武昌、成都、广州、福州、安庆、杭州、宁波、长沙等地设有分销处。其创刊缘起明确宣称，要“发挥中外海军之真精神，普及国民海军之新知识”[③]。为此，该刊关切海权、海事和海防，倡议“海军立国”，申论海军建设的战略意义，并设置《插画》《论说》《学术》《历史》《专件》《杂俎》《文艺》《海上新闻》等栏目，“作政论之指针，示国防以圭臬”，企图实现海军复兴大计。[④]

唯我撰写的《海军说略》一文，开宗明义地指出：“居今日而图自强，固必以海军为急务矣。”该文以西欧国家为例，诠释海军的极端重要性，“欧西诸强国罔不视海军之强弱为国势之驰张”。反观中国，鸦片战争以来节节败退，根源在于海军建设不足，“吾国自道咸以来，外交节节失败……要以海军不力为最大关键”。换句话说，海军关系国家隆替，只有强大的海军才能巩固邦基，“一国之有海陆军，犹一身之有衣食也，海军吾人之衣也”[⑤]。所以，振兴国家的首要任务，就在于运用海权观念，教育和启迪民众，高度重视海军，“启发其海上思想，引起其海军观念为第一要图”[⑥]。

由于海军是“国家之命脉”和“保卫之枢纽”，列强竞争“未能舍此而能立国者”。因而，扩张海军就成为最佳选择，“海军一端，为今日无上之要政”。在《海军杂志》看来，世界历史就是绝佳例证，“二十世纪以后

---

① 《中华民国海军协会简章》，《新闻报》，1912年3月17日第2版。

② 杨志本主编：《中华民国海军史料》，北京：海洋出版社，1986年，第898页。

③ 《海军杂志缘起》，《海军杂志》1912年第1期，第1页。

④ 《海军杂志祝辞》，《海军杂志》1912年第1期，第16页。

⑤ 吟笙：《海军少年同胞之前途》，《海军杂志》1913年第4期，第31－34页。

⑥ 唯我：《海军说略（续）》，《海军杂志》1912年第3期，第61－73页。

之世界战事多起于海洋……海军强则国因之而强，海军盛则国因之而盛”[①]，以至于各国“莫不以海军为立国之根本”[②]。也就是说，海军是决定国家强弱的核心要素，海军强则国强，海军弱则国弱。[③] 对此，《东方杂志》亦有同感：“自海牙平和会，以海军权力，定国强之差等，吾中国竟列为四等国矣”，新造民国后，务必“恢张海军权力”，发展海权，以便“跻吾国于二等以上”[④]。孙中山也高度重视海军，认为“海军实为富强之基”[⑤]。

因为“二十世纪之世界，一海军之世界……盖无海军，几乎无以立国矣”，海军建设自然成为海防的要角，是国家强盛的根基，“争雄竞长，不于陆而于海，御敌守疆，不恃城而恃舰”[⑥]。为此，《海军杂志》在晚清海军学术的基础上，细致探究海军建设方略，形成积极主动的海军发展规划，迎合了晚清以来“有国者自不可不办海军”的主流意见。[⑦]

首先要解决太平洋海权问题，“今日不先解决太平洋之海权问题，则吾国海军……可以毋办”[⑧]。遗憾的是，中国近海和军港都被外国人控制，全面丧失太平洋海权，导致“肢体不全，门户皆洞，天险地利拱手让人，卧榻之旁，虎狼满踞，主权之夺于客手，十不一存”。因而，太平洋海权竞争是中国面临的最大问题，如果丧失太平洋海权，必然引致“舟中皆敌，几无一块干净土”，沦为列强之“釜鱼杌肉”[⑨]。这样的倡导极有见地，切中要害。早在1903年，《新民丛报》第26号就曾发表梁启勋的《论太平洋海权及中国前途》一文，明确指出：“太平洋海权问题，实为二十世纪第一大问题。”[⑩] 孙中山悲叹中国海权丧失，写出“伤心问东亚海权”的名句。一战结束后，孙中山再次敏锐地觉察到，太平洋海权问题关系中国存亡，“何为太平洋问题？即世界之海权问题也……争太平洋之海权，即争中国之门户权耳”[⑪]。时至今日，类似意见依然具有现实意义。

---

① 九言：《扩张海军说》，《海军杂志》1912年第3期，第53－55页。

② 指南：《海军政艺通论》，《海军杂志》1912年第3期，第47－57页。

③ 仲超：《海军编制论》，《海军杂志》1912年第3期，第19－33页。

④ 《中国海军现状》，《东方杂志》1912年第4期，第17－20页。

⑤ 海军司令部《近代中国海军》编辑部编著：《近代中国海军》，北京：海潮出版社，1994年，第890页。

⑥ 侯毅：《中国海军之前途》，《海军杂志》1912年第1期，第73－78页。

⑦ 《论重兴海军之方法》，《申报》，1909年2月24日第1版。

⑧ 水一：《广筹海篇》，《海军杂志》1912年第1期，第13－18页。

⑨ 水一：《广筹海篇（续）》，《海军杂志》1912年第2期，第17－22页。

⑩ 梁启勋：《论太平洋海权及中国前途》，《新民丛报》1903年第26号，第49－59页。

⑪ 海军司令部《近代中国海军》编辑部编著：《近代中国海军》，北京：海潮出版社，1994年，第888－889页。

其次要发展海军教育。《海军杂志》深刻反省说，海军教育和学术研究滞后，缺乏战略眼光，是前清海军失败的症结。[①] 由于海军教育匮乏，难以培育军队精神，《民主报》曾一度痛责海军腐败。[②] 民国初年的海军舰队“无异水上之大客栈，上官事嬉戏，士卒多疲懒”，《海军杂志》呼吁当局者及时醒悟，必发展海军中学，同时充实和细化海军军官学校，让其普通科从事专门研究，专修科负责探索各类枪炮和驾驶技术，高等科则培育高级军官，充任国家柱石和军队模范。[③] 换而言之，海军教育要兼顾军佐教育、轮机教育、军医教育、军需教育、造船兵技工教育，尤其突出士卒教育，培育作战精神。[④] 对海军教育的推重，得到社会舆论一致认可。《申报》对此深表赞同，警醒国人说：“东西各国之海陆军长官，类无不毕业海陆军学校，由军佐将校迭经拔擢而来。”[⑤] 绍兴人杜雄文则上书袁世凯，提议“推广海军学校，储备将材”[⑥]。北京政府海军部也多次表示，要整顿海军教育，尤其重视福州和烟台海军学校。[⑦]

再次要改良海军弊端。晚清民国时期中国海军军人“多半脑筋很简单，又缺乏思想，没有正当的宗旨，没有社会知识，没有远大计划，没有进取精神，没有善良的教育”[⑧]。为建设新海军，《海军杂志》提出相当详备的改革方案：一是均分学额，改变由福建和广东两地人员垄断海军的现状，“海军将弁，须照各省户口之多少而均分之”，摒弃地方主义；二是改变海军中相互藐视的现状，消除裙带关系；三是要求“架管兼学”，海军士官必须具备架管之类的普通知识；四是严禁嫖赌，革除陋习，振兴海军纪律；五要发展普通教育，自办大学，聘请教授，培植人才，同时崇尚国文教育，“不通国文，视国家如秦越之人，一旦临阵，大敌当于前，利禄慑于后，何而不弃甲曳兵而走耶”[⑨]。相关提案与“新海军运动”的种种设想大体一致，特别注重打破各省畛域，通过海军教育来改造“军人心性”，改革兵士生活。

尽管民国海军基础薄弱，问题重重，但《海军杂志》却信心满满：

---

① 唯我：《海军说略》，《海军杂志》1912年第2期，第49－52页。

② 《专电》，《时报》，1913年1月30日第2版。

③ 虞生：《海军教育刍议》，《海军杂志》1912年第2期，第21－29页。

④ 虞生：《海军教育刍议（续）》，《海军杂志》1912年第4期，第23－29页。

⑤ 《敬告今之组织海陆军专部者》，《申报》，1912年3月17日第1版。

⑥ 《绍兴公民杜雄文上大总统书》，《申报》，1912年5月16日第7版。

⑦ 中国航海博物馆主编，陈悦编著：《辛亥·海军》，济南：山东画报出版社，2011年，第228页。

⑧ 翁军、马骏杰编：《民国时期中国海军论集》，济南：山东画报出版社，2014年，第4页。

⑨ 徐燕谋：《改良海军刍议》，《海军杂志》1912年第2期，第35－38页。

“今之海军，已视昔之海军，有云泥霄壤之判，其发扬于报纸者，亦别有精彩，足为国人矜式可知矣。”[①] 这份杂志一再宣扬，只要中国践行“海军立国”方针，海军同志以“主人翁”自居，“尚志气”“重体育”“崇德性”“讲学术”，海军建设将大有前途，“吾国可期以二十年而建立二百万吨以上之海军”[②]。

二、剖析海军战略

既然海军建设是国家生存的必要条件，那么如何进行海战，就成了《海军杂志》的关切要点。该刊登载多篇研究性论文，一方面讨论海战史，阐释海战的战略价值，另一方面总结归纳具体的海战策略，以备当道借鉴。这大体上将海军战略区分为理论和应用两个方面，即“战略上之理论的研究”和“战略上之实际的研究”，表明民国初年中国海军学术界不仅关注海军建设理论，而且讲究海军战略和战术，与晚清海军学术形成鲜明对照。[③]

在战略理论方面，《海军杂志》刊发的第一篇长篇论说文章——《战争与和平》，旗帜鲜明地宣称，战争为“社会生存上必要之条件”[④]，故而必须加强战备，“国家无战备，不仅其国不能维持和平，且足以扰乱世界之和平”[⑤]。即是说，国防即立国之道，恢复民国秩序只能寄希望于战备，“国体必须有精炼之军备，以供当局者之驱驰，乃保持此庄严灿烂之国体”[⑥]。中国历史反复验证，弱国无外交，没有军备实力作为后盾，国民的奔走呼号和慷慨激昂只是“意气”，可以表达不满，但于事无补。[⑦] 不过，《海军杂志》刻意提出，中国当下最急迫需要的是筹备海战，因为“今日之世界一大洋交通之世界，其实即海战最剧烈之世界”[⑧]。这种看法与笛帆《论海战性质》一文相当接近，认识到了近代海洋已经成为各国竞争的主战场，再也不容小觑。[⑨]

---

① 《叙例》，《海军杂志》1912 年第 1 期，第 30 – 44 页。

② 吟笙：《海军少年同胞之前途》，《海军杂志》1912 年第 4 期，第 31 – 34 页。

③ 皮明勇：《民国初年中国海军战略战术理论述论》，《军事历史研究》1994 年第 1 期，第 100 – 108 页。

④ 惜尘：《战争与和平》，《海军杂志》1912 年第 1 期，第 45 – 50 页。

⑤ 惜尘：《战争与和平（续）》，《海军杂志》1912 年第 2 期，第 9 – 16 页。

⑥ 惜尘：《战争与和平（续）》，《海军杂志》1912 年第 3 期，第 7 – 11 页。

⑦ 惜尘：《论军备与生产力》，《海军杂志》1912 年第 4 期，第 9 – 19 页。

⑧ 《海军杂志祝辞》，《海军杂志》1912 年第 1 期，第 15 – 29 页。

⑨ 周益锋：《“海权论”东渐及其影响》，《史学月刊》2006 年第 4 期，38 – 44 页。

随后，《海军杂志》以著名的海军战例作为论据，从理论上阐述海战的战略意义。第一个案例是英国。该刊从史实出发，说明英国“以海军为立国之命，其海军政策，向持二国标准主义”，而英国与荷兰争霸主要依赖海战。① 第二个案例是日俄海战。《日本海之日俄海战感言》雄辩地论证，日俄海战在准备阶段就已注定其结局，“战斗未开始之先，俄舰队已受日舰队之压迫，即其操纵之巧，运用之妙，已足制俄舰队之死命而有余”。因此，中国要吸取教训，不能临渴掘井，而应未雨绸缪，加强战备，否则“我不自谋，人将谋我”②。在细致比较甲午海战和日俄海战之后，《海军杂志》指明，日本国命完全依靠海军建设和海战，“为日本计，若当初海战不胜，虽有陆军百万，亦无用武之地，此为有识者所认同”③。于是，刊物及其投稿者都殷切期待，中国当局要居安思危，清醒看到海权竞争已经成为时代潮流，务必主动筹备海战。

在海战的实际战术方面，《海军杂志》特别看重以军舰为代表的各类海战武器，宣称“欲研究海战法，必须先知其战器”。该刊发表的《海战法》一文，将军舰分为战斗舰、巡洋舰、海防舰、通报艇、潜水艇等，分别详述铁甲厚度、火力配置、速度马力、作战任务、吨位等级。④ 不仅如此，文章还对海战准备、舰队编制、战斗队形等进行深入探究：战斗准备包括“火灾消防之准备”“军舰之涂色”“防水隔堵之检查”“冲角打击时各物件之检点”等；舰队编制则将战斗舰、巡洋舰编为攻击队，较小的巡洋舰及海防舰编为侦探队，鱼雷巡洋舰、通报舰编为预备队，鱼雷艇和炮艇编为游击队，弹药和煤炭补充船等编为运送队等；⑤ 战斗阵形涉及纵阵、二列纵阵、横阵、二列横阵、鳞次阵、梯阵、群队阵等。⑥ 这类表述印证，海军学术界对海军战法和阵法的理解越来越透彻。不过，在具体战术方面，《海军杂志》刻意强调“海军编制”，慎重提示“吾国之海军，尚在创造时代，故根本上之解决，尤为当今急务，编制者，其根本问题之一也”。因为只有根据科学的编制理由，方才可以确定造舰方针、军事教育办法。⑦

需要额外提及的是，《海军杂志》清晰地认识到，人才储备是海战术的关键点，“欲储战斗舰之预备，必先储运用战斗舰之人才不可，尤宜练

① 惜尘：《战争与和平（续）》，《海军杂志》1912 年第 2 期，第 9－16 页。

② 虞生：《日本海之日俄海战感言》，《海军杂志》1912 年第 1 期，第 51－56 页。

③ 惜尘：《中日之役与日俄之役海战之比较》，《海军杂志》1912 年第 1 期，第 57－60 页。

④ 谈海：《海战法笔记》，《海军杂志》1912 年第 1 期，第 109－115 页。

⑤ 谈海：《海战法笔记（续）》，《海军杂志》1912 年第 2 期，第 69－73 页。

⑥ 谈海：《海战法笔记（续）》，《海军杂志》1913 年第 4 期，第 126－131 页。

⑦ 仲超：《海军编制论》，《海军杂志》1912 年第 3 期，第 19－33 页。

习能建造战斗舰之人才而后可，故当今急务，不若以教练人才为入手办法”[①]。简言之，以人为本，培养优秀海军人才是主要海战策略，这与对海军教育的倡导密切相关。此外，《海军杂志》注重训练和人才培养的辩证关系，“海军要键，自我军人眼光观之，固在实地训练船员”[②]。而训练是为培育战斗精神，因为“精神教育者，实吾海军唯一最大之要素，与学科、术科并重，或更出乎右而必要矣”[③]。《海军杂志》刊发的《美西海战略史》续篇，就侧重叙述作战精神，将其视为获胜的基本保障，同时批评中国海军“大都少训练而寡谋略，又狃于积习，不审敌情，以致军未交绥，气已先绥，稍有挫折，即惊扰纷乱，不知所为”[④]。多年后，《海事》杂志依然继承这一思路，再次呼吁振兴海军“首宜注重精神基础”[⑤]。

综合起来看，《海军杂志》将海战法视为一门科学，尝试建构海战知识理论体系，期待“使海战法发达进步，将来能恢复太平洋主权，则不特为我国海军历史上之光荣，亦我民国学术界中一异彩”[⑥]。这样的努力，不仅具有实际的战术意义，也有助于延续和发展《海战学》知识，为中国海军学术界形成体系化的海军战略理论奠定基础。

三、引介海军技术

《海军杂志》《论说》栏目均取“关于海事海政者”，“学术”栏目则聚焦“海军或陆海军通用科学之最新学说”[⑦]，致力于引进海军造舰、火炮、弹药和射击等技术，论证海战要“以金银为战具”“以煤铁为战备”和“以科学工艺为战术”[⑧]。相关言说证明，民国初年海军学术研究在探究宏观的海军战略和战术之际，亦属意微观具体的海军技术。

其一，《海军杂志》从中国实际情况出发，提倡优先发展潜水艇，“欲为海防之计，则舍密布潜航艇与雷艇外无上策”[⑨]。基于这种考虑，该杂志刊发《潜水艇之性质及其能力》《潜水艇之现在与将来》《潜航艇雷艇与战斗舰比较之价值》等文章，推介潜艇的战术价值，“盖其直接间接之作

---

① 朱天奎：《论近时战斗舰之建造变迁》，《海军杂志》1913 年第 4 期，第 132－148 页。
② 《海军杂志祝辞》，《海军杂志》1912 年第 1 期，第 15－29 页。
③ 翁军、马骏杰编：《民国时期中国海军论集》，济南：山东画报出版社，2014 年，第 6 页。
④ 起周：《美西海战略史（续）》，《海军杂志》1912 年第 2 期，第 117－126 页。
⑤ 翁军、马骏杰编：《民国时期中国海军论集》，济南：山东画报出版社，2014 年，第 16 页。
⑥ 谈海：《海战法笔记》，《海军杂志》1912 年第 1 期，第 109－115 页。
⑦ 《叙例》，《海军杂志》1912 年第 1 期，第 30－44 页。
⑧ 《海军杂志祝辞》，《海军杂志》1912 年第 1 期，第 15－29 页。
⑨ 吟笙：《潜航艇雷艇与战斗舰比较之价值》，《海军杂志》1913 年第 4 期，第 199－202 页。

用及行动之范围，实有出吾人预料之外者”，而且潜水艇成本较低、实用很强，“与其以千余万金之巨款，新购十余艘无用之小舰，何若以之定造数十艘之潜水艇，则声威壮，实用充，经费节，耳目或因之一新，国防或藉是以固”①。此外，潜水艇之潜水方法，轻荷、可潜和中间状态之间的操纵法，以及如何完成水上和水中推进，潜艇关闭时船员如何呼吸等技术细节，也是《海军杂志》的关注要点。②

其二，《海军杂志》倡议“造舰”，探索造舰技术，以增强海军战斗力。③ 其缘由在于，虽然潜艇是海防利器，但战斗舰不容忽视，“战斗之际，立于第一线堂堂正正与敌赌胜负者，战舰而已”④。也就是说，大型舰船是海军建设和海战最紧要的基础设施，“海军中之有战斗舰，犹树木之有根本”⑤。这类吁请拥有特殊意义，因为中国造船技术落后，多数军舰从国外购买，必然受制于人，根本无法与列强抗衡。具体而言，《造舰刍言》等文章在一定程度上弥补了中国造船技术和理论的缺失，对造舰与国家之关系、大炮配备之位置、舰体之防御，以及速力、航续力、水雷搭载等技术细节作了详尽申论。这一鸿篇巨制还细分军舰种类，例如战斗舰、战斗巡洋舰、巡洋舰、海防舰、炮舰、驱逐舰、报知舰、水雷艇、潜航艇、水雷母艇等，同时论述“大舰少数主义”将是主流发展趋向。⑥ 类似的研究性文章，极大丰富了国人的造船知识，很好继承了晚清海军建设思想的光荣传统，姚锡光给清政府拟定的海军复兴规划，就异常器重远洋作战能力较强的战列舰和巡洋舰。⑦

而且，《海军杂志》刻意提出，制造军舰时要十分留心装甲，因为“防御法无他，舍装莫大重量之甲铁，无能为力”。为此，《军舰装甲沿革》一文详细叙述英国和美国军舰对装甲的运用及其发展历程，以及装甲制作材料与工艺的变迁、装甲的要害功能等技术性问题，解释改良装甲的要点在于“轻且薄而又防力甚大”，这需要“工军两界”各自“潜心研究”⑧。对大型军舰和装甲的偏重，证实民国初年的海军学术界已经清楚了解到，没有战斗舰和巡洋舰充任中坚，舰队“一有不慎，为敌阵所破，直如摧枯

---

① 智力：《潜水艇之现在与将来》，《海军杂志》1913 年第 4 期，第 122－125 页。

② 虞生：《潜水艇之性质及其能力》，《海军杂志》1912 年第 2 期，第 71－78 页。

③ 惜尘：《论军备与生产力》，《海军杂志》1912 年第 4 期，第 9－19 页。

④ 礼庆：《机动炮》，《海军杂志》1912 年第 1 期，第 75－80 页。

⑤ 朱天奎：《论近时战斗舰之建造变迁》，《海军杂志》1913 年第 4 期，第 132－148 页。

⑥ 刍言：《造舰刍言》，《海军杂志》1913 年第 4 期，第 50－79 页。

⑦ 《筹海军刍议·序》，张侠等编：《清末海军史料》，北京：海洋出版社，1982 年，第 798－799 页。

⑧ 唯我：《军舰装甲沿革》，《海军杂志》1913 年第 4 期，第 112－117 页。

拉朽耳"[①]。这契合了晚清以来的主流观念，1910 年，李毓麟在《列强海军今势论》中，就曾建议清政府"毋以小船为俭，而以巨舰为贵；毋以江河为虑，而以海洋为怀"，注重攻守全能的远洋战略防御线，保护本土安全。[②]

其三，《海军杂志》呼吁器重鱼雷、舰炮、弹丸和火药等武器装备，"军器不利，生命安存，生命既不能保，即有坚甲巨艘，又何可言战"。可惜的是，中国海军"知兵器学者"，实在"寥寥无几"[③]。由于鱼雷适用于任何水道，而且成本低廉、制造简单、容易布置、威力巨大、便于携带，[④]《海军杂志》对鱼雷战术推崇备至，认为"海战之用水雷，犹陆战之用地雷，皆所以出奇制胜置敌人于死地"。《论水雷之用法及其实验所得之公例》等文章，翔实评析了鱼雷的起源、力量、作用、制作、发射、布置和测试方法，分析触发、电机、电引、视发等鱼雷的特性。[⑤] 这类引述和评论，代表着海军学术界对鱼雷战术的深入认知。

不过，《海军杂志》最推崇炮战，"近时鱼雷虽甚发达，然大炮仍占海战之首位"[⑥]。在其看来，炮战术是海军的首要选择，"主力舰队胜负之分，惟视大炮之破坏力与装甲防御力之如何"[⑦]，各国"海军军器之进步，固一日千里，而其中炮弹之发达，更为迅速"[⑧]。但中国海军却极少正视舰炮，尤其忽略重型舰炮，"中国现在各舰之军器，其炮位属于大口径者，惟海圻有被淘汰之八寸炮耳"。这种情形是海战失败的要因之一，"我海军之与法与日屡战屡北者，此非一大原因乎"[⑨]。从中可以看出，与晚清相比，民国初期海军学术界对海军炮战的认识更深刻，理解更规范和准确。

为弥补历史缺憾，《海军杂志》连续刊载《海军炮战术》《发射学初步》《弹药便览》《机动炮》《大口径炮之趋势及其利害》等文章，全面引荐炮战技术。比如，《海军炮战术》仔细阐明炮机、弹药和炮台的准备，炮火指挥的要素，射击目标和战斗距离的选择，并运用图文并茂的方式，描绘射击方法和特种炮战，尤为关注炮火指挥、射击速度和精度，将其视

---

① 吟笙：《潜航艇雷艇与战斗舰比较之价值》，《海军杂志》1913 年第 4 期，第 199－202 页。
② 周益锋：《海权论的传入和晚清海权思想》，《唐都学刊》2005 年第 4 期，第 141－146 页。
③ 唯我：《海军说略》，《海军杂志》1912 年第 2 期，第 31－46 页。
④ 重矛：《论水雷之用法及其实验所得之公例（续）》，《海军杂志》1912 年第 2 期，第 59－69 页。
⑤ 重矛：《论水雷之用法及其实验所得之公例》，《海军杂志》1912 年第 1 期，第79－92 页。
⑥ 礼庆：《大口径炮之趋势及其利害》，《海军杂志》1912 年第 3 期，第 81－87 页。
⑦ 朱伟：《舰炮装甲之进步》，《海军杂志》1913 年第 4 期，第 190－193 页。
⑧ 唯我：《军舰装甲沿革》，《海军杂志》1913 年第 4 期，第 112－117 页。
⑨ 唯我：《海军说略》，《海军杂志》1912 年第 2 期，第 31－46 页。

为核心环节。①《机动炮》探究机动炮的种类、原动力、炮塔构造、炮身塔架及其附属器具等细节，希望为中国海军界提供参考，重点在于说明“研究机动炮，实为吾辈将校重要之责务，而不可须臾忽者也”②。《大口径炮之趋势及其利害》探索如何增进大炮威力，特别注意“延长炮身，用强力装弹，使初速力扩大，炮弹远达”“于延长炮身之外，更增大膛径，以补前法之不逮”“增加炮弹之重量，使其击力强大，增加炸药之分量”等方法。③ 朱伟编译的《舰炮装甲之进步》一文，主要分析主炮配列法、炮塔之操作、副炮之改进、装甲板之进步等最新技术。④ 总而言之，《海军杂志》崇尚“巨炮主义”，再三申明舰炮与装甲同等要紧，需要一并改良，齐头并进，力求在海战中取得优势。

值得留意的是，《海军杂志》反复论述，不可忽视弹药、发射和无线电技术。其所发表的《弹药便览》一文，对弹囊性质、功能、要求、大小、材料、制作工艺、各种标识要求作了细致解析。⑤《发射学初步》重点涉及弹道、口径、炮耳轴、起点、落点、着点、照准点、项点等专业知识，图绘的膛外弹道符号相当清晰。⑥《无线电信术》要求海军务必掌握各类无线电通信方法，这是“军界独一无二之通信术，其中尤以海军为最有密切之关系”⑦。《海军杂志》格外关注海军学术前沿和先进技术，反映出民国初年海军理论界的认知水平在逐步提升，日渐反省“海军所以为世人诟病者，其弊在有器无人，所以有器无人者，由于人人故步自封管窥蠡测，不肯以海军新学术从事研求”⑧。

整体而言，努力研究和推广海军技术，很好契合了《海军杂志》的基本理念，“近世军学进步，海军之艺术尤月异而岁不同，观列强之趋势，审我国之内容，以言颉颃，非人十己千，无以固国本而张国防。”该刊的学术倡导，很快得到海军部赞赏。该部属意“海军专门之学”，拟将“天文、驾驶、轮机、引港、航路、枪炮、鱼雷、船艺”等专业技术译成中文，形成“精神上之统一”⑨；同时选派留学生，学习海军技术，分外崇尚

---

① 尘佛：《海军炮战术》，《海军杂志》1912 年第 1 期，第 93 – 108 页。

② 礼庆：《机动炮》，《海军杂志》1912 年第 1 期，第 75 – 80 页。

③ 礼庆：《大口径炮之趋势及其利害》，《海军杂志》1912 年第 3 期，第 81 – 87 页。

④ 朱伟：《舰炮装甲之进步》，《海军杂志》1913 年第 4 期，第 190 – 193 页。

⑤ 朱伟：《弹药便览》，《海军杂志》1912 年第 1 期，第 123 – 128 页。

⑥ 朱伟：《发射学初步》，《海军杂志》1912 年第 1 期，第 115 – 122 页。

⑦ 常惺：《无线电信术》，《海军杂志》1913 年第 4 期，第 80 – 111 页。

⑧ 《海军杂志祝辞》，《海军杂志》1912 年第 1 期，第 15 – 29 页。

⑨ 《海军部拟设编译处请国务院公决议案》，《海军杂志》1912 年第 3 期，第 171 – 172 页。

飞机、潜艇、无线电等先进军事技术。[①]

四、分析与讨论

海军学术界发行《海军杂志》，目标是“发达国民之海事思想”，借此“构成海军要素之先资”，从而“储蓄海军实力之基础”[②]。吴振南事后回忆说，《海军杂志》原定每月刊行一册，由于海军部党派纷争严重，“杂志刊行后，刘冠雄十分恼火，下令禁止继续刊行”，结果只出了六、七期，就被迫停刊了，[③] 实际可见的只有前四期。虽然出版卷期有限，但中国海军界和知识界以杂志为嚆矢，“乘新运以继起者”为数不少，部分留学生相继投稿，并得到民间人士的赞助。[④] 当然，杂志的忠实拥趸在军政界，黎元洪、汤化龙、朱师辙、吴秉钊、王大章等人，纷纷给予其高度评价：“今得杂志一出……输欧美之智识，唤祖国之沉迷，振起人人海战精神、铁血主义。”汤芗铭更是盛赞该杂志：“欲以海事思想，启我国民，使之知警知奋，而共进于海军国民之资格。”[⑤]

《海军杂志》不负众望，其对西方海军理论和海战技术的译介、接收、运用及传播，不仅说明了海军学术界对海军战略和海战术的理解日益深刻，而且产生了较大反响，取得实际社会效应，可被视为民国初年海军建设的“罗盘针”，是“海军前途大辂椎轮之先导”[⑥]。海军史研究者皮明勇曾断言，除了《海军杂志》，民国初期国内其他军事刊物和普通刊物很少发表有关海军问题的学术文章。[⑦] 但就实际而言，《东方杂志》一度作出积极回应，多次刊载《海军必需之利器》等广告，推广鱼雷和军舰发动机，[⑧] 并以图文并茂的方式，介绍鱼雷艇的原理、构造、潜力和发展趋向，[⑨] 还试图普及飞行器和飞行船等知识。[⑩] 民国海军部亦赞同《海军杂志》提出的各类建议，且将部分理论付诸实践。例如，该部创设编译处，翻译各国

---

① 海军司令部《近代中国海军》编辑部编著：《近代中国海军》，北京：海潮出版社，1994年，第823－826页。

② 《海军杂志缘起》，《海军杂志》1912年第1期，第1页。

③ 杨志本主编：《中华民国海军史料》，北京：海潮出版社，1986年，第899页。

④ 《本社紧要启事》，《海军杂志》1912年第3期，第275页。

⑤ 《海军杂志祝辞》，《海军杂志》1912年第1期，第15－29页。

⑥ 《叙例》，《海军杂志》1912年第1期，第30－44页。

⑦ 皮明勇：《民国初年中国海军战略战术理论述论》，《军事历史研究》1994年第1期，第100－108页。

⑧ 《海军必需之利器》，《东方杂志》1912年第11期。

⑨ 《无线鱼雷艇》，《东方杂志》1912年第7期，第7－10页。

⑩ 《海军用飞行器》，《东方杂志》1912年第12期，第20页。

“海军之著述”，以资借鉴；[①] 议决筹款，收回英国威克斯厂、德国克虏伯厂承造的军舰；[②] 试行日本三菱造船厂承造的“永丰号”炮舰。[③] 海军总长刘冠雄没有善待《海军杂志》及其编辑部，但他拟定的“提倡制造”“规定学校”“调查要塞”等海军三大计划，[④] 却与《海军杂志》相当一致，从侧面确证杂志的影响力。另据《时报》报道，海军部计划在芝罘、上海各设一所海军学校，在福州、广州、南京各设一所海军高等学校，天津设一所海军中学校，吸收和践行各类海军技术。[⑤]

这类情形证明，大众媒介成为近代中国的基础设施，“近代中国出现的那些新知识、新名词，虽然大多发轫于精英阶层，但莫不是通过各种媒介，经由各种场域传播到一般民众那里才发挥作用，进而产生效果”[⑥]。《海军杂志》结合中国实际，开创性探索和传播海军建设理论，极大丰富了海军战略和战役理论，有力推进民国海军知识体系的转型。由此可知，作为“思想纸”和“知识纸”的媒介，是“具有最强大力量的思想观念”，有助于开通见识、启迪民智，成为思想知识和社会变迁的重要动力。[⑦] 可惜的是，《海军杂志》存在时间太短，所建构的海军知识体系远不够成熟，其编辑部亦坦言：“民国新出版之军事杂志，则自本报始，惟于军事界中，更狭其范围为海军，则取材之隘，办报之难，尤十倍于普通军事杂志。”[⑧] 而且，民国海军很快被卷入国内政治斗争的旋涡之中，海军建设受到极大冲击，导致海军学术理论研究受到严重影响，海军学术队伍出现萎缩。[⑨] 凡此种种，表明近代中国知识和制度转型充满艰难曲折，中国海洋现代化历程绝非一帆风顺。

如果从知识组织方式的维度来看，《海军杂志》的意义不只是“发达国民之海事思想”，可能更在于“以杂志体而发挥海军之精神”，充分凸显“杂志”在知识生产和传播方面的特殊作用。在近代知识传播过程存在多种媒介形态，“理论之发布不一端，而以能普及能继续者惟上乘，演说也，

---

① 《海军部设立编译处》，《海军杂志》1912 年第 3 期，第 233 页。

② 《收回军舰之筹画》，《海军杂志》1912 年第 3 期，第 234 页。

③ 《新造炮舰之试行》，《海军杂志》1912 年第 3 期，第 234 页

④ 《海军之三大计画》，《新闻报》，1912 年 9 月 19 日第 3 版。

⑤ 《译电》，《时报》，1913 年 11 月 30 日第 2 版。

⑥ 张仲民：《种瓜得豆：清末民初的阅读文化与接受政治》，北京：社会科学文献出版社，2016 年，第 7 页。

⑦ 黄旦：《媒介变革视野中的近代中国知识转型》，《中国社会科学》2019 年第 1 期，第 137 – 158 页。

⑧ 《叙例》，《海军杂志》1912 年第 1 期，第 30 – 44 页。

⑨ 皮明勇：《民国初年中国海军战略战术理论述论》，《军事历史研究》1994 年第 1 期，第 100 – 108 页。

著书也，出报也，皆所以发布理论者也”，但大众传媒的能量极为突出，报刊的通俗和普及能力远远超过演说和著书。值得一提的是，《海军杂志》主张更进一步，细分“刊”与“报”，认为杂志明显优于报纸，改变“报刊合一”旧有做法：“然日报记事者多，而体例所限，不能备登科学之说。且日刊之报，必有最丰富之资料，海事所关，不能每日皆有，拉杂比附，又与普通报纸无异。则分门别类，亦记事，亦讲学，亦通俗，其惟月报。”① 多年后，吕思勉作出相似的观察：“三十年来之出版界，独先缕缕于杂志者，以书报相较，报之力大于书；而以杂志与日报相较，则杂志之力，大于日报也。”② 缘由在于，日报专事记载，不重议论，难以激动感情，而杂志针对时事，声情激越，足以扣人心弦。

于是，《海军杂志》设置多种栏目，分门别类，融合“记事”和“讲学”，运用丰富资料，采用多种形式，以通俗言语，宣扬“海军立国”，剖析海军战略，引进海军技术，同时获取良好效果，印证“杂志”是知识传播的绝佳手段和方式。正如吕思勉所说：“三十年来动撼社会之力，必推杂志为最巨。凡风气将转迹时，必有一两种杂志为之唱率，而是时变动之方向，即唯此一两种杂志之马首是瞻。”③ 胡适的判断更有概括性，直接声言：“二十五年来，有三个杂志可以代表三个时代，可以说是创造了三个新时代。一是《时务报》，一是《新民丛报》，一是《新青年》。”④

概而言之，在实际操作层面，《海军杂志》延续了晚清时期梁启超、严复与留日学生群体的报刊分类意识，准确界定“杂志”是不同于报纸的媒介物，具有相对独特的媒体特征，彰显其时杂志观念的衍变。例如，《民立报》对杂志情有独钟，宣传“杂志”的影响力超越“日报”，“一纸风行，遍及全国，日报之效，速则速矣，而其短在于一览之余，即行弃置，浸灌于人心者未深，求其能以有统系、有条理之言论，反复言以深印于国人心则未有若杂志之善者也”⑤。早在1913年，陈独秀就表示，想出一本杂志，“只要十年、八年的功夫，一定会发生很大的影响”⑥。随着各

① 《叙例》，《海军杂志》1912年第1期，第30－44页。

② 吕思勉：《三十年来之出版界（1894—1923）》，《吕思勉论学丛稿》，上海：上海古籍出版社，2006年，第285页。

③ 吕思勉：《三十年来之出版界（1894—1923）》，《吕思勉论学丛稿》，上海：上海古籍出版社，2006年，第287页。

④ 胡适：《与一涵等四位的信》，胡适著，季羡林编：《胡适全集（第2卷）》，合肥：安徽教育出版社，2003年，第512－513页。

⑤ 《国民党消息》，《民立报》，1912年12月27日，转引自石峰主编，吴永贵著：《中国期刊史·第二卷（1911—1949）》，北京：人民出版社，2017年，第20页。

⑥ 汪原放：《回忆亚东图书馆》，上海：学林出版社，1983年，第32页。

类杂志的大量刊行，杂志概念得到广泛运用，到 20 世纪 20 年代，国人尝试在学理和实际层面，区别报纸与杂志。[①] 其中，戈公振从内容和原质方面加以分析，颇具代表性："报纸以报告新闻为主，而杂志以揭载评论为主，且材料之选择，报纸是比较一般的，而杂志是比较特殊的……报纸之论说（article），对于时事表示临时的反映，杂志之论文（essay），则以研究对于时事之科学的解决，且杂志之能力，乃在问题自身之解决，是尤有卓识也。"[②] 于是，杂志成为期刊的专属名词，在民国时期逐渐定型下来，厘定和规范了现代报刊的术语，形成报纸杂志的二元概念，最终实现从"刊报未分"到"刊报两分"的转变。[③]

---

① 刘兰肖、张雪婧：《近代中国期刊观念的嬗变》，《出版发行研究》2013 年第 10 期，第 105－107 页。

② 戈公振：《中国报学史》，北京：生活·读书·新知三联书店，1955 年，第 5 页。

③ 李玲：《从刊报未分到刊报两分：以晚清报刊名词考辨为中心》，《近代史研究》2014 年第 3 期，第 144－153 页。

从异兆到果报：《点石斋画报》日本图像的主题流变与视觉表征

郑宇丹　师雨欣①

摘　要：以甲午战争为节点，《点石斋画报》的日本图像无论从数量、内容还是情感均发生显著变化。数量方面，甲午战争前后的比例是44∶78；内容与情感层面，战前的日本图像主要以“猎奇”视角旁观异国的“怪异征兆”，呈现出国人自诩文明而视对方为蛮貊的虚骄心态。战后则多以“触目惊心”的大事件为主，聚焦丰岛海战、辽东战役、马关条约签订及台湾军民反割台等历史场景，以中国“因果报应”的传统心理“表征”新闻事实，声讨日本发动战争的残酷。《点石斋画报》日本图像从“异兆”到“果报”的主题流变和视觉表征，反映了遭遇国家—民族危机的新型画报媒介，如何衔接传统与现代的思想资源；如何建构视觉媒介的象征性符号，缔造民众与国家之间的想象性认同。

关键词：点石斋画报；日本图像；异兆；果报思想；视觉表征

“因果报应”是深植于民间的一种思想观念，对中国人的传统心理产生了深刻而重要的影响。《周易·坤·文言》云：“积善之家，必有余庆；积不善之家，必有余殃”②，这是中国本土自生的因果逻辑。随着佛教思想的融入，六道轮回说将人的善恶与生命归宿联结到一起，从而完善了传统的报应论，使之化为“集体无意识”，潜藏于每个人的内心深处。

创刊于1884年的《点石斋画报》调用了“因果报应”这一大众化的思想资源，以“寓果报于书画，借书画为劝惩”为办报宗旨，将“有利于国计民生”的内容绘图译说“以备官商采用”，同时也让士人群体甚至“贩夫牧竖”、闺房女眷都能“陶情淑性”③。这一办报宗旨原本是为了调适中国转型期的内部问题，但在1884—1898年《点石斋画报》出刊期间，中国屡遭外部危机，尤其是日本的崛起，映射出中国在东亚的衰落。有鉴于此，与日本有关的图像自然成为《点石斋画报》的重要主题之一。

据本文统计，在《点石斋画报》的15年办刊经历中，由金蟾香、何

① 郑宇丹，华南理工大学新闻与传播学院教授、博士生导师；师雨欣，华南理工大学新闻与传播学院硕士研究生。

② 王卫平：《论中国古代慈善事业的思想基础》，《江苏社会科学》1999年第2期，第116－121页。

③ 申报馆主：《第六号画报出售》，《申报》，1884年6月26日第1版。

明甫、吴友如、周慕桥等9位画师绘制了122幅日本图像，其中，甲午战争前44幅，战争爆发及战后78幅。这些图像基本覆盖了中、日在东亚势力的此消彼长过程，尤其是对甲午战争前后历史的记录，显示出其以图像证史的珍贵价值。

甲午战争前，《三足鸡》《日犬能言》《蛇口吞童》等"新奇可惊"的异兆主题频见报端；战争爆发后，画报则以"触目惊心"的战事为主，内容涉及丰岛海战、辽东战役、鸭绿江江防之战、马关议和条约签订及台湾军民反割台等历史事件。画报对待日本及日本人的态度也从旁观者的"猎奇"，变为亲历者的"声讨"。比如对日本士兵，往往采用残废、吊死、病死、切腹自尽、中弹而亡等视觉符号，对日本人的称呼也从"日人""东瀛人"转变为"倭奴""倭兵"等贬称。

在晚清激烈动荡的社会环境与急剧变化的中日关系背景下，《点石斋画报》的日本图像为何在甲午战争前后出现明显的主题变化？不同的主题会呈现出怎样的视觉表征？作为一家主打时事新闻的画报，《点石斋画报》如何处理事实与民族心理的关系？哪些因素决定了其象征主义新闻图式的呈现？更进一步讲，在遭遇国家—民族危机的时代背景下，更具备大众传播特质的视觉媒介在动员广泛民众、凸显国家意识方面创造了怎样的本土经验？这是本文重点关注的一系列问题。

一、作为"新闻纸"的《点石斋画报》与它的"日本记忆"

《点石斋画报》是在清朝晚期中西方不断碰撞，又相互融合的时代背景下创刊的。当时，它所在的上海已开埠40年，是一座"人口多元、民族多元、宗教多元"，乃至"语言多元、报刊多元"的都市。[①] 在创办《点石斋画报》之前，英商欧内斯特·美查已于1872年4月30日创办了《申报》。考虑到画报的视觉呈现可以满足识字率低的市民群体需求，美查遂在经营《申报》的基础上，创办了《点石斋画报》。1884年（光绪十年）5月8日，《点石斋画报》创刊，每10天出一期，每期银洋5分，随《申报》售出。在1898年（光绪二十四年）8月终刊时，《点石斋画报》共出版44集528号，包含原创图像4 666幅。[②]

《点石斋画报》创刊时即已申明，"特请善画名手，选择新闻中可惊可

---

① 熊月之：《异质文化交织下的上海都市生活》，上海：上海辞书出版社，2008年，"总序"第3页。

② 陈平原：《图像叙事与低调启蒙——晚清画报三十年（下）》，《文艺争鸣》2017年第7期，第56－65页。

喜之事，绘成图并附事略”[①]。1884 年，最令国人忧心的莫过于中法战争中清军前线受挫，5 月 11 日，李鸿章与法国代表福禄诺在天津签订了《中法会议简明条约》[②]，拱手将清朝对越南的宗主权让给法国，中国的西南门户洞开。《点石斋画报》及时跟进战争动向及中法交涉情形，绘制了《力攻北宁》《自取挠败》《基隆惩寇》《法犯马江》《吴淞形势》《练军入海》等关于战况的图画，在呈现形式上打破了“左图右史”的传统，改为图主文辅，奠定了《点石斋画报》的图式风格。但与一般民众的“后知后觉”不同，作为“新闻纸”的《点石斋画报》在面对错综复杂的国内外形势时，往往具有“先见之明”，这体现在它对邻国日本的密切关注中。

《点石斋画报》在 15 年间刊出的 122 幅日本图像，就其所反映的图像内容，可归纳为战争主题 63 幅、日常生活主题 27 幅、宗教信仰主题 4 幅、异形动物主题 12 幅、外交主题 5 幅，时事案件主题 8 幅、人物肖像主题 3 幅。战争主题居多很容易理解，在《点石斋画报》出刊期间，中日经历了 1884 年底朝鲜甲申政变中的交锋，1894 年的牙山战役、丰岛海战、平壤之战、黄海海战，1895 年的威海卫之战、台湾军民反割台武装斗争等，无论从战争的频次，还是中国民众受影响的程度，都足以使其构成画报的最大母题。日常生活的呈现也有大量事件来源，《申报》中有 400 多条日本风俗方面的新闻可供《点石斋画报》参考。与此同时，受 1871 年中国与日本签订《中日修好条约》的影响，越来越多的日本侨民寓居上海，从 1870 年的 7 人升至 1890 年的 644 人。[③] 比起寓居，中日间更多是双向的临时性流动，其频密程度可从船票体现出来：日本长崎至上海的船票比长崎至横滨的要便宜三成，上海至长崎的船票（6 元）也比上海至福州（8 元）、上海至广东（10 元）更具竞争力。[④] 日本的各色人等来往于上海，不乏小栗栖香顶那样的僧人、平野勇造般的奇才建筑师，以及四马路色情街上的玩客。因日常生活而生成的异域奇观，造就《点石斋画报》大量的创作空间。1884 年 9 月初（光绪十年七月中），《点石斋画报》刊登的第一幅日本图像《日人送葬》即属于日常生活主题。

但从 1891 年开始，一种奇特的图像主题开始出现，不少异于常态的龟、犬、鸡、蟹、蜈蚣、蛇、鱼、鼠等出现在日本图像中，被描绘成“三

---

① 申报馆主人：《画报出售》，《申报》，1884 年 5 月 8 日第 1 版。

② 中国社会科学院历史研究所清史研究室编：《清史论丛（二〇一七年年第二辑）》，北京：社会科学文献出版社，2017 年，第 231 页。

③ 陈祖恩：《上海日侨社会生活史（1868—1945）》，上海：上海辞书出版社，2009 年，第 22 页。

④ 陈祖恩：《上海日侨社会生活史（1868—1945）》，上海：上海辞书出版社，2009 年，第 12－14 页。

尺”“三足”“八九寸”“五百两”等特别尺寸，往往有“猫首牛尾，身大如犊，其首有四，至脊部始合为一体”的怪异外貌。从1891年至1897年间，共有12幅日本图像涉及异形动物，且往往伴有“异兆”。为何异物异兆会成为《点石斋画报》日本图像的创作主题？作为一张时事类的“新闻纸”，《点石斋画报》为何乐于调用传说传言中的素材来图绘新闻？这是一个值得挖掘的媒介现象。

二、《点石斋画报》日本图像的“怪异征兆”

古代中国通常将违背自然法则的怪物降生或者奇异的天文现象视为上天对人类的警告，预示着灾厄即将降临。① 例如，武王伐商时，有火云形成赤色乌的形状，预示周将代商；汉高祖曾于酒后斩白蛇，象征“赤胜白，汉胜秦”，预示秦室气数已尽，汉道方兴未艾。② 这些异兆也成为中国民间津津乐道的志怪故事原型，对于国人的文化心理和思维方式有着深刻的影响。

晚清以降，载录“怪异征兆”的“琐言”“逸事”仍是许多文士驰骋想象力的“疆场”③。在《点石斋画报》载录日本异物之前，申报馆已经开始关注“奇”“异”“幻”“情”等方面的书籍，并陆续出版乾隆时期尹庆兰（约1736—约1788）所著《萤窗异草》、王韬（1828—1897）的《遁窟谰言》、宣鼎（1832—1880）的传奇小说集《夜雨秋灯录》等④。然而，书籍毕竟是一种“个人表白的方式”，具有阅读的私密性，而报纸不同，它是一种“群体的自白”⑤。《点石斋画报》作为中国第一份“时事新闻画报”，也是第一份具有大众影响力的视觉媒介，⑥ 它在新闻方面的主题选

---

① 刘星：《惊奇与怪异：域外世界怪物志》，北京：九州出版社，2018年，第4页。

② 胡司德：《古代中国的动物与灵异》，南京：江苏人民出版社，2020年，第203页。

③ 陈平原：《中国小说小史》，北京：北京大学出版社，2019年，第52页。

④ 陈大康：《中国近代小说史论》，北京：人民文学出版社，2018年，第83页。

⑤ ［加］马歇尔·麦克卢汉著，何道宽译：《理解媒介：论人的延伸》，北京：商务印书馆，2000年，第256页。

⑥ 有关谁是“中国第一画报”的争论由来已久。胡道静认为最早的画报为上海清心书院的《小孩月报》，第二为“点石斋”的《瀛寰画报》，第三为清心书院的《画图新报》，第四是《点石斋画报》。20世纪80年代，俞月亭从画报创办缘起和经过、形式、内容、地位、稿件来源、政治思想倾向等多个方面，以“画报是否把‘报道新闻’作为办报方针”为标准，提出《点石斋画报》是我国画报始祖。张毅志认可此判断，认为《小孩月报》《瀛寰画报》内容过时、现实性不强，不能被称为新闻画报，以图像配合新闻的《点石斋画报》才是中国第一份画报。参见俞月亭：《我国画报的始祖——点石斋画报初探》，《新闻研究资料》1981年第5期，第149－180页；张毅志：《中国近代著名的画报——〈点石斋画报〉》，《图书馆学刊》1989年第3期，第56－58页。

择，具有开风气之先的作用。什么样的内容适合“群体的自白”？什么样的视觉表征更能代表大众对世界的认知？在这个层面，《点石斋画报》不仅是自身内容的探索者，也是近代大众媒介成长过程中本土新闻图式的开创者。

在《点石斋画报》的画师笔下，中国传统文化中的“大众化”题材必然是取之不竭的源泉，这是在日本图像中出现大量“怪异征兆”的首要原因。其次，《点石斋画报》的图绘作者也是极为特殊的群体。据晚清黄协埙的《淞南梦影录》称，上海开埠后，来自江浙两省“侨居卖画”者不下百人，他们从左右两翼形成对上海的“茂叶包蟹”之势。[①] 1884 年 5 月 8 日，《点石斋画报》创刊，即聘请江苏画师吴友如为主笔，次月在《申报》登载“招请名手绘图”启事，云：

本斋印售画报，月凡数次，业已盛行。惟外埠所有奇怪之事，除已登《申报》者外，未能汇入图者，复指不胜屈。故本斋特告海内画家，如遇本处可惊可喜之事，以洁白纸新鲜浓墨绘成画幅，另纸书明事之原委。[②]

可见，《点石斋画报》采取的是开放型征稿模式，主要采用民间画师绘制“可惊可喜”之事，不可避免地带有民间的审美情趣和底层的处事逻辑。据统计，《点石斋画报》最终有 23 位画家执笔，15 年间刊发 4 666 幅配有文字的图像。在 23 位画师中，吴嘉猷（字友如）绘 443 幅，金桂（字蟾香）绘 1 126 幅，张淇（字志瀛）绘 501 幅，田英（字子琳）绘 210 幅，周权（字慕桥）绘 135 幅，何元俊（字明甫）绘 810 幅，符节（字艮心）绘 1 169 幅。上述 7 位画家所绘占画报图像总量的 94%[③]，而他们也是日本图像绘制者中的绝对主力。

19 世纪末，中国绘画开始摆脱传统文人所营造的萧逸清疏景象，更加迎合市民阶层的审美情趣，绘画题材大多以市场需求为导向，讲究画面效果，倡导市民化、通俗化、职业化。[④] 借助新的绘画风尚，《点石斋画报》将新闻与风俗画结合起来，也是受到市场因素的驱动。此前，申报馆的“奇”“异”营销策略已经取得显著成功，像乾隆时期张南庄所著的《何

---

① 张静庐辑注：《中国出版史料补编》，北京：中华书局，1957 年，第 89 – 91 页。

② 徐载平、徐瑞芳：《清末四十年申报史料》，北京：新华出版社，1988 年，第 84 页。

③ 赵建雷：《从“画师”到“美编”：〈点石斋画报〉中苏州画家的图式嬗变与媒介政治》，《南京艺术学院学报》2019 年第 4 期，第 126 – 130 页。

④ 祝君波、俞璟璐、杨治野：《盛世典藏：改革开放年代上海收藏业集萃》，上海：上海交通大学出版社，2020 年，第 329 页。

典》从未正式出版过，申报馆获得抄本后立刻付诸石印，售价只有一角五分，并在《申报》登广告推介，称该书“说鬼话而颇有鬼趣”“阅之堪喷饭”①。同样以抄本流传的乾隆时期尹庆兰所著《萤窗异草》也被申报馆看中并快速出版，因“购者日众，几乎无翼而飞”②，不久即有再版之举。凭借对市场需求的敏锐直觉，申报馆出版的传奇体志怪作品还有夏昌祺的《雪窗新语》，天花才子编辑的《快心编》，屠绅的《六合内外琐言》，王韬的《遁窟谰言》，宣鼎的《夜雨秋灯录》等。③ 遇到市场潜力特别大的，则又请名家配图，像王韬的《淞隐漫录》，即请沪上最著名的插画家吴友如绘制插图。因此，《点石斋画报》创刊后，延续申报馆对“新奇艳异、幽僻瑰玮”题材的报道热度，将可惊可喜之事绘制成图，也就顺理成章。据王尔敏统计，《点石斋画报》所有图像中，“精怪”“孤祟”“厌胜驱魔”“物兆梦兆”等“志怪”图像共778幅④。本文对画报中的122幅日本图像进行统计，涉及“异形动物”的有12幅。

表1 《点石斋画报》日本图像异形动物主题列表（共12幅）

序号	时间	期号	图像标题	画师
1	光绪十七年（1891）九月中	277	大龟善饮	何明甫
2	光绪十八年（1892）七月上	306	四头奇兽	金蟾香
3	光绪十八年（1892）八月中	310	蜈蚣志巨	金蟾香
4	光绪十八年（1892）十月中	316	蛇口吞童	金蟾香
5	光绪十八年（1892）十一月上	321	东瀛巨蟹	金蟾香
6	光绪十九年（1893）三月上	330	日犬能言	何明甫
7	光绪十九年（1893）三月中	334	三足鸡	艮心
8	光绪二十一年（1895）八月中	424	六足蛇	艮心
9	光绪二十一年（1895）十二月中	436	日东怪兽	何明甫
10	光绪二十二年（1896）八月中	460	鱼形志异	金蟾香
11	光绪二十三年（1897）四月中	484	鼠能复仇	周慕桥
12	光绪二十三年（1897）十月上	501	异兽将来	何明甫

① 陈大康：《中国近代小说史论》，北京：人民文学出版社，2018年，第358页。
② 申报馆：《萤窗异草二集出售》，《申报》，1877年7月10日第1版。
③ 陈大康：《中国近代小说史论》，北京：人民文学出版社，2018年，第358－362页。
④ 王尔敏：《近代文化生态及其变迁》，南昌：百花洲文艺出版社，2002年，第390－392页。

最早出现的异形动物是1891年绘制的《大龟善饮》，其形“硕大无朋，径度之，有七尺，背之广，可容四五人”，画面中，它正在被日本人灌酒；1892年，“四头怪兽”出现在日本大阪的乡间道路上，“猫首牛尾，身大如犊，其首有四”，路人争相观之；不足一个月，“长一丈三尺有奇，足长八九寸”的巨型蜈蚣现身于日本福井县，倒挂在洞窟内惊吓路人。综合看来，最早出现的这三幅异形图像多以形状反常博众，未见造成危害。直至光绪十八年（1892）十月中刊登的《蛇口吞童》，情形发生了变化。

《蛇口吞童》以日本冈山县下津高郡传出的巨蛇吞噬幼童一事为蓝本，配文与图像所表达的内容均值得玩味。画师金蟾香将巨蛇绘制得如半山高，“目睒睒如镜，舌红似火，见人直前追啮”。配文则以《山海经》中的“巴蛇吞象，三年而出其骨”一句引领，惊叹事件中的蛇极其罕见，但还“不至效猛虎之食人也”。然而，整件事的发展十分诡异，村民们闻知有蛇为害，速持鸟枪兵械奔赴现场，“人咸燃枪以击”，难以置信的是，“蛇身盖无伤损，惟将童吐出而遁”。此时，童已气绝，作者感慨道：“何物妖蛇肆虐若此，安得借汉高祖利剑斩之。”① 汉高祖刘邦酒后斩白蛇的故事，一向有“赤胜白，汉胜秦”的隐喻，《蛇口吞童》文末，作者欲借汉高祖的剑斩杀日本的蛇，不能不联想到时人已经感觉到日本的威胁。

自1885年4月18日李鸿章、伊藤博文签署《中日天津条约》后，日本在朝鲜获得了与中国一样的对等权利。此后，日本加速对朝鲜的渗透。1886年，清朝和日本对朝鲜的贸易额为83∶17，到了1892年，两国对朝鲜的贸易额达到55∶45，水平已趋于接近。日本在朝鲜贸易的急速增长，显示中国在朝鲜的宗主国地位发生动摇，中日两国在朝鲜问题上的矛盾日益深化。② 1892年8月，日本伊藤博文第二次组织内阁③，在军备论的渲染下，伊藤内阁在第六次海军扩张计划基础上追加建造10万吨规模的军舰，决计与中国的北洋水师匹敌。在此之前，日本军备开支已从1881年占国家总支出的16%升至1890年的29%。④

《蛇口吞童》就是在这样的背景下创作的，文中欲借汉高祖的剑斩杀日本的蛇，字里行间已能感到中日两国剑拔弩张的状态。《点石斋画报》作为一张“新闻纸”，对时事的变化还是非常敏感的。继《蛇口吞童》之后，又有《东瀛巨蟹》见诸报端。《东瀛巨蟹》也是由金蟾香绘制，描述

---

① 金蟾香绘：《蛇口吞童》，《点石斋画报》1882年第316期，第10－11页。

② 宗泽亚：《清日战争》，北京：世界图书出版公司北京公司，2012年，第5页。

③ ［日］陆奥宗光著，徐静波译：《蹇蹇录：甲午战争外交秘录》，上海：上海人民出版社，2018年，第272页。

④ 宗泽亚：《清日战争》，北京：世界图书出版公司北京公司，2012年，第5－6页。

一位叫松本喜作的渔民捕获到一只巨蟹，“仅一螯秤之已重五百两”。然而，配文作者并未以惊叹的口吻描述此事，却将话题一转，言称“横行之类往往有一壳”，长得再大，也是“大而无当”。联想当时，各国展开军备竞赛，纷纷制造巨舰以张国力，尤其以日本胃口最大。“壳”与“大而无当”的隐喻，体现出一般民众对军事扩张的抵触。

继《蛇口吞童》《东瀛巨蟹》两图后，日本横滨、长崎等地的狗、鸡、鱼、鼠等动物纷纷现身。对于这些频密出现的日本怪物，画报以《庄子·逍遥游》《山海经》《诗经》《尔雅》等中国典籍中的神话予以解读。如1893年三月中的一期，艮心绘制的《三足鸡》将日本琼江港外高岛村的一只家鸡描画为“右足不异于寻常，左腿之上趾生二足，一足向胸稍曲，有三趾，足之趾增三而为六，长可及地”①。作者以《尔雅》所载“鳖三足，能；龟三足，贲”② 来解释三足往往生在神物身上，世间不多见，但“又有三足之牛获之者因以致祸”，暗示生活中的三足鸡或也是不祥的预兆。

总而言之，甲午战争前，这些主要以“猎奇”“旁观”心态而绘制的日本图像，突出的是“怪异征兆”的象征性内涵。《点石斋画报》的画师皆是来自民间的艺人，并非传统意义上的知识界精英，他们深谙民间的认知方式，载录这些“怪异征兆”，有迎合以图像为阅读主体的底层受众的意识。图像中的日本及日本“怪相”只是被旁观的“他者”，虽然在一些“异兆”中有对不断崛起的日本的警觉，但从整体性内容来看，甲午战争前的日本图像，显现的是中国传统文化中的“华夷之别”，是国人自诩文明而视对方为蛮貊的虚骄心态。更进一步讲，日本图像的“怪异”与同一时期《点石斋画报》呈现的其他“怪异”形象，并无本质性的区别，其本意还是要警戒国人自身，应维系世间的秩序伦常。但是，当甲午战争爆发后，《点石斋画报》的日本图像无论是图像主题，还是视觉表现形式，均发生了明显的变化。

三、战争图像中“善恶有报”的果报思想

1894年7月25日，清北洋水师巡洋舰“济远”“广乙”号返航至丰岛附近，遭日本联合舰队第一游击队“吉野”“浪速”及“秋津洲”三舰袭击，“济远”中炮后退却，阵亡13人，受伤27人；“广乙”与日舰对轰中阵亡30余人，搁浅后被迫毁船。③ 此时，受命护送饷械的“操江”舰与清

---

① 艮心绘：《三足鸡》，《点石斋画报》，1893年第334期，第7-8页。

② 胡奇光、方环海撰：《尔雅译注》，上海：上海古籍出版社，2016年，第535页。

③ 季平子：《丰岛海战》，《历史研究》1980年第4期，第41-54页。

政府雇用运送淮兵的英国商船“高升”号驶入战场。“操江”舰被强行劫走，“高升”号上的官兵以步枪奋起抵抗，被日舰鱼雷并炮攻击沉，船上850人遇难，仅249人生还。[①] 丰岛海战标志着甲午战争正式爆发。作为旬刊的《点石斋画报》迅速做出反应，在半月后见刊的《形同海盗》一图，还原了“高升”号被击沉的悲凄场面，配图文写道：“中国兵将皆以死自誓不肯降”，日本舰“施放鱼雷轰击并将船边诸炮一齐开放以致高升立时粉碎沉入海心”，见中国士兵在水面浮沉，“倭人更用机器炮逐一击毙……伤心惨目全无人理”[②]。从《形同海盗》的语图互文可见，《点石斋画报》的视觉表达已从置身事外的“旁观”转为“身临其境”的控诉。随着战事的不断发展，画师们开始从敌我角度，积极刻画“倭人”的反面形象，并将图绘新闻中的“异兆”警觉，导向“因果报应”的正义伸张。

丰岛海战受挫后，光绪帝于1894年8月1日正式对日宣战，日本明治天皇也于同日下了宣战诏书。8月中旬，在《点石斋画报》距离宣战最新一期，画师们绘制了六幅与战争有关的图像，除了《形同海盗》痛斥日军在“高升”号事件中的反人道行径，其他五幅通过对时间的折叠化处理，突出了中国必胜、日本必败的预设立场。关于中国，展现的是“高歌猛进”的《牙山大胜》和《海战捷音》（后已证明二者失实）；关于日本，则突出其狡诈和暴虐，如《改头换面》描述“（倭人）自知兵力万不能取胜，乃诡计百出，派出奸民五百余人，扮成华人装束”[③]；《拘民当兵》抨击日本为弥补兵力不足，“乃使人肆出拘拿，不论老少，务令一概当兵”[④]；《倭兵无状》则用“江洋大盗”一词指斥日本兵在平壤恣意侵扰，恃众肆殴。值得注意的是，针对日本士兵多不服水土，得病而亡一事，《倭兵无状》的配文写道：“其亦知兵感于外，饷绝于内，死期之至即在目前，反不若剖腹自裁之辈。”[⑤] 话中之味，已融入浓厚的“果报”气息。

随着战争的不断深入，《点石斋画报》的“果报”思想也随画面不断凝聚。尤其是1894年9月15日爆发的平壤会战，可被视为《点石斋画报》观念转型的重要节点。作为中日陆军间的第一次大兵团作战，平壤会战亦可被视为国家命运之战。在中日双方总兵力势均力敌，装备难分伯仲，且清兵以逸待劳的情况下，总统各军的直隶提督叶志超却决计弃城而逃。中国第一历史档案馆提供的一份重要信函显示：“适大雨如注，各军拖泥带

---

① 戚其章：《高升号殉难爱国官兵人数考》，《近代史研究》1984年第2期，第297－298页。

② 张志瀛绘：《形同海盗》，《点石斋画报》1894年第382期，第7－8页。

③ 金蟾香绘：《改头换面》，《点石斋画报》1894年第382期，第2页。

④ 何明甫绘：《拘民当兵》，《点石斋画报》1894年第282期，第9－10页。

⑤ 艮心绘：《倭兵无状》，《点石斋画报》1884年第13期，第11－12页。

水，纷纷奔窜。走不数里，倭寇排立两面施放枪炮，我军人马乱杂，有被轰死者，有自相践蹈者，有被马踏死者，此番共死将近万人。"① 时任北洋大臣李鸿章的一份奏折也含蓄证实了清军败况："臣查平壤各军孤悬危地，原止万五千人，内尚有分防后路安州等处，叶志超自牙山退出仅二千余人，奏明伤病甚多，器械不全，难遽博战。"②

战事发生后，《点石斋画报》在本该呈现宏大叙事的两期，鲜有地保持了静默。它的母报《申报》一直在更新平壤战事的消息，比如9月20日，第一次援引西刊告知《平壤失事》，③ 9月25日，根据来自烟台的消息，透露左宝贵已为国捐躯。尽管多种事实相互"打架"，但逐渐清晰的脉络是，中国在平壤会战之后失去了朝鲜。这场战役映射了中日之间强弱关系的逆转，对于失败，中国社会的普遍舆论是："一失于因循，不能自占先著；再失于粉饰，讳败而为胜；三失于将帅无人，兵士解体。"④ 这样的声音对一向高唱凯歌的《点石斋画报》不啻是警醒。但它并没有像《申报》《万国公报》《新闻报》等文字媒体那样展开失败的反思，而是基于视觉媒体更擅长的冲突框架，将问题的根源描绘成浅白的因果问题，直指向对方的恶。

平壤会战后，《点石斋画报》在最为接近的两期——光绪二十年八月下及九月上，共刊登了19幅图像，其中四幅与日本有关，每一幅的语句皆有"果报"意涵。《木罂渡军》说的是"我军"在中朝边界鸭绿江搭设浮桥，"倭人得此消息深为骇异，然则长驱之墓主而破竹之势成矣，倭人虽横死无日耳"⑤，文中"横死"二字尽显"因果报应"之意；《严鞫倭奸》刻画两个日本间谍在中国受审，福元林平说到老母在堂而自己深负不孝之罪时，"泪随声下"⑥，因做间谍而不能尽孝，从儒家立场来讲也是不能宽宥的；《以身报国》将"果报"目标指向日本女性，该图像借用日本设恤兵部搜刮民间资财充兵饷一事，专门指出当额度不足时，"则捐及娼家夜度之资。或两元或一元，即使终年问鼎无人，亦须以五十钱上献"。画报对日本底层妇女受此压榨并无同情，而是评论道"东洋妓女最多，亦最

① 未具名作者：《报告平壤之战的信函》（光绪二十年九月初八日），中国第一历史档案馆编：《甲午战争期间中日平壤之战档案》，《历史档案》2014年第4期，第38－39页。

② 李鸿章：《北洋大臣李鸿章为日军猛扑平壤各军退至安州据实参奏自请严议事奏折》（光绪二十年八月二十二日），中国第一历史档案馆编：《甲午战争期间中日平壤之战档案》，《历史档案》2014年第4期，第34页。

③ 申报馆：《平壤失事》，《申报》，1894年9月20日第1版。

④ 申报馆：《论用兵谋国当先审几料敌》，《申报》，1895年1月7日第1版。

⑤ 金蟾香绘：《木罂渡军》，《点石斋画报》1894年第386期，第3－4页。

⑥ 何元俊绘：《严鞫倭奸》，《点石斋画报》1894年第386期，第5－6页。

贱”，日妓“曾结队来中国，在沪地开东洋堂子以及设茶馆，为女堂信者几于遍处皆是，尽人调戏，全不知羞。后经倭国领事官见而耻之，始驱逐回国”[①] ——言外之意，这些女子挣了中国人的钱，丢了自己国家的脸，理应遭此报应；《鸭绿江战胜图》是四幅中唯一的战争画面，刻画中日黄海海战的战斗场景。按照当下的研究结论，黄海海战“北洋舰队不仅损失了致远、经远等战舰，而且牺牲了像邓世昌、林永升这样的优秀海军将领”，日本联合舰队虽然也受到重创，“但一舰未沉”[②]。然而，《点石斋画报》的风格一贯只报道胜利，文中提到邓世昌与林永升的事迹：

致远船邓管驾世昌见各船未能取胜，开足机器撞沉倭舰一艘，致为倭军所围，共林君永升所带之经远船同时沉下。倭奴兵势已分，我军更奋勇百倍，直至傍晚五点钟共击沉倭船四艘，伤三艘，余皆败北。[③]

但画报说到此处并未尽兴，文末就“倭奴死亡枕藉，伤者更不计其数”大发感慨说：“讵不足以伸天讨而快人心也哉。”此处，已将《点石斋画报》意欲抒发的“果报”思想表露无遗。

甲午开战之后的《点石斋画报》，越来越多地把“果报”诉诸“天意”，力证“天网恢恢，疏而不漏”。如《天厌倭奴》描绘了日本狂风暴雨导致装载四百多名受伤倭兵的火车侧翻，一半士兵入海，一半直接死在铁轨旁；[④]《纸制征衣》和《倭兵冻毙》描绘日本侵犯辽东时，因天寒地冻，粮尽援绝，大量日本士兵被冻死的事情。画报强烈表现了日本恶行虽没被“枪林炮雨”所惩，也“必由啼饥号寒而死”，“此天亡之时也”[⑤]。

《点石斋画报》的“果报”思想步入高潮，是在1895年4月17日《马关条约》签订之后。条约中的一条是台湾岛及其附属岛屿和澎湖列岛割让给日本。台湾民众闻讯，鸣锣罢市，涌入省府，抗议清廷的割台行为，进士丘逢甲将三封“万民誓不从倭”的血书递进紫禁城。在京赶考的举人联合“公车上书”，康有为在请愿书中写道：“窃以为弃台民之事小，散天下民之事大；割地之事小，亡国之事大，社稷安危，在此一举。”[⑥] 在举国声援下，台湾民众立誓“台存与存，台亡与亡”，掀起轰轰烈烈的反

① 金蟾香绘：《以身报国》，《点石斋画报》1894年第382期，第11－12页。

② 戚其章：《关于甲午黄海海战的几个问题》，《史学月刊》1982年第1期，第43页。

③ 金蟾香绘：《鸭绿江战胜图》，《点石斋画报》1894年第387期，第3－4页。

④ 金蟾香绘：《天厌倭奴》，《点石斋画报》1895年第420期，第7－8页。

⑤ 艮心绘：《倭兵冻毙》，《点石斋画报》1894年第394期，第15－16页。

⑥ 张海荣：《〈新闻报〉有关康有为与“联省公车上书”的新史料》，《广东社会科学》2020年第5期，第132－141页。

割台武装斗争。从1895年5月29日日军登陆至同年11月底火烧庄战役结束，台湾民众的反侵略战争持续了近6个月，共有14 000名士兵战死，[①]无可计数的台湾义勇军牺牲，大量台湾民众被无辜杀害。

在反割台斗争期间，《申报》的表现可圈可点。1895年5月23日，《申报》发表评论歌颂台湾民众的爱国情感："我君可欺，而我民不可欺；我官可玩，而我民不可玩。似此区区之忠肝义胆，毅魄强魂，精诚贯日月，哀痛匝天地。"[②] 之后，《申报》又通过《论台事》《筹台篇》等报道，就台湾军民缺少接济等问题予以强烈关注。《点石斋画报》亦在台湾问题上用情极深，但它不同于《申报》的"铿锵有力"，而是用爱憎分明的视觉符号继续表达"果报"思想。在《倭败确情》一图中，画师描绘战败的日本士兵们或趴，或侧卧，或仰面躺在医馆，与之相映衬，则称赞守台官兵"每发辄中，弹子皆在要害"[③]；《舆尸以归》一图则表现日兵与台兵、土番交战以来，造成许多"断胫折股之辈，残肯零骼之流"，日本只好由火轮车装运至海滨，以轮船载回本国。文末写道："书曰自作孽不可活，倭人其知之否"[④]。

关于图像的表征，柏拉图已然提出，视觉是高级的、认知性的"距离性感官"[⑤]，亚里士多德在《论灵魂》中论证了视觉优于其他感官的认识功能和不会引致放纵快感的特性。由此，在西方主宰了两千多年的哲学传统——"视觉中心主义"初步确立。但在胡塞尔那里，情形发生了改变。作为现象学的旗手，胡塞尔从批判"视觉中心主义"的立场出发，将"图像意识"视作一种想象行为，认为所有意识都根源于感知，例如对一条龙的想象必须依赖于"狮头""蛇身""鹰爪"等等在感知中出现过的对象。[⑥] 胡塞尔的弟子海德格尔延伸了意识决定视觉的观念，提出了"世界被把握成图像"的论断。法国哲学家梅洛·庞蒂也认为视觉受到支配，而身体是视觉思想中不透明和"神秘的"部分。[⑦]

《点石斋画报》作为甲午战争期间最具影响力的视觉媒介，它在塑造日本图像时，有意识地将"身体"诉诸"果报"的对象。在其图像刻画

---

① 张仕荣：《甲午战争与台湾百年命运》，北京：九州出版社，2023年，第41页。

② 申报馆：《论台民义愤亦足以震慑远人》，《申报》，1895年7月15日第1版。

③ 艮心绘：《倭败确情》，《点石斋画报》1895年第420期，第13－14页。

④ 艮心绘：《舆尸以归》，《点石斋画报》1895年第421期，第5－6页。

⑤ 陈琰：《新媒体环境下观看范式的重构》，北京：中国传媒大学出版社，2019年，第165－170页。

⑥ 倪梁康：《图像意识的现象学》，《南京大学学报(哲学·人文科学·社会科学版)》2001年第1期，第33－34页。

⑦ 李金辉：《视觉图像现象学：以"视域"的发生和构造为基础的理论范式》，《世界哲学》2012年第1期，第69页。

中，日本人的身体充满了各种“受难”符号。

表2 《点石斋画报》中的日本人“受难”形象

图像标题	受难人物	受难神态	受难动作
拘民当兵	日本男人、老妪、嫠妇、儿童	抗拒、怨恨、悲痛、流泪	男人被士兵拖在地上、拿绳索勒住脖颈；女人吊死、跳湖；老人被殴打；儿童哭嚎
倭兵无状	日本士兵	哀伤、痛苦	帐篷内的士兵剖腹自裁、蜷缩在树下
纸币充饷	日本商人	疲惫、劳累、忧愁	日本商人在筹集纸币
自杀同谋	日本士兵	躲闪、畏惧	日兵中弹倒地死亡
纸制征衣	日本士兵	疑惑、愤怒	军队发放纸质衣物给士兵
倭兵冻毙	日本士兵	凄清、畏缩、忧愁	路上冻毙、蜷缩在帐篷中
自投罗网	日本士兵	悲痛、死不瞑目	日兵被地雷炸死、四分五裂
炸药自轰	日本民众	悲惨	日本男人被炸药炸飞到天空、女人扑倒在地
倭兵残废	日本士兵 日本女人	悲戚、垂泪、愁闷	倒在地上的日兵少臂残废、被搀扶进房的士兵腿部受伤
倭奴火化	日本士兵	惊惧、嚎啕	吊在树上被火烧死
番食倭肉	日本士兵	悲痛、绝望	日本士兵身体残废、被台湾土番生吃
天厌倭奴	日本士兵	惧怕、愁苦	火车断裂爆炸导致日本士兵身体四分五裂
倭败确情	日本士兵	悲伤、凄惨	日兵胸背及肘腋中弹受伤、躺在地上哀嚎
舆尸以归	日本士兵	愁苦、绝望	日兵用担架抬残废的士兵和尸体上船
焚尸灭迹	日本将领 日本士兵	疼痛、绝望	日本将领让士兵烧掉死亡的日兵尸体
日兵诉苦	日本士兵	悲痛、怨恨	日本士兵向台湾人诉苦

战争和暴力一直是人类历史中的组成部分，由战争带来的杀戮和死亡是图像创作的重要母题。死亡不仅能在视觉上展现出十分沉重甚至可怖的

悲剧情感，还能激起读者对战争暴力的厌恶和对受难者的同情。中国绘画对死亡有着特殊的表现方式，死亡主题在文人绘画中通常用“以形写意，以意入象”的方式入画，创作中力图冲淡死亡色彩，既不点破，又让观者反复品味。[①] 然而，在《点石斋画报》的“视界”中，有关日本人的死亡和受难，已日渐剥离人类同情的普世情感，建构在国家与民族的立场之上。

结语

琼·赖斯（Joanh Rice）在对视觉修辞进行批判性回顾的时候，给出了四个分析性指标：对立、共建、语境和意识形态。[②] 对立是一种图像生成策略，借用冲突、悖论、讽刺等手法获取注意力；共建是一种互动思维，强调文本在与受众互动中如何贴近真实世界，远离宏大叙事；语境属于解释元素，不能脱离文本所置身的社会—历史场景；意识形态是“反客观的”主观，它形成了文本中的政治立场和人性主张。

《点石斋画报》日本图像的绘制群体，成长于晚清动荡不安的社会变革与国际局势风云变化的环境中，他们虽习得“肖真为上”的“泰西”绘画技法，但更多根植于中国传统绘画经验中，深受儒家礼法观念和传统道德信仰的影响。在面对“蕞尔小国”日本发动战争导致中国“国将不国”时，画师选择最能体现象征主义意指的“果报”思想，在传播扬善抑恶观念的同时，抒发中国人的愤懑。虽然，“善有善报、恶有恶报”的“果报”思想，归根结底是一种弱者思维，但当这种弱者思维成为荣格所说的“集体无意识”，便会凝固成一种结构，形成某一特定阶段的族群自主精神。

时至1895年4月《马关条约》签订，中国人真如大梦初醒：“二十三省如几上肉，任与国之取求，四万万人如阶下囚，听外人之笑骂。”[③] 就连光绪帝也难掩孤愤，在上谕中写道：“当艰苦一心，痛除积弊。”学者张灏在评析《马关条约》以后的中国思潮时，称之为一种三重结构，即“危机意识、瞩望目标和实现途径”[④]。似乎当时之中国，变革已成共识。但葛兆光的研究留意到，在“普遍向西转追随世界主义的大势背后，又隐藏了相

---

① 陈欣宇：《生死之“观”——死亡主题图像的视觉嬗变与设计叙事》，南京艺术学院设计学院硕士学位论文，2022年，第16页。

② Joanh Rice. A Critical Review of Visual Rhetoric in A Postmodern Age：Complementing，Extending，and Presenting New Ideas. *Review of Communication*，2004，Issue 1－2，pp. 63－74.

③ 葛兆光：《1895年的中国：思想史上的象征意义》，《开放时代》2001年第1期，第50页。

④ 张灏：《再论戊戌维新的历史意义》，《二十一世纪》1998年第2期，第19页。

当深的民族主义取向”[①]。

杜赞奇（Prasenjit Duara）在探讨民族观时提到，一个民族“是一个旨在容纳某些群体并常常以暴力的形式排斥其他群体或将其他群体边缘化的历史建构”[②]。从《点石斋画报》日本图像的整体呈现来看，确实存在鲜明的“排他”意识，但这种“排他”已很难在“天朝上国”“夷夏之别”的传统文化中获得阐释，而是深植于近代以来中华民族饱受的屈辱。恰恰，在中国民间承袭已久的“果报”思想，也是以个体屈辱为前设，借助对“因果报应”的寄望去寻求自我安慰。甲午战争正是这样一个历史节点，个人—民族—国家共同经历的“耻感”发生了融汇，但它必须要有存世的基础，乃至抒发的途径。

支撑民族主义的根源是人们“生活世界”的根性，它既包括故乡等地理概念，也包括价值观念的共同取向。毕竟，《马关条约》之后的“世界主义”思潮是有待媒体开发的一种新生理念，那时候的维新报纸刚刚上路，还没能立刻实现“救亡”启蒙，梁启超首次提出“民族”一词，还要到1899年。而1895年的大众媒介，是像《申报》那样的商业报刊，或是《点石斋画报》般的煽情性视觉读物。活跃于其中的报人总体上属于边缘群体，普遍“收入低微、地位低下、生活困窘、精神苦闷”，且往往带着“寄身外报和入仕无望的痛苦”[③]。越是这样的阶层，越需要获得群体的认同。

甲午战争和《马关条约》的签订，揭开了晚清社会政治统治松弛、教化伦理失控的伤疤。在这样的变动社会，往往会产生民间生活伦理焕发光彩的时刻[④]，而熟识民间生活伦理的画师们也意识到了获取群体认同的机会。《马关条约》签订近4个月后，《申报》在1895年8月9日以社论形式发表《论画报可以启蒙》，声称：

上海自通商以后，取效西法，日刊日报出售，欲使天下之人咸知世务，法至善也。然中国识字者少，不识字者多，安能人人尽阅报章，亦何能人人尽知报中之事？于是创设画报，月出数册。或取古人之事，绘之以

① 葛兆光：《1895年的中国：思想史上的象征意义》，《开放时代》2001年第1期，第50页。

② ［美］杜赞奇著，王宪明译：《从民族国家拯救历史：民族主义话语与中国现代史研究》，南京：江苏人民出版社，2009年，第13页。

③ 蒋建国：《晚清报人之间的交往活动与精神世界》，《新闻与传播研究》2017年第5期，第83－84页。

④ 李长莉：《十九世纪中叶上海租界社会风尚与民间生活伦理》，《学术月刊》1995年第3期，第64页。

为考据；或取报中近事，绘之以广见闻。[①]

这篇文章可被视作推广《点石斋画报》的“软文”，它特别强调了三个意欲拓展的群体：“商贾亦何不可阅，不特乡愚宜阅；妇女亦何不可阅，而余则谓最宜于小儿，盖小儿在怀抱之时已喜看。”[②] 由此，《点石斋画报》的大众性质要比一般文字报刊广泛很多，但也因兼及商贾、妇孺的特性，使其能够达到的启蒙程度“既非先锋，也不顽固，更多体现中间立场，关注都市风情、市民趣味与平常时光”，陈平原将之称为“低调启蒙”[③]。但这种“启蒙”是有局限的，受制于盈利需求、读者定位及主创人员的个人能力，更进一步讲，也受到晚清社会甚嚣尘上的民间生活伦理制约。

具体回到《点石斋画报》日本图像的创作，参与绘制的七位主力画师全部是流寓上海的民间艺人，他们生活在华洋混居的陌生人社会，脱离了原乡教化伦理的规训，往来人等“大抵皆利徒耳，贪、争、诈三者”[④]。当基于政治特权和道德至上的等级观，蜕变为身份由职业价值所决定，诚信缺失即会成为一个普遍问题。对于《点石斋画报》来说，它标榜的是“时事新闻画报”，新闻的首要原则是真实，但真实恰恰是《点石斋画报》退而求其次的追求。正如创办者美查在画报“缘启”中所说：“西画以能肖为上，中画以能工为贵。肖者真，工者不必真也”，又言：“俾乐观新闻者有以考证其事，而茗余酒后，展卷玩赏，亦足以增色舞眉飞之乐。”[⑤] 一旦图像新闻以大众趣味为首要标准，视觉元素的“刺点”自然比事实本身更具穿透力，这是我们能够在《点石斋画报》日本图像中感受到的。在画师们笔下，无论是“异兆”还是“果报”，主题都是被高度提炼过的煽情话题，并随社会情绪的变化而变化。

但并非《点石斋画报》“亦真亦假”的记录毫无价值。陈平原在谈到这个问题时提到，不能以名画的“观看之道”，或者“图像证史”中的“可视的叙事史”，及至人文研究的“图像转向”来高估《点石斋画报》的视觉实践，但若论“风俗习惯、社会场景以及日常生活的精细观察与呈现”，《点石斋画报》则提供了进入历史的丰富素材。本文正是以日本图像中的传统视觉“表征”为突破口，探索中日关系颠覆性变化下，国人心理

---

① 申报馆：《论画报可以启蒙》，《申报》，1895 年 8 月 29 日第 1 版。

② 申报馆：《论画报可以启蒙》，《申报》，1895 年 8 月 29 日第 1 版。

③ 陈平原：《图像叙事与低调启蒙——晚清画报三十年（下）》，《文艺争鸣》2017 年第 7 期，第 56 – 65 页。

④ 李长莉：《十九世纪中叶上海租界社会风尚与民间生活伦理》，《学术月刊》1995 年第 3 期，第 67 页。

⑤ 尊闻阁主人：《〈点石斋画报〉创刊词》，《点石斋画报》1884 年第 1 期。

如何在视觉媒介寻找出口。囿于《点石斋画报》浅俗、直白、偏向底层说教的媒介性质，它所能达到的媒介“启蒙”只能是“群愤”的激发，而无法像之后的维新报刊和革命报刊一样，形成张灏所总结的“三重结构”，即除了危机意识以外，还要有改良中国的“瞩望目标和实现途径”。甲午战争爆发之后，中国的理性、精英群体开始登上办报舞台，媒介世界发生了罗志田所讲的“权势转移”，追求富强的价值观逐渐取代传统的说教，新一代报人在面对外部压力时，“显然有更大的回旋余地、更多的选择自由、同时也更能去主动接受和采纳外来的思想资源”①。

随着“中华民族”“变法图强”等更具凝聚力与目标意识的概念频繁登场，《点石斋画报》只能诉诸“异兆”与“果报”的时代结束了。1898年8月，在连续出版15年后，这家中国最早的“时事画报”退出历史舞台，但它所记录的晚清社会，始终是值得关照的历史资源。

① 罗志田：《权势转移：近代中国的思想、社会与学术》，武汉：湖北人民出版社，1999年，第23页。

新闻人物研究

胡政之人脉关系对其新闻职业的作用、影响及交往原则*

王咏梅　王意鸥①

摘　要：《大公报》是近现代中国新闻史上办刊时间最长、最有影响力的民营报纸。总经理兼副总编辑胡政之是入主《大公报》时间最长、贡献最多的人。胡政之是民国时期新闻事业的全才和新闻工作的多面手，人脉关系为胡政之新闻职业生涯的成功提供了方方面面的帮助，具体表现在：获得从事并创办新闻事业的机会；获得消息来源，尤其是独家新闻；为通讯社和报纸发展提供安全保障；帮助判断时局，为报纸走向提供参考。胡政之的人脉关系也影响了他所办报刊的报道态度和办报方向。他本着有利于国家现代化、有利于新闻事业、以诚相待的原则与人交往，重理想，重共识，重情谊，团结志同道合的人，在中国近现代新闻事业史上开创了一片辉煌。

关键词：胡政之；人脉关系；《大公报》

人际关系专家戴尔·卡耐基曾说：一个人的成功，只有15%是由于他的专业技术，而85%则要靠人际关系和他的处世能力。② 这一论断也许有夸大其词之嫌，但充分显示了现代社会中人脉关系对一个人的生存和发展的重要作用。

《大公报》是近现代中国新闻史上办刊时间最长、最有影响力的民营报纸。总经理兼副总编辑胡政之是主持《大公报》时间最长、贡献最多的人。胡政之是民国时期新闻事业的全才和新闻工作的多面手，过去对他的研究集中于他在新闻方面的贡献，包括其采写艺术、报刊政论、新闻编辑和媒介经营管理方面的贡献，也包括对其新闻思想、政治理念、新闻伦理思想的研究。而对其人脉关系的研究集中于他和蒋介石③、胡适④、张学

* 本文为国家社会科学基金项目“胡政之人脉关系研究”（项目编号：17BXW095）阶段性成果。

① 王咏梅，山东大学新闻传播学院教授、博士生导师；王意鸥，山东大学新闻传播学院研究生。

② 杨丹编著：《人际关系学》，武汉：武汉大学出版社，2019年，第4页。

③ 如王咏梅：《胡政之与蒋介石的关系》，《国际新闻界》2009年第6期，第109－113页；俞凡：《试论新记〈大公报〉与蒋政府之关系：以台北“国史馆”藏“蒋介石档案”为中心的考察》《新闻与传播研究》2013年第5期，第100－116、128页。

④ 如傅国涌：《文人的底气：百年中国言论史剪影》，昆明：云南人民出版社，2007年；谢泳：《胡适还是鲁迅》，北京：中国工人出版社，2003年。

良[①]、徐铸成[②]、周太玄[③]、杨刚[④]，以及天津地方人物[⑤]等的关系，而胡政之人脉关系的作用、影响及交往原则的相关问题仍有待探讨，因此本文尝试为之，以期推动民国新闻人物和《大公报》的研究。

一、胡政之人脉关系的作用和影响

胡政之的人脉关系，为他新闻职业生涯的成功提供了方方面面的帮助，表现在：

（一）获得从事并创办新闻事业的机会

胡政之一辈子从事新闻工作，并取得了辉煌的成绩。从他踏入新闻行业，到成功创办报纸、通讯社，都离不开其人脉关系的作用。

据胡政之自己说，他 1912 年留日归国后，经人介绍进入章太炎主持的《大共和日报》。[⑥] 而他在 1916 年之所以能当上王郅隆时期《大公报》的总经理兼总编辑，得益于他曾经的上司王揖唐向徐树铮推荐，王揖唐还为其 1918 年底远赴欧洲采访巴黎和会提供了资金。

1920 年 5 月，在游历欧美各国后，胡政之回国返社准备整顿社务，想改良王郅隆时期的《大公报》。然而，直皖战争打响，皖系迅速战败，报纸宣告停版，胡政之也被迫离开了该报。他在主持《大公报》时认识办《公言报》的林白水，因此他们在 1921 年携手创办了《新社会报》，实施了那些在《大公报》没有来得及实现的改革措施，取得了相当的成功。

1921 年国闻通讯社创办时，胡政之也是由于徐树铮的推荐，才成为该社社长的。[⑦] 在此基础上，胡政之采纳了国闻通讯社上海办事处主任李子宽的建议，于 1924 年创办了《国闻周报》。李子宽曾为创建和发展国闻通

---

① 如傅国涌：《胡政之与张学良》，《帝国尽头是民国》，厦门：厦门大学出版社，2015 年。

② 如李伟：《徐铸成与〈大公报〉的恩怨》，《钟山风雨》2006 年第 2 期，第 9 - 13 页；王咏梅、王素华：《政治时空背景下徐铸成离开〈大公报〉的因由探析——兼及抗战胜利后民间报纸生存的舆论环境》，《现代传播（中国传媒大学学报）》2021 年第 4 期，第 54 - 60 页。

③ 如刘恩义：《周太玄先生和〈大公报〉》，《文史杂志》1986 年第 3 期，第 2 - 3 页；王咏梅：《周太玄在香港〈大公报〉》，《出版发行研究》2018 年第 5 期，第 108 - 111 页。

④ 如宋俊娟：《杨刚传论》，华东师范大学硕士论文，2009 年；阮文娜：《杨刚与大公报研究》，暨南大学硕士论文，2013 年。

⑤ 如王咏梅：《胡政之与天津地方社会研究》，《现代传播（中国传媒大学学报）》2017 年第 8 期，第 39 - 47 页。

⑥ 《胡政之谈民元报业》，《人物》1947 年第 2 卷第 11 期。

⑦ 邓汉祥：《我所了解的段祺瑞》，白化文主编：《中国近现代历史名人轶事集成（第 3 卷）》，济南：山东人民出版社，2015 年，第 649 页。

讯社和《国闻周报》立下了汗马功劳。早在1920年胡政之主持北京《新社会报》编辑部工作时他就是胡政之的部下，后来追随胡政之成为国闻通讯社的元老。1924年卢永祥战败，国闻通讯社失去经济来源后，是李子宽向胡政之建议，增设广告部，代各报招揽广告，以折扣补充经费的亏空，使国闻通讯社得以勉强维持。之后，胡政之感到没有发表言论的机会，又无财力办日报，又是李子宽建议创办《国闻周报》作为国闻通讯社附属机构。①

新记《大公报》的接办，也是由于胡政之与张季鸾、吴鼎昌都留学日本、长久交往，既有友谊又有共识，分工合作的结果。胡政之出面向王郅隆购得报纸产权、王佩之出面号召旧工友复刊该报之后，三人的精诚合作奠定了《大公报》成功的基础。1946年胡政之曾说：新记《大公报》接办后不久即取得成绩，“固由全体同仁之努力，而吴、张两先生与我精诚合作，尤有重大关系。”②

可见，人脉关系在胡政之进入新闻界，创办报刊、通讯社并获得成功的过程中起到了重要作用。

（二）获得消息来源，尤其是独家新闻

人脉关系在胡政之的采访过程中也起到了关键作用。他在谈到民国初年的报业的时候曾说：“上海的报纸原是只谈营业，不谈政治。在国民党执政的一个时候，却大谈政治，后来便又恢复营业第一了。当时检查虽严，但还可商量，有了消息还能发出。后来上海的报纸以巨金收买供给消息的人，使来源更为减少，我们出不起钱的人，路子更窄了。我幸能遇到张仲仁，他是总统府的要人，才透出一点消息。”③ 张仲仁在民国初期任总统府秘书兼政事堂机要局局长、教育总长、总统府秘书长等职④。

胡政之为了采写新闻，主动保持和同学的联系，或交谈、或写信，同学也为他提供了不少信息。在担任《大共和日报》的驻京特派员时，胡政之的一位留日同学野民正在北京政府任职。据他回忆：“政之为了采访新闻，时来向我探听政界消息，我亦常到他的河伯厂寓所，纵谈时事。”“从民国五年起，政之为报业关系，或在天津，或在上海，踪迹渐疏。但每到

---

① 徐铸成：《〈国闻通讯社〉和旧〈大公报〉》，《报海旧闻》，上海：上海人民出版社，1981年，第85页。

② 胡政之：《社庆日追念张季鸾先生》，上海《大公报》，1946年9月1日第10版。

③ 《胡政之谈民元报业》，《人物》1947年第2卷第11期。

④ 黄炎培：《张仲仁先生传》，中华职业教育社编：《黄炎培教育文集（第四卷）》，北京：中国文史出版社，1995年，第115页。

北京，必先过我长谈，往往至深夜而返。民国十五年，他和达诠、季鸾，接办天津《大公报》之后，因业务太忙，不能常到北京，隔了几月，必招我往天津一游。民国十八年，我到上海担任《时事新报》撰述，彼此南北暌隔，苦于不能见面，他常有信来问候，并望我寄稿《大公报》，我始终未能践约，至今引为遗憾。"①

在采写独家新闻的时候，胡政之的人脉关系更显得重要。1915 年日本向中国提出"二十一条"，国内对这一关系中国生死存亡的特大消息进行封锁，《新闻报》只能通过外电或外报，甚至用传闻以求互证，发表消息；② 而身为《大共和日报》的驻京记者，胡政之"因与外籍记者常接触，所获消息较详而确"③。《芝加哥论坛报》的记者、后来兼平津《泰晤士报》的 Gillen 是将"二十一条"的消息电至英国的第一人，胡政之与他关系很好，"有时透露给我一点消息"；"我后来自己打出一个路线，与日本使馆小幡西吉很好，很可以谈出些消息"④。就这样，胡政之对"二十一条"的采访成了《大共和日报》的独家消息。

在接办新记《大公报》后，遇到重大政治新闻，胡政之仍利用自己的人脉关系获得独家新闻。据徐铸成回忆：1930 年中原军阀大混战后，沈阳之张学良成为关键人员，"左袒则左胜，右袒则右胜"。冯玉祥、阎锡山及蒋介石都派有重要代表前往争取。而张学良则秘不表态，偶发通电，态度亦模棱两可。胡政之于是亲自出马，赴沈探访。胡政之抵沈后，张学良接见谈话，亦未有何暗示，只约请其三日后同赴葫芦岛参加商埠奠基礼。胡政之同乘专车抵葫芦岛后，翌晚张学良即约见，对胡政之说："我苦思冥想半月，觉置身事外非计，为国家人民计，决出兵入关；但只希望阎百川等速退出平津，我决不以一矢相加。"张学良又简单谈其入关部署，当日即电阎冯，请其悬崖勒马，和平让出防地。是日深晚，张季鸾得到葫芦岛打来的"速汇款五百元"一电。事先，胡政之与张季鸾约定，如张学良决定入关助蒋，则来电"请速汇款五百元"；如入关袒护阎冯，则电文为"请来款接济"。收到电文后，张季鸾即写新闻，并赶写一简短社评，隐约透露时局真相。据徐铸成说，胡政之能顺利采访到这一关系全局的独家消息，与其早年服官东北，与张氏父子及所属王永江、莫德惠、韩麟春等相熟是有一定关系的。⑤

---

① 野民：《悼胡政之先生》，《新闻报》，1949 年 4 月 29 日第 5 版。

② 远生：《新闻日记》，《申报》，1915 年 5 月 4 日第 3 版。

③ 《胡总经理致哀悼词》，《大公报》，1941 年 9 月 16 日第 2 版。

④ 《胡政之谈民元报业》，《人物》1947 年第 2 卷第 11 期。

⑤ 徐铸成：《徐铸成回忆录》，北京：生活·读书·新知三联书店，1998 年，第 52 - 53 页。

胡政之还将自己的人脉关系介绍给后辈以帮助他们拓展人际网络，完成采访任务。据张蓬舟回忆：“1942 年 5 月 22 日我由桂林去成都时，胡政之为我写了两封介绍信，一是给张群的，当时他任川康行营主任兼四川省主席；一是给刘咸荣（字豫波）的，他是胡的亲翁，成都‘五老七贤’的‘五老’之一。信的内容都是请他们对我‘惠予教益’的。”[①] 李侠文也说：胡政之在参加了中国代表团出席签署联合国宪章的旧金山会议回国后，“在重庆逗留了一些日子，交际甚忙，经常在季鸾堂内设宴款待到访的军政财经文教各界人士，每次我都做陪客，他让我与各方多所接触。他把我介绍给客人时，还会美言一二”[②]。

（三）为通讯社和报纸发展提供安全保障

北洋军阀时代，言论自由没有保障，记者可能被捕、被杀，而报刊、通讯社也可能被封，胡政之在那时也是身受迫害之一人。在办国闻通讯社的时候，胡政之曾得罪了曹锟，使得同事坐牢、通讯社被封，幸亏邵飘萍出面保释，代他被捕的同事才恢复了自由，通讯社在冯玉祥执政府成立后，亦即启封。

1934 年，胡政之回忆说：

因为刊登吴佩孚汀泗桥大败的新闻，报纸被当局扣留，我便去督署访问主办的某科长疏通。……以后又托人疏通褚玉璞的军法处长，当天解禁，不再扣报。我们后来送了这位处长义务报半年，总算是平安过去。到了国民革命军进至长江，宁汉合一之后，我们抱着革命建设的新希望，言论纪事，总免不了替新兴势力张目，于是有些人便送我们一个“坐北朝南”的徽号，当时也发生过几次危险，幸而朋友多，随时得着爱护，所以别人得不到的自由，我们却还相当地能够享受与运用。

北伐战争结束了军阀混战，但政党派系纷争不断，报业仍难求平稳。胡政之感叹办报事业说：

总算占了交际广阔的光，又因为事实上没有背景，虽然在南北各地经

---

① 张篷舟：《我在大公报的经历》，周雨编：《大公报人忆旧》，北京：中国文史出版社，1991 年，第 36 页。

② 李侠文：《我所认识的张季鸾、胡政之两先生》，胡玫、王瑾编：《回忆胡政之》，天津：天津人民出版社，2009 年，第 91 页。

过好几次扣报和禁止发卖的处分，终于没有把事业弄得消灭。[①]

1936年4月1日，新记《大公报》沪版创刊，但遭到《申报》《新闻报》等老牌报纸的带头抵制，出版三天，报摊不见一份，尽数由人“吃进”。于是，胡政之请友人哈瓦斯社的张翼枢，挽请杜月笙出面请客。这样，《大公报》才得以化险为夷，畅销无阻。[②]

《大公报》的选址也有着胡政之人脉关系的帮助。区别于《申报》《新闻报》等上海主要报纸都设在英租界三马路（今汉口路），《大公报》地处偏静的法租界爱多亚路18号，当新来的员工提出这不利于广告、发行等业务开展时，胡政之答复说：

天津《大公报》是在法租界，与法国一些人士较熟悉，这次创办“上海版”，法国总领事曾致介绍信给上海，同时，上海法租界的“闻人”杜月笙、张继先等，也很帮忙。这样，报纸办登记手续，租用房屋，设印刷厂等，都减少了阻力。

也正因此，我们较顺利地从天津运来了半部德国制的卷动印报机，建立了有五六十个工友的排字房、印刷厂。[③]

1938年3月13日，《大公报》香港版刚出版也受到香港报界的刁难，雇佣孩童前来闹事，不仅出口不逊，还抢报撕毁，胡政之只得请人出面调解，这场风波才得以平息。[④]

张季鸾病逝后，胡政之曾发表纪念文章说：

本报复刊之时，正是国民革命军发动北伐的时期。我们办报十多年，奔走南北，痛心于军阀政治与内战痛苦，此时当然希望革命成功，统一实现，改造国家。于是便利用文字，唤起民众对于革命的同情。而张先生自少则参加同盟会，曾任中山先生秘书，民党中间知交甚多，声气广通，消息灵确，确实使报纸生色不少。然因此也曾屡屡触犯北方当局忌讳，召致仇恨。幸而我久在北方做报，与军政界素有联络，尤其新兴的少壮军人如杨宇霆、张学良、韩麟春诸氏与我都有交谊，所以本报虽然遭忌，不少人

① 胡政之：《中国为什么没有舆论》，《国闻周报》1934年第11卷第2期。

② 徐铸成：《徐铸成回忆录》，北京：生活·读书·新知三联书店，1998年，第69页。

③ 丁君匋：《大公报在上海的崛起》，中国人民政治协商会议上海市虹口区委员会文史资料工作委员会：《文史苑（第1辑）》，1989年，第71－72页。

④ 吴廷俊：《新记〈大公报〉史稿》，武汉：武汉出版社，1994年，第229页。

常欲得而甘心；但终于有人掩护，迭次化险为夷。此中还有一个要紧关键，就是我们三个人都是为办报而办报，为国家民族利益说话，绝对没有私心和成见，更从来不以报来沽名谋利，所以纵然有人一时误会，久之自然冰释。还有一点，张先生能说善辩，长于肆应。他对人一本真诚，从不机诈，任何人见了他都要发生深挚的友谊，报馆之所以能在极端混乱的时局中安然度过者，张先生的交际天才和崇高人格掩护的力量，也不在小。至今张先生去世，我们还时时感觉到失去掩护的痛苦！①

可见，《大公报》在屡屡触犯北方当局忌讳，招致仇恨之时，胡政之的人脉关系、张季鸾的交际能力和他们“为国家民族利益说话”的办报动机共同为保护该报发挥了作用。

1947 年 6 月 1 日夜，国民党全国性大逮捕开始，搜捕了文化、教育、新闻界的“不满分子”共 350 多人，其中包括《大公报》记者在内的新闻界 30 多人。胡政之亲自交涉，“径电罗卓英主席的秘书长邱誉先生，声明必要时自愿亲到广州作质保证陈君②出来之后，随传随到”③，最终达到营救目的。6 月 16 日陈凡恢复自由后，只剩下跑学潮新闻的方蒙和采访主任曾敏之了。经过多方营救，曾敏之于 6 月 17 日获释，方蒙于 7 月 4 日获释。④ 曾敏之的获救，靠的是胡政之与张群的关系，当时张群是四川省主席。⑤

可见，正是由于胡政之“交际广阔”，“朋友多，随时得着爱护”，他所经营的通信社和报纸才能摆脱危险或困境，继续运行。

（四）帮助判断时局，为报纸走向提供参考

在情况瞬息万变的战争时期，胡政之常常与信息灵通的人士交流，帮助判断时局，以对报纸的走向提供参考。

1937 年 8 月淞沪会战开始以后，胡政之没有预料到日本会进攻上海。他对战事很悲观，说东南半壁江山瞬息将化为灰烬。⑥ 据《张元济年谱长

---

① 胡政之：《回首壹拾柒年》，上海《大公报》，1949 年 4 月 15 日第 2 版。

② 笔者注：指陈凡。

③ 胡政之：《在上海馆编辑部会上的讲话》，《大公园地》1947 年第 5 期。

④ 方蒙：《重庆记者被捕前后》，周雨编：《大公报人忆旧》，北京：中国文史出版社，1991 年，第 249 页。

⑤ 李怀宇：《前辈心史》，张立宪主编：《读库 1805》，北京：新星出版社，2018 年，第 161 页。

⑥ 曹世瑛：《从练习生到外勤课主任》，周雨编：《大公报人忆旧》，北京：中国文史出版社，1991 年，第 138 – 139 页。

编》、《张耀曾先生文存》记载，胡政之在8月至11月间，经常与浦东同乡会、青年会的人聚餐，讨论时局，商谈政治问题，比如收复公共租界、日本弱点、设立民意机关等，以建议中央，颜惠庆、张元济、张耀曾等也到场。① 这些对时局的讨论为《大公报》的后续发展提供了参考。11月5日，胡政之参加聚餐时，听黄任之报告说："国防最高会议决定，如上海不守，即将各势力撤退，不使再为繁荣中心，惟仍候蒋介石先生为最后的决定。"② 不久，淞沪会战结束，上海沦陷。11月29日，日人已用"上海新闻检查处"名义函知各报每日送报两份备查，胡政之拟先函询工部局再定去处。③ 12月13日，日军发出通令，从12月15日起新闻一律应送小样检查。上海《大公报》拒绝送检，就在此前一天断然停刊，发表社论说："我们是中国人，办的是中国报，一不投降，二不受辱。"《大公报》的中共地下党员李纯青评价道："这是胡政之在上海召集主要干部商议作出的决定，这是多么响亮的誓词。"④ 12月20日，据张耀曾的《求不得斋日记》记载："张菊生家聚餐，到者仅六人。时局衰败，同志亦寥落日散。许克诚回桂，胡政之闻亦将他往。"⑤ 可见，在胡政之作出《大公报》上海版停刊这一重大决定之前，与浦东同乡会、青年会的人际交往，为他提供了参考信息。

1947年，国共交战正酣。7月，胡政之从上海出发到北方，到达天津、北平、张家口等地，一共40多天。他与北平的教授、民众交谈，又应傅作义的邀请，与之多次晤谈。回到上海馆后，他就在社评委员会上讲话说："许久以来，我们有一个看法就是国民党要以军事力量消灭共产党是不可能的，此次北方之行，证实了这个看法，同时也使我相信共产党要以军事力量打垮国民党是同样的不可能的。……说来说去，国家非走和平的路不可，成问题的不过是迟早而已。我们始终抱着这一个信念，现在不能动摇，任何时候也不能动摇。"⑥ 这就是胡政之对时局的判断和态度。遗憾的是，他只与北平的民众、教授和傅作义进行了交流，没有机会聆听中国共

① 张耀曾著，杨琥编：《宪政救国之梦：——张耀曾先生文存》，北京：法律出版社，2004年，第453页。

② 张耀曾著，杨琥编：《宪政救国之梦：——张耀曾先生文存》，北京：法律出版社，2004年，第463页。

③ 张耀曾著，杨琥编：《宪政救国之梦：——张耀曾先生文存》，北京：法律出版社，2004年，第471页。

④ 李纯青：《笔耕五十年》，北京：生活·读书·新知三联书店，1994年，第503页。

⑤ 张耀曾著，杨琥编：《宪政救国之梦：——张耀曾先生文存》，北京：法律出版社，2004年，第474页。

⑥ 胡政之讲，梅焕藻记：《北行观感》，《大公园地》1947年复刊第9期。

产党人的主张，因此进行的判断未免失之偏颇。

尽管新记《大公报》消息灵通，成为信息的总汇，执舆论之牛耳，但在时局变幻无常的战争年代，为了报纸的生存和发展，胡政之也尽量利用自己的人脉关系，与各方面人士沟通信息，为判断时局提供参考，以定夺报纸的去留。

胡政之的人脉关系也影响了他所办报刊的报道态度和办报方向。胡政之对徐盈、子冈的信任和器重，使得作为中共地下党员的他们能够利用自己《大公报》记者的身份开展各种有利于中国共产党的活动，包括宣传工作、情报工作、统战工作等，这显然有助于《大公报》政治立场的转变。由于与周太玄有着长达近40年的“师友关系”，双方之间“相知很深，相期许又恳切”，胡政之把他视为《大公报》的最高客卿，而随着周太玄政治态度的左倾，他最终推动了《大公报》向左转。

二、胡政之人际交往所遵循的原则

胡政之的人脉关系，多出自地缘、学缘、业缘。安福系成员李思浩回忆说：“在朋友中，胡政之和段芝泉、徐又铮关系很深，和我们都很熟，自非一般可比，可以说是我们团体中的一员。”① 皖系灵魂人物徐树铮、王揖唐既是安徽人又是留日学生，与胡政之既有地缘关系又有学缘关系。林白水、邵飘萍、张群、周作民、范旭东等都有留学日本的经历，他们与胡政之有着学缘关系。作为民国时期著名的报人，胡政之在其从事新闻事业的过程中结识的人较多，如邵飘萍、林白水、徐盈、子冈等。无论是由于乡缘、地缘或者是由于学缘、业缘结识，胡政之与他们的人际交往都遵循了以下的原则：

（一）有利于实现国家现代化

胡政之“毕生尽瘁新闻事业，从未旁骛”②。“以公正舆论促进国家现代化，以翔实新闻协助民主制度的建立”，是胡政之从事新闻事业的明确目的。

追求国家的现代化，是大公报人和新政学系诸人共同的目标。他们将这个目标寄托在以蒋介石为首的南京国民政府身上。③ 这是他们作为资产

---

① 徐铸成：《李思浩生前谈北洋财政和金法郎案》，杜春和、林斌生、丘权政编：《北洋军阀史料选辑（下）》，北京：中国社会科学出版社，1981年，第233页。

② 陈纪滢：《胡政之与大公报》，香港：香港掌故月刊社，1974年，第16页。

③ 杨奎松：《内战与危机：1927—1937》，南京：江苏人民出版社，2013年，第299页。

阶级自由知识分子出于对国家现代化的追求而进行的政治选择，新政学系作为政治家直接参与国家建设，大公报人作为记者建言献策。由此《大公报》三巨头与新政学系逐渐靠拢，吴鼎昌成为其中一员，而《大公报》曾一度成为其重要的舆论阵地。抗战胜利以后，新政学系势力日渐衰微，国共内战难以避免。[①] 胡政之领导下的新记《大公报》对蒋政府的不满与日俱增，最终走到了蒋政府的对立面，与新政学系关系亦不复从前。

对于危及国家安全的人，胡政之等大公报人坚决反对。全面抗战来临，曾经的上司王揖唐做了汉奸，以胡政之为首的新记大公报人对王揖唐采取了势不两立的立场。胡政之经营的《大公报》对王揖唐的报道态度前褒后抑的转变，显示了新记《大公报》以国家利益为报道标准的立场和方针。相比之下，新记《大公报》的幕后投资人周作民在陷敌期间曾为国民政府秘密工作，虽然在抗战后受到各方攻击，却受到大公报人的不同对待。吴鼎昌等人设法为周作民提供庇护，胡政之和其他大公报人与周作民保持交往，《大公报》也没有像《文汇报》《时事新报》那样刊登检举周作民为汉奸的文章。

永利公司、南开大学和《大公报》被称为天津“三宝”[②]，范旭东评价它们的关系为“谊若一体”[③]。早在王郅隆时期主持《大公报》时，胡政之就特辟教育实业专栏，预告广告中说：“本报同仁以为今日救国大计惟在教民、富民，故教育实业乃国家存亡的关键。”[④] 基于相同的实业救国或教育救国的思想，胡政之与永利公司的创办人范旭东、南开大学校长张伯苓多有交往，不仅在事业建设上互相帮助，还共同推动教育与实业发展，共促国家现代化建设。

（二）有利于新闻事业的发展

《大公报》纪念胡政之的文章说：“先生性情本来缜密沉默不多言笑，但一涉及他的事业和理想便会兴致热烈，滔滔不绝。”[⑤] 在平常的言谈中，甚至在生命的最后，他也多是谈工作[⑥]。他喜欢与年轻人接触，讲述办报理想，传授办报经验，鼓励他们把报纸当成事业来做。李侠文回忆胡政之

---

① 孙彩霞：《论战后初期的政学系》，《扬州大学学报（人文社会科学版）》2002 年第 5 期，第 78 – 84 页。

② 张刃：《永利 · 南开 · 大公报》，《工会信息》2018 年第 4 期，第 41 – 43 页。

③ 《傅冰芝来函（1947 年 6 月 25 日）》，梁吉生、张兰普编：《张伯苓私档全宗（下）》，北京：中国档案出版社，2009 年，第 1287 页。

④ 《本报特辟教育实业专栏预告》，《大公报》，1917 年 1 月 10 日第 1 张。

⑤ 《悼政之先生》，香港《大公报》，1949 年 4 月 25 日第 1 版。

⑥ 周太玄：《悼念胡政之先生》，香港《大公报》，1949 年 4 月 21 日第 2 版。

1948 年办香港《大公报》时的情形时说："他每天和大家闲谈，海阔天空，古今中外，说得满座皆春，人人眉飞目舞，而每一段话都包含着经验和启示。……他在谈话里恨不得把他所有的经验都告诉你，希望你立即成为一个得力的新闻记者。"①

胡政之认为：只要是和事业有关的工作，无论责任大小，都同样重要，值得重视，他尊重每一个人的贡献，一视同仁。胡政之将办报事业比作一套机器："我们的事业，是个团体的事业，每个人有不同的岗位，决不是一个人所能办的事，正好像一座大机器一样，每个小螺丝钉，都有她的作用，小螺丝钉发生了障碍，大机器照样的受影响，所以小钉的重要，并不亚于大机器。"②

胡政之也很体贴和宽容同仁。1929 年，徐铸成结婚后，收支常感不敷，因此兼做《京报》驻津记者，每天挂长途电话，向《京报》简报新闻（大率为当天晚报所载者）。胡政之察觉此事，默默为其加薪，委婉处理，希望员工自觉主动改正，不伤及员工面子和社内和气。③

相反，对于不利于事业发展的人，胡政之会果断辞退。1929 年，22 岁的徐铸成在做记者近两年后，由于工作出色被胡政之任为国闻社北京分社代理主任，到任时发现：没有一个人来上班。胡政之知悉后，果断安排徐铸成重新招考练习生培养而不是回头挽留。1932 年，徐铸成被任为《大公报》特派记者兼该报驻汉口办事处主任。《大公报》在汉口本来有记者喻耕屑，兼任分馆主任。喻本为国闻社驻汉分设主任，与胡政之相识多年。"大概因薪水多年未提升（《大公报》在武汉已销七八百份，报馆收批价六五折，喻收入已不菲）"，写信给胡政之，以年老请辞记者兼职，"盖意在'掼纱帽'也"。但"胡素有'不吃这一套'的脾气"，于是派徐铸成担任《大公报》驻汉口办事处主任。对此，徐铸成认为是"锻炼人才之一法也"④。

平等、尊重、宽厚、容忍，这是胡政之作为新闻管理者对下属员工的态度，也是他倡导的报社内部人际关系的特点，都是为了有利于新闻事业的发展。胡政之认为："本报对同仁的待遇，虽不算优厚，但比较合理。"⑤

---

① 李侠文：《精神　事业　做人——敬悼政之先生》，香港《大公报》，1949 年 4 月 21 日第 3 版。

② 胡政之：《对津馆经理部同仁的谈话》，《大公园地》1947 年复刊第 7 期。

③ 徐铸成：《报海旧闻》，上海：上海人民出版社，1981 年，第 44 页。

④ 徐铸成：《徐铸成回忆录》，北京：生活·读书·新知三联书店，1998 年，第 44－45，61－62 页。

⑤ 胡政之：《对桂林馆经理部同仁的讲话》，《大公报》，1943 年 7 月 5 日。转引自王瑾、胡玫主编：《胡政之文集》，天津：天津人民出版社，2007 年，第 1077－1079 页。

同仁唐振常感到："在生活待遇上，《大公报》并非优厚，在上海就远较申、新两报为低，但略优于一般报纸，使工作人员减少后顾之忧，而努力于工作。在工作上，则比较有条件发挥所长。"① 这是因为，胡政之一直把报馆当成事业来做："我亦等于雇员，只知为事业努力。"② "我不是资本家，尤其不愿做资本家。我们从事新闻事业必须有抱负，有远大理想。……自创办以来，无人怀有别的企图，参加的同事非雇佣可比，大家应当把《大公报》作自己的事业看，然后才有长足发展。"③ 正如廖公诚所回忆的那样："因为是事业，职工们便没有劳资的见解，职员和工友同样可以劳绩取得股权。社内同仁因此没有深度的阶级观念，经理和职员融合一体，有事分开来做，没事聚起来谈谈，于是共同工作的员工千数百人，熙熙融融，如像一个大家庭，政之先生便是家长。"汪松年说："《大公报》从未有劳资对立之事发生。中途离社的人多仍与该报保持亲密关系，且视至该报做客为"回娘家"，形成一个团结向上、凝聚力强的团体。"④

对外，胡政之也并非长袖善舞，八面玲珑。为了事业他牺牲了自己的好恶，去与不愿意见的人交涉。费彝民回忆胡政之时说：

张先生的人缘好，是因为耐性好，他自己便最不耐烦交际敷衍，可是一谈到报馆，他可以完全换一个人，为了报馆，他不愿见的人，忍痛见了；不愿做的事，也忍痛做了，他常这样说，如果牺牲一个人而能使报馆渡过难关，为什么不做呢？这种为事业的忘我精神，足使我们后死者惭愧、落泪。胜利的第二年，国民党逐渐走自内战的路，《大公报》立即严正的指出战争不能解决问题，反对将经过八年抗战创伤未复的国家，继续推落万丈深渊，反对驱使颠沛流离的老百姓，继续吃苦受难，不断的劝告，不断的针贬，从反对内战起，进而反对征实，反对抽丁，反对屠杀，反对抓人，反对美国扶日，反对滥发通货，这一连串的反对，本来是一张报纸本着良心所必然会有的纯正主张，可是正因为如此，也就必然的要触怒当政者。在那时，胡先生的处境最困难，也就在那时，胡先生牺牲自我

---

① 唐振常：《上海大公报忆旧》，周雨编：《大公报人忆旧》，北京：中国文史出版社，1991年，第199页。

② 胡政之：《对桂林馆经理部同仁的讲话》，《大公报》，1943年7月5日。转引自王瑾、胡玫主编：《胡政之文集》，天津：天津人民出版社，2007年，第1077－1079页。

③ 胡政之讲，曾敏之记：《认清时代，维护事业——三十六年十一月二十七日对渝馆编辑部同仁谈话》，《大公园地》1947年复刊第16期。

④ 汪松年：《天津时代的〈大公报〉发展史话》，中国人民政治协商会议全国委员会文史资料研究委员会 编：《文史资料选辑［第四十六辑（总第一四六辑）］》，北京：中国文史出版社，2001年，第143页。

保全报馆的精神表现得最彻底。[①]

1946 年 11 月，国共和谈破裂之后，蒋介石为了尽快完成自己的独裁统治，急于召开国大，遭到中共坚决反对，民盟也表示不参加。在此情况下，蒋介石为了减少国民大会的尴尬，便诱逼部分党外人士参加。《大公报》总经理胡政之就是被胁迫者之一。胡政之根本无意参加由国民党一手包办的“国民大会”。大会召开前夕，蒋介石在南京召见胡政之，与傅斯年一同逼迫胡政之参会。胡政之感到毫无退路，只好跑到国民大会签到处报到，签到后就离开了南京，没有参加一天会。[②] 很显然，胡政之恪守的办报理想受到了冲击。他知道，“不参加，《大公报》会受压迫，参加了又怕没有销路”[③]。最终，“为了《大公报》的存在，我个人只好牺牲。没有别的办法，希望你们了解我的苦衷，参加国民大会不是我的本意。我是被迫的”。胡政之对报馆同仁说这番话，在同仁们的印象中，那时他面色惨淡，两眼红涩，声调近于嘶哑，从没这么沮丧过。[④]

胡政之曾说：“我与社会上层人物和达官权贵虽多交往，但只有公谊而无私交，所谈皆国内外时势大事，从不涉私。这样对于事业是有利的。”[⑤] 而李侠文则评价胡政之说：“他一生的作为，一切为了事业，不是为了个人，忍辱负重，任劳任怨。”[⑥] 陈凡说胡政之“为着这个事业，他弹精竭虑，有些时候他明知道是牺牲的他也只得牺牲，明知道是痛苦的他也只好忍受。碰到这种关头，他是有他的策略甚至战术的”[⑦]。这些话，都揭示了胡政之与人交往的重要原则——有利于新闻事业的发展。

（三）做新闻记者最重要的是“诚”

“诚”是胡政之与人交往的基本原则之一。他也曾教育后辈说：“作新

---

① 费彝民：《追念政之先生》，香港《大公报》，1949 年 4 月 21 日第 2 版。

② 王芝琛：《大公报史略》，王芝琛、刘自立编：《1949 年以前的大公报》，济南：山东画报出版社，2002 年，第 58 页。

③ 周恩来：《一年来的谈判及前途》，中共中央文献编辑委员会编：《周恩来选集（上卷）》，北京：人民出版社，1980 年，第 260 页。

④ 李纯青：《为评价大公报人提供史实》，周雨编：《大公报人忆旧》，北京：中国文史出版社，1991 年，第 316 页。

⑤ 胡济生、黄敏：《回忆父亲》，胡玫、王瑾编：《回忆胡政之》，天津：天津人民出版社，2009 年，第 81 页。

⑥ 李侠文：《精神　事业　做人——敬悼政之先生》，香港《大公报》，1949 年 4 月 21 日第 3 版。

⑦ 陈凡：《我所见的　我所佩的》，香港《大公报》，1949 年 4 月 21 日第 2 版。

闻记者最重要的是‘诚’。”[①] 他也经常以此教育自己的儿子胡济生，“言笃信，行笃敬”，“君子不重则不威”，“夫子之道忠恕而已”，“君子言于义，小人及于利。”胡济生说，胡政之“很重视诚信，对朋友以诚相待，不允许为人谋而不忠，与朋友交而不信”[②]。

胡政之诚恳的对人态度，使人一见面就留下深刻印象，并因此而增加了他人对报社的好感和对新闻工作的兴趣。李侠文与胡政之最初和最后一次见面都是在香港，他回忆胡政之说：“最初一次是十年前我准备进入报馆工作的时候，他约我到报馆谈话，除了考问我的工作能力外，问我对于这个报有什么批评。他那种亲切诚恳谦和的风度，使我即时对这个报馆发生更多好感。”[③] 杨历樵回想20年前最初见胡政之的时候，“先生朴素的服装，蔼然的风范和恳挚的言语，一见面就使我感觉到当前是一位有修养和崇高人格的报人，同时也使我增加了对于新闻工作的兴趣。因为受了政之先生的感召，所以后来虽然有几次他就的机会，可是我从未考虑到离开这个岗位。”[④]

作为报人，胡政之对事业也非常忠诚，对社会讲信用，表现在他对真确新闻和公正舆论的追求上。早在1917年初，他就说：

> 新闻者天下之公器，非记者一二人所可私，亦非一党一派所可得而私，不慧自人报界，以不攻击私德，不偏袒一党自誓，更不愿以过激之言词，欺世而盗名，故本报向来报道多而主张少，今后亦当如此。盖记者之愚以为，今日新闻界非先从改良新闻记事、博得社会信用入手，不足以言发表言论。即发表言论，亦不足以言铸造舆论也。[⑤]

他反对报纸刊载访员捏造的新闻，认为这是对职务的不忠，对读者的欺诈，是“新闻界之大耻也”[⑥]。他创办国闻通信社和《国闻周报》，就是希望“以真实报道，争取国人的信赖；以公正态度批论是非，获得读者的共鸣”，建立“中国人论中国事的透澈的自尊”[⑦]。

---

① 范长江：《通讯与论文》，北京：新华出版社，1981年，第290页。

② 胡济生、黄敏：《回忆父亲》，胡玫、王瑾编：《回忆胡政之》，天津：天津人民出版社，2009年，第86页。

③ 李侠文：《精神　事业　做人——敬悼政之先生》，香港《大公报》，1949年4月21日第3版。

④ 杨历樵：《政之先生精神不死》，香港《大公报》，1949年4月21日第2版。

⑤ 冷观：《本报之新希望》，《大公报》，1917年1月3日第2版。

⑥ 冷观：《外交新闻可假造耶》，《大公报》，1917年2月25日第2版。

⑦ 陈纪滢：《胡政之与大公报》，香港：香港掌故月刊社，1974年，第84－86页。

1932 年，在《新闻记者最需要责任心》中，胡政之也强调：

新闻记者最需要有责任心，不但发表意见，言必由衷；便是报告新闻，也须有真知灼见。否则对职务为不忠，对社会为不信，对报馆为不义。如果不甘为不忠不信不义的新闻记者，便须努力于才学识三长的修养。有了这种记者，然后理想的新闻事业始可成功。

最后，胡政之希望大家“发挥精神，多多创造为社会诚意服务的新闻纸，同时别忘了立言纪事，须具忠实负责的态度”①！

即便是 1947 年在《大公报》处于孤危之境时，胡政之还是主张报道要有诚意。他说：

中华民国是在夹缝中讨生活，《大公报》也正是在夹缝中讨生活。我们今日的处境的的确确够得上‘孤危’二字。在这“孤危”的局面中，我们做报的人究竟应当如何自处呢？我个人以为：首先，我们应当效法宗教家的悲天悯人。执笔为文，总是言之有物——言之有物就是有诚意。我们应当竭力避免不自觉地陷于嬉笑怒骂。嬉笑怒骂虽然逞快一时，但不合报人的身份，也最容易招忌。②

香港《大公报》曾评价胡政之“忠于理想、忠于事业，始终如一，到老更加积极，这是报人中难得的一个规范”③。这正是对他一生追求的概括。

结语

人脉关系为胡政之新闻职业生涯的成功提供了方方面面的帮助，具体表现在：获得从事并创办新闻事业的机会；获得消息来源，尤其是独家新闻；为通讯社和报纸发展提供安全保障；帮助判断时局，为报纸走向提供参考。胡政之的人脉关系也影响了他所办报刊的报道态度和办报方向。而他本着有利于国家现代化、有利于新闻事业、以诚相待的原则与人交往，重理想，重共识，重情谊，团结志同道合的人，在中国近现代新闻事业史上开创了一片辉煌！

---

① 胡政之：《新闻记者最需要责任心》，王文彬编：《报人之路》，上海：三江书店，1938 年，第 8 – 11 页。

② 胡政之：《在上海馆编辑部会上的讲话》，《大公园地》1947 年复刊第 5 期。

③ 《悼政之先生》，香港《大公报》，1949 年 4 月 15 日第 1 版。

毛泽东早年政论学养中的"古今"与"中外"

阳美燕[①]

摘　要：毛泽东作为一位报刊政论家，其政论学养是如何形成的？本文聚焦他青少年时期的学习和阅读，重点从阅读史的角度，阐述他从童年打下扎实国学基础，少年汲取"新学"养分，至"五四"前夕形成融通"古今""中外"的阅读积淀，最终奠定通往五四时期他的报刊政论高起点这一思想和文化学养形成的历史过程。

关键词：政论；阅读；国学；新学

农家出身的毛泽东，在五四运动浪潮中创办《湘江评论》，在湘江的革命"怒吼"中走向其报刊政论的高起点，这已为学界熟知。然而，在此之前，他是如何积淀起丰厚的阅读基础，形成扎实的政论学养而达致厚积薄发的？对此，学界并无阐发。下文对这一政论"前史"进行揭示和阐述。

一、童年打下扎实国学基础，厚植政论的历史文化根脉

出身农家的毛泽东从小爱阅读，童年起就在童蒙教读中受到熏陶，在古典诗书阅读中接受启蒙教育，充分汲取传统文化的养分。

他在离家四十里的湘乡唐家坨外婆家度过了童年大部分时间。外婆家虽是务农，但他有一位思想正统、旧式文人的八舅文玉钦在家开设蒙馆，给侄子们讲授童蒙诗书，幼年毛泽东在这种耳濡目染中，能将《三字经》《百家姓》等背下来，还读了《六言杂字》和被鲁迅称为"夸着读书人光荣"的《神童诗》等，接受了远超同龄人的传统文化知识启蒙[②]。八九岁间父母把他接回韶山冲，正式进入私塾读书，开始了他自称"六年孔夫子"的学习阶段。

这期间，毛泽东先后至少读了七处私塾，受教于多位塾师，[③] 所习之书为《论语》《孟子》《中庸》《大学》《诗经》《尚书》《周易》《礼记》

---

① 阳美燕，湖南大学新闻与传播学院教授。

② 李京波：《毛泽东与国学》，北京：西苑出版社，2011 年，第 3 页。

③ 逄先知主编：《毛泽东年谱》，北京：中央文献出版社，1993 年，第 2 – 5 页；李京波：《毛泽东与国学》，北京：西苑出版社，2011 年，第 10 页。

等中国传统经学典籍。在韶山纪念馆所陈列他读过的《论语》《孟子》封面上，有他当时的签名，可见他从小就有读书留痕的习惯；又据毛泽东回忆，“读过孔夫子，五书四经，读了六年。背得，可是不懂。那时很相信孔夫子”[①]，“背得”，这一识记习惯，也保留到了他后来的阅读中。就在多年识记诵读中，毛泽东打下了扎实的国学基础。

同时，传统蒙学读物已经不能满足精力充沛又求知欲强烈的毛泽东，在早晚放牛拾粪、农忙收割庄稼的农活余暇，他瞒着老师大量阅读《精忠传》《水浒传》《西游记》《岳飞传》《隋唐演义》等古典传奇小说，对其中的“造反故事”格外关注，许多故事“几乎都可以背出来”，在延安接受埃德加·斯诺采访时，他回忆这些书对他的影响很大，因为是在“容易接受的年龄里读的”。少时毛泽东就善于思考和交流，常跟其他同学反复讨论甚至背诵这些故事，有一天他忽然想到，它们颂扬的全都是“人民的统治者”，“而这些人是不必种地的，因为他们拥有并控制土地并且显然是迫使农民替他耕作的”[②]，可以看出，毛泽东在历史文学作品阅读中，产生了初步的历史批判意识，萌生了朦胧朴素的人民历史观；同时，这种根植于中国传统文化读物所产生的敏锐政治思辨禀赋，与朴素的人民历史观一起，后来都化为他政论学养的有机组成部分。

“六年孔夫子”期间的1907—1909年夏，毛泽东不得不听从父亲培养他成为种田好把式的安排，停学在家务农，晚上则替父亲记账，但他的思想早已飞出这片田地，“如饥似渴地阅读凡是我能够找到的一切书籍”，要向书中探寻外面的世界。他不惜来回走上四十里的崎岖山路，向湘乡表兄文咏昌[③]借来晚清改良主义者冯桂芬的《校邠庐抗议》和他“非常喜欢”的郑观应之《盛世危言》，从中第一次接触到了中国资产阶级维新思想和西方知识，虽然当时中国的思想前沿已是正在兴起的激进资产阶级革命思潮，《盛世危言》思想盛行的时代已经过去，但在这闭塞的山村，它俨然成为启发毛泽东“睁眼看世界”与爱国精神的一种“新式”思想来源，并“激起了我想要恢复学业的愿望”[④]，为此跟父亲发生争吵，从家里跑出去，到一个失业的法科学生家里读了半年书，又“在一位老先生那里读了更多的经书，也读了许多时论和一些新书”。[⑤] 这里提到的两类读物奠定了青少

---

① 陈晋：《毛泽东阅读史》，北京：生活·读书·新知三联书店，2014年，第23-24页。

② 王子今：《历史学者毛泽东》，北京：西苑出版社，2013年，第5页。

③ 笔者注：其八舅文玉钦的儿子。

④ ［美］埃德加·斯诺著，董乐山译：《西行漫记》，上海：东方出版社，2010年，第122-123页。

⑤ 李京波：《毛泽东与国学》，北京：西苑出版社，2011年，第10页。

年时期毛泽东的两类知识结构：一是经史之类的史传著述，跟随老师点读了《春秋公羊传》《左传》和《纲鉴易知录》，以及在塾师毛岱钟、毛麓钟指导下阅读了《资治通鉴》《史记》《汉书》，[①] 较早地开始了经史古籍阅读。史书里的历史知识、史论里的德行观念，在他心里播下了影响深远的思想种子，以致后来毛泽东一生都有着浓厚的史学热忱和鲜明的历史观，并化为他早期政论文学养中的历史文化积淀。二是新学和新信息方面，当时韶山冲从外地回来了一位被他称为“激进派”的小学教师李漱清，经常给人们讲述爱国维新故事，这些新思想和新信息的刺激，使他开始把读书和向外立志联系起来。在延安接受斯诺采访时他回忆道，自己在这个时期开始有了一定的政治意识，特别是在读到一本中国被瓜分的小册子后，对国家主权的丧失和国家前途感到沮丧时已意识到“国家兴亡，匹夫有责”。拯救时艰的家国政治意识开始萌生，这正是青年毛泽东政论的思想灵魂。

二、少年入读新式学堂贪婪汲取中外“新学”，在修学储能中奠定拯救时艰的政论思想底色

1910 年，辛亥革命前夕，这位 17 岁的少年考入了一个他心中“非常新式的学堂”——县立东山高等小学堂，开启一段崭新的求学历程。

位于湘军兴起之地湘乡县东台山麓的东山高等小学堂，源自 1896 年创办的东山精舍，其时正是维新运动兴起之际。东山精舍被称为“开湖南新学之先河”，与京师同文馆等合称为中国近代创办最早的新式学校，[②] 地位不容忽视。1903 年东山精舍改制为东山高等小学堂。湘乡历来有办学堂的传统，学风隆盛，清代中兴名臣曾国藩和湘军名将罗泽南、王鑫、刘蓉、曾国荃等都是从此地涟滨书院出来的。值得一书的是，在东山精舍筹办中，跟随湘军名将左宗棠收复新疆的湘乡爱国将领刘锦堂大力倡修并亲自勘定地址[③]，这位民族英雄的功业名望不仅是使东山精舍得以创办的临门一脚，而且为该校办学育才打下了拯救时艰的爱国主义思想底色。

① 李京波：《毛泽东与国学》，北京：西苑出版社，2011 年，第 10 页。也有研究者说是从他一位堂兄读《左传》，从其堂叔读《纲鉴易知录》和《史记》等。见王子今：《历史学者毛泽东》，北京：西苑出版社，2013 年，第 3 页。

② 彭建成、彭嘉璇：《刘锦堂倡修东山书院并置相关碑刻考》，《湖南人文科技学院学报》2019 年第 6 期。

③ 陈谷嘉、邓洪波主编：《中国书院史资料（下）》，浙江：浙江教育出版社，1998 年，第 2204 页。

东山精舍的办学宗旨为“昌明中国实学”，“研经之外，宜考其治乱得失之故”，故对学生“教之以实事，程之以实功”。东山精舍在“中体西用”之下革新教学内容，要求学生在算学、格致、方言、商务四门中“止专一门”，专心致志务实学，走出了一条与传统科举不同、强调湖湘经世致用精神的新式学堂育才之路。

少年毛泽东来到这所以东山精舍办学思想为底色的东山高等小学堂。在这所湘乡名校，他贪婪地汲取“新学”知识，其阅读所及，包括中外各种历史、地理和自然科学书籍，还跟同学萧三借来《世界英雄豪杰传》，读到了拿破仑、华盛顿、彼得大帝、卢梭、孟德斯鸠等世界名人的事迹，眼界被打开。在思想上，老师在课堂公开讲授康有为、梁启超维新派的文章，鼓励学生模仿“康梁体”作文。同时，该学堂向有为学生订阅时务报刊的传统，其前身东山精舍就定期订购《万国公报》《格致汇编》《申报》《汉报》之类，“分给诸生披览，俾通知时务与夷情夷形，自成有用之才”①，此时，又订购了《时务报》、《新民丛报》、梁启超的《饮冰室文集》等书报刊。壮怀激烈的毛泽东非常喜欢梁启超笔端常带感情的文字，借来合订本《新民丛报》读了又读，有些文章几乎能背下来。他在梁文《新民说》的第六节“论国家思想”处写下他对于君主立宪和封建专制两种国家体制的理解与态度的文字，这是目前所发现毛泽东最早的时论文字，是由梁启超所主张的“变化民质”所激发而出，有研究者认为这种改造国民性从而达致社会改造之途的思想，对毛泽东产生了长期影响，五四前夕他组织的“建党先声”——新民学会的会名，就是来自这里。② 毛泽东后来主编《湘江新报》，其办报思想中，确实可以看出这种启蒙国民性的明显痕迹和影响。同时，在东山学堂，毛泽东还以“子任”为字号，写出了《救国图存论》《宋襄公论》等政论文章，在师生中广为传诵，③ 初露不凡政论才能，表现出鲜明的国家民族思想意识。

1911 年春，东山小学堂的贺岚岗老师被湘乡驻省中学聘任，出类拔萃的毛泽东跟随其往，顺利考入这所前身为曾国藩所倡设湘乡试馆的省城中学。此值辛亥革命前夜，革命宣传与革命活动自然也是十分活跃，令他眼界顿开，大量接触了革命信息和思想。他第一次看到了资产阶级革命派报刊《民立报》，读到湖南人黄兴领导的反清起义和七十二烈士殉难的消息，

---

① 陈谷嘉、邓洪波主编：《中国书院史资料（下）》，浙江：浙江教育出版社，1998 年，第 2207 页。

② 中共中央文献研究室编，逄先知、金冲及主编：《毛泽东传》，北京：中央文献出版社，2011 年，第 11 页。

③ 逄先知主编：《毛泽东年谱》，北京：中央文献出版社，1993 年，第 9 页。

也听说了孙中山和同盟会的纲领，“激动人心”，这些革命鼓动令毛泽东与他的同学“跃跃欲试”，他满怀激情写了一篇文章贴在学校墙壁上，公开支持革命党推翻清王朝，建立新政府。[①] 这是毛泽东第一次公开发表政见，可以说是他后来以政论为武器，公开宣传鼓动革命思想的开端。不久武昌起义爆发，他兴奋异常，投笔从戎加入了湖南新军。已经养成读报习惯、贪读时局消息和新知识的他，将大部分军饷拿来订阅报刊，不断充实知识。

1912 年春，毛泽东考入湖南全省高等中学后，开始深入思考改造中国社会政治的结构性问题。在这里，国文老师给了他一本史书《御批通鉴辑览》，随后他写下了迄今人们所能看到他的最早文章——历史政论《商鞅徙木立信论》。这显露出他独具一格的史识能力和史观基础：商鞅采用“徙木立信”的政治手段取信于国民，施行利国福民改革措施，毛泽东就这一史事借题发挥，论从史出，感叹“吾国国民之愚”和“数千年来民智黑暗、国几蹈于沦亡之惨境”之由来，毛泽东在这篇被阅卷老师盛赞为“目光如炬”“力能扛鼎”的文章中，阐发了他由史启发而来、对于“黎民”“国民”这种底层与深层社会结构之于国家前途命运的重要性认识，[②] 这也是他后来走向民众政治思想的一种认知起点。不久他主动退学、每日到省立图书馆自修，半年间大量阅读了各种西方学说后，[③] 他已经具备了熟悉国学、知晓西学的基本知识结构，为他进入湖南第一师范，开启深入思考、探索中国的哲学、伦理思想、政治问题的快车道，并由此通往宣扬“五四”思想的政论，打下了坚实的基础。

三、青年融通古今中外的丰厚阅读积淀，奠定通往五四运动、走向报刊政论的高起点

毛泽东于 1913 春年考入湖南省立第四师范，该校 1914 年春被合并到湖南第一师范，他在 1918 年夏毕业，然后赴京奔向“五四”之路。第一师范的学业经历奠定了他通往五四运动新阶段的政论学养。下文主要从他

---

① 中共中央文献研究室编，逄先知、金冲及主编：《毛泽东传》，北京：中央文献出版社，2011 年，第 12 页。

② 中共中央文献研究室、中共湖南省委《毛泽东早期文稿》编辑组：《毛泽东早期文稿（第二版）》，长沙：湖南人民出版社，2008 年，第 1 – 2 页。

③ 这半年毛泽东阅读了亚当 · 斯密《原富》、孟德斯鸠《法意》、卢梭《民约论》、赫胥黎《天演论》等哲学社会科学书籍，及英美法俄等国的历史地理书籍，和古希腊罗马的文学作品，涉猎广泛。

这一时期“读书要为天下奇”的高远心志及其阅读实践来反映他打下的学养基础。

1915年初，日本帝国主义提出灭亡中国的“二十一条”。消息传来，湖南第一师范群情激奋，集资刊印了反日救国宣传册《明耻篇》，毛泽东认真读过后，在封面上写下言志诗：“五月七日，民国奇耻；何以报仇？在我学子！”力透纸背的学子担当跃然纸上。这一气质沉雄的家国情怀，透着他坚实阅读所带来的底气。这年6月，他在给朋友的信中谈到自己的阅读规划：“40岁以前，学遍中国学问；40岁以后，又吸收西国学问之精华。”此时他已经有了先中后西、中西兼备的明确意识，并强调学问“用之而弥盛”的经世维度。他在给朋友萧子升的信中，开列了77种经、史、子、集，说“苟有志于学问，此学为必读而不可缺”，而其中有一本是被他列为“范本”的《经史百家杂钞》，此书是一本系统的国学经典读本，为曾国藩所编辑的古文选集，曾氏在编选中特别增加了一条“经济”，即“经邦济世”，着眼选文与政治的结合。这是毛泽东最为看重之处，所以他誉之为“尽抡四部精要”①。而这一心系国家、放眼古今中外的阅读取径，深受其伦理学老师杨昌济的影响。

杨昌济先后留学日本和英国长达9年，随后游历德国和瑞士，视野开阔。他强调学生要“高尚其理想”，学问要“贯通今古，融合中国”，在古今相通基础上树立独立批判精神，提出“学问与政治有密接之关系”，这些思想主张给毛泽东带来了深远影响。杨昌济聚合湖南第一师范学子，组织哲学研究小组，对哲学和伦理学问题进行定期讨论。毛泽东参加了该小组，十分钦佩这位老师，赞之“涵宏盛大，以为不可及”。受杨昌济推崇王船山和曾国藩的影响，毛泽东经常到杨昌济的好友刘人熙创办的船山学社听课，还深入读了《曾文正公家书》《曾文正公日记》等著述，说“愚于近人，独服曾文正”，打下了深厚的经世致用湖湘文化基础。杨昌济教授的伦理学，进一步将毛泽东引向了哲学、修身这一重点。他深读杨昌济讲授的德国哲学家泡尔生所著《伦理学原理》，写下12 000字的批注，表达独立思考所得。在批注中毛泽东多次强调了伦理学之正鹄：“伦理学之正鹄在实践，非在讲求”，“伦理学示人生正鹄之所在，有裨于躬行”，这是从传统经世致用走向现代革命“实践”的认知基础，而其指向，则是“国家有变化，乃国家日新之机，社会进化所必要也。……吾尝虑吾中国之将亡，今乃知不然。改建政体，变化民质，改良社会……各世纪中，各

① 陈晋：《毛泽东阅读史》，北京：生活·读书·新知三联书店，2014年，第21、29－30页。

民族起各种之大革命，时时涤旧，染而新之”①，即从人格修养和近代经世致用思想开始发展为基于当前国家命运前途的“革命实践”。

青年毛泽东的这一导向与湖南第一师范“时时以国耻唤醒学生之自觉心”“国民教育趋重实际，宜使学生明现今之大事，察社会之情状”的良好校风一脉相承。他不仅在心中树立了要实践躬行的现代理念，还多次游学，其中在 1917 年暑假与一师毕业的好友萧子升结伴徒步旅行湖南长沙、宁乡、安化、益阳和沅江五县城乡，进行实地考察，了解人民疾苦，所见所闻写成“游学”笔记，为师生传阅，被赞为“身无半文，心忧天下”，并写成通信投寄到湖南《通俗日报》发表，而其成行的直接动因则是效法他所读到《民报》上所记两个学生的游历事迹。② 由此也可窥见其躬行实践与其报刊阅读、发表紧密关系之端倪，包括他一早就成为陈独秀撰文强调“伦理的觉悟是吾人最后之觉悟”的《新青年》之热心读者，接受新思想，并在该刊发表他将体育与国力相联系的长文《体育之研究》。

读书、阅报、发表，由古通今，由中及西，从个人到国家，由伦理修身到革命躬行，毛泽东的早年阅读史充满着鲜明的“融通性”“生产性”和实践性。而其心之所系，则是救国救民的远大志向。这一不凡心志及对真理的矢志追求，在 1917 年 8 月，即一师毕业前最后一个学期，他写给自己十分敬佩的老师（时已在京任职）黎锦熙的长信中表露无疑：“十年未得真理，即十年无志；终身未得，即终身无志。此幼学之所以贵乎幼也。”“只将全幅功夫，向大本大源处探讨。”这“大本大源”之“真理”追求和践行，向后推导，即是建党前夕他所找到的信仰——马克思主义。这一“主义”的真理，从他在 1918 年 4 月聚合同志进行“建党先声”的新民学会的创办，到同年夏他奔赴五四新文化运动中心的北京大学，然后五四运动后速回长沙创办“以宣传最新思潮为主旨”的政论报刊《湘江评论》，被李大钊赞为“全国最有分量、见解最深的报刊之一”。这段发生飞跃的思想历程，一言以蔽之，即是：基于“古今”与“中外”厚实的阅读积淀，只待五四运动的洗礼，便可厚积薄发，走向报刊政论的高起点。

---

① 中共中央文献研究室、中共湖南省委《毛泽东早期文稿》编辑组：《毛泽东早期文稿》，长沙：湖南人民出版社，2008 年，第 114 – 115，176 – 177 页。

② 夏佑新、杜兵：《试析青年毛泽东“游学”原因》，《毛泽东思想研究》2007 年第 1 期，第 136 – 141 页。

“只眼”带来“光明”：陈独秀五四时期新闻评论实践研究*

陈长松①

摘　要：学界普遍承认《新青年》与《每周评论》在新闻评论史上占有重要的地位，但对主编陈独秀的新闻评论实践则几乎不置一词，以刊物研究“代替”陈独秀研究已经成为新闻史学界的一种普遍做法。本文以陈独秀刊于《新青年》与《每周评论》的新闻评论性文字为文本，从新闻述评、社论与随感三个方面展开讨论，认为，陈独秀不仅有着自觉的新闻评论意识，其新闻评论文字也重在对新闻时事本身展开解读与评论，甚至部分文字已经颇具现代新闻评论的意蕴，也因此陈独秀“只眼”即能带给读者“光明”。在其时中国新闻事业承上启下、推陈出新的语境下，陈独秀以其独具创造力的新闻评论实践为报刊评论向“新闻本位”转轨的专业化发展作出了贡献。

关键词：陈独秀；《新青年》；《每周评论》；新闻评论实践

新闻史学界普遍承认，《新青年》与《每周评论》对五四新文化运动时期新闻评论业务的“改进”作出了重要的贡献。如给中国报刊政治思想评论带来了“新的生机”，让“评论”成为中国报坛上“最富有朝气的文体”；评论体裁也呈“多样化”的发展态势，“过去曾有萌发但未获发展”的某些评论形式“茁壮成长起来”，其中尤以“时事述评”与“杂文”两种体裁影响最大，然而，对刊物主编陈独秀的新闻评论业务或一笔带过或“不予置评”②。当然，这并不是说相关著述缺少对陈独秀生平、思想乃至编辑业务的介绍。事实上，陈独秀作为五四运动的“总司令”，《新青年》与《每周评论》的“灵魂”，是五四时期新闻史研究无法回避的关键人物。然而，出于多种原因，新闻史学界往往以对刊物的研究代替对主编陈独秀

* 本文为教育部社科规划基金项目“陈独秀报刊实践与传播思想研究”（项目编号：21YJA860003）阶段性成果。

① 陈长松，南京林业大学人文社会学院教授。

② 如方汉奇主编：《中国新闻事业通史（第2卷）》，北京：中国人民大学出版社，1996年，第107－111页论及“政治思想评论与学术自由讨论”，主要以《新青年》与《每周评论》两份刊物为例，对陈独秀一笔带过；第121－124页讨论“新闻体裁发展”，其中“新闻述评”以《每周评论》为例，“新闻通讯”以黄远生、胡政之、瞿秋白及周恩来为例，“杂文”举鲁迅为例。

的论述，这已经成为一种普遍的做法。[①] 毋庸置疑，两份刊物及其对五四新文化运动乃至中国近现代历史的影响是报刊同仁尤其是“新青年同仁”集体奋斗的成果，然而，以刊物的研究“代替”主编陈独秀的研究，则容易“遮蔽”甚至“忽视”陈独秀报刊评论实践的独特性。即就本文关注的新闻评论实践而言，陈独秀的新闻评论性文字不仅构成了两份刊物相关评论性栏目的主体，甚至有的栏目如《新青年》“大事记”与《每周评论》“大事述评”实由陈独秀独立承担。如果承认两份刊物推动了中国报刊新闻评论业务的发展，则必须正视陈独秀在此方面作出的重要贡献。

改革开放以来，随着史学界为陈独秀“正名”运动的不断深入，陈独秀身上的“十宗罪”已经陆续被“推翻”，陈独秀的历史问题尤其是五四时期的相关问题都得到了很好的“解决”[②]。在此背景下，新闻史学界理当进一步深化对陈独秀时期新闻评论实践的研究。而从史实来看，陈独秀在新文化运动中居功至伟，这与其新闻评论实践也是分不开的。中共建党的另一位功勋李大钊当时即用“只眼带来光明”[③] 高度评价陈独秀的新闻评论实践。五四运动发生至今已过百年，重新审视陈独秀五四时期的新闻评论实践，不仅有助于“再现”陈独秀被“遮蔽”的新闻评论实践，也有助于更为“细致”地“勾画”五四时期新闻史面貌。

一、陈独秀五四时期新闻评论实践的“构成”

陈独秀五四时期新闻评论实践主要由《新青年》“国外大事记”与“国内大事记”（下文合称“大事记”），《每周评论》“国外大事述评”与“国内大事述评”（下文合称“大事述评”）以及《社论》，《每周评论》与《新青年》刊发的“随感”等评论性文字构成。这里需要说明两个问题：一是陈独秀刊于《新青年》的“论说”没有被纳入本文考察范围的原因；二是《新青年》“大事记”与《每周评论》“大事述评”被纳入本文考察范围的原因。

---

① 黄瑚：《中国新闻事业发展史》，上海：复旦大学出版社，2009 年；陈昌凤：《中国新闻传播史：传媒社会学的视角》，北京：清华大学出版社，2009 年；吴廷俊：《中国新闻史新修》，上海：复旦大学出版社，2008 年等新闻史著述处理这一段史实时，虽各有特色，但都采取了以刊物研究代替主编研究的处理方法。又如宋素红《〈新青年〉新闻报道和新闻评论探析——兼论〈新青年〉在新闻述评体裁史上的地位》，《新闻与传播研究》2005 年第 4 期，第 21－26 页，从标题即可看出论文讨论刊物而非主编陈独秀的新闻述评。

② 唐宝林：《中国学术界为陈独秀正名的艰难历程（代序）》，《陈独秀全传》，北京：社会科学文献出版社，2013 年，第 1 页。

③ 周红兴、李如鸾编：《李大钊诗浅释》，成都：四川人民出版社，1979 年，第 91 页。

陈独秀在《新青年》发表了众多的论说（政论），影响也很深远。然而，如果遵守新闻评论必须以新闻时事为对象的要求，相关论说虽涉及社会、文化、政治、经济等各种社会问题，但与新闻时事还是明显有别，前者偏于宏观、长时的议题，后者则偏向细部、当下、迫切的时事。陈独秀刊于《新青年》的“论说”与《每周评论》的“社论”即鲜明地表现出上述区别。因此，陈独秀刊于《新青年》的“论说”没有被纳入本文考察的范围。

与《新青年》《每周评论》其他栏目均具署名不同，《新青年》“大事记”只署名“记者”，《每周评论》“大事述评”则无署名。学界虽不乏上述两个栏目的研究，但对栏目主笔（“记者”）的身份则罕有论及，或回避这一论题，或笼统地将报刊同仁指为作者，“《新青年》新闻作品的署名几乎全为‘记者’，包括：‘国内（外）大事记’的作者、一些新闻时评的作者、零散的新闻作品的作者等。这些‘记者’应该是《新青年》的编辑同仁们”①。事实上，“大事记”“大事述评”栏目的主笔人只能是陈独秀。

首先，“大事记”只存在于《新青年》前三卷，这是陈独秀“主撰时期”②。刊物在第四卷成为“同仁杂志”③后，“大事记”被“取消”，因此前三卷“大事记”栏目的署名“记者”只能是陈独秀。其次，《每周评论》“大事述评”只存在于前25期，这恰是陈独秀主编时期。陈独秀被捕入监后，报纸由胡适接办，“大事述评”栏目则被“取消”。其时北大同仁中，只有主编陈独秀因入监无法继续撰稿，其他同仁均可继续撰稿，按理，刊物体例无需调整。这段史实“暗示”陈独秀是“大事述评”的主笔人。既然主笔被捕，其他人又无意于此，胡适“取消”“大事述评”实属必然。基于目前的史料，可以认为，相较于其他报刊同仁，陈独秀主笔上述栏目的可能性不仅最大，甚至基本可以断定上述栏目的主笔只能是陈独秀。由此，上述栏目理应被纳入本文考察范围。

综上，陈独秀五四时期新闻评论实践研究，即是以陈独秀刊于《新青年》与《每周评论》的“大事记”和“大事述评”、“社论”与“随感”

---

① 宋素红：《〈新青年〉新闻报道和新闻评论探析——兼论〈新青年〉在新闻述评体裁史上的地位》，《新闻与传播研究》2005年第4期，第21－26页。

② 陈长松：《陈独秀前期报刊实践与传播思想研究（1897—1921）》，北京：中国社会科学出版社，2015年，第111页。

③ 《新青年》第四卷第3号刊登编辑部启事，内含“本志自第四卷一号起，投稿章程，业已取消。所有撰译，悉由编辑部同仁，共同担任，不另购稿……”从第四卷第1号起，封面“陈独秀先生主撰”的字样被取消。尽管没有直接证据表明第四卷、第五卷是否实行轮流编辑，但根据鲁迅的回忆，四卷五卷应该实行了编前会议，“《新青年》每出一期，就开一次编辑会，商定下一期的稿件”（参见鲁迅：《忆刘半农君》，《鲁迅全集（第六卷）》，北京：人民文学出版社，1991年，第71页）。由此基本可以断定，杂志从第四卷第1号起已经成为“同仁杂志”。

等新闻评论性文字为文本，在其时新闻评论向“新闻本位”转轨的历史语境下，[①] 讨论陈独秀新闻评论实践的构成、特征与意义。

二、新闻述评：由“述”转“评”

新闻述评又称时事述评，以夹叙夹议的方式，将报纸通讯社所提供的新闻，用自己的语言进行科学说明，其最为典型的特征是夹叙夹议，述评结合。[②] 五四时期是新闻述评得到广泛运用的时期。陈独秀这一时期的新闻述评实践主要由《新青年》“大事记”与《每周评论》“大事述评”构成，栏目名称由“大事记”改为“大事述评”反映出其新闻述评实践由“述”转“评”的发展变化。

《新青年》“大事记”共刊登“国外大事记”54 篇，“国内大事记”55 篇。总体来看，“大事记”虽有“新闻述评”特征，但“述”多“评”少，“评”也较为简单，主要表现为文前的“按语”与文末的“短评”，“按语”多为选登“大事”的原因与意义，“短评”多是“记者”对所记大事的感慨。[③] 以颇具“代表性”的《塞尔维亚之破灭》(第一卷第 5 号) 为例。该文共约 1 600 余字，文前“按语”共 200 余字：

塞尔维亚者。非今次空前大战之导火线耶。以蕞读小国。挺力出抗强敌。议者早知其必无幸矣。顾战局发展以后。炮火中心。先后注射俄境波兰。与南欧各地。此战乱源泉之塞尔维亚。转得稽延残喘。一年以来。不可谓非幸运矣。

与文末“短评”：

美国军事家里莱氏。论德奥攻塞之关系。谓为德国谋撼英吉利国基之初步。盖德奥得利于近东。则突厥之交通开。塞尔维亚之命运绝。日耳曼之势力。膨胀于巴耳干。斯拉夫之威望。不复为人所重。进而断绝英印交

---

① 涂光晋：《时代之“声”——新时期中国新闻评论研究》，北京：中国人民大学出版社，2011 年，第 3 页。

② 方汉奇主编：《中国新闻事业通史（第 2 卷）》，北京：中国人民大学出版社，1996 年，第 109 页。

③ 当然，也有部分没有“按语”和“短评”，纯为记事的“国内外大事”。如第一卷第 1 号《日本大限内阁之改造》，第二卷第 2 号《爱尔兰自治问题》、第 3 号《德意志潜航艇横断大西洋》、第 4 号《美国沿岸之德人潜艇战》、第 6 号《日本政局之波动》，第三卷第 4 号《社会党与媾和运动》《俄国新政府之改组》《美国之征兵案与军事行动》《全英帝国会议》等。

通。略取印度。皆可随心所欲也。然则塞尔维亚之败亡。其关于大战全局者。实綦重矣。

此外，文中部分段落后类似的慨叹性文字约有60余字：

呜呼。此特路透电之言耳。其实塞人之绝望。岂在此时。

有国于此。设立政府于外国领中立地域之内。亦可谓开历史之奇局矣。

长此以往。恐亦不易安枕矣。

总体来看，评论性文字约占该文总字数的16%，这个数字可以表明“大事记”重点在“记”而非“评”。需要进一步指出的是，类似该篇这样有文前“按语”、文末“短评”及文中“段评”的“大事记”属于凤毛麟角。[①] 多数“大事记”只有按语，文末短评则类似《塞》文的“段评”。总体而言，确如“大事记”栏目名称所示，“大事记”重在“记事”，虽有新闻述评的特征，但重点在“述”不在“评”，述评对象虽转向了新闻时事，但评述手法仍不脱传统政论窠臼。

《每周评论》“大事述评”共刊登69篇“国外大事述评”、35篇“国内大事述评”。与《新青年》“大事记”以“记”为主不同，《每周评论》“大事述评”既“述”且“评”，以“评”为主，评论手法也由《新青年》“大事记”文前按语+文末感慨式短评的“标配”转变为对新闻事件本身的解读与评析，甚至有的述评已经颇具现代新闻评论的意蕴。[②] 以被认为“述多评少”的第1号两则述评——《德国政状》与《和平会议的阻碍一》为例[③]：

德国政状

关于德奥国内之近状，近来报道极少。现在德意志政府虽为社会党

---

① 宋素红即以该条“大事”为“范例”论证“大事记”的新闻报道和新闻评论特征及其在中国新闻体裁史上具有的历史地位。

② 当然也有少数几无评论的“大事述评”，如第4号《参战军改为国防军》，第5号《新国家之消息》，第6号《德国之消息》，第7号《平和会议与国际联盟》，第10号《战费之推测》《和平会议开幕的消息》，第12号《欧战赔款问题》《处置德国战舰问题》，第13号《巴黎和平会议的消息》，第16号《对德媾和条件的大概》，第17号《匈牙利新政府的消息》等，但这类述评数量很少，而且其中通常都加了类似“按语”的简短文字。

③ 吴永贵认为，《每周评论》第1号，“基本上还是‘述’多‘评’少”，从第2号方才“明显增加了‘评’的力度”。参见吴永贵、林英：《〈每周评论〉的媒介空间与评论维度》，《中国编辑》2018年第2期，第85-90页。

人，然德意志之社会党也各有派别，自开战后一年，派别更显极端派的，李普克纳希，即反对现政府的，一人组织斯巴达苦司党。最近荷兰来电谓此党之政纲有六端：

一、凡非劳动者的军队全解散

二、组织劳动者的军队

三、取消各种士官

四、取消已有之政府以劳兵会代之

五、取消国会及各种议会，另选举一中央议会。由中央会议选出行政会议，行政会议即受中央会议之监督

六、逾一定以上之公债全取消

看这政纲，前三条是解散军队的正当办法，至劳兵与中央议会，电报中也未说明，我们无从推测。至取消公债，大约只有资本家受最大之损失。现在的情形是临时政府主张召集国民立宪会议，军人不赞成，而缓和派的报纸仍主张召集旧国会，他们的理由是假使现在重新选举要多费时日，发生扰乱，全国陷于无政府受列强的干涉。

和平会议的阻碍一

秦闽鄂三省的南军本是护法军的支队，各处靖国军本部曾经南方承认。总副司令于右任、张钫也曾受南方任命的，怎能坐看北军指为土匪，听他攻击而不救呢？惟钱能训近日致西南的电报尚说，军政府是“庇匪”，说陕闽军是“公敌”，这样偏执×××算得真心希望和平吗？

第一则《德国政状》，按语后列举六项政纲，末段对所列政纲进行解读评析。这种述评形式成为《每周评论》“大事述评”的“标配”。第二则《和平会议的阻碍一》，全文百字左右，既述且评，述评融合，针对事实，直接发问，这种类似“随感”的“大事述评”数量虽不多，但却是篇幅短小类“大事述评”的代表。[①]

再看第2号刊登的述评《吗啡与日本》：

吗啡与日本

上海字林西报通信员之报告“一九一三年吗啡由日本输入大连一埠者，凡六吨有奇，价值八四〇〇〇〇〇元，此种贸易乃日本政府所认可，

① 如第2号《和平会议须公开》，第4号《波兰之奋发》《俄国包围过激派之运动》，第9号《和平会议中之暗潮》，第10号《日本劳动者之自觉》等。

而日本银行实为其后援。大连以外吗啡之输运皆日本邮局为之，以日本邮局之小包不受检查也，计吗啡自日本输入中国者一年约有十八吨”。

济南东站售卖吗啡者，中国官吏干涉之，而日本警察反要求赔偿。在南方售卖吗啡者皆持日本护照，称为台湾人受日本政府之保护。

近年来，波斯鸦片多为日本购去，上海禁止发售鸦片之日，即日本政府布散鸦片种子于朝鲜广为播种之时。今年一月至九月三十号由日本转入青岛之鸦片凡二千箱，每箱抽税40金，不见于海关统计。皆入日本政府之手，以大连青岛两处海关出入皆日人也。

这个报告是没有虚词的，我们政府对于这个×药要是不能取缔，最好开一种国际会议讨论取缔的方法。吗啡的输入比枪炮的输入益加厉害，政府对于枪炮不能严禁，所以各地的土匪枪弹火药是足用的，其害不过扰乱治安，但是这吗啡深入我们国民的骨髓里，那还了得吗？

该篇述评第一段引上海字林西报的消息为评论“由头”，进而列举两处“事实”，末段展开进一步的评论与质疑。以现代新闻评论标准视之，该篇述评已经颇具现代新闻评论的意蕴了。

从“大事记”到“大事述评”，改变是评述新闻时事的写法，不变的是陈独秀对新闻时事的“热衷”，这反映出陈独秀高度自觉的新闻述评意识。如果说，《新青年》“大事记”尚有“调味剂”的意味，那么《每周评论》不仅将名称由“大事记”改为“大事述评”，栏目位置也一跃成为周刊头版头条，评述写法也由“述”转“评”，将重心落在了对新闻时事的解读与评论上，这意味着“大事述评”在新闻与评论分野的新闻评论的专业化道路上进行了可贵的尝试。由此，“大事述评”方能成为中国新闻评论史上新闻评述体裁的“代表”与“典范”。

三、社论：“政论”的时评化

《新青年》没有“社论”栏，《每周评论》创刊即设“社论”栏。① 因此，尽管陈独秀主办《新青年》时刊发了众多的政论，但严格来说，其刊发“社论”源起于《每周评论》。更为“巧合”的是，“社论”一栏也只存在于陈独秀主编的前25号，胡适接办后虽也发表类似“社论”的文字，但“社论”栏的“社论”字样被取消，并且直到第35号刊发李大钊《再

① 《每周评论》创刊号《本报简章》中，列出了报纸拟办的一些栏目，其中前三项为：国外大事述评、国内大事述评、社论。

论问题与主义》时，才在文前冠以“论说”两字。这多少表明，在胡适看来，以“论说”替代“社论”更为合适，这也反映出陈独秀与胡适对“社论”的不同观感。《每周评论》共刊载40篇“社论”，陈独秀独撰17篇。①

其时陈独秀北大同仁徐宝璜认为，“社论”是新闻纸“正当发表对于时事之意见，以代表舆论或创造舆论之地也”。他还认为，其时中国报界撰写社论的人，常常是撰写新闻的人，均为署名发表，因此所谓“社论”实为“一人之见”，欧美报刊社论由社论编辑部集体写作，是“编辑部之公意”。徐宝璜还指出，社论写作有“三个必须”：必须“以新闻为材料”、批评必须“透彻”、文字必须“简明”。他还认为，新闻纸要“完满”完成评论时事的“职务”，务必做到“言论公开”“代表舆论”与“指导舆论”三点。② 徐宝璜留学美国时曾专攻新闻学，其《新闻学纲要》是以美国的新闻学知识考察中国的报业现状。以徐宝璜的上述社论“标准”考察陈独秀的“社论”实践，除了“个人之论”而非“编辑部公意”外，陈独秀的“社论”无疑是“成功”的。

以新闻为材料，即是要求评论要以新闻时事为对象，讲求评论的时效性，亦即社论“时评化”。陈独秀的“社论”都以新闻时事为对象，不仅如此，其评论对象主要指向政治时事（亦即本文所谓“政论”的时评化）。《我的国内和平意见》（共六篇）评论对象为其时国内“第一大事”——“南北和议”。即使政论色彩较浓的《欧战后东洋民族之觉悟与要求》《人种差别待遇问题》《朝鲜独立运动之感想》《我们究竟应当不应当爱国》等文评论对象也都是新闻时事。《欧战》以国内外时事为证讨论人类平等主义（对外）与抛弃军国主义（对内）等应有的战后觉悟与要求；《人种》评论的是日本特使在巴黎和会所提的民族平等议案；《朝鲜》针对朝鲜“三一运动”而论；《爱国》则针对山东问题发生后徒然高起的“爱国声浪”发论。上述评论对象均为其时新近发生的国内外政治时事，时效性大大增强，这明显有别于《新青年》政论所论的文化、社会与政治议题。

批评必须“透彻”，意指社论写作必须有独到见解，原原本本，侃侃而谈，不能仅是“一事之表”。③ 以之考察陈独秀的“社论”，可以发现，

---

① 此外23篇分别归属若愚（王光祈）5篇；质心1篇；赤、赤子（张申府）4篇；寄生1篇；涵庐（高一涵）3篇；元1篇；明明、常（李大钊）3篇；仲密（周作人）2篇；一湖1篇；另有两篇未署名。

② 本段所引文字均出自徐宝璜：《新闻学纲要》，《民国丛书》编辑委员会编：《民国丛书第一编（45）》，上海：上海书店，1989年影印，第115－120，184－188页。

③ 徐宝璜：《新闻学概要》，《民国丛书》编辑委员会编：《民国丛书第一编（45）》，上海：上海书店，1989年影印，第118页。

“社论”符合徐宝璜的写作要求。在写作层面上，陈独秀的社论都针对新闻时事而发，对所论时事能“原原本本”照录则转录，对新闻事件缺少全面了解则使用“大概”“推测”“照这种情形”等语词。“社论”阐发的也是其个人的独到意见，或鞭辟入里，或抓住一点，抓住问题要害展开批评。如《除三害》中将“军人”“官僚”与“政客”列为“三害”，无疑抓住了其时政治乱象的根本。再如《烧烟土》《为什么要南北分立》列举并评论各方所提意见，在此基础上，提出个人的意见，引发读者深入思考。再如《我们究竟应不应当爱国?》虽重拾旧文《爱国心与自觉心》的论调，但考虑其时由“山东问题”引发的“爱国声浪”，陈独秀“我们爱的是人民拿出爱国心抵抗被人压迫的国家，不是政府利用人民爱国心压迫别人的国家。我们爱的是国家为人民谋幸福的国家，不是人民为国家做牺牲的国家”的结论所具有的独到性就不言而喻了。侃侃而谈既指陈独秀社论写作中对论题的自信，也指其社论写作的逻辑性与一气呵成。“社论”常以“我”“我们”第一人称直接发论（几乎成为一种惯例），经常使用反问、设问句式，甚至有的“社论”通篇以反问、设问为主，更为重要的是，陈独秀这种“我”“我们”的“责问”不是无故指责，而是以逻辑为武器，剖析所评时事或言论中的荒谬不端与自相矛盾之处。以《请问蒋观云先生》（《每周评论》第6号）为例：

请问蒋观云先生

国事这样纠纷，立在主人地位的国民，理当出头过问。所以开合法国民大会的办法，我们并不反对。但是蒋观云先生寄某君的信中，所论国民大会，我们颇有不解的地方，现在写出几条，要请蒋先生指教：

（一）先生所主张的国民大会，是合法的选举组织，还是不经选举的自由集合?

（二）选举的组织，自然是合法。但是中国土地如此之大，人口如此之多，交通如此不便，若候国民大会来解决时局，是否时势所许?

（三）若是自由集合，这会员的资格，是如何规定，从何处得来?国民有可以不守法律的万能吗?

（四）若由教育会，商会，省议会，推选野贤组织，那非教育会，商会，省议会的国民，便没有推举代表的资格吗?那在野而不贤的老百姓，便没有说话的资格吗?这贤不贤的标准，又是何人用何法来核定呢?

（五）若是野贤自由集合的团体，便打起国民大会的招牌。那我们各党各派非野贤的老百姓，都也来集合一个国民大会。那时有了“双包案”“三包案”的国民大会，好说那个是真那个是假呢?

（六）蒋先生自己说："其意以为共和国家，主权在民。议员为人民代表，不许更有第二种人主持国是。吾以为共和国家，论理此言极是。"何以又骂他们是"议员皇帝"呢？

（七）集会演说，做报评论，发电主张，不都是老百姓讲话的法子吗？何以必须设个非法的国民大会，才算是能讲话呢？

（八）老百姓的发言权，固然无人能来剥夺，但是一部分的老百姓可以自居为全体老百姓来发言吗？

上文中，陈独秀以逻辑为武器，用八个反问层层剖析了蒋观云召集国民大会言论的矛盾与谬误，既指出蒋氏言论中的"自相矛盾"——"议员皇帝"，也指出蒋氏言论中的各种逻辑含混之处。陈独秀虽然没有直接提出有关召集国民大会的建议，但其所论所评显然是召开国民大会乃至保障民众自由表达与集合权必须注意的"要点"，义正词严，一气呵成，批评可谓"透彻"。

《每周评论》"社论"栏的创立标志陈独秀由政论转向社论，实现了"政论"的时评化。尽管陈独秀的"社论"是个人之论，非如徐宝璜的集体之论，但其主要针对政治时事发言，在尊重新闻事实的基础上，抓取事件本质，坚持批评，讲求逻辑，文字生动简明，在深入剖析政治时事的同时，能够启人思考，引发舆论。陈独秀也由此从"思想领袖"转为"舆论领袖"。

四、随感：针砭时事的短评

毋庸置疑，陈独秀是这一时期"随感"写作的"大家"，甚至相较于鲁迅，陈独秀也称得上是随感"第一人"。《新青年》刊发的 133 篇"随感"中，陈独秀 58 篇，鲁迅 27 篇。《每周评论》前 25 号刊登的 178 篇"随感"中，陈独秀 127 篇，约占总数的 71%，甚至有多期"随感录"均由他独撰。仅从数量来看，任何对"随感"的讨论都不应该"忽视"陈独秀，不宁唯是，相较于鲁迅、钱玄同等"新青年同仁"，陈独秀的"随感"不仅别具特点，而且还有其独特的发展过程。

从内容来看，陈独秀"随感"的批评对象呈现出由社会文化事件转向政治时事的取向变化。陈独秀的"随感"始于《新青年》第四卷第 4 号（1918 年 4 月）设立的"随感录"，至《每周评论》创办（1918 年 12 月 22 日）前，陈独秀共刊发 13 则随感，评论对象主要是学术、国粹、信教、迷信等社会文化现象，[①] 政治时事不是其评论的主要对象。《每周评论》创办后，陈独秀开始批评现实政治，“随感录”随之成为其批评现实政治的一个“主阵地”，“随感”的批评对象也以新闻时事尤其是政治时事为主。这一点从“随感”标题即可看出，如《两团政治》《倒军阀》《谁是匪》《中国和平的障碍》《多谢倪嗣冲张作霖》《四大金刚》《亡国与亲善》等等。

需要进一步指出的是，陈独秀出狱复编《新青年》后，他在《新青年》发表的45篇“随感”总体延续了其批评时事的“取向”。如《新青年》第七卷第1号与第2号刊登的16则“随感”中，《法律与言论自由》《过激派与世界和平》《段派、曹陆、安福俱乐部》《保守主义与侵略主义》《裁兵？发财？》《学生界应该排斥底日货》《约法底罪恶》等“随感”仅从篇名看，即是批评政治时事，如《“笼统”与“以耳代目”》《留学生》《〈浙江新潮〉——〈少年〉》《青年体育问题》《阔处办》等篇目虽看似批评社会文化现象，但与初期批评学术、信教、国粹与迷信的“随感”相比，内容明显偏向新闻时事，如《笼统》对士大夫留学生的批评；《留学生》“东洋留学生和中国文化史未必有什么关系，和中国卖国史却是关系很深了”；《阔处办》“所以身为大学生不得不投降安福部，不得不听安福部命令拥护胡仁源”；《青年》“庚子年‘神拳’勾当，我们已经上够了，现在马师长底武艺我们也领教了”等文字。因此，陈独秀这一时期的“随感”显然以批评政治时事为主。

从写作特点来看，陈独秀直白爽快的“随感”文风也更符合“新闻评论”的写作要求。相较于文学写作，新闻写作有其自身的特性。尽管其时中国报刊的新闻专业化才刚刚起步，但受制于新闻媒介的版面与读者要求，新闻评论文字务求简练，表达务求直白，这是新闻评论写作的一个基本要求。以之考察陈独秀的“随感”，可以发现，与钱玄同“颇汪洋，而少含蓄”[②] 与鲁迅“造语曲折”乃至“隐晦曲折”[③] 的“随感”文风相比，陈独秀“究竟爽快”[④] 的文风或在审美意蕴上稍逊鲁迅，但其说理直

---

① 如《学术与国粹》《国会》《元曲》（《新青年》第四卷第4号）；《韩世昌》《自由正义与和平》《科学与神圣》《学术独立》《阴阳家》（《新青年》5卷1号）；《圣言与学术》《基督教与迷信鬼神》《社会裁制力》《伪善的基督教国民》《信神与保存国粹》（《新青年》5卷2号）。

② 鲁迅：《两地书十二》，《鲁迅全集（第十一卷）》，北京：人民文学出版社，2005年，第47页。

③ 鲁迅：《两地书三二》，《鲁迅全集（第十一卷）》，北京：人民文学出版社，2005年，第99页。

④ 鲁迅：《210825致周作人》，《鲁迅全集（第十一卷）》，北京：人民文学出版社，2005年，第409页。

白，文笔简练，一针见血，直逼问题本质，切合了新闻评论写作直白简练的基本要求。

“随感”自应以“感”为主，陈独秀的“随感”多为百字左右的短篇文字，如何在百字左右的篇幅完成说事赋感需要高超的文字技巧。陈独秀“随感”的主要篇幅多为简述事实，“赋感”所占篇幅甚少，甚至有的“随感”通篇都是列比事实，不发一“感”；所发之“感”多为“只言片语”的“点睛之感”，形式上多为“反问”句式。如以下三篇“随感”：

呜呼特别国情！（《每周评论》第 7 号）

租界上的领事裁判权和警察权，海关的协定税法，世界上受外国这种不平待遇的，现在只有我们中国一国。若问各国何以待我们这样特别，他们必定爽爽快快答道，就是你们常说的“中国有特别国情”的缘故。

中日亲善（《每周评论》第 11 号）

欧洲和会，已有反对秘密外交的趋势。而口口声声说中日亲善的日本，偏偏不许我们宣布中日秘约。此次欧战，乃是公同对敌的义举。所以出力的各国，不曾向塞、比、波兰要求酬报。而口口声声说中日亲善的日本，偏偏要把山东的铁道矿山，做青岛交换的条件。中日亲善，原来就是这样！

东局千零十三号（《每周评论》第 13 号）

本来参战军里面，许多日本人执行重要职务。他们偏偏不肯承认，硬说是参战军里没有日本人。请看电话簿上东局千零十三号电话，是参战军训练处坂西室，不知这位坂西是哪国人？

《呜呼特别国情!》在简述事实的基础上进行“合理推定”；《中日亲善》在直陈事实的基础上，发“中日亲善，原来就是这样”的点睛之感；《东局千零十三号》在列举事实的基础上，发一“反问”。可以说，以上方式是陈独秀主要的“赋感”形式。一定意义上，这种“赋感”与其说是“赋感”，不如说是陈述事实与质问现实。这种列举事实、陈述事实、质问事实的“随感”方式，使陈独秀的“随感”更类似新闻专业化所强调的“以事实说话”的评论笔调，而非文学意义上的杂感。也缘于此，陈独秀虽少用文学笔法，但能够抓住要害，针针见血，尤其是其对事实的直接质问，更能引发读者的反思与质疑，收到启蒙之效。

尽管陈独秀是其时“随感”实践的“第一人”，其后政党时期的“寸铁”与“随感”也一脉相承，然而，相较于鲁迅及其杂文在中国文学史上的重要地位，陈独秀的“随感”并不彰显。尽管其中的原因颇为复杂，但在其时报刊评论向“新闻本位”转轨的历史语境下，陈独秀“随感”的新闻评论性是毋庸置疑的，也是大获成功的，这是难以掩盖的史实。在此层面，陈平原所谓“随感录”是“政治表述的文学化”① 固然不错，但具体到陈独秀的“随感”实践，将其称为“政治表述的时评化”更为恰当。

五、讨论与结语

五四时期时局瞬息万变。其间，国际上爆发了第一次世界大战，国内则因袁世凯复辟帝制的失败开启了军阀混战的政治乱局。“一战”的结束让民众看到了一些希望，希望借由巴黎和会收回国权，实现民族平等；希望通过南北和议消弭内战，再造共和国家。此种情形不仅要求报刊提供及时的新闻资讯，而且要求媒体评析时事，帮助读者认识国际国内瞬息万变的时局。由此，报刊评论向“新闻本位”“转轨”势所必然。

在此背景下，陈独秀主动立于“船头”，以瞭望者的姿态投身报刊新闻评论实践，臧否时事，为其赢得了“只眼”带来“光明”的美誉。陈独秀有着主动自觉的新闻评论意识，这在五四《新青年》同仁中是领先的，无论是从《新青年》“大事记”到《每周评论》“大事述评”栏目的演变，还是由《新青年》“政论”向《每周评论》“社论”的转变，甚至两份报刊“随感”栏的设立与迁演，都反映出陈独秀积极主动的新闻评论意识。陈独秀的新闻评论实践也是立体的、多样的，新闻述评、社论与随感构成了其立体化的新闻评论实践，新闻述评以国内外大事，尤其是国外大事为主，为民众剖析国内外政治大事；社论主要对国内政治大事发表意见，激扬文字，挥斥方遒，由此颇具意见领袖的气象；随感则针对各种政治“琐事”置评，说理直白，文笔洗练，针针见血，直逼问题本质。陈独秀的新闻评论实践也引领了其时报刊新闻时评化的潮流，其新闻评论重在对新闻时事本身的解读与评论，甚至有的述评与随感已经颇具现代新闻评论的格式与韵味，也因如此，“国内外大事述评”“随感录”等评论类栏目一时成为被仿效的楷模。② 不宁唯是，从《新青年》的尝试、探索到《每周评论》的引领风骚，陈独秀不仅五四时期新闻评论实践的历程与其时报刊评

---

① 陈平原认为，“随感录”的横空出世，凸现了“五四”新文化人的一贯追求——政治表述的文学化。参见陈平原：《触摸历史与进入五四》，北京：北京大学出版社，2005 年，第 91 页。

② 方汉奇主编：《中国新闻事业通史（第 2 卷）》，北京：中国人民大学出版社，1996 年，第 31 页。

论向“新闻本位”的转轨是“同步”的，而且其新闻评论性文字构成了两份刊物报刊新闻评论实践的“主体”，这意味着陈独秀在相当程度上“引领”了其时报刊新闻评论实践的“潮流”。如果我们承认《新青年》与《每周评论》在中国新闻评论史上的历史地位，那么理当承认陈独秀五四时期新闻评论实践在中国新闻传播史尤其是报刊评论史上也占有重要的地位，这是一个必然的逻辑。

因为专门讨论陈独秀五四时期新闻评论实践的研究成果相对较少，所以本文的立论基础主要建立在学界有关五四时期新闻评论实践的普遍表述上，部分论述的参照标准也选择性地建立在时人徐宝璜、鲁迅的相关论述以及当下有关学者的研究结论上，对陈独秀新闻评论性文字的分析则因篇幅原因而缺少完整、细致的“呈现”，这在一定程度上削弱了本文讨论的效度。尽管如此，通过上文分析，我们还是能够发现在五四时期中国新闻事业承上启下、推陈出新的语境下，陈独秀新闻评论实践的独特性、创造性和影响力，其不仅“只眼”即为读者带来了“光明”，还为其时报刊评论的“新闻本位”化发展做出了重要贡献。

传播史研究

津堠岑寂，跫音不响
——“被遗忘”的赵平生和他的《写话教学法》

王春泉[①]

摘　要：瓦窑堡会议之后，中共开启空前的工作具体化转向的延安时代，以诸多“文化技艺”施行“造学校，造文化，造民众运动”的政治主张，“细腻的革命”特色鲜明，贡献卓著。在推动农民成为主人翁并最终建设“他们的文化”的行动中，赵平生透过《写话教学法》，有效呼应和联系农村所面临的种种问题，掀动并成就一场延宕持续的“写话运动”。遗憾的是，历史记忆几乎遗忘了“写话运动”，这场运动的重要推动者赵平生以及他那本堪称事件的《写话教学法》，长期缄默，鲜有论述。穿越历史与未来，在古今对话/中外对话的剧场上，凝视赵平生及其《写话教学法》，打捞“失踪者”，再现历史，绽放其中智慧，正当其时。

关键词：赵平生；《写话教学法》；写话运动

历史研究的历史职志之一就是尽可能多地打捞“失踪者”。就是因为这样的理解结合着创新的牵引，截至目前，我们不但已经拥有了诸如“‘失踪者’：文学史的遗漏与文学场的角力”[②] 这样的认知与觉悟，并且开始力所能及地打捞和挖掘像周文、老向、方大曾等曾经辉煌一时却因为不同原因遭遇历史遗忘的新闻人、作家、摄影记者，以及其他诸多遭遇历史遮蔽的新革命文化的卓越贡献者。

在诸多若存若亡、近乎被遗忘者的名单里，赵平生就是其中一个。现在，我们来发掘这位在中国红色书写史上智慧敏感堪称一流、激活社会力量可观惊人、方法技术绵延久远的英雄与先驱。英雄有如暴风骤雨，他们洗涤乾坤，澄清道路，昭示未来。

一、历史性展开的“写话运动”与“被遗忘”的赵平生

（一）历史性展开的“写话运动”

延安时期，中国共产党重造政治文明，在“清凉山上插了一面旗子，

---

① 王春泉，西北大学新闻传播学院教授。

② 参考傅逸尘：《“失踪者”：文学史上的遗漏与文学场的角力——“写真实”语境里的李存葆和〈高山下的花环〉》，《小说评论》2023 年第 1 期，第 43 – 61 页。

叫做新民主主义"①。这个伟大的擘画最重要的工作和历史使命之一，就是锻造新的政治主体、匹配如火如荼的新民主主义建国纲领，就是要授权给工农兵，按照当时情势则主要是授权给农民——"新民主主义的政治，实质上就是授权给农民。新三民主义，真三民主义，实质上就是农民革命主义。大众文化，实质上就是提高农民文化。抗日战争，实质上就是农民战争"②。毛泽东的设想很清晰："这种新民主主义的文化是大众的，因而即是民主的。它应为全民族中百分之九十以上的工农劳苦民众服务，并逐渐成为他们的文化。"③

配合制度精髓之革命性重构，延安时期，中国共产党全面更新与自我调适，思维文化、组织形态、行动特质、符号标识、话语体系等，无一不发生令人震惊的变化。其中历史景观，就是瓦窑堡会议后猛烈地开启"细腻的革命"④ 的历史新时代,⑤ "文化成为一套有体系的技术和一个过程"⑥，逻辑性的"写话运动"成为重要一环。

回到历史剧场，"写话"的倡导，陕甘宁边区为时算早，但一路走来，夺得运动头筹、开展实践有力、理论组织最为系统的，反而是远在千里之外的盐阜抗日根据地！

较早响应中央号召并开始自我凝视的是程萍发表于《边区中等教育资料》第一期（1945 年 9 月 10 日油印）的文章《地干班国文教学》。这篇文章特别提到一些教学方法，例如写日记、写话等。在"写日记"行动中，"特别强调说话与作文的同一性，提出说说话就是'嘴上的文章'的口号，打破同学对于文章的神秘性和畏惧心"，可谓是根据地"写话"的先声；"扩大日记的范围"，"(一) 号召同学们走出一天生活琐事的圈子，说明日记不是单纯的起备忘作用，把它提到与每个人工作前途有关联的问题上。(二) 确定除了重要的社会活动和学校有特别意义的事（如生产、

---

① 毛泽东：《毛泽东文集（第三卷）》，北京：人民出版社，1996 年，第 258 页。

② 毛泽东：《毛泽东选集（第二卷）》，北京：人民出版社，1991 年，第 692 页。

③ 毛泽东：《毛泽东选集（第二卷）》，北京：人民出版社，1991 年，第 708 页。

④ 张炼红：《历炼精魂——新中国戏曲改造考论（增订版）》，上海：上海书店，2019 年，第 395 - 411 页。

⑤ 中共中央文献研究室编：《毛泽东文集（第八卷）》，北京：人民出版社，1999 年，第 299 - 300 页；中共中央文献研究室编：《毛泽东文集（第三卷）》，北京：人民出版社，1996 年，第 397 页；中共中央文献研究室编：《毛泽东文集（第三卷）》，北京：人民出版社，1996 年，第 360 页；中共中央文献研究室编：《毛泽东文集（第八卷）》，北京：人民出版社，1999 年，第 299 - 300 页；中共中央文献研究室编：《毛泽东文集（第三卷）》，北京：人民出版社，1996 年，第 349 页；哥特：《文艺战线上的关门主义》，《斗争》1932 年第 30 期等。

⑥ ［德］伯纳德·盖根著，刘宝译：《基特勒尔之后——德国最新媒介理论的文化技术研究》，《南阳师范学院学报》2016 年第 2 期，第 5 - 12，22 页。

防荒）可以记外，要把日记变成工作总结、报告、反省的园地。（三）记自己在工作中所听见、看见的，某一个人、某一件事、某一个问题”①，基本思路类似于新中国成立后所主张的“我写我”与“向外转”②。最有意思的还有，“为了配合写日记，充实日记内容，更切合学了就用，五月份发起了一个十句话的记录运动，无论是周会、大报告、讨论会，每日都要练习作记录”，“这十句话不要完整不要通顺不要中心，不怕错字，记一人的话也可，记十人的话也可，前后拉扯也可，总之，只要记下十句话就行”。③

紧接着，《边区教育通讯》第1卷第4期（出版时间为1946年3月20日）发表了《文从说话起》一文。直面现实、胸怀焦虑，《文从说话起》陈述了诸多“学生在作文上存在的毛病”“教员在指导作文方面的偏向”之后，专节论述了一个根源性问题——错误的观念与认知，由此推出一个全新的看法——“指导学生作文的第一步，是教学生有话说，敢说话，拿起笔能够拉得开；是教学生了解作文就是用笔说话，想说什么，就写什么，话怎么说，就怎么写。这就是要使学生的作文向说话看齐，跟着说话走。这也就是‘文从说话起’的意思”④。

创办于1946年12月的《文化翻身》接过了“写话”的接力棒。其《投稿办法》第三条就是：“不能写怎么办？话怎样说，稿就怎样写，写错字、白字、写的不通顺，都不要紧，写几次就好了。快板、秧歌、戏剧、小调、故事、鼓词、民谣、连环画以及各种生产、卫生的常识都欢迎。”⑤

实事求是地说，这些研判与觉悟乃至于新的主张、新的行动，和叶圣陶20世纪20年代所主张和倡导的“我们作文，要写出诚实的、自己的话”⑥，“作文与说话本是同一目的，只是所用的工具不同而已”⑦，“写作原是说话的延续”⑧ 等并无实质性区分，纯是技术上的路径和主张。“写话”在推行上，似乎也没有什么成绩，连一般的行动痕迹也不多见。就此而言，日本学者竹内好对中国革命判断所做的结论——“物质条件的贫

---

① 程萍：《地干班国文教学》，转引自《陕甘宁边区教育资料·中等教育部分（下）》，北京：教育科学出版社，1981年，第373页。

② 参看白川：《工农兵写作教学的初步经验》，北京：工人出版社，1954年，第1－4页。

③ 程萍：《地干班国文教学》，转引自《陕甘宁边区教育资料·中等教育部分（下）》，北京：教育科学出版社，1981年，第374－375页。

④ 辛安亭：《文从说话起》，转引自陕西师范大学教育研究所编：《陕甘宁边区教育资料·小学教育部分（下）》，北京：教育科学出版社，1981年，第77页。

⑤ 文化翻身社：《投稿办法》，《文化翻身》1946年第2期，封里文字。

⑥ 叶圣陶：《作文论》，《怎样写作》，北京：中国友谊出版公司，2019年，第11页。

⑦ 叶圣陶：《作文论》，《怎样写作》，北京：中国友谊出版公司，2019年，第7页。

⑧ 叶圣陶：《怎样写作》，北京：中国友谊出版公司，2019年，第70页。

乏，甚至具有帮助新的样式和体裁诞生的作用”[①]，似乎并不全面，因为它欠缺对中国革命发展不平衡的考量与自觉。

真正将“写话”变成运动的是我们拟将讨论的赵平生。1946年，《盐阜大众》创办三周年，系统总结经验，“钱毅写大众化问题的总结，题目叫‘大众报编辑工作上的几个具体问题’；秦加林写群众性问题的总结，题目叫‘盐阜区工农通讯工作的发展规律’；赵平生在第四版（副刊版）上连载《怎样学写话》”[②]。

1947年7月，堪称写话理论代表作的《写话教学法》初版，10月印行第二版，至1951年5月时，已重印九版。[③]“写话”的理论与教学不再停留在经验的层面，转而经过螺旋式努力，成长为一个新的道路，在根据地流转荡漾。虽然因为战争的缘故，我们已经无从统计它的实际阅读和使用量，但大体可以想象得出，初成体系的《写话教学法》，已然是实在的“写话”指导的经典。[④]

螺旋式的建设过程中，在“写话”的道路上，赵平生持续地做着他力所能及的贡献。《解放区根据地图书目录》显示，1948年，“平生”所著的《人人读》第1册，经由大连大众书店印行出版，该书144页，32开本，属于石印本。[⑤]翻检目前所能看到的该书复印件，在扉页之后的《本书内容和教法说明》[⑥]可以看到“这部书叫人人读，主要是给工农大众读的，家庭妇女和失学儿童也可以读”“本书完全依照‘写话’教学的道理编的（所以这部书又可叫“写话”课本）”“最好把编者所著的《写话》找来看看”等字样。

很显然，赵平生的“写话”总结与体系建设，已经跨越了“写话教学”的世界，逻辑性地跨进了“阅读与写作”“写作与解放”的连接地带，将“写话”的知与行“转译”到了更为辽阔的世界里去，让“写话”成了点燃革命运动的“思想的火药”以及建设新文明的装置。

毫无疑问，赵平生是彼时“写话文化”最彻底的凝视者、总结者，以

---

① ［日］竹内好：《妇女运动》。转引自［日］代田智明：《论竹内好：关于他的思想、方法、态度》，《世界汉学》1998年第1期，第64－73页。

② 唐辛柏：《光辉的历程》，《盐阜大众报》编辑部编：《盐阜地区报史资料（第三辑）》，盐城：盐阜大众报社，1983年，第36页。

③ 潘新和《中国现代写作教育史》第395页认定“至1951年5月已重印六版”，据笔者统计，自初版至1951年5月版，《写话教学法》共出版9版。详细信息参见本文相关图表。

④ 潘新和：《中国现代写作教育史》，济南：济南出版社，2017年，第366页。

⑤ 中国人民大学图书馆编：《解放区根据地图书目录》，北京：中国人民大学出版社，1989年，第250页。

⑥ 平生：《本书内容和教法说明》，平生：《人人读（第1册）》，大连：大连大众书店，1948年。

及最重要的代言人。一句话，赵平生是自觉的毛泽东式的战士，因为使命与抱负，他勇毅担承，睿智创新，因应形势地做了无名氏的贡献，堪称低调的英雄！

（二）“被遗忘”的赵平生

诡谲的是，在相关的历史记忆里，例如诸多版本的《中国新闻事业史》教材、相关的专题研究著述，乃至知网上的信息世界，包括赵平生为接受组织调查所留下来的简略的、编年体式的《赵平生简历》在内，却很难看到关于赵平生的比较周全的信息，即或偶有记载，也是零零星星，不成系统。甚至连唯一的裒辑赵平生书写成果的《赵平生文集》，也没有正式出版以及进入官方检索系统，仅仅以“盐阜大众报报业集团《盐阜通讯》特刊”面世，是供职单位印刷的为了有关私人交流方便的“内部材料”，理论上讲，“外人”多半无从注意并有效阅读这些“内部的印刷材料”。“研究”是一种注意力的呈现装置，成为“研究对象”是再活一次的特殊机遇，很遗憾，翻检知网等公共信息，至今未见一篇专题研究赵平生的文章，潘新和《中国现代写作教育史》尽管涉及“平生的《写话教学法》”①，也仅止于以写作理论的一家之言看待他，并不视其为更大、更有意义、更具中国特色的社会建设贡献者。在此情况下，赵平生要想抢占稀缺的注意力资源恢复当年英雄形象，其“难度”绝非一般感慨所能尽言。

当下存世的最权威的材料算是《赵平生简历》②。然而，这份“简历”并不是为呈现作为参与历史的个体——赵平生——“对自己的生活和周围世界的体验和理解”，以及他因应形势的“生存策略以及表达自己诉求的特殊方式”③，它的目的仅仅是向党和组织报告自己最为关键与核心的生命历程。这份采用编年方式处理的自我简历说他出生于1903年11月15日，接受过比较系统的现代教育，做过党的地方、地下工作，遭受过国民党政府的通缉，坐过监狱，担任过记者、教师、编辑等，1932年后，参加中国左翼教育工作者联盟（简称“教联”），为开明书店编撰过小学社会教学参考教材，为商务印书馆编写过《中山大词典》，曾计划出版革命的新连环图画终未果。1942年，39岁的赵平生接受组织安排，进入苏北盐阜区华中局和新四军军部，后辗转到盐阜报社，创办并主编《盐阜大众报》、通俗编刊社。

---

① 潘新和：《中国现代写作教育史》，济南：济南出版社，2017年，第395－400页。

② 赵荣俊编：《赵平生文集》，盐城：盐阜大众报报业集团，2010年，第365－371页。

③ 姜进：《总序》，［美］罗伯特·达恩顿著，萧知纬译：《拉莫莱特之吻：有关文化史的思考》，上海：华东师范大学出版社，2011年，“总序”第6页。

当下存世但并不容易得到注意的词条是赵平生家乡的《义乌年鉴·2014》赵平生词条。[①] 当下最容易找到的代表性的词条是百度词条“赵平生”。仔细对读可知，它们大体属一路思维，并无实质差异。

当下最细致地记录赵平生人格特质的文字，来自他当年的同事、战友。[②] 例如与他志同道合、共同参与启动并推进“写话运动”，后来在战斗中牺牲的钱毅的日记记载：

同平生同志谈了许多关于语言上的问题，他说可以把庄稼话好好研究，创造些新的出来。又谈到群众语汇的具体、明确，他举了好些例子。真好！我对语言的敏感比他差了。我把形成中国工农语言将以北方话为底子的意见同他谈，他说不能这样说，一切语言是平等的，新的语言的形成，北方话的成分将特别多（因为它流行地方广），这样说，才对。我对这认识还不清楚。

他有个最主要的意见，他认为群众语汇之所以丰富，是群众（农民）自己形成了一个“社会”，在这个圈子里生根，不断丰富。[③]

到平生同志处，他说要写一篇《大众语在解放区》，他把方言正式列在大众语的范畴里，这倒给大众语与方言的问题作了进一步的解决，但，这中间还有许多具体问题可研究。[④]

保重把阿方来信给我，他说《庄稼话》“平生序写得好，替农民在说话，你的一篇也写得好，不但工农，我们也能学到很多东西的”。[⑤]

这几乎就是我们目前可以发现的“全部的”赵平生！除了在20世纪40年代的写作教育舞台上略有模糊身影外，检索目前可以获得的相关材料，严格地说，当年叱咤风云掀动写话运动、使若许人实际受益获利的赵平生，在今天已经成了典型的“若存若亡的人”，是需要“打捞”和重新发现的新民主主义革命文化史、20世纪中国新闻传播史上的“失踪者”！

---

① 义乌市地方志编纂委员会、《义乌年鉴》编辑部编：《义乌年鉴·2014》，上海：上海人民出版社，2014年，第298－299页。

② 参看王维：《怀念赵平生同志》，赵荣俊编：《赵平生文集》，盐城：盐阜大众报报业集团，2010年，“序一”。

③ 陈允豪、钱璎、钱小惠编：《钱毅的书》，北京：生活·读书·新知三联书店，1980年，第367页。

④ 陈允豪、钱璎、钱小惠编：《钱毅的书》，北京：生活·读书·新知三联书店，1980年，第378页。

⑤ 陈允豪、钱璎、钱小惠编：《钱毅的书》，北京：生活·读书·新知三联书店，1980年，第380页。

二、“拉着话语翩翩起舞”[①]：作为书写运动事件的《写话教学法》

（一）“落点”/“宏大集接”[②] 与创新党的事业的“应选之人”

《写话教学法》生成于集体的智慧与力量，赵平生有云：“写这册小书的时候，很怀念着几位以前一起提倡和试验写话的同志，他们很早就催我把写话的经验总结出来”[③]。

回到历史，《在延安文艺座谈会上的讲话》发表后，盐阜区委宣传部和《盐阜报》的同志就认为，《盐阜报》的读者群以区以上干部为主，区以下干部和广大工农兵大众也需要一张供他们阅读的报纸。因应新形势，“盐阜区区委宣传部开始酝酿办一张‘泥腿子报’，专给识字不多的工农兵大众阅读”[④]。在众人的期许声中，1943 年 4 月 25 日，铅印的《盐阜大众》创刊问世。经过发展与建设，俟《盐阜报》停刊，《盐阜大众》旋即成为盐阜地委的唯一机关报，全面担承历史重任。当年它的创造者王阑西、赵平生、秦加林回忆说：“办这样的通俗报纸，在整个华中抗日根据地来说，还说首创，谁也没有经验。”[⑤]

王阑西的回忆说明了“阿里阿德涅彩线”[⑥] 的发现史：

一九四三年春，日寇进行第二次大扫荡，我带了地委宣传部和报社的同志转移到阜东县的东海边，由一个警卫排的战士保护我们。在我们这批同志当中，有个叫黄则民（现名赵平生），他和其他三位同志，办了一个油印小报《通讯》，由警卫排同志供稿。由于稿子来源于群众，写的群众，说的群众话，所以很受群众欢迎。后来，我们把写好的稿子读给群众听，

---

① 瓦尔泽语，转引自［德］安格利卡·威尔曼著，陈虹嫣译：《散步——一种诗意的逗留》，上海：华东师范大学出版社，2008 年，第 202 页。

② 参看［美］瓦莱加 - 诺伊著，李强译：《海德格尔〈哲学献文〉导论》，上海：华东师范大学出版社，2010 年，第 42 - 45 页。

③ 平生：《写话教学法》，北京：新华书店，1950 年，“再版序言”。

④ 周爱群等：《〈盐阜大众报〉——高擎大众化旗帜的老区党报》，《新闻战线》2011 年第 7 期，第 23 - 26 页。

⑤ 王阑西等：《回忆与希望》，《盐阜大众报》编辑部编：《盐阜地区报史资料（第五辑）》，盐城：盐阜大众报社，1983 年，第 3 页。

⑥ 源于希腊神话。神话中的阿里阿德涅是国王弥诺斯的女儿，她送给将被父亲加害的恋人忒修斯一根彩线。他在杀死牛首人身的妖怪弥诺陶洛斯之后，借助彩线离开迷宫。

边读边改，这样写出的稿子就更加通俗易懂了。当地老百姓看了通讯都说“这像个大众报”。群众的评论，给了我们很大启示，我们就把《通讯》的名称改了，改为《盐阜大众》，于一九四三年四月二十五日正式创刊。为了把《盐阜大众》办成真正群众性的报纸，当时，我们还给办报人员规定了几条：一、稿子写好后要念给群众听；二、要写短文，一篇文章一般在三四百字；三、一张报纸，不同的字不要超过一千；四、编排方面要采取“豆腐干”式；五、有文有图，图文并茂。[①]

装置一旦设置就会生产逻辑。因为新的报纸文化定位，培养通讯员随之成为工作清单里的重中之重。因为培养通讯员需要突破准通讯员写作上的障碍，发起“写话”运动自然也就成了必然的逻辑性选择。[②]

结果很理想，《地委宣传部关于今后报纸工作与通讯工作的指示》（1946 年 5 月 17 日）对于“（报纸）常在几个少数同志手里，不能普遍到广大群众手里去，又很少和自己的工作结合起来”的焦虑，显然得到了有效的纠正。[③]

1946 年，《盐阜大众》创办三周年，系统总结经验，赵平生在第四版（副刊版）上连载《怎样学写话》[④]。待到 1947 年 7 月，历史期许的《写话教学法》，“承山东教厅杨厅长和洪林同志等的催促”，逶迤出场，开始引领属于它的历史时期。查《解放区根据地[⑤]图书目录》（中国人民大学图书馆编）[⑥]，结合“超星发现”“抗日战争与近代中日关系文献数据平台”可知，《写话教学法》此后反复印刷了若干版，出现的场合，包括了主要的根据地，甚至书名也有所变换。（见表 1）

---

① 王阑西：《回忆抗日战争时期盐阜区的新闻工作》，《盐阜大众报》编辑部编：《盐阜地区报史资料（第三辑）》，盐城：盐阜大众报社，1983 年，第 3，5 页。

② 周爱群等：《〈盐阜大众报〉——高擎大众化旗帜的老区党报》，《新闻战线》2011 年第 7 期，第 23 - 26 页。

③ 《地委宣传部关于今后报纸工作与通讯工作的指示》，《盐阜大众报》编辑部编：《盐阜地区报史资料（第一辑）》，盐城：盐阜大众报社，1983 年，第 7 页。

④ 王阑西：《回忆抗日战争时期盐阜区的新闻工作》，《盐阜大众报》编辑部编：《盐阜地区报史资料（第三辑）》，盐城：盐阜大众报社，1983 年，第 3，5 页。

⑤ 平生：《写话教学法 · 后记》，载氏：《写话教学法》，胶东：山东新华书店总店，1947 年，第 67 页。

⑥ 中国人民大学图书馆：《解放区根据地图书目录》，北京：中国人民大学出版社，1989 年，第 243 页。

表1 《写话教学法》出版一览

序号	书名	编著者	出版单位	出版时间
1	写话教学法	平生	山东新华书店	1947年7月
2	写话教学法	平生	冀鲁豫书店	1947年10月
3	写话	平生	太行群众书店	1947年
4	写话	平生	光华书店	1948年3月
5	写话教学法	平生	中原新华书店	1949年2月
6	写话	平生	新中国书局	1949年4月
7	写话教学法	平生	新华书店	1949年9月
8	写话教学法	平生	新华书店	1950年1月
9	写话教学法	平生	人民出版社	1951年5月

（二）“再出发点”/“被带到”与“被带向”①

延安时期，中共及陕甘宁边区政府常以“政治房子”“政治工厂”为自我定位，毛泽东甚至将“七大”“中央政治局”等视作“开政治工厂”②。聚焦“造新民”——“自古以来没有这样的人民”③——的政治目标，中共调适工作方针，强调释放工农兵根本焦虑，改教条主义文化为能够落地的现实主义路线④，并主张“总结经验，把它提高起来，使之条理化、系统化”⑤。此种情势，正是《写话教学法》出场的历史背景和现实语境。

（1）沟通合作的对象。回到历史剧场，《写话教学法》的目标人群就是“长期缄默者工农大众”——千百年来，他们因为汉字繁复难解等缘故，成了书写剧场上绝对的“界外人”“旁观者”而非“参与者”，更不是议题的设计者和议程的干预者，他们被“褫夺”了参加的，甚至思维的、话语的权力！现在，他们成了热烈的关注的对象。《写话教学法·再

① ［美］瓦莱加-诺伊著，李强译：《海德格尔〈哲学献文〉导论》，上海：华东师范大学出版社，2010年，第103页。

② 中共中央文献研究室编：《毛泽东文集（第三卷）》，北京：人民出版社，1996年，第340、400页。

③ 中共中央文献研究室编：《毛泽东文集（第三卷）》，北京：人民出版社，1996年，第292页。

④ 中共中央文献研究室编：《毛泽东文集（第三卷）》，北京：人民出版社，1996年，第150页。

⑤ 中共中央文献研究室编：《毛泽东文集（第三卷）》，北京：人民出版社，1996年，第342页。

版前言》说得很明确："本书是给工农大众文化工作者或工农大众以及小学教师或学生们看的。本书所提出的'写话'，是在解放区广大农村里试行的，对象是工农大众和工农干部。"[①] 简单地说，《写话教学法》的根本动机与奋斗目标就是解放缄默者，赵平生没有像费孝通那样迟疑，在费孝通说"乡下人是否在智力上比不上城里人，至少还是个没有结论的题目"[②]的时候，赵平生已经坚定地宣布：农民是睿智的，农民所说的"这些俗话，都是经过千百年的，经过千万次经验的，经过千万人的口传开去的。只有最简练、最顺口、最生动、最合用的留下来。每句都磨得光光的，压得紧紧的。我们慢慢地看看想想，眼前仿佛就展开一个大天地，看见无量数的农民分散在广大的土地上苦活的情景，还看到我们这个古老农业中国的社会历史的变迁情景。就是这些俗话，使我们更加接近我们的农民大众，更加了解他们的心情，更加认识到他们经过几千百年的磨炼的、具有世界上最能勤苦耐劳的优良品质。一句话，更加了解农民，就更加了解中国（因为农民占据大多数）"[③]。

（2）写话行动定位。"要广大农民大众在文化上翻身，是长期艰苦的事情。"[④] 基于逻辑，这里所主张的写话就不可能是一般意义上的"阅读欣赏"基础上的私人性放言，或者第三人立场上的率意批判与否定，究其内里，这样的写话更偏向于将写话与行动、写话与生活、写话与革命结合起来。这是一个新的话题，值得思考与研究。最起码，我们可以在阅读文化的家族里替它找到一个有关联的近亲，即福柯意义上的"堂·吉诃德式的阅读"："堂·吉诃德式的阅读是近代历史中的一种关于书籍阅读或经典解读的伟大典范：把阅读与对书籍的解读直接变成行为，变成行动的契机和依据。书籍或理论只是解释世界，而问题在于改变世界。这是堂·吉诃德式的阅读所想象的。阅读使他明白自己的身份、伟大的谱系与使命。阅读唤醒的不是关于现实感的叙述，不是这一叙述、解释的问题，而是职责意识。随后的一切都是阅读引发的历险记。"[⑤] 当然，我们必须宣告：这里的写话不等于堂·吉诃德式的写话，因为它要的恰恰是凝视现实、叙述现实并进而改变现实，它是革命的理想主义与现实主义的有机结合。

（3）行动哲学与思维。《写话教学法》有自己的独家哲学与思维。赵

---

① 平生：《写话教学法》，北京：新华书店，1950 年，"再版序言"第 1 页。

② 费孝通：《乡土中国》，上海：上海人民出版社，2019 年，第 11－20 页。

③ 陈允豪、钱璎、钱小惠编：《钱毅的书》，北京：生活·读书·新知三联书店，1980 年，第 96 页。

④ 陈允豪、钱璎、钱小惠编：《钱毅的书》，北京：生活·读书·新知三联书店，1980 年，第 98 页。

⑤ 耿占春：《书的挽歌与阅读礼赞》，北京：北京大学出版社，2012 年，第 139 页。

平生透过1939年出版的《新哲学读本·序言》宣告真理，申言“新哲学原是一群前进的人所创造，它也只能为前进的人所接受”①；“现在是大众时代，大众应有自己的哲学”②。具体地讲，“新哲学最着重实践，也就是要人实在过进步的生活”③；“（大众哲学）第一个特点是大众的。能替大众谋最大幸福的，只有大众自己的哲学思想和自己的行动”④。

（4）聚焦内容与结构。初版《写话教学法》仅有68页篇幅，它要简明扼要地交代和呈现新的写话文化。它的结构篇目分别是：第一，什么叫写话？第二，写话教学的基本精神（一、写话要拿话做主来学，二、写话要写土话，三、写话要用一般人自己的话）；第三，写话教学的效率（一、学三样与学一样，二、不会用与会用，三、死记与顺口溜，四、写话学的字，是顶有用的字，五、写话教学容易打好阅读和写作的基础）；第四，写话教学的步骤（一、学写话什么时候开始呢？二、学写话的三个步骤，三、写话教学法，四、写话的提高，五、写话的园地）；第五，写话与大众化及工农干部学习问题（一、大众化问题，二、写话和在职工农干部学习问题）；后记。

（5）主要观点与核心思想。关于《写话教学法》的综合判断，《中国现代写作教育史》有一个说法是，“写话教学法，已经初具系统：有一定的理论依据，有循序渐进的操作程序，有具体训练的方式、方法，并注意到与阅读、写作的接轨。在认识问题和处理问题上，有不少新的观念和思路，堪称写作教育的一大创造。由写话中识字，由抄写到听写再到边想边写，由写话向写作过渡，创造培养大众写作的好办法等观点，都值得作进一步的深入研究”⑤。检索内容，如下观点较为突出，值得注意：

“写话”的意思很简单。“写”是写字的写，“话”是说话的话。我们说的话，都可用字写出来。有什么话，写什么话；话怎样说，就怎样写：这就是“写话”。⑥

学写话最要紧的道理，就是真正要学一句句的话，不要光学一个个的字。要拿话做主来学，不要拿字做主来学。要一开头就认也认一句句的话，写也写一句句的话。⑦

---

① 赵荣俊编：《赵平生文集》，盐城：盐阜大众报报业集团，2010年，第237页。
② 赵荣俊编：《赵平生文集》，盐城：盐阜大众报报业集团，2010年，第239页。
③ 赵荣俊编：《赵平生文集》，盐城：盐阜大众报报业集团，2010年，第237页。
④ 赵荣俊编：《赵平生文集》，盐城：盐阜大众报报业集团，2010年，第247页。
⑤ 潘新和：《中国现代写作教育史》，济南：济南出版社，2017年，第399－400页。
⑥ 平生：《写话教学法》，胶东：山东新华书店总店，1947年，第1页。
⑦ 平生：《写话教学法》，胶东：山东新华书店总店，1947年，第3页。

有各种各样的话：土话、外路话、南腔北调的官话（或“国语”）、不文不白的白话、酸溜溜的文话，还有外国语。咱写话要写土话。

理由是：咱土生土长，从小学会了土话。听的也是土话，说的也是土话，脑子里也是用土话想的。①

现在解放区的大众报、大众读物、大众写的稿子，可说都用土话了。土话也就是工农兵的话，也就是大众话。②

虽说大家说土话，但是因为年龄、性别、职业的不同，小孩子的话和大人不同，农民的话和买卖人不同，妇女的话又和男子不同。要尽量用一般学的人自己的话来教学，才能最适合他们的程度和心意，因此学起来也最快，并且最有用。③

写话教学，效率比识字教学高。写话教学并非反对识字，它不过把识字办法改良一下，改为在话里学字，但是这样一改，关系很大，就是把识单字的进步慢和不会用的两大困难，相当的解决了。④

孤单学一个字——就是要会读（音）、会写（形）、会讲（义）。但是用写话的法子学一个字，只要学一样就是了。⑤

用写话的法子学识字，是自己话里用到哪个字，就学那个字。⑥

学单字，靠死记。但是用写话学字，因为话是自己的，其中有个把不认得的字，顺口一念，不认得也认得了。⑦

各人话里面用到顶多的字，就是对各人顶有用的字。⑧

话是大众创造的。大众的生活经验，革命斗争的最好的东西，都会表现在话里面。所以大众的话，很丰富，很有生气。⑨

学写话可以把认字、写字、写文章三样东西同时开始。⑩

写话教学可分三步进行。第一步“抄写”，由教的人写出一句话，给学的人一面认，一面抄写。第二步“听写”，由教的人说出一句话，叫学的人写出来。第三步“边想边写”，由学的人把自己脑子里想的话写出来。⑪

---

① 平生：《写话教学法》，胶东：山东新华书店总店，1947 年，第 4－5 页。
② 平生：《写话教学法》，胶东：山东新华书店总店，1947 年，第 6 页。
③ 平生：《写话教学法》，胶东：山东新华书店总店，1947 年，第 6－7 页。
④ 平生：《写话教学法》，胶东：山东新华书店总店，1947 年，第 8 页。
⑤ 平生：《写话教学法》，胶东：山东新华书店总店，1947 年，第 8 页。
⑥ 平生：《写话教学法》，胶东：山东新华书店总店，1947 年，第 10 页。
⑦ 平生：《写话教学法》，胶东：山东新华书店总店，1947 年，第 11 页。
⑧ 平生：《写话教学法》，胶东：山东新华书店总店，1947 年，第 14 页。
⑨ 平生：《写话教学法》，胶东：山东新华书店总店，1947 年，第 15 页。
⑩ 平生：《写话教学法》，胶东：山东新华书店总店，1947 年，第 17 页。
⑪ 平生：《写话教学法》，胶东：山东新华书店总店，1947 年，第 18 页。

（抄写）边认边写，用写来认。[①]

听写也可叫“记话”，就是把别人的话记下来。[②]

写话宜于集体教学，也宜于分散教学，也宜于自学。[③]

“写话墙报”与普通墙报有不同的地方，也有相同的地方。不同的地方，是大家在练习写话的时候，常可把自己的写话，拣片断的几句话，稍微有点意思的三言两语，贴到“写话墙报”上，同学们也在写话，同你程度差不多，很欢喜看。这很能引起写话的兴趣。这种写话，又是大家很好的教科书。[④]

（写话）教学的时候，要注意下面几点：（一）写一件事情。（二）不啰嗦。（三）不按题目。初学写作，可以不按题目。只要把一件事情说清楚就算了。（四）抓住“中心”。（五）发挥“中心”。（六）按题目。[⑤]

墙报、黑板报、大众报，是大众写作的园地。[⑥]

《写话教学法》确实是开展系统构建的卓越行动者，它“学”“术”结合，竟然在一个看似没有学问的空间里，作出了最实用的抗战文化的大设计。时隔多年后看，这些设想、办法，竟毫无违和感。例如，《写话教学法》所具体胪列的“听写练习”的路径：挑战式、集体写、自学互教、问答式等，就很能契合人类的习性与惯例，以便因应形势地具体开展教学。

三、“思想的火药”[⑦]：穿梭于“历史时间”中的人、事、书

中共革命史的一个核心命题，就是如何有效处置党与农民的关系[⑧]。“细腻的革命”的道路上，“写话”逻辑性地点燃了革命运动的“思想的火药”，成了穿越历史与现实的“新方法”“新路径”。历史充满了智慧，法国哲学家阿兰·巴丢有一篇著名的文章——《世纪》，他开篇就提出疑

① 平生：《写话教学法》，胶东：山东新华书店总店，1947 年，第 19 页。

② 平生：《写话教学法》，胶东：山东新华书店总店，1947 年，第 33 页。

③ 平生：《写话教学法》，胶东：山东新华书店总店，1947 年，第 42 页。

④ 平生：《写话教学法》，胶东：山东新华书店总店，1947 年，第 46 页。

⑤ 平生：《写话教学法》，胶东：山东新华书店总店，1947 年，第 49－53 页。

⑥ 平生：《写话教学法》，胶东：山东新华书店总店，1947 年，第 53 页。

⑦ ［澳］苏珊·德纳姆·韦德著，仲红实、王柳莉译：《目之所及——引发视觉革命的重大发明》，北京：中译出版社，2023 年，第 167 页。

⑧ 参看［美］马克·塞尔登：《他们为什么获胜？——对中共与农民关系的反思》，南开大学历史系、中国近现代史教研室编：《中外学者论抗日根据地——南开大学第二届中国抗日根据地史国际学术讨论会论文集》，北京：档案出版社，1993 年，第 605－615 页。

问："这是谁的世纪？你们的还是我们的？"① 那位当代哲学家发问的严肃的政治问题就这么透过民间性的、泥土性的、在地性的解答，悄然释放，不用说，作业成绩优秀。在这样的视域中，透过明代学人张燧所主张的"千百年眼"②，"写话运动"的鲶鱼赵平生，"写话运动"的点火装置《写话教学法》，寻唤着那种经由阳光照射而骤然闪烁起来的奇观。在这样的道路上，倘若还要深刻地凝视历史、持续聚焦赵平生和《写话教学法》，"让往昔恢复生命"③，那么，"我们——（就）不应对中国共产主义运动最开放、最富有创造性时期的一些特色视而不见。只有这样，我们才能够真正理解，为什么延安共产主义能吸引社会各阶层的爱国者为之奋斗，为之牺牲"④。

历史地看，赵平生和他的《写话教学法》不仅编织了以"写话"名义开展的革命新文化运动的知识体系，让"写话"这种看似简单的行动既有理论体系，又有施行的切实路线与方案，这是无法遮蔽与掩匿的历史性贡献；而且以智慧且历史性的嵌置，被历史脉络所广泛地关联着。倘若借助鲁迅先生的观点，结合新的认知资源，我们可以说"写话运动"就是政党政治、文化技艺、社会现实相遇之后的历史性、复合性生成。倘若单纯就技术的维度解释，我们可以说"写话"是混合思维、整全思维而非"分离性思维"⑤ 的行动，完全适配于彼时的中国乡村文化需要，是历史得天独厚的那种缄默的资源，恰好在正确的时间、正确的地点，被正确的人所发现并做了充分的、有效的搅动。倘若请来当代学者竹内好携带着他的理论工具参与我们的讨论，那么，他用以考量中日文化不同取向的两个概念"回心文化"和"转型文化"以及评估赵树理所作的"既不同于其他所谓人民作家，更不同于现代文学的遗产"⑥ 的研判，就很可能给我们有意义的启发。借鉴竹内好的意见，我们可以用"回心性文化"指称"写话运动"，因为"'回心'——是指通过不断保持自我而使自我变化的状态。一面是自我保持，一面又是自我变革，或毋宁说是强烈的自我否定。这与放

---

① 转引自杨庆祥：《这是一个人民的世纪》，《文艺报》，2018 年 9 月 22 日第 3 版。

② 张燧著有十二卷《千百年眼》，"千百年眼"指的是读历史要有千百年的眼光。

③ 参看曹意强：《艺术与历史：哈斯克尔的史学成就和西方艺术史的发展》，杭州：中国美术学院出版社，2001 年，第 129－154 页。

④ ［美］马克·塞尔登著，魏晓明、冯崇义译：《革命中的中国：延安道路》，北京：社会科学文献出版社，2002 年，第 304－305 页。

⑤ 参看黄艳红：《莱因哈特·科泽勒克的概念史研究刍议》，《历史教学问题》2017 年第 6 期，第 32－40，135 页。

⑥ ［日］竹内好：《新颖的赵树理文学》，中国赵树理研究会编：《赵树理研究文集·外国学者论赵树理》，北京：中国文联出版公司，1998 年，第 75 页。

弃自我以适应形势、总是不断自我肯定的‘转向型’——（文化）形成了对照”[①]。联系到赵平生和他的朋辈“圆耳朵听不进去方话”的文化自觉，我们不难感受到“写话运动”内里所蕴藏的聪慧睿智、积极健康，以及生命政治的行动品性。事实上，《写话教学法》就一直主张培养写作者的主体性，它所主张的“写作先要有话说”“把心里想说的话、很熟悉的事情写出来”“初学写作，可以不按题目”等[②]，都是培力政治与积极文化的显在表现。

“掀开思想的防空洞”[③]，世界就会朗然澄明，呈现出别样的人世界景象——德国汉学家韩天博用“红天鹅”[④] 赞美中国的创新与奇迹，无意间触碰到一个历史性的秘密，给我们施行进一步的考量，提供了新的方向和路径。

---

① ［日］代田智明：《论竹内好：关于他的思想、方法、态度》，《世界汉学》1998 年第 1 期，第 64 – 73 页。

② 平生：《写话教学法》，胶东：山东新华书店总店，1947 年，第 50 – 51 页。

③ 参看华北新华书店编辑部编：《掀开思想防空洞》，石家庄：华北新华书店，1947 年，第 1 – 70 页。

④ 参看［德］韩博天著，石磊译：《红天鹅：中国独特的治理和制度创新》，北京：中信出版社，2018 年。

国际新闻会议：中国近代新闻交流的重要窗口

李秀云　苏一飞①

摘　要：国际新闻会议是中外新闻交流的重要窗口。1915 年至 1949 年间，中国积极派代表参加国际新闻会议。中国代表努力推介自己的关注重心，强调中国是世界报纸及印刷术的起源地，世界新闻界对中国新闻界存在误识，呼吁世界了解中国；认真引介外国代表聚焦的新闻检查制度存废问题、报业发展影响因素问题，从而让中国了解世界。中外代表就记者职业保障与素养、降低新闻电费率、国际新闻交流形式等问题达成基本共识。国际新闻会议推动了中外新闻交流，但也成为世界各国的政治角逐场，其交流成果也存在流于形式等问题。

关键词：国际新闻会议；近代新闻交流；中外新闻界

国际新闻会议是中外新闻交流的重要渠道与窗口。1915 年至 1949 年间，国内报纸报道的国际新闻会议共 11 次，其中中国代表参会 7 次。对于国际新闻会议的研究，主要集中在两个方面：一是对于中国代表首次出席国际新闻会议是 1921 年世界报界大会②还是 1915 年世界报界大会③的考证；二是对于某一个或者某阶段国际新闻会议中国代表及其会务活动与意义的研究。④ 本文全面梳理中国代表参加的国际新闻会议，透视国际新闻会议作为中外新闻交流平台的基本情况及其价值与局限。

---

① 李秀云，天津师范大学新闻传播学院教授；苏一飞，天津师范大学新闻传播学院硕士研究生。

② 参见戈公振：《清末民初文献丛刊・中国报学史》，北京：朝华出版社，2018 年，第 104 页；马光仁主编：《上海新闻史（1850—1949）》，上海：复旦大学出版社，1996 年，第 579 页。

③ 参见邓绍根、王明亮：《中国新闻界首次派出代表出席国际新闻会议——中国新闻界与 1915 年世界报界大会》，《新闻与写作》2010 年第 11 期，第 70－73 页；林牧茵：《“密苏里模式”与中国报业近代化》，《复旦大学学报（社会科学版）》，2013 年第 5 期，第 143－152，160 页。

④ 参见曹爱民：《中国新闻界与德国科隆万国报纸博览会》，《新闻论坛》2019 年第 6 期，第 77－80 页；赵建国、黄嘉悦：《民国新闻界走向世界的盛举：以世界报界大会为中心》，《兰州大学学报（社会科学版）》2016 年第 2 期，第 115－122 页；邓绍根：《论民国新闻界对国际新闻自由运动的响应及其影响和结局》，《新闻与传播研究》2013 年第 9 期，第 97－110 页；王明亮、刘佩：《戈公振参与两次国际间新闻会议故事重探》，《国际新闻界》2011 年第 10 期，第 100－106 页；赵建国：《民国初期记者群体的对外交往》，《江汉论坛》2006 年第 8 期，第 42－48 页；大洪：《两个引人注目的国际新闻会议》，《新闻记者》1986 年第 10 期，第 47 页。

一、中国代表参加国际新闻会议述略

近代中国，引起国人关注的国际新闻会议的基本情况，如表1所示。

表1　国际新闻会议一览表

时间	地点	会议名称	中国代表是否参会
1915年	美国旧金山	世界报界大会（第一届）	是
1921年	美国夏威夷	世界报界大会（第二届）	是
1921年	美国檀香山	泛太平洋会议	是
1926年	瑞士日内瓦	世界报界大会（第三届）	否
1927年	瑞士日内瓦	国际报界专家大会	是
1928年	德国科隆	万国新闻博览会	是
1930年	法国里昂	国际新闻记者联合会	否
1931年	墨西哥	世界报界大会（第四届）	否
1932年	丹麦哥本哈根	哥本哈根会议	否
1933年	西班牙马德里	国际新闻会议	是
1948年	瑞士日内瓦	联合国新闻自由会议	是

1915年，第一届世界报界大会在美国旧金山举行，各国参会者达五百余人。7月5日举行开会礼时，因中国代表尚未抵达，欧阳祺作为中国临时代表参会。正式开会时，中国参会代表共三人：代表北京报界公会、广州《时敏日报》、香港《华字日报》的李心灵，代表香港《循环日报》的杨小欧，代表《北京日报》的冯穗。李心灵当选八大董事之一。会议要求，各国须推举副主席两人，朱淇被推举为中国北方报界副主席，李心灵兼任中国南方报界副主席。李心灵表达了在中国举办第三届世界报界大会的愿望。①

1921年10月11日，第二届世界报界大会在夏威夷火奴鲁鲁开幕。中国派出六名代表与会：上海《密勒氏评论报》董显光、上海日报公会及《大陆报》许建屏、天津《益世报》钱伯涵、广州《明星报》黄宪昭、《申报》驻檀香山访员王天木、《申报》记者王伯衡。董显光、王伯衡、许

① 《万国报界公会开会纪》，《申报》，1915年8月19日第6版。

建屏分别被推举为大会新闻事业股、议案股、会章股委员，《申报》经理史量才、《明星报》代表黄宪昭被推举为世界报界大会中国副会长。[①] 除美国代表外，中国代表人数最多，[②] 且“皆极受人欢迎”“颇为人重视”。[③]

1921 年 10 月 21 日，作为世界报界大会的区域会议，旨在推动泛太平洋地区人民及民族全面发展的泛太平洋会议在夏威夷火奴鲁鲁召开。[④] 中国代表董显光、许建屏、王伯衡参加。董显光演说《外交公开：为太平洋报界之目的及希望》。许建屏与王伯衡计划分别演说《中国报界为世界报界进一言》《中国国内国外搜集新闻之状况》，但因急于乘船赴华盛顿，只得交稿离去。[⑤]

1927 年 8 月 24 日，国际联盟召集的国际报界专家会议在日内瓦举行。该会议“设法使新闻之传递愈加便利，费用愈加减少，俾民族之误会，得已消弭”，“讨论各种职业问题，此种问题，为各专家认为足以使各国舆论息争者”[⑥]。报界代表戈公振、国际联盟代表夏奇峰、政府公布局代表赵泉参会。《时报》主笔戈公振参加了海电委员会的会议，研究东方与欧美交通。

1928 年 5 月，第一次以报纸为主体的万国新闻博览会在德国科隆举行。会议主办方于 1927 年邀请中国参会，然而“适国事扰攘，人鲜注意”。1928 年春，因“中国并无来会表示，但中国乃东方古国，为号召世人计，又不欲付之缺如”，[⑦] 于是委托德国佛郎府中国学院院长卫礼贤、中国柏林通讯社主任廖焕星代为搜集展品。中国的邸报、宫门抄、申报以及各类画报、杂志、新闻学书籍等在会上展出，四期《新闻学刊》也以中国“新闻界唯一刊物”[⑧] 由戈公振代为送交展览。然而，中国终因“无准备故无系统遂无精采”[⑨]。

1933 年 11 月 7 日，国际联盟召集的国际新闻会议在西班牙首都马德里举行，会议旨在“研究组织联合办事处事宜，纠正不正确之消息”，“促进各国之新闻界合作，谋新闻之协调成立国际新闻联合会”，研究“国际

---

① 王伯衡：《檀香山通信》，《申报》，1921 年 11 月 20 日第 8 版。

② 王伯衡：《檀香山通信》，《申报》，1921 年 11 月 6 日第 10 版。

③ 《国外专电》，《申报》，1921 年 10 月 21 日第 3 版。

④ Walter Williams, *The Press Congress of The World in Hawaii*. Columbia: Stephens Publishing Company, 1922, p. 419.

⑤ 王伯衡：《檀香山通信》，《申报》，1921 年 11 月 20 日第 8 版。

⑥ 戈公振：《国际报界专家大会之先声》，《东方杂志》1927 年第 14 期。

⑦ 戈公振：《纪世界报纸博览会》，《时报》，1928 年 6 月 24 日第 2 版。

⑧ 新史氏：《“万国新闻博览会”汇报：万国新闻博览会记略》，《新闻学刊》1928 年第 5 期。

⑨ 戈公振：《纪世界报纸博览会》，《时报》，1928 年 6 月 24 日第 2 版。

新闻记者之褒扬及记者之养成及资格限制”[①] 等问题。中国新闻主管机关代表丘正欧，新闻界代表、中央社驻欧记者戈公振参会。[②] 该会议是 1927 年国际报界专家大会和 1932 年中国未参加的哥本哈根会议的延续。

1948 年 3 月 23 日，联合国新闻自由会议在日内瓦举行，是“国际性的新闻界集会最重要的一次”，“为联合国成立以来规模最大之国际会议”[③]。根据联合国的决议，“代表人选必须是对于新闻事业、广播事业或电影事业有实际工作经验及现在从事的人物”[④]。中国的五位代表为：联合国经济社会理事会张彭春、行政院新闻局邓友德、平津新闻界刘豁轩、南京新闻界马星野、上海新闻界程沧波。中国当选会议副主席国之一。会议通过公约草案三种、人权宪章一种、决议案四十三种，该会议对新闻自由的范围、内容以及实现途径等作出了规定。

7 次国际新闻会议的召集主体多元，或由知名报人召集，如威廉博士创办的世界报界大会；或由个别国家召集，如德国科隆举行的万国新闻博览会；或由国际组织召集，如由泛太平洋组织召集的泛太平洋会议、由国际联盟召集的国际报界专家会议及国际新闻会议、由联合国召集的联合国新闻自由会议等。

参加国际新闻会议的中国代表以业界人士为主，大部分具有丰富从业经历，如编辑、主笔、社长等。政府代表及国际组织代表也占一定数量，如邓友德、赵泉、张彭春、丘正欧、夏奇峰等。参加会议的中国代表大都具有留学经历，如董显光、黄宪昭、马星野均在美国密苏里大学学习新闻学，王伯衡在哥伦比亚大学修读新闻学，戈公振、刘豁轩等人曾考察外国新闻事业。中国代表对中国及世界新闻事业有着较为清晰的认知，由此也能较好地参与到国际新闻会议的事务中去。

二、让世界了解中国：中国代表的关注重心推介

国际新闻会议是中国走向世界的重要平台。民国政府对于中国代表参会予以重视，协助办理相关手续并提供经济支持。中国新闻界对国际会议抱以期望，积极推选代表并准备提案。中国代表在参会过程中，积极介绍

---

① 《定期在西班牙京城举行国际新闻会议　研究防止扰乱和平新闻传布》，《江南正报》，1933 年 9 月 9 日第 1 版。

② 《推戈公振出席国际新闻会议　京沪新闻界已同意》，《华北日报》，1933 年 9 月 13 日第 4 版。

③ 中央日报资料室编译：《新闻自由宪章》，南京：中央日报资料室，1948 年，第 47 页。

④ 马星野：《观察国际新闻自由会议》，《周末观察》1948 年第 11 期，第 2－3 页。

中国新闻事业的发展情况，申诉西方对华歪曲报道，呼吁世界了解中国。

（一）中国是世界报纸及印刷术的起源地

中国代表强调，着眼当下，“报纸之在中国，若与世界各国报纸之进步程度较，则殊不可同日而语”①；放眼历史，中国却是世界报纸及印刷术的起源地。

王伯衡提出，唐代开元年间之《开元杂报》“为中国报纸之始，亦为世界报纸之始”②。《开元杂报》的出现，源于汉代的藩镇制度。“汉代藩镇制度盛行时，各藩镇属官之驻在京都者，皆有邸报发行。”③汉代邸报在形式上较为简单，唐代邸报改由朝廷发行至各藩镇，内容上与汉代邸报没有太大差别。“此种邸报以其性质论之，不足称为报纸，然已具报纸之缩影。”④《开元杂报》，足为报纸之起源。

报纸的出现与印刷术休戚相关，“非至印刷术发明时，殊不足以语报纸也”⑤。印刷之历史与报纸之历史相类似，“报纸原始于中国，印刷之术，亦由中国艺士首先发明”⑥。王伯衡指出，印刷术有雕版印刷与活字印刷两种。雕版印刷术起源于汉代，“汉灵帝熹平四年，命蔡邕写刻石经，树之鸿都门，颁为定本，一时车马阗溢，摹写而归，是为中国雕版之始”⑦。活字印刷术出现在宋代，“宋庆历中，有布衣毕昇者发明制活版之法，其法用胶泥刻字，薄如线唇，每字为一印，火烧令坚，先设一铁板，其上以松脂蜡和纸灰之类冒之，欲印则一铁范置铁版上，仍密布字印，满铁架为一版，持就火烫之，药稍溶，则以平面按其面，则字平如砥云，是为活版印刷之始”⑧。中国活版印刷“早于德国古登堡之发明印刷五百年”⑨，中国为世界印刷术的起源地。

（二）中国新闻事业发展现状

中国代表积极向世界介绍中国新闻事业进步趋势。董显光指出，1912年是中国新闻事业发展的分界线。民国政府成立前，“中国官场把所有的

---

① 王伯衡：《中国与报纸》，《申报星期增刊》，1921年10月16日第2版。
② 王伯衡：《中国与报纸》，《申报星期增刊》，1921年10月16日第2版。
③ 王伯衡：《中国与报纸》，《申报星期增刊》，1921年10月16日第2版。
④ 王伯衡：《中国与报纸》，《申报星期增刊》，1921年10月16日第2版。
⑤ 王伯衡：《中国与报纸》，《申报星期增刊》，1921年10月16日第2版。
⑥ 王伯衡：《中国与报纸》，《申报星期增刊》，1921年10月16日第2版。
⑦ 王伯衡：《中国与报纸》，《申报星期增刊》，1921年10月16日第2版。
⑧ 王伯衡：《中国与报纸》，《申报星期增刊》，1921年10月16日第2版。
⑨ 王伯衡：《中国与报纸》，《申报星期增刊》，1921年10月16日第2版。

报纸都视为敌人，他们受到最严格的限制”；民国政府成立后，“在中国有几百种报纸以及数量迅速增加的教育和启蒙杂志”，“没有一个大城市没有地方报纸，首都和上海的一些报纸在全国范围内发行”。[①] 中国已形成北京与上海两个报纸中心城市。北京是中国政治新闻中心，“凡全国政治上之新闻，均登载殆尽”；上海是中国经济新闻中心，出版品“多载经济及商业消息”，“上海报纸提供的商业新闻比全国所有报纸加起来还要多”。[②]

报纸在中国社会中的作用日益重要。王伯衡指出，社会上有重大事件发生时，报纸成为人们获取消息的主要来源。报纸对于国家社会关系之重要观点，也日益深入人心，“中国之报纸已成为社会上一种不可少之势力矣”[③]。新闻业作为一种职业已得到认可，“记者选择新闻工作作为他们的职业是因为他们对工作本身的价值有信心，而不是把它当作一种为自己或他人实现某种自私目标的手段”[④]。董显光指出，教育当局为报业人员提供了必要的培训，北京大学、圣约翰大学与其他高等教育机构开设了新闻学和广告学课程，在国外接受新闻教育和培训的中国人，也被推崇为报业的领导者。[⑤]

王伯衡对中国新闻事业的发展现状进行反思。“中国报业多半皆以旧法管理之，能以最新新闻学原理管理者，屈指可数也”。报馆工作人员“有新闻学之训练者”“总数不足一二十人”。报馆编辑“偶有一二人，能规编辑政策者，则非为政治所利用，即为权力思想所指使”[⑥]。消息传递大多使用邮递，不能使用电报，致使消息颇多延误。与西方新闻事业相比，“中国是一个报纸尚未完全发展的国家”，“尽管中国有许多真正的新闻工作者，但今天整个国家的新闻服务并没有被证明是令人满意或有效的”。[⑦]

（三）抗议西方涉华歪曲报道

中国代表7次参加国际新闻会议，在4次会议上严正抗议西方对华的歪曲报道。1921年，许建屏在世界报界大会及泛太平洋会议指出，“外国

---

① Walter Williams, *The Press Congress of The World in Hawaii.* Columbia: Stephens Publishing Company, 1922, p. 160.

② 王伯衡:《中国与报纸》,《申报星期增刊》, 1921年10月16日第2版。

③ 王伯衡:《中国与报纸》,《申报星期增刊》, 1921年10月16日第2版。

④ Walter Williams, *The Press Congress of The World in Hawaii.* Columbia: Stephens Publishing Company, 1922, p. 471.

⑤ Walter Williams, *The Press Congress of The World in Hawaii.* Columbia: Stephens Publishing Company, 1922, p. 161 - 162.

⑥ 王伯衡:《中国与报纸》,《申报星期增刊》, 1921年10月16日第2版。

⑦ Walter Williams, *The Press Congress of The World in Hawaii.* Columbia: Stephens Publishing Company, 1922, p. 471.

报纸已经完全摧毁了中国报人对西方报道真实性的信任”[①]，“中国新闻记者对大洋沿岸国家流传的报纸专栏和这些国家新闻机构提供的每日电报毫无信心”[②]。1927 年国际报界专家会议上，戈公振指出，外国报纸关于中国国民运动之报告“系多属无稽之谈”[③]，“消息之证为不正确者，而有极广之传布”[④]。1933 年，丘正欧在国际新闻会议上指出：“有若干在华外国记者，或道听途说，探访不甚切实，致常发出与事实相反之消息。”[⑤] 1948 年，张彭春在联合国新闻自由会议上指出：“外国记者，自华发出消息，有报道歪曲，使国外产生不确的印象者。抨击中国政府，及歪曲的报告，不时从外国记者的笔下流出。具体性的新闻反不为许多人注意，惊人而诽谤的消息，往往从不为人忽略。”[⑥] 程沧波也提出，“现在欧洲大陆，根本不了解中国情形”，“在美国纽约时报登载中国新闻相当多，但是事实的正确性与判断力都有问题”。[⑦]

中国代表从不同角度揭示西方涉华歪曲报道之成因。许建屏认为，政治势力对报纸的控制是主要原因，外国报纸是“政治家手中言听计从的傀儡”，特别是在世界大战期间，“外国机构传达的有关中国国际关系的新闻报道有自己的目的”[⑧]。董显光强调，西方涉华歪曲报道盛行源于缺乏对中国的了解，“西方人民不知道中国的情况，歪曲事实也加剧了他们对中国事务的无知，无知会导致进一步的误解”。[⑨] 王伯衡则认为，中外之间沟通渠道的缺乏是西方涉华歪曲报道的主要原因。于中国而言，“中国报界与世界报界尚少联络，以致彼此不能有统系及富于兴味之记载”；于世界而言，“各国对于中国之新闻，亦未能好为研究，以致各国报纸上所载关于

① 张咏：《以“真相”的名义：留学知识分子对西方报道的批判及对新闻检查的倡导》，戴剑平主编：《南方传媒前沿论坛》，汕头：汕头大学出版社，2018 年，第 10 页。

② Walter Williams, *The Press Congress of The World in Hawaii.* Columbia: Stephens Publishing Company, 1922, p. 364.

③ 《国际新闻大会开幕　中国代表戈公振之演说》，《申报》，1927 年 8 月 26 日第 2 版。

④ 戈公振：《新闻电费率与新闻检查法——在国际报界专家大会演说》，《新闻学刊》1927 年第 4 期。

⑤ 《国际新闻会议　出席者共计二十八国　我国代表提议三要点　日本德国未参加》，《新蜀报》，1933 年 12 月 21 日第 3 版。

⑥ 《国际新闻自由会议　我代表张彭春致词　强调新闻公正与准确之重要　并纠正外国记者对我歪曲报道》，《益世报》，1948 年 4 月 1 日第 1 版。

⑦ 《出席新闻自由会议归来　程沧波报告观感》，《新闻报》，1948 年 5 月 24 日第 4 版。

⑧ 张咏：《以“真相”的名义：留学知识分子对西方报道的批判及对新闻检查的倡导》，戴剑平主编：《南方传媒前沿论坛》，汕头：汕头大学出版社，2018 年，第 10 页。

⑨ Walter Williams, *The Press Congress of The World in Hawaii.* Columbia: Stephens Publishing Company, 1922, p. 163.

中国之消息，非为毫无关系之事实，即为不着痛痒之电讯”。[①] 中外新闻界之间的交流不畅，导致歪曲报道的形成。

中国代表强烈呼吁西方新闻界了解中国。许建屏提出，“中国正处于从旧到新，从保守到进步的过渡时期”[②]，“为了获得东方报界的信任和支持，外国媒体应该‘讲真话，讲全部真话，只讲真话’”[③]。黄宪昭也呼吁，世界各国的领导人应做出更大的努力，“把中国的新闻和观点不带偏见地带到世界面前”，“把中国人最好的思想传给其他人，纠正对中国的误解”[④]。

三、让中国了解世界：外国代表的关注重心引介

中国新闻界在报道国际新闻会议过程中，着力介绍外国代表关注的新闻检查、报业发展影响因素等话题。

（一）新闻检查制度的存废

关于新闻检查制度的探讨，存在美苏两大阵营的分歧。英美等国新闻界普遍认为，新闻检查无论对于新闻业本身还是政府都是不利的。“检查报纸之举，实有害无利。凡电信曾受检查，新闻记者能立即察觉之。此疑念一经成立，纵检查不止，怀疑亦尚不止”，“故一国家或一政府，欲博世界恶名，其唯一捷径，即为检查对内对外之新闻”。[⑤] 美国主张取消一切新闻检查制度，从而保障世界新闻之自由传递。[⑥]“检查制度之存在，乃是违反法治之原则”，新闻检查官是“政府所派的官吏来钳制人民的喉舌”，“是靠当政之统治者好恶维持生存的”。[⑦] 英美各国抨击共产国家实行检查制度，批评苏联“报纸在出版前和出版后都有检查”[⑧]，苏联的编辑及管理

① 王伯衡：《中国与报纸》，《申报星期增刊》，1921 年 10 月 16 日第 2 版。

② Walter Williams，*The Press Congress of The World in Hawaii.* Columbia：Stephens Publishing Company，1922，p. 454.

③ Walter Williams，*The Press Congress of The World in Hawaii.* Columbia：Stephens Publishing Company，1922，p. 455.

④ Walter Williams，*The Press Congress of The World in Hawaii.* Columbia：Stephens Publishing Company，1922，p. 316.

⑤ 戈公振：《清末民初文献丛刊·中国报学史》，北京：朝华出版社，2018 年，第 109 页。

⑥ 《新闻自由原则　美主列入公法》，《中央日报》，1948 年 3 月 28 日第 3 版。

⑦ 马星野：《新闻自由划界记——人权宪章第十七章谈论经过》，《中央日报》，1948 年 4 月 30 日第 3 版。

⑧ 葛思恩：《何谓新闻自由？——新闻自由会议的基本问题》，《中央日报》，1948 年 4 月 3 日第 7 版。

人员，也由党任命，报纸受党的指导和监督，进而成为一种进行国策和宣传教育的工具。苏联则主张，“审查制度是必要的，以确保人民的权利得到保障，并防止利用信息来促进战争、法西斯主义和种族歧视”。苏联指出，“英美在表面上没有检查，事实上是有检查，是由报业托拉斯、报业大王们在检查”①。

各国代表也探讨了具体的新闻检查方式。1927 年国际报界专家大会的记者委员会提出新闻检查“必须由专门家管理”，“须预备为通知各记者”，“凡因检查或迟延之电报，已经预付电费者，必须按照删去之字数，给还电费”。② 1948 年，联合国新闻自由会议提出新闻检查应事先规定，“并公布检查官宣告禁载事项之训令”，应“尽量于新闻记者在场时检查”，如当面检查不能实行，应“规定检查官送还新闻稿件或照片之时限”，另外，“如遇电报因送检关系而致其传递稽延六小时以上时，退还该电报全部电费”。③

第二次世界大战结束后，随着国际新闻自由运动的兴起，取消新闻检查制度呼声越来越强烈。1948 年召开的联合国新闻自由会议在其决议案中阐明：“各国政府应准许外国记者及外国新闻机关自其领土内发出一切新闻资料，不论其为新闻或意见，属于视觉或听觉，均不予检查修改或留难。”④

（二）报业发展的影响因素

报业发展受政治因素的控制。20 世纪上半叶，经过战争，“各国政府都认识到了新闻战争比较武装战争还有威力，于是都知道充足新闻战争的实力，都知道运用这狠毒的、阴险的、杀人不见血的武器”⑤。在通信体制上，国营性质或半官方性质的新闻机构，都必然凸显本国政府立场，宣传本国政府政策。特别是苏联，“党和政府对于全国报纸加以机密的控制”，“报纸受党的指导和监督”，报纸评论“是一种进行国策和宣传教育的工具”。⑥ 在政治的影响下，报纸服务于统治阶级，成为政治工具。

---

① 马星野：《新闻自由划界记——人权宪章第十七章谈论经过》，《中央日报》，1948 年 4 月 30 日第 3 版。

② 戈公振：《国际报界专家大会之先声》，《东方杂志》1927 年第 14 期。

③ 《联合国新闻自由会议蒇事文件》，纽约：联合国出版物，1948 年，第 23 页。

④ 《联合国新闻自由会议蒇事文件》，纽约：联合国出版物，1948 年，第 24 页。

⑤ 陶涤亚：《国际新闻会议与中国》，《申报月刊》1933 年第 2 期。

⑥ 葛思恩：《何谓新闻自由？——新闻自由会议的基本问题》，《中央日报》，1948 年 4 月 3 日第 7 版。

报业发展受经济因素的制约。随着报业垄断的形成，报业资本家“完全以营利为目的，他们可以决定什么让读者知道，什么不让读者知道”，出于对利益的追求，“报纸故意曲意迎合读者的低级趣味，注重黄色新闻或无关紧要的新闻，而真正有关人民福利、国家大计的消息，反而不加重视”。[①] 报业发展还需要以经济为支撑，良好的经济基础是报纸不偏不倚的保证。

报业发展还受广告与读者的影响。报业具有商业属性。经过发展，报业成为商业机构，报纸和广告是报业机构的商品，从而也构成报业获得收入的唯一合法来源。[②] 广告构成报纸收入的重要来源，读者多寡又决定着广告价值的大小。“如果没有广告，现代报纸就不可能存在”[③]，报纸的业务经理不仅需要与广告商保持良好的关系，还需要通过新闻维持与公众的关系。为了提高销量，报纸难免存在为了取悦公众而歪曲报道与伪造事实的情况。特别是近代兴起于美国的报道方式，报纸上轰动的消息与标题频出，进而导致有色新闻与虚假报道出现。

若想解决上述问题，必须认清报业的性质。“新闻工作是一种公共服务的职业”，“尽管它可能涉及报纸的制造和销售、机械的交易，但它主要是一种公共服务的职业”。[④] 美国代表南斯认为，媒体应该对公众负责，报纸只是转述者，他的任务是将新闻聚集在一起，把真理和解释带给世界，报纸不属于任何所有者，如果自私，报纸就不能履行其职责。[⑤]

四、中外新闻界达成的共识

中外代表虽然都以本国利益为重，关注重心各有差异，但就新闻业务发展与中外新闻交流等议题，或产生共鸣，或通过相关决议案，达成基本共识。

---

① 葛思恩：《何谓新闻自由？——新闻自由会议的基本问题》，《中央日报》，1948 年 4 月 3 日第 7 版。

② Walter Williams, *The Press Congress of The World in Hawaii*. Columbia: Stephens Publishing Company, 1922, p. 292.

③ Walter Williams, *The Press Congress of The World in Hawaii*. Columbia: Stephens Publishing Company, 1922, p. 100.

④ Walter Williams, *The Press Congress of The World in Hawaii*. Columbia: Stephens Publishing Company, 1922, p. 73.

⑤ Walter Williams, *The Press Congress of The World in Hawaii*. Columbia: Stephens Publishing Company, 1922, p. 240 – 241.

（一）保障记者权利，提升记者素养

中外代表都倡议保障记者权利，并通过相关决议案，对记者职业权利进行规定。对于外国记者，应平等待遇。外国记者在进行新闻调查时，应获得与本国记者同等之便利[①]，各国政府不应对于外国记者有厚此薄彼之待遇[②]。记者有充分接近新闻来源之权利，有旅行及各地探访新闻不受阻碍之权利，有传递新闻而不受不合理或含有歧视性之限制的权利。[③] 记者还应获得经济及生活上之保障。各国应在本国法律中加入社会保险制度，为新闻人员提供生活保障：

> （一）在其晚年或遇残废时，给付年金或一笔恤金；（二）遇有失业或疾病时，给付赔偿费若干时日，且于通知解雇时应宽予时限；（三）给付其遗孀及其受其抚养之子女年金或一笔恤金；并建议社会补助费之资金应由雇主与新闻事业人员本人共同缴充之，且于可能时应由政府缴付一部分。[④]

关于记者应具备的良好职业素养，中外代表达成共识。作出正确的报道是记者的职责与使命，“记者的理想和目标应该是寻求真相”，“尽管在国际事务上说真话并不总是一项令人愉快的任务”。[⑤] “每个记者必须意识到他是真理的使徒和正义的倡导者。”[⑥] 中国代表许建屏也呼吁外国媒体“说出真相，全部真相，只有真相”[⑦]。马星野也提出，记者进行新闻报道应不存偏见，不存恶意，从记者自身做起去消除各种谣言及错误消息，提供客观、精确、公正、包罗宏富之新闻，从而避免世界各民族之隔阂，促进民族团结。[⑧]

若想提高记者素养，应为记者提供良好的新闻教育，大学教育是一个

---

① 戈公振：《国际报界专家会议记略》，《东方杂志》1927 年第 19 期。

② 《联合国新闻自由会议藏事文件》，纽约：联合国出版物，1948 年，第 22 页。

③ 《联合国新闻自由会议藏事文件》，纽约：联合国出版物，1948 年，第 23 页。

④ 《联合国新闻自由会议藏事文件》，纽约：联合国出版物，1948 年，第 32 – 33 页。

⑤ Walter Williams, *The Press Congress of The World in Hawaii.* Columbia: Stephens Publishing Company, 1922, p. 209.

⑥ Walter Williams, *The Press Congress of The World in Hawaii.* Columbia: Stephens Publishing Company, 1922, p. 102.

⑦ Walter Williams, *The Press Congress of The World in Hawaii.* Columbia: Stephens Publishing Company, 1922, p. 456.

⑧ 马星野：《观察国际新闻自由会议》，《周末观察》1948 年第 11 期。

成功的新闻职业生涯的必要基础。[①] 捷克代表主张："各国政府，对于外国记者，应设立旅行及研究之学额。"[②] 1928 年国际报界专家大会记者委员会提出，"新闻事业，系一种职业，实行此项职业，需要之特别之训练及实习"，"爰表示在各大学或同等之学院中，保存或设立此种特别课程，俾新闻记者，于职业之暇，得补充其政治经济及其他知识"。[③] 中国代表建议，加强新闻教育，特别是加强记者的文化与一般常识、有条理及独立的思想方法、本国及外国语言的训练，否则，新闻的准确、真实、公正便难以得到保证。[④] 中国代表还提出，新闻学校应讲授"新闻职业之道义及社会责任心，戒其商业化惊人化，或对异族异教不予容忍"，讲授"客观准确而详尽之报道"，"新闻学校并应详细研究其他民族之历史文化，以为准确解释国际新闻之背景"[⑤]。

（二）降低新闻电费率，促进国际新闻流通

中外代表建议，降低国际新闻电费率，促进国际新闻流通。英国代表劳森上校提出，低廉的新闻电费需要各国政府之间、电报公司之间的合作。鉴于铺设电缆的高成本，还应提倡无线电报的使用。[⑥] 美国代表艾伦建议制定统一的国际新闻费率，不仅能刺激世界各地区的新闻发布量，还能将世界各地的新闻带给偏远地区。[⑦] 日本代表上田硕三指出，远东各大城市间电报消息及新闻传递设施，均相对落后，且费用过高。东方各国的有线与无线电报交通，在设备上远不如欧美各国，"北京至东京，每电报码之电费，实四倍于纽约之伦敦之电费，且纽约与伦敦之距离，较东京至北京间远数倍"[⑧]。远东各国在世界政治及新闻业方面已占有重要地位，各国应注意东西两方新闻之交换及传递，从而使得新闻能够传递真相，以减少误会。

1927 召开的国际报界专家会议，"中国对于新闻电费"，"最为关心，

---

① Walter Williams, *The Press Congress of The World in Hawaii.* Columbia: Stephens Publishing Company, 1922, p. 128.

② 戈公振：《国际报界专家会议记略》，《东方杂志》1927 年第 19 期。

③ 戈公振：《国际报界专家会议记略》，《东方杂志》1927 年第 19 期。

④ 《国际新闻会议讨论我国建议》，《大刚报》，1948 年 4 月 7 日第 4 版。

⑤ 《国际新闻会议小组　通过我国提案　具崇高观念之记者应予奖励》，《申报》，1948 年 4 月 8 日第 4 版。

⑥ Walter Williams, *The Press Congress of The World in Hawaii.* Columbia: Stephens Publishing Company, 1922, p. 212 – 217.

⑦ Walter Williams, *The Press Congress of The World in Hawaii.* Columbia: Stephens Publishing Company, 1922, p. 434 – 437.

⑧ 《国际新闻会议开幕　劈头第一案为远东问题》，《晨报》，1927 年 8 月 26 日第 3 版。

请大会核减中外间之电费，以增进新闻之记述。欧洲各国所载华事，多欠正确，实因中国无权管理海电之发送”。① 戈公振提出，“中国与欧美两洲间之新闻电费，较之欧美两洲相互间，高过二倍有半”。虽然从距离上讲，中国与欧美间之新闻电费应该超过欧美两洲之间，但是“中国在国际问题上既居重要位置，窃以西方之需要中国新闻，与中国之需要西方新闻，其量必与日俱增”②。赵敏恒提出，“现在中国发往欧洲及美国的新闻电讯，每字的价格太高”，“现在上海各报馆或通讯社发往伦敦或纽约的电讯，或由伦敦纽约发至上海的电讯，每字至少须金洋二角之谱。这种价码，较比欧美彼此往来的新闻电讯价码，有三倍多之高”。③ 因而，新闻电费确有减少之必要。

1927年国际报界专家会议上中日代表联合提出降低新闻电费的议案获得通过：

(一) 以国际会议名义，向有关系之各国政府，将远东各国与欧西各国间，及远东各城间之电费缩减至最少限度，以便推广新闻事业。(二) 督促各政府，改善其交通设备。(三) 另设特别新闻电报费，应三倍于普通商电费，但须将特别新闻电最先发出。(四) 欧陆各地之电报，亦须即时改善。④

会后，国际新闻电费确实得到降低。1927年日本与上海的电费由每语一角八分降为八分，日本与香港由每语二角八分降为一角九分，日本与北京及其他各处由二角二分降为一角二分。⑤ 1930年，中国与欧美新闻电费由原来的金佛郎1.5减价为0.86，合计当时华币六角七分。⑥ 电费降减与中外代表在国际新闻会议的努力密不可分。

(三) 探寻中外新闻交流方式

各国代表努力探寻中外新闻交流方式：

第一，定期举办国际新闻会议。1921年，世界报界大会创办人威廉博士建议每五年举行一次会议，世界报界大会下设区域报界大会且每两年举

---

① 半六：《国际新闻会议（二）》，《新闻学刊》1927年第4期。

② 戈公振：《国际报界专家会议记略》，《东方杂志》1927年第19期。

③ 赵敏恒：《外人在华新闻事业》，上海：中国太平洋国际学会，1932年，第8页。

④ 《国际新闻会议第一日　通过华代表议案　重要之点共四种》，《晨报》，1927年8月27日第3版。

⑤ 《日本减轻中日间之新闻电费》，《时报》，1927年5月16日第4版。

⑥ 《欧洲新闻电费减价》，《新闻报》，1930年7月19日第8版。

行一次会议，区域世界报界大会之下再设立局部报界大会且每年开会一次。如此，“则气息一贯，程序井然，报界大会为永久的、有系统的组织矣”[①]。各参会国也积极申办国际新闻会议。1915 年中国代表首次出席国际新闻会议时就提交了在中国办会的申请。1921 年，中国、西班牙、菲律宾、美国和日本等国，均申请举办世界报界大会。此外，国际联盟召集的1927 年国际报界专家大会、1932 年哥本哈根会议、1933 年国际新闻会议，后次会议均对前次会议的议案、执行情况等内容进行反思与讨论。国际新闻会议得到持续性发展。

第二，设立国际新闻合作机构。威廉博士提出，为保持世界交流渠道的开放与自由以及公正和公平的言论，应该成立一个新闻记者联盟。[②] 香港记者彼得生建议在世界范围内成立一个永久性的记者组织，成立国际记者联盟。该组织应具有全球视野，提供真实新闻，以所有人民的福利为唯一目标。[③] 法国代表提出，建立一个国际新闻局，由半数以上的职业报人担任理事，通过与联合国经济社会理事会合作，推动国际新闻公约的执行。[④] 中国代表王伯衡建议，建立国际通讯社，由全世界报界协力组织，通过邀请中西方专员来将“中国有价值之新闻，供给于世界”，“以各国有价值之新闻，供给于中国”[⑤]。

第三，开展互访活动。董显光建议西方新闻界到中国开展访问活动，“没有什么比你自己看看这个国家更好的了，如果不能长时间地停留，应该进行几个月的访问，这将是互利互惠的”[⑥]。为了加强各国记者对彼此国家的认知，还应互换记者。这一建议得到民国政府交通部的支持，为前往中国交流的记者提供免费的交通及旅行特权。[⑦] 澳大利亚记者协会会长戴维斯建议，在各国之间、特别是美国和澳大利亚之间交换记者，“许多误解和误会都会避免，我们会更好地了解彼此的未来”，“这将加强两国之间

---

① 《世界报界大会续闻》，《申报星期增刊》，1921 年 8 月 21 日第 2 版。

② Walter Williams, *The Press Congress of The World in Hawaii.* Columbia: Stephens Publishing Company, 1922, p. 76.

③ Walter Williams, *The Press Congress of The World in Hawaii.* Columbia: Stephens Publishing Company, 1922, p. 432.

④ 马星野：《四大自由第一章——新闻自由会议有些什么成就?》，《中央日报》，1948 年 5 月 5 日第 3 版。

⑤ Walter Williams, *The Press Congress of The World in Hawaii.* Columbia: Stephens Publishing Company, 1922, p. 204.

⑥ Walter Williams, *The Press Congress of The World in Hawaii.* Columbia: Stephens Publishing Company, 1922, p. 167.

⑦ Walter Williams, *The Press Congress of The World in Hawaii.* Columbia: Stephens Publishing Company, 1922, p. 170.

的友谊纽带，也将使记者获得更多的知识，也有助于提高记者的效率”。[①]

结语

国际新闻会议作为交流平台，是中国走向世界的桥梁。中国代表积极将中国古代报纸与印刷术以及中国新闻界在国际社会的困境介绍给世界，让世界了解了中国，同时也增强了民族自尊心与自信心：“今天中国新闻事业正如国内其他情状，同样在艰苦阶段中，但我们深信中国新闻必因新闻界全体之共同奋斗，而渐济于成功光明之途。”[②]

国际新闻会议，也是中国了解世界的重要窗口。中国代表将外国代表关注的新闻检查与报业发展影响因素等问题引介到中国，让中国了解了世界，也引发中国新闻界的反思。中国代表认识到，“不能盲从集权主义的报学理论，但是也不能无视于资本主义国家报业集中的敝害”[③]，新闻事业“不只要对本国负责任，更要对国际负责任”，“作报的人，今后要目光四射，耳听八方，新闻与言论的发表，可以很快地得到国际的反响”。[④] 放眼世界，“中国新闻事业的落后无可讳言，故如何一方面扫除资本主义与共产主义之障碍新闻自由缺点，而建立我们三民主义下的新闻事业体制，一方面积极发展本身的健全，以免新闻自由之偏枯而受国际新闻市场的垄断威胁，将为吾国新闻新闻界此后共同努力的目标”[⑤]。中国新闻事业发展一定要走中国之路。

然而，我们也应看到，国际新闻会议一直呈现出强烈的政治色彩。国际联盟举办的三次国际新闻会议，一直受英、法等大国控制，正如戈公振所分析：“国际联盟之现状，已非威尔逊当初所提倡之和平机关，已成为欧洲局部的国际联盟，纯为列强所把持。”[⑥] 由此，“所谓国际新闻会议，依旧是帝国主义所组织的国际联盟所操纵的会议”[⑦]。国际新闻会议是各国政治角逐的舞台。1948 年联合国新闻自由会议会后，程沧波指出，国际新闻会议“应该是一个超出政治性的会议，但是实际情形，政治空气的浓

① Walter Williams, *The Press Congress of The World in Hawaii.* Columbia: Stephens Publishing Company, 1922, p. 312.

② 《程沧波等联合声明　报告新闻会议经过》，《申报》，1948 年 5 月 20 日第 2 版。

③ 刘豁轩：《联合国新闻自由会议与中国报业》，《大公报》，1948 年 9 月 1 日第 5 版。

④ 刘豁轩：《联合国新闻自由会议与中国报业》，《大公报》，1948 年 9 月 1 日第 5 版。

⑤ 曾虚白：《中国新闻史》，台北：三民书局，1984 年，第 876 页。

⑥ 王明亮、刘佩：《戈公振参与两次国际间新闻会议故事重探》，《国际新闻界》2011 年第 10 期，第 100－106 页。

⑦ 德征：《一周大事述评》，《星期评论》1927 年第 17 期。

厚，是这个会议不能有所成就的致命伤”[①]。马星野提出，“此次大会，外交家比新闻家多，政治色彩比职业色彩浓厚，战争意识比和平意识重，国家利益比国际利益高”[②]。各国参会代表对国际新闻会议所秉持的“以社会为本位，不以政治为本位；以世界为范围，不以国家为范围”[③] 的初衷，只能流于空想。

以会议决议案为代表的新闻交流成果，也难免流于形式。威廉博士创办的世界报界大会，尽管通过了种种决议，但并不具有执行效力，只能依靠各国之间的合作与沟通。国际联盟召集的三次国际新闻会议，各项决议案也是“获而不决，决而未行”[④]，“只收获了若干形式上的成绩，此种成绩，可以在学术上，帮助我们对于新闻纸作一种法律上之辅助认识，而不能希冀其有多大的实际的表现”[⑤]。联合国新闻自由会议所通过的三种公约草案，要经过联合国经济暨社会理事会的讨论、联合国大会讨论与各国议会的批准，因而三种公约草案也只能被“看作主义的本体或目的的说明”，只能“从中找到许多久已暧昧或久被误解的民主案例的有用解释”，[⑥] 至于付诸实践，只能是一种遥远的期待。

---

① 沧波：《我看新闻自由会议》，《新闻报》，1948 年 4 月 15 日第 2 版。

② 马星野：《新闻自由划界记——人权宪章第十七章讨论经过》，《中央日报》，1948 年 4 月 30 日第 3 版。

③ 《世界新闻大会之希望》，《益世报》，1921 年 12 月 10 日第 2 版。

④ 刘豁轩：《联合国新闻自由会议与中国报业》，《大公报》，1948 年 9 月 1 日第 5 版。

⑤ 袁殊编译：《新闻法制论》，上海：言行出版社，1938 年，第 154 页。

⑥ 星风：《小有成就的国际新闻会议》，《时与潮》1948 年第 3 期。

从被引文献到研究对象：政治传播视野下的内参传播*

刘宪阁①

摘　要：基于革命年代的长期积累，1949 年后正式建立的内参渠道及其信息传播逐渐成型、稳定和制度化。回顾 70 余年的发展，特别是最近 20 年左右新媒体情境下的演变，再考虑到信息沟通、政治传播、国家治理等学术进展，内参已不再是单纯被征引的史料。作为一个开放的学术议题，内参传播有望成为独立的研究领域，并为探索中国自主新闻传播学知识体系提供参照。

关键词：内参传播；信息渠道；政治沟通；国家治理

2016 年 2 月 19 日上午，习近平总书记到新华社调研。在负责采编内参稿件的参编部，他谈到自己在地方工作时就比较重视内参，到中央工作后尤其重视；并指出“内参工作非常重要”，鼓励大家再接再厉。② 在当代中国，特别是疫情以来的各种应对背后，无不可以发现媒体内参、部门和地区内参以及学者内参等的影子。比如 2020 年 2 月 1 日，华中师范大学喻发胜教授就疫情防控给中央及湖北省、武汉市防疫指挥部呈送内参，文中连续用了三个粗体感叹号：“隔离！隔离！尽快隔离！”《现代传播（中国传媒大学学报）》2020 年第 6 期刊发张毓强等有关新华社疫情报道的研究论文，也特别提及基于另一套逻辑体系的内参渠道。③ 如果从 1953 年初毛泽东提出各省市部门都要创办“甚为有益”的内参资料算起，2023 年恰逢内参制度正式确立 70 周年。作为当代中国社会政治生活中的一个常见现象，不少人对内参渠道的信息沟通可能并不陌生。但熟悉未必意味着理解，尤其是在社会科学理论的层次上。如何将这些熟悉的信息传播现象加

* 本文主要依据 2014 年春中国政法大学政治学前沿课程与 2020 年春郑州大学新闻传播思想史课程的交流记录整理修订而成。本文是国家社科基金“国际传播视野下新华社建设世界性通讯社历史研究”（项目编号：22BXW029；河南省高等学校哲学社会科学基础研究重大项目，项目编号：2023 - JCZD - 25）以及郑州大学学科建设专项课题“穆青和新华社建设有中国特色的世界性通讯社构想研究”（项目编号：21XKJS001）的阶段性成果。

① 刘宪阁：新华通讯社 - 郑州大学穆青研究中心学术副主任，郑州大学新闻与传播学院教授。

② 《“与党和人民同呼吸，与时代共进步”——习近平总书记主持召开党的新闻舆论工作座谈会并到人民日报社、新华社、中央电视台调研侧记》，《人民日报》，2016 年 2 月 21 日。

③ 张毓强、张开扬：《主流媒体内容生产：逻辑、空间及其内在张力——以新华通讯社防疫抗疫报道为例》，《现代传播（中国传媒大学学报）》2020 年第 6 期，第 43 - 50 页。

以陌生化，并予以社会科学理论的提炼与解读，对探索中国本土经验、建构中国新闻传播自主知识体系来说，是非常现实的课题。

一、从偶然邂逅到逐步关注

（一）偶然邂逅

笔者关注到内参及相关现象纯属偶然。笔者2005年初在香港中国研究服务中心，注意到一套比较完整的新华社《内部参考》。尽管以前听说过这样的出版物，但真正接触到作为实体出版物的内参资料，这还是第一次。

2009年秋，随着从历史学逐步转向新闻传播学，特别是考察渤海二号沉船报道期间，[①] 笔者对内参有了更多了解，愈发认识到内参不应只是学术论文中被征引的简单史料，其本身的编采制作、信息流通以及承载的政治传播职能就值得成为独立的研究对象，研究内参对理解和把握当代中国新闻传播与政治运行非常重要。

以毛泽东为例，其各项重大决策并非简单地拍脑袋，而是有一定的依据。他多次强调，自己脑海里的每个问题，都是根据下面的意见来的，即并非凭空想象，而是来自各地汇报，或通过阅读内参资料等获悉。

《建国以来毛泽东文稿》《毛泽东年谱》等就收录了不少毛泽东批阅过的内参材料，为理解他何以判断形势、形成决策等提供了重要线索。长期担任其秘书的胡乔木，1989年春应邀在美国访问期间做过一场学术演讲。里面谈到中国领导人通过很多途径来获取信息、进行决策：比如“党政机关建立的全国范围的信息网络”；以及报纸、电视、通讯社等新闻机构提供的信息。这些信息显然不光是公开报道，还应包括内参资料。[②]

前些年英国《经济学人》（*Economist*）杂志做过一期专辑，谈中国的智库问题；后来中文网络译介时改题为“领导人读什么”，可谓非常贴切。[③] 比如中央党校《思想理论内参》，其宗旨是向党中央提供最有价值的决策参考。[④] 再加上新华社《国内动态清样》，是高层非常喜欢的两份内参。不过前者这种智库型内参，和新华社这种新闻机构提供的媒体型内

---

① 刘宪阁：《渤海二号沉船事故报道之台前幕后》，《新闻记者》2012年第8期；《新华社最早内参急报渤海二号沉船事件》，《青年记者》2013年第16期。

② 胡乔木：《中国领导层怎样决策》，《胡乔木文集（第二卷）》，北京：人民出版社，1993年，第271－274页。

③ 从阅读史视角来考察内参资料，也很有意思。此处不赘述。

④ 郑必坚：《怎样办好一个有分量的〈思想理论内参〉》，《郑必坚论集（中卷）》，上海：上海人民出版社，2005年，第898－901页。

参，虽有类似之处，但毕竟不同。当然，两者近年也出现融合趋势；尤其媒体内参，也开始往比较理论化甚至智库化的方向走，甚至出现智库型媒体的说法。

内参本意是对内、非公开发行的；但是现在很多刊物为了迎合读者、明明是对外发行也叫内参，给人以很神秘的感觉：来自内部或局内人的内幕消息，满足了民众的偷窥欲望。但也因此，民间或社会上对内参充满各种夸张的、未必真切确实的想象。

像上述提到的有些刊物，虽然冠以内参之名，但并非这里所说的媒体型内参。简言之，媒体型内参即各新闻部门向其对应的上级部门，以及中央高层机构等提交的一些被认为具有重要参考价值、特别是不适合公开发表或报道的资料。具体叫法可能五花八门，但不管叫什么，都起着向管理机构和决策群体提供参考信息的功能。

（二）逐步关注

2013 年底，恰逢毛泽东诞辰 120 周年。笔者在协助北大新闻学研究会组织研讨活动时，曾邀请杨奎松、王海光、王奇生等资深史学研究者，与新闻史青年学者进行交流。没想到在完全不了解上午议程涉及内参的情况下，几位历史学者不约而同提到了内参现象。比如王奇生教授在就特别提到内参及其困惑：说到底，这究竟是情报、新闻、宣传还是什么？①

对种类丰富、形式多样的内参现象，应该如何解读和分析呢？既然它跟政治有关，跟传播有关，是否可以被放在政治传播的框架下来思考呢？但什么是政治传播，以及它能否容纳内参现象呢？

简单来说，政治传播是晚近兴起的一个学科分支。1973 年，国际传播学会第一次成立了政治传播学部；1993 年出版的《政治学：学科的状态》则第一次把政治传播纳入政治学的学科范畴。后来还有了专门期刊 *Political Communication*，相关论文更是开始广泛刊载于各种学术期刊。国内的政治传播研究起初比较零散（早期被称为政治沟通等）。最近十来年该研究则愈发兴起，甚至成为新兴的学术热点。这表现在政治传播研究机构的渐次成立，相关学术研讨活动的逐步展开，博硕学位点的不断设立，在国家社科乃至重大项目等科研立项中更是屡见政治传播的身影。研究文章频见发表，甚至登上了高端刊物《中国社会科学》。② 如果算上政治沟通等相近关键词，或者题目中不含政治传播字样、但实际处理的是政治传播问题的，数量更

---

① 魏永征即认为，“内参不是大众传播，而是组织传播（Organizational Communication）”。见郭镇之、赵丽芳主编：《聚焦〈焦点访谈〉》，北京：清华大学出版社，2004 年，第 233－234 页。

② 刘宪阁：《作为新兴热点的政治传播学》，《青年记者》2016 年第 1 期，第 93 页。

加可观。

问题是，怎么描述中国的政治传播，特别是内参现象能不能被纳入政治传播的分析框架中来？20世纪90年代初，有学者预测政治传播会在四个领域比较突出，即政治选举、政治与媒体的关系、政治修辞，以及有关政治的态度、行为和信息等。[①] 按照这种框架，内参显然更接近最后一组，即有关政治的信息，特别是政治信息的传播与沟通。因而，在中国要做政治传播研究，“不得不现实地把内参考虑在里边”，毕竟这是现实政治生活中非常重要的一种政治传播方式。

2013年底，笔者根据史料简单梳理了毛泽东和内参的关系；至于和政治传播的关联，则并未深入分析。[②] 文章发表了，但问题始终存在，即怎么把内参这样一个当代中国政治、新闻传播乃至日常生活中的常见现象，提升到社会科学理论的层次，用比较学术的方式、规范的语言呈现和描述出来？

或谓当代中国政治有四大形态，即会议的政治、批示的政治、小组的政治和文件的政治。近年有关批示研究已有几篇，景跃进教授则介绍过“文件政治”，并设想其有朝一日可以成为研究中国政治的一个关键词。[③] 而在日常生活中还有大量类似现象尚未得到很好的梳理和研究。比如是不是还有一种内参政治？因为一些文件和批示很可能是领导人看到内参反映的情况而引起的。虽然还只是个别媒体报道的描述性用语，而非严谨的学术概念，但和文件政治等一样，“内参政治”的确值得注意。

提到对内参的严肃研究，首先绕不过尹韵公教授。作为国内最早提出应注意内参研究的学者，他认为内参现象是当代中国新闻传播的独特形式。结合已公开整理发表的《邓小平年谱》《建国以来毛泽东文稿》等，他陆续发表过一系列文章，谈内参信息工作机制，以及毛泽东、邓小平与内参和批示等。[④]

---

① 张晓峰、赵鸿燕：《政治传播研究：理论、载体、形态、符号》，北京：中国传媒大学出版社，2011年，第5页。

② 刘宪阁：《毛泽东、内部参考与当代中国的政治传播》，《新闻与传播研究》2013年第12期，第15-26，119页。

③ 景跃进：《中国的“文件政治”》，北京大学国家发展研究院编：《公意的边界》，上海：上海人民出版社，2013年。

④ 尹韵公：《论中国独创特色的内部参考信息传播工作及其机制》，《新闻与传播研究》2012年第1期；《邓小平与“内参”》，《党的文献》2012年第6期；《毛泽东与内参：基于〈建国以来毛泽东文稿〉的搜索》，《中州学刊》2013年第11期；《毛泽东内参批示研究（1965—1976）》，《中共党史研究》2019年第9期。

港澳台地区也有研究者如黄正楷等注意到内参。① 海外学者也有关注。比如路透社前驻中国首席记者、复旦大学新闻学院外籍教师阳歌（Doug Young）在专著里特辟一章谈内参记者。② 又如瑞典沈迈克教授，考察过毛泽东是怎么获取信息并据以判断形势、形成决策的，其中就涉及内参。③ 类似的，美国学者李侃如在《治理中国》中也有专门章节谈信息的传播与决策，其中特别提到内参。④

从信息与决策的角度谈内参，对学界很有启发。20 世纪 80 年代孙旭培在《传播结构与领导层的信息结构》一文中就谈到相关现象。⑤ 政治学者俞可平也从这个角度分析过内参和信息传播问题。⑥

内参如此，政治传播如彼，怎么来描述内参和当代中国政治传播的关系？或许可以借用某经济学家的一段话来加深理解。其谓有些现象在中国已经不是纯粹的经济学问题，而是变成了"'政治'经济学"问题。这未必是妥当的类比，但有启发。

内参这样的现象，单纯用新闻学、传播学等来描述可能未必恰切。里面确实涉及政治性因素和话题，或者说离不开政治的影响。陈力丹曾谓，在当代中国，政治这条"明显的线索贯穿在整个新闻学中"⑦。内参的出现、形成和发展，也可以在这样的背景下来思考。学理上也许尚难归纳内参，但是实际生活中内参无时无刻不在发生作用和影响，并和政治发生关联。有些事情可以公开报道，有些只能写内参。为什么会这样，其影响因素和形成机制是什么？这就要追溯到内参的历史。

---

① 黄正楷：《1950 年代中共新华社〈内部参考〉的功能与转变》，台湾政治大学硕士学位论文，2006 年。

② Doug Young, *The Party Line: How The Media Dictates Public Opinion In Modern China*. Singapore: John Wiley & Sons, 2013.

③ ［瑞典］沈迈克：《信息、决策和中国的"文化大革命"》，朱佳木主编：《当代中国与它的外部世界——第一届当代中国史国际高级论坛论文集》，北京：当代中国出版社，2006 年。

④ ［美］李侃如著，胡国成、赵梅译：《治理中国：从革命到改革》，北京：中国社会科学出版社，2010 年。

⑤ 孙旭培：《传播结构与领导层的信息结构》，《当代中国新闻改革》，北京：人民出版社，2004 年。

⑥ 俞可平：《论当代中国政治沟通的基本特征及其存在的主要问题》，《政治学研究》1988 年第 3 期，第 11－19 页；俞可平：《政治传播、政治沟通与民主治理》，《现代传播（中国传媒大学学报）》2015 年第 9 期，第 73－74 页。

⑦ 陈力丹：《新闻学：从传统意识到现代意识》，《新闻学刊》1988 年第 6 期。转引自陈力丹编著：《不能忘却的 1978—1985 年我国新闻传播学过刊》，北京：人民日报出版社，2009 年，第 313 页。

二、内参演变小史

提到内参，不少人可能首先想到《参考消息》；稍微了解的，或许还听说过《内部参考》，以及虽无内参之名、但有内参之实的新华社动态清样等。不过前者现已公开发行，后者则是1949年以来逐步形成、由新华社负责编印、供党内高层以及相关领导干部阅读的一套内参资料。认真追溯起来，内参的历史可以追溯到更早时期。

（一）早期的内参

比如从江西苏区时期开始，红色中华通讯社就开始编印《参考消息》（每日电讯），刊登抄收中外电讯，送中央负责同志参阅。长征到达陕北后，一度停刊的《参考消息》恢复出版。这可以看作内参报道的前身。

经过抗日战争和解放战争，内参由抄收外电的“每日电讯”，发展到记者采写的“内参报道”，并逐渐形成一种制度。1948年6月5日的《关于新华社应供给各种资料的指示》，是中共中央发出的第一个关于内参的明确文件。1949年9月22号，新华社根据中央指示正式出版了《内部参考》，刊登的国外情况都是编译的。1950年以后，《内部参考》逐渐把新华社记者采写的消息放进来，成为包括国内外情况、具有参考价值的内参资料。1953年中共中央又制定了《关于新华社记者采写内部参考资料的规定》。

1953年初，新华社向阅读《内部参考》的中央领导人发出征求意见表。毛泽东于1月16号留下了一段文字不多但影响深远的批语：

> 我认为此种内部参考资料甚为有益；凡是有益的东西，凡重要的应发到有关部门和有关地方的负责同志，引起他们的注意；各大区、各省市都要有此种内部参考，收集和开印本省本市的内参资料。①

内参的制度化创设，特别是从中央到地方的大规模编印，与此大有关系。新华社专门开会讨论，并于1953年7月形成了《关于采写内部参考资料的规定》。后来关于内参的各种操作规范由此开始明确。简言之，好的方面要写内参；不好的也要写内参。比如“工作中尚未成熟、待实验性的

---

① 中共中央文献研究室编：《建国以来毛泽东文稿（第四册）》，北京：中央文献出版社，1990年，第28页。

不宜公开报道的工作经验”，以及“其他不适于公开发表的重要情况”等。①

（二）初步规范化后的内参

随着内参制度的初步确立，历史进入1957年。新华社又对内参资料作出专门规定：一般国际稿件的刊登要从严，国内的可以从宽；选择国际稿件时，对反映兄弟党内部关系的稿件要从严。对反映一般国际问题和兄弟国家内部一般情况的稿件，比如经济建设、学术动态、人民生活和思想状况的要从宽。为什么要这样？因为发生了一些情况。比如8月26号那期《内部参考》刊登了保加利亚共产党生活作风之类的一些传闻，还刊登了兄弟党中流传的“反动”政治笑话。高层认为这些资料没什么参考价值，传出去影响恶劣，故不建议发表。②

1958年2月，中央政治局书记处开会讨论《内部参考》。彭真提出，以后凡不适宜在《内部参考》刊登而有参考价值的稿子，除打清样送中央政治局委员、候补委员、中央书记处书记外，还应分送中宣部、中联部、外交部。列席的新华社负责人缪海棱，则反映了记者因怕出问题不敢写内参的情况，彭真说这样不对，应鼓励记者写，但要认真负责。③

鉴于内参的重要性，中央开始考虑对发行范围等做些安排。在此过程中，1958年发生炮击金门事件，高层需要及时了解国际动态，但在材料供给上，引发了毛泽东的不满。毛泽东专门让秘书林克到新华社传达批评意见，要求把《内部参考》办好，向中央提供一些有价值的信息；后来又让胡乔木去新华社，提出办一个新刊物，专门为中央服务。一个具有研究性质、为中央提供参谋意见的编辑部就这样开始酝酿成立。等到1959年，参考资料编辑部终于建成了，“以便在国际参考报道中为党中央和有关部门更好地起到‘耳目’作用”。④

1960年前后，鉴于情势复杂记者写内参不积极。毛泽东看不到有价值的内参材料，就开始有所批评；还指出《内部参考》看多了不好，不可不看，不可尽信。刘少奇也多次说内参像白开水，一点味道都没有，没看

---

① 《中共中央关于新华社记者采写内部参考资料的规定》，中国社会科学院新闻研究所编：《中国共产党新闻工作文件汇编：中册（1950—1956）》，北京：新华出版社，1980年。

② 新华社编委会：《关于改进〈内部参考〉工作向中央的请示报告》，新华社新闻研究所编：《新华社文件资料选编（第四辑）》，内部发行。

③ 尹韵公：《论中国独创特色的内部参考信息传播工作及其机制》，《新闻与传播研究》2012年第1期，第4-14，108页。

④ 刘宪阁：《毛泽东、内部参考与当代中国的政治传播》，《新闻与传播研究》2013年第12期，第15-26，119页。

头。后来经过调整，记者们逐渐又开始敢写内参了。毛泽东又说，不要把内参变成“谴责小说”，全是负面问题报道。他还批评：看你们的公开报道一片光明，内参报道一片黑暗，形势到底是光明还是黑暗？[①]

随着政治形势和高层态度的变化，记者们往往不知所措。简单来说，当社会形势和中央政策比较宽松的时候，内参就会写得更多元些；一旦上面口子收紧，政治形势变化，内参就开始收缩，难以提供有价值的信息。这种实际运作不免令人困惑：内参到底是起着搜集信息功能的耳目，还是传达上峰意图的喉舌，甚至是负责向下面吹风的？到 20 世纪 60 年代，后者苗头越来越明显。当内参受到批评、记者们成为惊弓之鸟的时候，就有人看眼色行事，揣摩领导意图，领导想要什么，就供应什么。结果内参完全背离了摸清状况的初衷。

1966 年之后的十年间，为保证新华社内参渠道的正常运行，中央先后专门发了 5 个文件，力图纠正当时遇到的各种问题。比如 1967 年 4 月规定：地方革命委员会或军区（军代表）无权查看记者为中央采写的内参稿件。为保障记者采访和发稿等权利，同年 12 月又规定，不得强迫记者为宣传某派的观点服务，更不允许非法扣留甚至搜查记者。1969 年 3 月则强调内参报道如果错了，可以批评；如有意见分歧，可以报告中央，但是不能阻碍记者向中央反映情况，“决不允许任何人封锁中央”，更不能强行搜查记者向中央写的内参稿件。[②] 1974 年 2 月 5 日，中央办公厅发出通知说：记者上报的材料，各地党委没有审查的责任。总体看来，这段时期的内参在社会政治生活里发挥了重要功能，但也出现异化变味等多种情形。

（三）内参发展的新时期

1978 年以后，内参发展进入又一时期，并多次在关键历史节点推动社会变革。不过 1984 年春，短短十天之内，中央负责同志对新华社的内参稿做了四次严厉批评，比如涉及部门内参和新闻机构内参优劣问题。当时中央极力推行改革，有些部门不积极，甚至搞对立。个别内参稿单纯站在部门立场说话，干扰和影响了中央决策。这样的批评可谓相当严厉；甚至还说媒体提供的个别内参稿反映的未必是事实，而且观点错误。为此，新华社专门连续开会探讨，研究改进措施。

也是在 1984 年的这次新华社内参工作会议上，有人提出内参的体系

---

① 夏公然：《激情岁月中的清白墨迹（八）：三年困难时期的内参》，《观察与思考》2001 年第 12 期。

② 刘利民主编：《辉煌五十年》，北京：红旗出版社，1998 年，第 220 页。

化、系统化甚至理论化问题。[①] 会议纪要还提出要如实反映情况，讲真话不讲假话，敢于直言弊端缺点，敢于批评社会之中违法乱纪和不正之风——不过这段话是后来整理时，有关方面加进去的。

经过十余年的探索、讨论和积累，到20世纪90年代中期，新华社在坚持原有相关规定基础上，逐渐拓展宽度和深度，形成新时期有关内参的采写范围。有关材料披露，内参的首要任务还是反映问题。比如反映党的路线方针，以及党和国家的政策、法令在各地的贯彻执行状况，"包括不宜公开的成就、经验、问题、偏差，以及执行中遇到的困难和阻力"；反映各民族、各阶层人民的政治思想动向，包括对党和国家重大决策的意见，以及对国内外重大事件的反应等；反映改革开放、两个文明建设中具有重要意义的、不宜或暂不宜公开报道的"新事物、新成就、新经验、新问题、新发现、新见解和发明创造"[②]。相比于20世纪50年代的四个新[③]，现在是六个新，外加发明创造。

又如反映各地自然灾害等情况，各地党风、政风、民风、社会治安等情况和问题，以及重要事件等。可以进行详细、系统、连续内参报道的，还包括需要向中央反映的其他重要情况，以及中央交办的调查任务；后者为1953年时没有的，属于新增。

在深度方面，有人提出，内参要加强对重大决策、战略和理论问题的讨论。按记者本来只负责采访，现在被要求对重大决策、战略和理论问题进行讨论，可以看出主语对媒体内参的期待已经远远超出或者说不仅仅是耳目。2000年前后，新华社内部会议谈及未来方向，专门提到要朝着智库方向去发展，这里已初现端倪。

此外，还有人建议内参也应该准备公开发表，但是首先要听取各方意见的某些重要新闻和文章。就是先吹风，了解不同声音的重要新闻和文章。这和20世纪50年代对实验性现象不公开报道的要求并不一样，在内参发展史上前所未有。正是在这样的背景下，1992年初穆青曾告诉新华社《瞭望周刊》的负责人，"内参上那些专题研究，系列的追踪报道，也可以拿来发表"，并谓胡乔木同志说我们内参上的这类报道，"可以公开发表"[④]。当然内参报道公开发表也造成不少问题，在20世纪90年代中后期

---

① 李峰：《总结经验，建设"内参"业务体系——在新华社内参工作会上的发言》，《李峰文集（第3卷）》，北京：新华出版社，2001年。

② 李峰：《总结经验，建设"内参"业务体系——在新华社内参工作会上的发言》，《李峰文集（第3卷）》，北京：新华出版社，2001年。

③ 即"新动向，新问题，新经验，新教训"。

④ 穆青：《〈瞭望〉要办得更有特色》，《穆青论新闻》，北京：新华出版社，2003年，第450页。

一度引发争议。

在探索内参采写新范围的同时，新华社针对内参实践中的一些具体情况也提出要有所为、有所不为。比如，省军以上的党委、部委内部问题不报。这是针对有记者卷入相关事件提出的，也和20世纪50年代除非中央明确指示，内参不介入人事和组织问题的要求是一致的。又如，两个部门或地区发生争执。如果双方都可以直接向中央报告，中央又已调查处理，他们不来找记者写内参的话就不必参与。这也是基于改革过程中出现的话题引起的。再如，外交经济科技军事以及绝密部门可以向中央报告，相关情况不必写内参；各部门各省区都有不同渠道写内参，又定期做汇报，记者也不用专门写。此外，禁止记者卷入案件官司等。这也是20世纪80年代以来的争议话题。为什么假记者、假内参事件会层出不穷？部分是因为有前四十年的经验，特别是内参曾经在社会政治生活中扮演过非常重要的角色，所以可以写内参的记者也被想象赋予了非常重要的职能和期待。当时个别记者确实这么想，甚至这么干。大量记者被卷入案件官司替人出头，甚至以清官包公自居，影响本职工作。所以才专门提出，内参不可被卷入这样的具体案件官司。

三、内参的种类、作用及趋势

从早期积累、初步创设再到今天，内参已形成多层次、多种类的制度和传播体系。毛泽东就看过很多内参，虽无确切数字，但亦有迹可循。据尹韵公统计，起码不少于240件。此外还发现有的回忆文章里面提到过，但没被收入《建国以来毛泽东文稿》的内参。这些加起来，数量应该颇为可观。就种类言，粗略统计也不下30种。比如新华社的《内部参考》，以及后来编印、主要是国际消息的《参考资料》。前者最初往往只有几页，后来信息越来越多，编出来的内参就越来越厚。近年已有研究者开始对内参有所关注和使用。

（一）内参的种类

毛泽东看过的内参刊物，有不少在一些党史类研究论著和相关杂志中出现过。比如中宣部系统的《宣教动态》，当然普通研究者往往不易接触。有记者回忆说有些时候非但不能写公开报道，甚至也不让写情况（因而有的记者被迫诉诸写信），此处“情况”其实也相当于内参。而且有些内参刊物的名字里也确有情况字样，比如中共中央办公厅及其下属秘书局、机要室的《情况简报》，外交部的《新情况》，共青团中央的《团的情况》

等。中共中央统战部的就直接称之为《内参》，光明日报社和中共北京市委办公厅的内参资料则都叫《简报》。类似的，国家计划委员会的叫《计划工作简报》，中共中央对外联络部的叫《外事简报》。中共中央农村工作部的叫《农村简讯》，中国科学院的叫《科学简讯》，中国人民解放军总政治部的则叫《工作通讯》。还有各种五花八门的内参，比如中共中央调查部的《调查通报》，中国科学院哲学社会科学学部的《哲学社会科学动态》，中共江西省委宣传部的《思想动态》等。

据尹韵公统计，毛泽东看过的这三十余种内参中，最主要的是三种，即新华社的《内部参考》、中共中央宣传部的《宣教动态》、中共中央办公厅的《情况简报》。这三种批示的份数，占总量的60%以上。① 当然，如前所言，这还只是有批示的部分内参，仅仅看过的就更多了。毛泽东身边的秘书的工作之一，就是帮他看这些内参材料，经过筛选后划出重点再提交给主席。比如林克就是毛主席专门从参考消息编辑部调过来，帮他看参考消息的。

（二）内参的作用

从这些信息里面，毛主席会及时捕捉国内外重大的、他认为有必要注意的一些情况，进而做出决策。比如1952年底，山东送来一份反映区乡基层干部中强迫命令、违法乱纪现象严重的报告。这份报告还说，省级领导机关也存在官僚主义，除了姑息迁就下级干部，还积压了七万多件人民来信没有处理。了解到这些，毛泽东随即安排于1953年1月5日发布《关于反对官僚主义、反对命令主义、反对违法乱纪的指示》，将上述报告转发各中央局、分局、省市区党委、地委和县委，要求这些单位仿照山东的办法，从处理人民来信着手，检查一次相关情况，严重者要加以惩处或清除出党。新三反运动由此开始。但是直到一月中旬，各中央局、省委及市委都没有动静：既没做出进一步的响应，更不用说提交自我检查的报告了。在这样的情况下，毛泽东也没法从正式信息渠道获取各地官僚主义的实情，以及新三反运动的开展情况。于是1月16日在填写新华社发来的调查意见时，他写道："内部参考材料甚为有益。"不难想见，毛泽东是希望借助内参了解更多的情况，甚至希望借内参敦促有关干部知晓上面的想法。这种意图在下面的事件中反映得更为明显。

1958年1月30日，《内部参考》刊登了一篇报道：《河北省农村基层

① 尹韵公：《毛泽东与内参：基于〈建国以来毛泽东文稿〉的搜索》，《中州学刊》2013年第11期；《毛泽东内参批示研究（1965—1976）》，《中共党史研究》2019年第9期。

干部违法乱纪情况严重》。这是时任河北省委书记的林铁，安排新华社河北分社调查后写的。毛泽东看了很重视，随即责令新华总社指示各省市分社照此办法，设定相关采访主题，并将其中的典型通报各中央局、分局、省委和市委。一方面，他希望各省市书记都像林铁那样，亲自领导检查各地的官僚主义，“省委带头，亲自领导”；另一方面则试图通过阅读内参上各地新华社记者的调查来了解各地情况，获取比正式报告中更多的信息。

毛泽东一声令下，新华社立即布置各地分社重点采访。比如东北总分社就派出两名记者到干部强迫命令、违法乱纪现象较严重的热河、辽东两省采写消息，西北总分社也指示记者立即与有关机构取得联系，了解各省市干部官僚主义、命令主义和违法乱纪的情况及其严重程度，并了解各省市接到中央 1 月 5 日指示后的动态。

在这种全面动员、重点采写的情况下，到 3 月 31 日，《内部参考》共刊出 31 篇相关报道。有的是各省全方位的检查，如陕西、江苏；有的则以单一县市为对象，如辽东庄河县、四川万县等。归纳起来，反映的情况有这么几个特点：①强迫命令在基层干部中很普遍；②违法乱纪以基层干部打人最为普遍；③高级干部则以官僚主义态度最为普遍，包庇下属或是对批评者打击报复的情况不仅陕西有，江苏、湖南等地也有。这些报道引起了各地省委注意，各地随即派人进行调查处理，并令其将结果反馈回来。2 月 25 日内参报道《江苏各地干部中官僚主义和违法乱纪的情况》，指出人民来信未处理、假造情况上报、对批评者打击报复等六大问题。江苏省委随即进行检查和处理，并于 3 月 23 日将报告反馈给新华社。8 天后，内参刊出了这份报告。其中谈到从各单位抽调 40 余名干部，组成省委处理人民来信办公室，推动了相关工作，配合了新三反斗争。

可以发现，毛泽东寄望于《内部参考》的，不仅是揭发问题，还包括扮演更积极的角色。据统计，1953 年上半年内参刊出 29 封各单位响应揭发问题的来信，因为新华社报道相关问题时，也会发一份给负责单位。而这正是按照毛泽东的意见进行的，即“凡重要者，应发到有关部门和有关地方的负责同志，引起他们注意”，借此来进行监督。不难发现，毛泽东先把自己想知道的情况通知新华社，再由后者具体编成采写计划，要求各分社及记者站针对这几个主题进行采访，然后将报道刊登于内参上，这样即可了解比正式渠道更多的信息。内参由此成为他了解情况的非正式信息沟通渠道之一环，甚至也扮演起监督的角色。更重要的是，毛泽东通过运用内参，使其起到了动员和组织的作用。①

---

① 黄正楷：《1950 年代中共新华社〈内部参考〉的功能与转变》，台湾政治大学硕士学位论文，2006 年。

外交方面，也举个比较典型的例子。1958 年炮击金门事件之后，怎么应对台湾和美国？毛泽东从《参考资料》上看到，美蒋态度不同：美国国务卿杜勒斯骂蒋“愚蠢，不明智”，蒋介石则指杜勒斯声明为“片面”。注意到这些情况，他立即改变方针，决定利用美蒋矛盾，以国防部长彭德怀的名义发表《告台湾同胞书》，先是暂停打炮七日，继而又是单日打炮、双日停止射击，任蒋军补充给养，而“美国军舰护航，不在此例”；声明又揭露美国“划峡而治”是为了“孤立台湾”、推行“两个中国”的阴谋，呼吁台湾当局看穿美帝阴谋，接受北京提出的和谈建议。

类似于这样一些决策，是毛泽东在通过每天阅读内参、了解情况之后得来的判断和行动。包括对国际形势的研判，也是如此。1957 年他到莫斯科去，说国际形势不是东风压倒西风就是西风压倒东风，社会主义的东风压倒了资本主义的西风。他还说自己有十大证据，而这十大证据都是从内参上看来的。又如关于国际形势上的战争与和平的三大趋势，也是他从内参上看到一些情况后得出来的结论。

甚至一些重大情况向国际上的传达、宣布，亦是通过看内参获取信息、了解形势后决定的。比如 1950 年朝鲜战争爆发后，中国决定出兵援朝，但什么时候宣布中国人民志愿军进入朝鲜呢？一直等到外国通讯社报道了在朝鲜发现中国人民志愿军后，国家才正式宣布。再如 1964 年 10 月中国第一颗原子弹试爆成功，一直等到外国通讯社报道瑞典地震台测出中国西北地区有震感，周恩来才在人民大会堂举行的一个集会上正式宣布。这一天，新华社社长吴冷西就守在收讯机旁看收到的外电，副社长朱穆之成了通讯员，负责传递有关信息。虽说只是新闻宣布的时机，但这也是一种具体的决策，背后可以看到内参的影响。简言之，就是通过内参以及其他途径来获得信息后，领导人对形势进行了解和判断，进而做出决策，或者说是有一定的信息基础后才做下一步决策的。在这个过程中，内参起了非常重要的作用。

（三）内参发展的趋势

进入 21 世纪以来，特别是随着互联网的兴起，可以发现媒体的形式和种类越来越多，内参在保持既有特点的同时，也随之发生一些变化。比如以前只有报纸、通讯社等提供内参；现在不但电视台，甚至新媒体组织和平台等也被要求提供内参。当然，较之种类和形式等表面的变化，还有些更具体甚至实质性的调整。

比如非常重要的一点就是内参的舆情化。最近二十年国内舆论变迁的一个重要表现就是“舆情”概念及相关产业的兴起，近年网络舆情的学界讨论和业界探索更是方兴未艾。[①] 在此背景下，如果说以往的内参资料主要是基于印刷时代的人工搜集和写作（当然电视台等也可能制作视频类内参），那么近年的内参则借助于新媒体技术，在反应速度、内容多寡以及呈现形式等方面都迥异于以往了。比如以往内参资料的采编可能要历时较久，但在互联网情境下内参的时效性则明显增强。早晨发生的事情，不用转天，当天晚上、下午甚至上午就可能在第一时间被编入内参，摆上案头。

舆情化之外，部分内参型资料还涉及营利属性甚至生意化趋势。比如2010 年以来，有些软件公司和舆情调查与研究机构把一些舆情监控、舆情调查、舆情分析的工具（如各种软件），以及舆情调查的数据和结果等作为购买服务提供给法院及相关政府部门（当然，卖给企业做营销就更常见了）。[②] 简言之，部分带有内参性质的资料在舆情化的同时，甚至还成了一门生意。如果说过去内参是党政机构内的少数人才可以接触的信息，甚至可以被视为一种特权，那么现在，本来高大上、很神秘的内参要反映的东西变得可以借用舆情特别是网络舆情等形式展现出来，甚至成了一种商品、一种可以买卖的东西。换言之，内参以前起资政作用，是只对于党政体系内部相关领导有效的东西，主要是对内的；现在某些内参性资料变成了可以对外（比如个人、企业或社会群体）公布的、带有盈利性质的东西。

另一个较大的变化是内参的智库化。实际上一些科研院所、智囊机构也写“内参”，当然这种内参和媒体类内参还不完全一样。但是近年，新华社等新闻机构也要求提升层次，撰写智库性的内参，它们不再满足于以往那种单纯的情况汇报，而是希望提出观点和意见。[③] 有研究者注意到：二十世纪五六十年代，新华社记者写的内参稿件多属“新闻报道”性质，对重大政治经济问题进行系统的调查研究、提出独立见解和意见的比较少。但是 1976 年特别是十一届三中全会以后，一些记者开始对政治、经济、科学、文化等方面的重大问题进行系统性的调查研究，写出了有分析、有见解的调研报告，有的还提出自己的意见和建议。[④] 近年国家提出重视智库之后，这种趋势越发明显。比如前面也介绍过，新华社对写内参的要求之一，就是要关注重大战略、决策和理论问题。近年新华社也有人

---

① 吴涛：《我国舆情产业的兴起节点、逻辑背景与未来走向》，《当代传播》2018 年第 3 期。

② 2013 年前后网络上出现不少诸如《揭秘网络舆情监测：政府部门成主要客户来源》《地方政府积极购买舆情服务　政法系统采购量较大》《舆情监测被列为政府购买服务的对象》等基于《财经》杂志、《南方周末》等纸媒报道而改题换面的网帖。

③ 别志雷：《强化内参智库功能，助力传统媒体转型发展 ——以河北日报内参为例》，《青年记者》2022 年第 14 期。

④ 李峰：《总结经验，建设“内参”业务体系——在新华社内参工作会上的发言》，《李峰文集（第 3 卷）》，北京：新华出版社，2001 年。

提出：不能把自己只当成一个传声筒，不能把内参报道仅当成一个报送情况的渠道，而是要按“智库”建设的新要求，推动新华社往这个方向去发展。①

小结

经过1949年之前革命年代的长期积累和酝酿，1953年正式初步建立起的内参制度，至今已经走过了将近70年的历程。在新的媒体环境和社会变动下，内参还会怎么演变？尤其是像这样一个独特事物，能不能被纳入政治学、传播学等研究范畴和观察视野，以及它与透明化、信息公开等问题的关系，都值得注意。借助于跨学科的视野，并辅以相关的社科理论工具，可以在史料梳理与史实重建等基础上，提升和拓展有关内参渠道的信息沟通，以及中国新闻传播史研究的理论意味与思考空间。正如历史学者黄宽重在评论邓小南领衔的古代信息沟通与国家治理研究时所言：“信息沟通可以扩大为有影响性的议题，是很理想的跨领域研究方向。”② 以“信息”视角切入，将有助于对旧问题产生新看法，也有利于突破以往过度重视引进西方社会科学理论的做法。因此，推动相关讨论“有助于跨出历史研究范畴与其他领域结合”。就这里讨论的内参与信息沟通、政治传播和国家治理而言，这一见解亦颇具启发。③ 当然，围绕内参传播研写既有新闻味，又有历史感，更有理论想象力的新闻传播史，还有待于进一步破题；特别是如何在梳理内参传播等中国经验的基础上，进而建构出本土特色的中国新闻学及相关知识体系，仍待更多讨论。

---

① 新华社总编室编：《新华社十佳编辑记者作品选（第二辑）》，北京：新华出版社，2010年。

② 北京大学人文社会科学研究院：《纪要丨“中国古代信息沟通与国家秩序”工作坊》，https：//mp. weixin. qq. com/s/XXnm3VYJdJrbvuJ4YA4l6g，2017年6月3日。

③ 刘宪阁：《回归信息沟通？史学界的回声》，《青年记者》2018年第1期。

电影观看与亲友交往

——以近代城市女性为中心

李挽钰　田中初[1]

摘　要：近代以降，随着电影事业的发展，城市女性逐步成为主要的观影群体。观影为她们塑造了一种新型的亲友社交空间和交往互动。妻子与丈夫一起观看电影，以进入公共娱乐空间、平等讨论电影观感、积极争取观影权利等方式，使得男女的平等感得到进一步体现。母亲与子女一起观影，彰显了“国民之母”的社会背景下，母亲的身份从传统的教育者转向具有现代意识的教育者。女性与朋辈一起观看电影，有助于拓展属于自己的交际圈，使女性由传统单一的家庭角色向“家庭—社会”双重角色转变。对于进入影院的女性来说，电影媒介并不只是简单地传递信息，它还改变了她们的人际交往空间进而影响其人际交往模式，从而在“日常”中促成女性从传统走向现代。

关键词：近代；城市女性；电影受众；人际交往

对于人类而言，亲友交往从来不是陌生的词汇，“现代人类出现之前，社交和融入亲戚团体已成为人类行为的一部分”[2]，然而人类与生俱来的社交性却使得亲友交往这项“日常”鲜少被关注。在传统社会中，女性往往被限制于由家人和朋友构成的、受到遮蔽的生活区域。近代以降，在西方观念的冲击下，女性在参政、教育、职业、生活等方面都经历了角色的转换，而她们在自己所熟悉的家庭与交友空间中，也发生着悄无声息的变化。在这种种不易感知的“日常”之中，往往却潜伏着无数变化的因子。近代城市女性的电影观看即是可资观测的窗口之一。

19 世纪末，电影传入中国，城市女性逐步成为观影的主要群体。值得注意的是，观看电影不只是单纯的娱乐消费形式，它还促成了个体与社会、与他人交往路径的形成。但这种视角往往被过往的学者所忽视，正如有学者指出的那样：“我们不知道看电影这一活动过去在电影观众的日常生活中有着怎样的用途，不知道这一活动在他们的生活中有着怎样重要的

---

① 李挽钰，浙江大学历史学院博士研究生；田中初，浙江工商大学人文与传播学院教授。

② ［美］弗朗西斯·福山著，毛俊杰译：《政治秩序的起源：从前人类时代到法国大革命》，桂林：广西师范大学出版社，2012 年，第 34 页。

象征意义，也不知道它是怎样促成、保持和改变了他们的人际关系。”[①] 当我们把电影看作一种媒介的时候，更应关注的是人和电影的关系，即人通过电影做什么以及做什么与电影相关的事。那么，观影行为如何影响了女性的人际交往？这些交往的变化又蕴藏着什么意义？本文拟从观影与夫妻交往、观影，母子交往、观影与朋辈交往、观影三个层面展开回梳，试图探寻近代城市女性的“日常”观影如何促进其从传统到现代的转变。

一、夫妻观影：追求男女平等

在“男主外，女主内”传统家庭模式的影响下，男性在家庭生活中占据着主要地位，尤其自汉代以来强调的“三纲五常”，直接判定了女性在家庭中的次等地位和配角身份，她们在各项事务中往往只能起到附属性作用，被贴上“温顺贤良”的标签以掩盖没有话语权的事实。大多数情况下她们不被允许在外“抛头露面”，即使偶尔伴随男性一起出席公众场合也只是作为陪衬，以此来显示家庭的和谐。

“相夫教子”成为衡量女性家庭和睦与否的标尺，她们自身的感受与诉求却没有被关注过，拥有休闲娱乐活动更是一种奢望，“女性主义的学者一般都认为，女性对休闲的方式和空间没什么选择，这反映的是不平等的性别关系。因为要承担家里的责任，无论是出门工作还是待在家里，女性一般都比男性的休闲时间要少”[②]。然而，在近代社会情境中，这种家庭中不平等的性别关系伴随着女性进入城市公共空间而逐渐瓦解，观影行为适时地推动了这一瓦解过程。

在众多与亲人相携的观影中，夫妻一同出席的次数极多。1896 年徐园“又一村”放映影戏时便有描述：“一些有一定经济能力者，或呼朋引伴，或携妻抱子，争相观看”[③]，电影在传入之初便成为家庭娱乐的重要方式。民国时期，随着女性家庭地位的逐步上升及社会风气的开化，越来越多的男性愿意携女性一起出入公共场所。鲁迅在上海期间共观看了 134 次电影，几乎每次都是同妻子许广平一道。[④] 上海名医陈存仁每当诊务完毕后，便偕同妻子定芬看一场电影，然后拣一家菜馆进餐。[⑤]

---

① ［美］K. J. 科比特著，吕奇莹译：《空荡荡的座位：被忽略了的观影历史》，石川主编：《电影史学新视野》，上海：学林出版社，2003 年，第 293 页。

② ［美］程为坤著，杨可译：《劳作的女人：20 世纪初北京的城市空间和底层女性的日常生活》，北京：生活·读书·新知三联书店，2015 年，第 105 页。

③ 方明光编著：《海上旧梦影》，上海：上海人民出版社，2003 年，第 4 页。

④ 方明光编著：《海上旧梦影》，上海：上海人民出版社，2003 年，第 101 页。

⑤ 陈存仁：《银元时代生活史》，上海：上海人民出版社，2000 年，第 92 页。

在新式家庭观念的影响下，女性一味顺从的角色有所改变，一部分人已经意识到女性在家中的地位举足轻重，作为妻子的她们应与男性拥有同样的地位，经营婚姻的理念已逐渐被部分人认可，而观影行为恰好成为改善传统夫妻关系的催化剂。曾有一位女性在《玲珑》上分享了自己的婚姻心得，她表示每周会与丈夫看一次电影，这样可以维持婚后生活的和谐。① 夫妻相处虽然是过着一种甜蜜的光阴，但时间久了，单调的两性生活也需要新鲜的刺激以调剂情感。② 文人林微音曾言："或者你感到你已好久没有陪你的太太出门了，你便在一个你不办公的星期六或者星期日的下午或者晚上为她选择一张她所中意的演员所演的片子而半逼半骗地陪她一起去看。它会提醒你们的既往，而增加你们的现在的热意。"③ 若是妻子近来疏于做事，丈夫在发怒之前，也不妨先利用休息日，陪妻子去"洗洗澡，再到公园看看，然后一同看场电影"，以使她身心畅适，消去平日因忙于家中琐事而引起的烦闷，这样的办法比起"埋怨督促以致引起吵闹"，自然要好很多，家庭关系也会更为和睦。④

看电影可以促进夫妻感情几乎成为一种共识，时人不禁感叹：丈夫为了博妻子欢心时，去看一场电影是最最自然的事情。⑤ 成婚多年的夫妻，有时说不定还会受银幕上的爱情表演影响而来一出"双簧"。⑥《申报》曾记载了一对夫妻在观看电影《渔光曲》时的故事：本来妻子在与丈夫置气，两人观影时丈夫看到妻子因电影而流泪，于是故意与她插科打诨，妻子最后不禁笑了起来。⑦ 观影为夫妻之间提供了聊天的话题乃至契机，他们或讲述观影感受，或讨论剧中角色。一对少年夫妇观影后便在路上讨论起片中的男女演员。⑧ 一些姨太太们看了电影后，也会迫不及待回家讲给"老爷们"听。⑨ 由于电影这一媒介的存在，夫妻间的很多矛盾无形中得到了缓解，婚姻关系也借此更为融洽。

长期以来女性被动地按照惯例扮演着顺从的家庭角色，只有养家糊口的男人才配拥有娱乐的观念深深影响着她们，女性想要进入娱乐休闲的场

---

① 王陈玉珠女士：《我的婚后生活和我的丈夫》，《玲珑》1933年第19期。

② 若萍：《我的嗜好——看电影》，《青年文会》1940年第7期。

③ 林微音著，许道明、冯金牛选编：《林微音集：深夜漫步》，上海：汉语大词典出版社，1996年，第170页。

④ 《对丈夫的事务迟滞不完——一个有效的办法》，《蒙疆新报》，1944年5月26日第4版。

⑤ 孟度：《看电影的诀巧（上）》，《妇女（上海1945）》1947年第5期。

⑥ 洛神：《电影院与观众》，《上海影坛》1944年第7期。

⑦ 《观众意见：陪着妻子看渔光曲，明明是泪她偏说是汗》，《申报》，1934年7月1日第31版。

⑧ 少飞：《从影戏院归去的一对少年夫妇》，《电影月报》1928年第1期。

⑨ 《弹词电影是姨太太群电影》，《电影（上海1938）》1940年第92期。

所常会受到家庭责任和经济情况的限制。随着近代以来提倡男女平权，女性的这种自我塑造体系逐步瓦解，而观影活动的出现帮助女性更快地完成了新价值观的树立。曾有一位叫陈美媛的女士在报刊上发文，表示自己结婚十年以来兢兢业业地料理家务和照顾小孩，自己欲每周看一次影戏以调节情绪，但她的丈夫认为妇人就应在家照顾儿女，于是这位女士请求帮助，询问自己是否有看影戏的权利。该报最后自然肯定了女性的娱乐权利。① 因此，电影虽然只是一项日常的家庭娱乐，但促成了新型家庭关系的产生，“在这个已然媒介化的世界中，当我们衡量政治和健康、家庭和社会的议题时，再也不能忽视媒介的影响，甚至这些领域的交叉部分都已被媒介化”②。

二、母子观影：教化启蒙互动

当家庭中有了子女之后，许多人家表示每逢星期日晚间便会带孩子去看电影。③ 这时城市女性在观影时就多了一重“母亲”的身份，尤其对于幼童而言，鉴于女性的家中角色及性格特质，他们通常更依赖母亲而不是父亲，于是很多女性观影时常常有儿童跟随。一位母亲在即将去观影时，便被自己的小儿子绊住了脚步，虽然她表示儿童并不能看懂影片内容，但小儿子依旧坚持要和她一起。④ 知名电影人范寄病也回忆自己小时候曾与母亲及母亲的友人一起去恩派亚大戏院看过电影。⑤ 甚至有妇女们带着只有三个月尚在吃乳的孩子一起观影。⑥

伴随妇女解放运动的进行，许多知识分子提出培养“国民之母”的口号，由于女性在家庭中陪伴孩子的时间较久，她们在孩子的教育中无疑扮演着重要的角色，当越来越多的文化精英意识到这一点时，女性的文化程度及对孩子的教育方式便不再是无关痛痒的小事。电影由于其直观性及趣味性，逐渐被公认为是进行儿童教育的良好工具，而作为母亲的女性自然便也与电影多了一层联系。

很多儿童电影在发布广告时便要求儿童与父母一起前来，文化影业公司的影片《父母子女》便在广告上呼吁小朋友们“同你们的爸爸妈妈一块

---

① 陈美媛：《夫妇之道：看影戏》，《兴华》1931 年第 48 期。

② Knut Lundby（ed.），*Mediatization：Concept，Changes，Consequences*，New York：Peter Lang，2009，pX.

③ 李玉英：《儿童与电影》，《女铎》1939 年第 6 期。

④ 《未看电影之前》，《浙江省民众教育辅导半月刊》1936 年第 2 期。

⑤ 范寄病：《观影杂话》，《时代电影（上海）》1936 年第 11 期。

⑥ 秦云女士：《仿佛三小时：浸在掌声里》，《皇后》1934 年第 7 期。

来看吧”。[①] 有着两位男童星葛佐治与黎铿参演的《灵肉之门》上映时，有人表示“为家长者，带领儿童往观该片。实为应尽之责任也”[②]。青年会少年部开办儿童电影时表示成人前来时必须携带儿童。[③] 家长与儿童一起观影可以增加他们与孩子的共同话题，“因为孩子全看过，我们不去看，谈起来未免乏味”[④]。小明星于复瑛每次看完电影后便将从银幕中学来的表情从头至尾表演给父母与哥哥看。[⑤]

父母与儿童一起观影还可以起到教导与引导作用，父母选择了合适的影片之后，在看的时候尽量去给儿童解释每一个角色代表的人格，直至完场后回家，在茶余饭后把这影片的教训说给儿童，使他们明白“哪种人是可效法，哪种人是要躲避，哪种举动是合理，哪种举动是犯法，哪是尊贵哪是卑鄙，这才算尽了父母的责任”[⑥]。父母也可以问孩子对电影有什么意见，由他自己的观察，说明他的意思，而不必加以批评，以让他由自己内部的天性发展。[⑦] 如果家中有顽皮的孩子，则可借教育或寓言一类的影片来矫正他的恶习。[⑧] 此外由于电影的真实性，银幕上出现杀人放火的死亡场面或危险场面时，儿童难免会感到痛苦紧张，而母亲的陪同则可以给孩子及时作出解释，说明银幕上的东西全是虚构和假设的。[⑨] 一个叫小新的小朋友跟着张家妈看完影戏后，便受了比较大的刺激，变得很胆小，《紫罗兰》的编者知晓后特意呼吁：“母亲们，你们得注意到这件事！小新看影戏，就是一个例子。”[⑩]

时人认为母亲在孩子的教育过程中需承担更多责任，因此，如何指导孩子看电影也成为母亲关心的问题。曾有一位母亲提出“关于幼小的孩子看电影是否有益”的问题，因为她有一次带其四岁的孩子去看电影后，孩子睡时会惊叫，这位母亲认为孩子的神经受紧张的场面惊吓以致晚上睡不熟，她想知道孩子要几岁时才可以随便带他出去看电影。[⑪] 而此时报刊上

---

① 胡宜春：《写给小朋友的一封信》，《电影文化》1935 年第 1 期。

② 《灵肉之门极大成功》，《影与戏》1937 年第 22 期。

③ 《青年会少年部儿童电影定期开演》，《益世报（北京）》，1927 年 11 月 26 日第 7 版。

④ 予且：《论坐在电影院中》，《新影坛》1944 年第 4 期。

⑤ 摄政：《由“小影迷”蜕变“小明星”的于复瑛》，《电影明星小史》1948 年第 1 期。

⑥ 彦秋：《电影与儿童》，《方舟》1935 年第 16 期。

⑦ 高凤山：《幼儿的教导》，《新中华报》，1929 年 2 月 2 日第 8 版。

⑧ 若萍：《我的嗜好——看电影》，《青年文会》1940 年第 7 期。

⑨ 张心鹃：《电影与儿童教育》，《上海影坛》1944 年第 4 期。

⑩ 《贡献给母亲们》，《紫罗兰》1943 年第 3 期。

⑪ 慧芳：《孩子要长到多大才可以带他去看电影》，《女铎》1948 年第 10 期。

也经常刊登文章表示希望家长们能认真筛选适宜给儿童看的电影。[①] 于是，“国民之母”的女性形象，就借助母子之间的观影活动得以一步步地树立起来。观影作为一项家庭活动，也将平日松散的家庭成员重新凝聚，看电影成了一种新的社会仪式。[②]

三、朋辈观影：拓展自主社交

在女性由传统单一的家庭角色向“家庭－社会”双重角色转变的过程中，与朋友交往对她们融入社会起到了一定的促进作用，在忙碌于家庭琐事之余，朋友间的聊天或聚会使得她们逐步建立起身份认同，并开拓出属于自己的交际空间。电影恰好成为她们与朋友之间感情的催化剂，“妇女也是电影院的主要观众群，有钱人家的小姐、太太、女工及女学生都愿意去看电影，因为这也是她们难得的社交机会”[③]。文化水平、收入情况、教育程度等都会影响女性与朋友之间的交往方式，因此若要探讨电影对女性交友的影响，自然应考虑到不同阶级的差异。近代以来，女性的教育与就业问题最先叩响了妇女解放的大门，作为妇女解放过程中的代表群体，女学生与职业女性的交友情形自然和传统女性大相径庭，此外，优渥阶层的太太小姐们是影院的主要观众，电影为她们带来的生活变化远超他人，因此以下将围绕这三类女性群体，探讨电影在她们与朋友交往时所起的作用。

（一）优渥女性的电影社交

据苏州某位人士观察，观影人群中，优渥阶层的夫人小姐占 45%。[④] 上海也有人感叹，“没有事的妇女们，为数可占上海电影观众的大一半”[⑤]。由于拥有足够的闲暇时间和财力，有闲阶层的太太小姐们成为主要的观影群体，她们往往光顾首轮、二轮这些价格不菲的高档电影院。由于这些影

---

① 参考熹柏：《电影和你的孩子》，《今代妇女》1931 年第 29 期；李玉英：《儿童与电影》，《女铎》1939 年第 6 期；庄士：《电影——建设欤？破坏欤?》，《时兆月报》1938 年第 2 期；亚秋：《儿童与电影》，《玲珑》1934 年第 26 期；《儿童应有儿童教育片》，《影戏年鉴》1934 年。

② 李欧梵著，毛尖译：《上海摩登：一种新都市文化在中国（1930—1945）》，上海：上海三联书店，2008 年，第 127 页。

③ 熊月之、周武主编：《上海：一座现代化都市的编年史》，上海：上海书店出版社，2009 年，第 295 页。

④ 听禅：《苏州人的影迷》，《新银星》1931 年第 32 期。

⑤ 张韦焘：《上海之电影》，《旅行杂志》1930 年第 1 期。

院票价昂贵，且多放映外国片，[①] 在这里消费可以展示出她们的身份地位及文化水平，一些闺阁名媛便多喜欢观看外片。[②]

在高档电影院观影可以比社会上其他人更早获取影片信息，因此太太小姐们常常成为流行的散布者和带领者。她们离开影院后，在人际交往的过程中能最先形成对影片及其中内容的评判与社会舆论，给他人一种先入为主关于影片信息的印象，附加产生对影片观看的导向性作用，从而有机会影响其他人的判断。[③] 有两位太太在观影后便这样对话：

王太太："你说今天的影戏好看吗？"

张太太："影戏倒还好看，就是'行头'太坏……时髦点的衣服简直没有一件。"[④]

对于张太太否定影戏中"行头"的言论，王太太表示了认可，她们追求的是可以引领潮流的穿搭。而女性们模仿电影人物的行为举止、穿着打扮，以及跟朋友谈论时髦，可以让她们得到一种接近现代性的快感。[⑤] 在苏州，友人交谈时常能听到："希佛莱怎样？贞妮梦唐纳怎样？克莱拉宝怎样……"她们观影有时只是为了"故意装时髦"。[⑥] 虽然很多时候她们并不能看懂外国电影，"但是在与人交际的时候，嘴里一定要呼哩呼拉地吐出一大串电影明星的名字"[⑦]。一些名媛交际花的携友观影记载更是屡见不

① 1939 年上海的 14 家首轮二轮影院中，有 9 家放映外片，剩余 5 家中有 2 家兼映低轮次外片。头轮戏院中放映外片者：大光明、南京、国泰、大上海，头轮戏院中放映国片者：金城、新光、沪光（沪光兼映苏俄片及二轮美片）；二轮戏院中放映外片者：金门、丽都、巴黎、光陆、平安，二轮戏院中放映国片者：中央、恩派亚（恩派亚兼映三轮外片），见《影迷们渴欲知道的上海影戏院内幕种种》，《电影（上海 1938）》1939 年第 44 期。北平的五大电影院中观影环境最佳的平安电影院和光陆电影院主要放映的也是外国影片，中国影片一般不会放映，除非是特别好的，但也只会放映一两天，见率真：《电影在各地：北平五大影院及其观众的分析》，《电影新闻（上海 1935）》1935 年第 6 期。

② 舒晓春：《上海电影院之鸟瞰（下）》，《申报》，1939 年 7 月 8 日第 18 版。

③ 胡霁荣：《中国早期电影史（1896—1937）》，上海：上海人民出版社，2010 年，第 31－32 页。

④ 姚团丝：《太太们的舆论》，《明星（上海 1933）》1935 年第 1 期。

⑤ 姜玢：《20 世纪 30 年代上海电影院与社会文化》，《学术月刊》2002 年第 11 期。

⑥ 听禅：《苏州人的影迷》，《新银星》1931 年第 32 期。

⑦ 关露：《怎么样做一个新妇女》，《女声（上海 1942）》1942 年第 3 期。

鲜。[①] 有时女性之间竟因为电影而结识，广东有两位女士因为都很喜爱电影明星 Lillian Gish，遂成为至交好友，她们都以丽琳为名，每有新片放映便急着一睹为快。[②] 这些太太小姐们将所看过的影片及看电影的次数作为炫耀的资本，以此互相攀比，观影使她们拥有了更多的谈资，而电影院提供给观众的身份、地位与时尚感，正是需要走出电影院，通过与别人交谈、聊天才能生效的。[③]

(二) 青年学生的电影社交

随着女子应接受教育的观念逐步被认可，女学生逐渐成为一股不可小觑的力量。作为女性知识分子，女学生的娱乐方式自然应与传统社会中的女性有所不同，她们以此显示自我与封建的决裂。

上海某妇女补习学校曾对学校 615 名女生做过一次兴趣调查，问及最喜欢的娱乐时，看电影高居榜首。[④] 苏州地区在非星期日时，影院男女学生所占观众比例可达 12%。[⑤] 周末或放假时人数则会更多，小姐式的女学生们在她们功课表上星期日那天，差不多都是写了“电影”二字。[⑥] 时有竹枝词写道：“短裙齐胯黑油油，长袜包胫露膝头。考试已完何处去？公园影院可勾留。”[⑦] 在平日紧张的学习结束后，适当的娱乐可以帮助放松身心，电影无疑对女学生们有着极大的诱惑力，很多女学生们在自己的宿舍中经常贴满了明星的照片，[⑧] 甚至有女同学“宁可旷课废学，而去挤着买票”，她们“中了影迷之后，时时刻刻幻想着银幕上的色彩，上课时，无心听讲，下课后，一心奔着影院，甚至于瞒哄着学校，欺骗着家庭，把生活上必需的用钱，节省下来，以备看电影之用”[⑨]。

对于学生而言，学校生活占据了她们的主要时光，朝夕相处的同学是

① “李砚秀偕二女友去真光看电影”，见《真光看电影》，《戏世界》1946 年第 244 期。“交际花麦×兰小姐携一女友赴中央影院看《赤子丹心》，名闺秀潘×贞小姐偕闺友刘×芬小姐赴北京影院看《桃色新闻》”，见《影院春秋》，《电影报》，1940 年 2 月 2 日第 1 版。“朱血花与叶娟娟至夏令配克观电影”，见《电影新闻》，《妇女生活（上海 1932）》1932 年第 36 期。“朱秋痕同她的女友坐汽车看电影去”，见《明星家庭》1934 年第 1 期。

② 王遐文：《酷嗜电影之薛锦园女士》，《中国摄影学会画报》1927 年第 119 期。

③ 姜玢：《20 世纪 30 年代上海电影院与社会文化》，《学术月刊》2002 年第 11 期。

④ 《上海女影迷最欢迎陈云裳》，《电影（上海 1938）》1939 年第 40 期。

⑤ 听禅：《苏州人的影迷》，《新银星》1931 年第 32 期。

⑥ 遇春：《星期的早场电影》，《华北日报》，1932 年 12 月 5 日第 6 版。

⑦ 潘超、丘良任、孙忠铨等编：《中华竹枝词全编（6）》，北京：北京出版社，2007 年，第 552 页。

⑧ 谢志理：《到女同学宿舍去》，《今代妇女》1930 年第 13 期。

⑨ 晞憋：《电影对于女学生的影响》，《立言画刊》1942 年第 213 期。

她们最亲密的朋友，“十几岁或二十几岁的女孩往往被认为在很大程度上习惯向朋友倾诉心事、获得共鸣”①，电影院则为这些女生们提供了一个合适的倾谈空间。殷明珠读书时课余无事便时常偕二三姊妹奔走于维多利、爱普庐之间，② 王汉伦在圣玛利亚女校读书时，每个周末都会和三两个同窗好友一起去电影院看电影。③ 有时在即将放假前，女生们因为不愿立刻分别，也常一起去看电影，以排解即将离别的愁绪。《玲珑》记载了九位女生在大考的末日相携在小影戏院看影戏的经历，为了看这次影戏，她们等了三个小时，甚至在发现影院里观客鱼龙混杂时，考虑到这是相聚的最后一天，她们仍选择继续观影。④

银幕上的内容经常会成为女生们课后聚谈的主要话题。女孩子们从父母那里要来零花钱去买明星的照片，把它们夹在教科书中，趁老师不注意的时候悄悄翻看，课后的谈话，便也以此为中心。⑤ 她们三五成群地议论着关于电影的事情，如“某片如何惟妙惟肖、某片如何虚伪恶劣、某片何等价值、某片怎般无聊”，她们还会有意无意地谈到“约翰吉尔勃的吻、范朋克的舞剑、卓别麟的鞋、格烈达嘉宝的神秘、裴士达杰顿的哭丧脸、李门奴花路的漂亮、琵琵丹尼的伶俐、克莱拉宝的活泼、马利安戴安丝的天真、郎陈利化装本领……学生对于电影真是无所不谈”⑥。有一位教员谈及当时的女学生时，说她们对女子地位、改造社会等问题毫不关心，她们的活泼兴趣都集中于“对恋爱的热烈追求，对电影和歌舞明星的羡慕，及他人如何享乐的讨论”，大城市的青年女子表现得尤其明显。⑦《中国妇女》描写了一群电影迷的课间场景，一位女生得知心仪的影片即将上映的消息后迫不及待地向她的同学们分享，其他两位同学便缠着她要她接着讲她看过的电影情节，一直聊到吃晚饭才作罢。⑧

作为“新女性”的代表，女学生们的生活方式总是力求革新的，她们改变了传统闺阁女子的交友方式，以电影为媒介，携友在公共空间出入，并在公众前无所顾忌地谈论着影片情节和明星轶事，她们借此维系了属于

① ［美］玛丽莲·亚隆、［美］特雷莎·多诺万·布朗著，张宇、邬明晶译：《闺蜜：女性情谊的历史》，北京：社会科学文献出版社，2020 年，第 2 页。

② 殷明珠：《中国影戏谈》，《快活》1922 年第 9 期。

③ 林若欣：《海上花》，哈尔滨：哈尔滨出版社，2005 年，第 163 页。

④ 秦纫蕙：《小影戏院去不得》，《玲珑》1931 年第 18 期。

⑤ 云淙：《电影与国民教育》，《时代妇女（北平）》1945 年第 3 期。

⑥ 叶渚沂：《电影和我们学生》，《电影月刊》1930 年第 5 期。

⑦ 陈碧云：《“摩登少女”的新倾向：恋爱、电影、歌舞、享乐》，《女子月刊》1934 年第 3 期。

⑧ 瑞瑞：《学生的电影狂》，《中国妇女》1939 年第 6 期。

女性自己的友谊，同时电影这一舶来品也帮助她们塑造出积极追求现代化的形象。

（三）职业女性的电影社交

近代女性所从事的职业大约分为四类：脑力劳动者、商界服务者、农工、手工业者及女佣。对从事脑力劳动和在商界服务的女性而言，由于大部分人收入较高，因此她们有一定的经济能力进行娱乐消费，尤其在周遭享乐风气的带动下，即使原来是很节约纯朴的女性，也会逐渐转变。“大多数的女职员看电影、上馆子、叉麻雀……连看看报纸也不高兴。”① 据一项统计，小学教师在业余生活中看电影者、游娱乐场者、看京戏与听歌舞者分别占比为54%、24%与20%。②

职业女性上班结束后，她们常常“二三成群，看电影、游公园藉作消遣”③。女教师们之间也常常互相请客，有一位女教师便表示她平均一星期可以看两三次电影，所以她几乎对每部片子都有点印象。④ 电影同时也成为这些女性闲谈时的话题之一，王汉伦在四明洋行做打字员时，就曾听同事谈起影片的风行及外国演员的名利双收，这一谈话也间接促使她萌生出投身影界的想法。⑤ 而新派的洋行职员为了标榜新潮，也经常在闲聊中谈起手执导筒的郑正秋、制片人张善琨、影帝金焰、影后胡蝶，高兴起来，还要大谈《难夫难妻》，以示自家是正宗老影迷。⑥ 在日常劳累的工作之余，电影为这些早期的职业女性们提供了暂时的心灵慰藉，并让她们体会到了经济自由所带来的惬意。

受过教育的中产阶级女子可以在银行、医院和学校里谋职，但出身底层的女孩多在工厂、餐厅、戏园或者商店里工作。⑦ 虽然收入水平有限，但这并不能阻挡社会底层女性享受这种现代都市娱乐文化。百岁老人刘三宝回忆，1918年时，只有15岁的她在丝厂做缫丝工，咬牙用两天的工钱30个铜板去卡德大戏院看了第一次电影。⑧ 另有一位女佣表示她每个星期

---

① 杨公怀：《上海职业界的女职员》，《上海生活（上海1937）》1939年第4期。

② 陆庄：《小学教师课余生活问题》，南京：教育编译馆，1935年，第16页。

③ 张汇兰：《建设的娱乐》，《女青年月刊》1931年第7期。

④ 心期：《上海特殊阶级之五：劳苦功高的女教师：待遇轻·责任重·经济常常三分忧》，《上海生活（上海1937）》1940年第11期。

⑤ 王汉伦：《影场回忆录》，《良友》1931年第64期。

⑥ 胡根喜：《老上海——拉洋片》，上海：学林出版社，2003年，第277页。

⑦ ［美］程为坤著，杨可译：《劳作的女人——20世纪初北京的城市空间和底层女性的日常生活》，北京：生活·读书·新知三联书店，2015年，第72页。

⑧ 林环、陶邢莹、周阳：《百岁老人说百年电影》，《解放日报》，2005年12月22日第5版。

都得去看电影，有一次她为了看电影竟然放弃了自己的本职工作。[①] 考虑到女工们的娱乐需求，不少工厂也会专门放映电影，“每个工厂为着自身和劳方计，应当按时与女工以各种娱乐。在被动的方面，女工每周要有看电影，听广播等的机会”[②]。1936 年天津恒源纱厂为吸引工人，在《益世报》刊登广告称该厂计划在以后每周放映电影。[③] 这些女性的热衷观影使得电影从少数精英观赏的馆阁楼台中解放出来，“艺术脱下了长衫，换上了短打，并不精致，但非常普及”[④]。

这些女工们大多是背井离乡，她们离开了熟悉的生长环境，每日又做着高强度的工作，此时与她们有着相似经历的工厂姐妹很多时候便成了彼此的精神依靠对象，每逢周末，她们常常一起凑钱去看电影。新亚药厂的耀芳和雅琼便表示，她们工作之余，常常“练习口琴娱乐，或出去看次电影，星期日或至公园游玩，或在家做些针线工作”，她们说虽然工作很辛苦，但精神却是愉快的。[⑤] 逢年过节时，这些女性们常常结集为一群出现于小戏院中，她们买一大堆吃的东西，未开映前一起闲谈，开映后滔滔不绝地私自讨论、猜度剧情，见到“kiss”便说“恶形得来”，见了女主角裸露时就说“贼腔来”，人家在笑，也跟着笑，看了许多画面，始终不知它的内容，灯亮了便嘻嘻哈哈回去，她们根本认为电影是一种娱乐，同上游戏场一般，片子好坏，毫不在乎，若遇断片的时候，便大声鼓噪“退票”。[⑥]

观影给这些女性们带来了身心的放松，同时也引领着她们追赶摩登生活，她们平时常在宿舍里模仿、练习电影中的情节，有两位村女便互相传授在电影中看过的舞蹈，最后她们跳得竟堪比专业人士。[⑦] 如果有钱，她们还穿明星服装、理明星头发、到后台给明星送花。[⑧] 即使是经济条件略差的女工，她们也会回忆看过的有限几部外国电影，自己设计、制作衣服。[⑨] 同时电影也可以让她们短暂地沉浸在幻想的世界中，以安慰生活的苦闷。她们喜欢看恋爱的故事及富人享乐的情节，她们心中渴望着自己也能享受影片中那样的快乐。[⑩] 电影为这些底层职业女性们的忙碌生活带来

---

① 《电影与儿童》，《青青电影》1935 年第 3 期。

② 张少微：《改进中国工厂女工待遇刍议》，《女子月刊》1934 年第 3 期。

③ 侯杰等：《女性与近代天津》，北京：人民出版社，2020 年，第 109 页。

④ 李天纲：《人文上海——市民的空间》，上海：上海教育出版社，2004 年，第 140 页。

⑤ 耀芳、雅琼：《一日简写》，《中国妇女》1939 年第 5 期。

⑥ 小唐：《看电影的几种人》，《电声（上海）》1940 年第 6 期。

⑦ 《电影与儿童》，《青青电影》1935 年第 3 期。

⑧ 李天纲：《人文上海——市民的空间》，上海：上海教育出版社，2004 年，第 141 页。

⑨ 沈渭滨、姜鸣：《阿拉上海人—— 一种文化社会学的观察》，上海：复旦大学出版社，1993 年，第 22 页。

⑩ 《电影与儿童》，《青青电影》1935 年第 3 期。

了别样的色彩，“公园、电影院及其他娱乐场所让底层社会的女性对现代的设施有所了解，并见识到新的打扮、态度、关系和行为”①。而一起观影的姐妹无疑是她们的同行者，她们彼此分担艰辛，也彼此建构梦想。

电影为这些女性们提供了在公共空间聚会的缘由，在电影黑暗放映空间的遮掩下，以往只能在私密空间倾泻的情绪有了新的宣泄口，女性们借此拥有了属于自己的闲暇时光，逃脱了日常生活的苦闷和单调，她们与朋友之间的友谊也在无形中加深。当女性开始逐渐拓展自己的交际圈时，以往单纯依附于家庭的女性角色也得到了转换。

结语

借助于电影这一新型娱乐媒介，近代城市女性与亲友之间的人际交往有了新的变化。观影于她们而言是仪式，是习惯，也是她们与社会建立连接的一种方式，她们因此脱离了传统的空间限制，并拓展出不用依附于他人的交往空间。女性在公共空间的出现也意味着她们迈开了与社会建立联系、与他人加深交往的步伐，“空间里弥漫着社会关系；它不仅被社会关系支持，也生产社会关系和被社会关系所生产”②。电影院作为女性喜爱光顾的空间之一，对女性与他人交往的影响不言而喻。对于进入影院的女性来说，电影媒介并不简单地传递信息，它发展了一种作用力，这种作用力决定了她们的思维、感知、经验、记忆和交往的模式。③

媒介环境学派的学者认为：“任何技术都逐渐创造出一种全新的人的环境。”④ 电影在中国逐步本土化的过程，也是其不断开辟新社会空间的过程，互动方式、社群关系等人的活动都因电影的影响发生改变，“传播媒介能使人的社群形成新的关系和姿态，它有力量借此将自己的假设强加于人”⑤。在电影这一媒介的影响下，女性以个体为节点，构建出属于自我的

① ［美］程为坤著，杨可译：《劳作的女人——20世纪初北京的城市空间和底层女性的日常生活》，北京：生活·读书·新知三联书店，2015年，第236页。

② ［法］亨利·列斐伏尔著，王志弘译：《空间：社会产物与使用价值》，载包亚明主编：《现代性与空间的生产》，上海：上海教育出版社，2003年，第48页。

③ ［德］西皮尔·克莱默尔编著，孙和平译：《传媒、计算机和实在性之间有何关系?》，《传媒、计算机、实在性——真实性表象和新传媒》，北京：中国社会科学出版社，2008年，第5页。

④ ［加］马歇尔·麦克卢汉著，何道宽译：《理解媒介：论人的延伸》，北京：商务印书馆，2000年，第25页。另，媒介环境派学者很多时候会将媒介等同于技术，除了麦克卢汉外，波斯曼也曾说“技术对媒介的关系就是大脑对精神的关系”。参见［美］林文刚编，何道宽译：《媒介环境学：思想沿革与多维视野》，北京：北京大学出版社，2007年，第179页。

⑤ ［加］马歇尔·麦克卢汉著，何道宽译：《理解媒介：论人的延伸》，北京：商务印书馆，2000年，第300页。

新的社群关系，并改变了固有的交往环境，“技术所承担的最重要的工作便是产出人以及构建人与人之间的关系”[①]。媒介对人类所施加的强大影响使得人类的关系及活动在形态、规模和类型等方面发生了剧烈变化，凭借电影这一媒介构建的关系网络，女性不断延伸、改造自我，这种改变经过一段时间的适应后，最终将内化为女性自身的行为方式。

因此，电影以及电影院作为一种新型的媒介装置，无疑会促成近代社会中女性社会交往的重构。电影院提供了一种进入公共空间的方式、一个社交场合和一次走出家门的机会，从而激发了女性视野的解放，使她们能够在新的主体互动领域重新协调私人与公共生活的分配比例。[②]

---

① ［英］白馥兰著，吴秀杰、白岚玲译：《技术·性别·历史——重新审视帝制中国的大转型》，南京：江苏人民出版社，2017 年，“导论”第 6－7 页。

② Giuliana Bruno，*Streetwalking on a Ruinen map*：*Cultural Theory and the City Films of Elvira Notari*，Princeton：Princeton University Press，1993，p51.

思想转辙器：《中国青年》在学生群体中的阅读与接受（1923—1927）*

王钰淇①

摘　要：《中国青年》是国民革命时期举足轻重的刊物，青年学生是该刊的主要读者。经由学生对象刊物的推介，基层党团员人际关系网络的辐射，新式学校的阅读便利，以及各地学生社团的组织，青年学生得以知晓并读到《中国青年》。读者阅读《中国青年》，主要表现为与其他书刊对比阅读、联系自身实际读、结合革命实践读三种阅读方式。阅读《中国青年》，青年学生解答了个体困惑并参与编读思想互动，一些读者还积极推动刊物的发行与传播，并最终走上共产革命的道路。作为中共宣传“主义”的刊物，《中国青年》发挥了彼时青年学生思想“转辙器”的作用。

关键词：《中国青年》；阅读史；青年学生；思想改造；国民革命

1923年10月，《中国青年》在上海创刊。作为此后国民革命期间中国社会主义青年团②的机关刊物，其重要意义，自不待言。学界关于《中国青年》的研究业已汗牛充栋，这些研究多立足于传者视角，聚焦《中国青年》的编辑思想与“主义”的传播。③ 但是，研究20世纪20年代“主义”的传播与接受，不能仅局限于传者的文本，还应从作为“主体”的读者角度“观察一代思想的动向”④，研究读者如何阅读并产生影响的过程⑤。

青年学生是《中国青年》的主要读者群体。1926年，编者曾对134封

---

* 本文系2020年度国家社会科学基金重大项目“习近平总书记关于世界百年未有之大变局和中华民族伟大复兴战略全局的重要论述研究”（项目编号：20ZD&005）成果。

① 王钰淇，上海交通大学媒体与传播学院博士研究生。

② 1925年，中国社会主义青年团更名为中国共产主义青年团，下文简称为“青年团”。

③ 典型研究如：王奇生：《从“容共”到“容国”——1924—1927年国共党际关系再考察》，《近代史研究》2001年第4期，第37－85页；王鹏程：《〈中国青年〉周刊研究（1923—1927）》，北京：人民出版社，2013年；岳奎：《大革命时期〈中国青年〉周刊对马克思主义的传播》，《马克思主义与现实》2015年第3期，第19－23页；唐小兵：《后五四时代的家庭革命与社会改造思潮——以〈中国青年〉〈生活周刊〉〈申报〉为中心》，《天津社会科学》2022年第2期，第142－154页。

④ 王汎森：《思想是生活的一种方式：中国近代思想史的再思考》，台北：联经出版事业股份有限公司，2017年，第162页。

⑤ 蒋建国：《晚清士人的西书阅读与意义之网——以日记史料为中心》，《中国社会科学》2022年第5期，第183－203，208页。

读者来信的职业身份进行统计分析。其中，中学学生 63 人，大学学生 16 人，黄埔军校学生 14 人，学生总数占比近 70%。① 作为晚清民国以降教育改革的产儿，新式学生成为《中国青年》的首要读者群并非偶然。相较于普通工农群众，学生的觉醒更加具有群体性色彩，其政治信仰的选择也具有明显的自觉性与主动性②。正因如此，毛泽东指出现代中国知识分子和青年学生在中国革命中发挥着“先锋和桥梁的作用”，“马克思列宁主义思想在中国的广大的传播和接受，首先也是在知识分子和青年学生中”③。

本文拟从阅读史的视角切入，基于时人的日记、书信以及亲历者的回忆录等材料，主要试图回答以下问题：青年学生为何选择阅读《中国青年》？阅读与接受《中国青年》的方式是什么？阅读《中国青年》产生了哪些影响？需要说明的是，本文的青年学生主要指中等及以上学校的在校生群体，但用作列举材料的发声主体时，偶尔也包括即将入校或离校不久的青年。④

一、进步学生阅读《中国青年》的背景与原因

大革命前后，面向青年学生的刊物种类繁多。仅以政党性质较为浓厚的刊物而言，共产党有《新青年》《中国青年》《青年周刊》，国民党右派有《广州民国日报》副刊、《现代青年》、《革命青年》、《青年工作》、《青年月刊》，国家主义派有《醒狮》周报、《爱国青年》、《孤军》等。那么，在诸多刊物中，进步学生何以选择阅读《中国青年》？

（一）以学生为主要读者的刊物转载或专文推介

进步学生创办的校刊即是推介《中国青年》的重要平台。在厦门集美学校，师范部学生自治会创办刊物《集师学生》。1925 年 12 月，《集师学

---

① 《敬答读者》，《中国青年》1926 年第 140、141 期。

② 对于 20 世纪 20 年代新式学生参与社会变革的研究主要包括：吕芳上：《从学生运动到运动学生：民国八年至十八年》，台北：“中央研究院”近代史研究所，1994 年；齐卫平：《五四时期先进知识分子思想转变的类型问题初探》，《学术论坛》1996 年第 2 期，第 87 – 90 页；易凤林：《差异性构成：大革命时期中共党员社会成分变化之考察》，《中共党史研究》2016 年第 4 期，第 59 – 68 页；应星：《新教育场域的兴起（1895—1926）》，北京：生活 · 读书 · 新知三联书店，2017 年；许纪霖：《安身立命：大时代中的知识人》，上海：上海人民出版社，2019 年。

③ 毛泽东：《中国革命和中国共产党》，《毛泽东选集（第二卷）》，北京：人民出版社，1991 年，第 641 页。

④ 这一概念受到了刘宗灵《“象牙塔”抑或“十字街头”：五四前后社会思潮中“学生”与“政治”对应关系之论争》（《党史研究与教学》2019 年第 6 期，第 47 – 60 页）的启发。

生》出版非基督教专号，介绍“非基督教运动”的发展历程。该刊指出《中国青年》是反基督教运动者的必读刊物，“他是一种专为一般革命的青年而办的小杂志，青年们唯一的革命理论指导的刊物。他对于世界及中国的文化政治经济都有极正确的批评和介绍，而且内容丰富，篇幅简练”①。

各地进步学生联合会刊物也对《中国青年》进行了推介。1924 年 1 月，《湖南省学生联合会周刊》即向读者推介了《中国青年》：“自从五四运动以来，风起云涌的新刊物，弥漫了全国。在这许多刊物中，精粹的，有贡献于我们青年界的——学生，自然不少，但是我们总找不到一种专门而切实有系统的，讨论青年问题能够做我们青年界指导者的。所以几年来，青年界仍然是闹恼饥，仍然是歧路的徘徊者。在这种荒凉的景象中，《中国青年》产生出来，总算是我们青年界一椿可庆的事情。这种《中国青年》是许多有世界思想的青年办的。”② 文章还介绍了《中国青年》的创刊地、售价以及在长沙的代售处地址。

除了学生主办的刊物外，社会上公开发行的青年对象刊物也对《中国青年》进行了推介。《中国青年》甫一创刊，高君宇即在其主办的《平民周刊》发表了推介消息：“中国现在是被昏乱的思想统治着，青年们日在乌漫漫毒瘴中，他们需要解救之迫切，实是中国目前最重要工作之一。《中国青年》既毅然出而背负此重任，这又无庸说是青年们应当共庆的好消息。”③

（二）基层党团员通过人际网络的推广

由于《中国青年》的发行工作时常被各地军阀干扰，各基层团委与团员往往承担着打通刊物与学生之间“最后一公里”的责任。

在四川叙府的山区，李坤泰④阅读《中国青年》的经历显然受到了姐夫郑佑之的影响。1922 年，郑佑之与任教于川南师范学堂的恽代英结识，并被吸收入党。随后，郑佑之源源不断地收到中央寄来的进步书刊。郑佑之经常写信指导李坤泰阅读《中国青年》学习开展妇女运动、宣传社会主义的方法。1924 年 7 月，郑佑之写信提醒李坤泰在家乡开展妇女运动时不可操之过急，而是应该“用和蔼的态度”，“问他们的痛苦，替他们说活，

---

① 《集师学生第三期》，中共厦门市委党史办编：《厦门革命历史文献资料选编（1919 年—1927 年 7 月）（第 1 集）》，内部发行资料，1987 年，第 129 页。

② 涤中：《介绍两种新刊给同学们》，《湖南学生联合会周刊》1924 年第 25 期。

③ 高君宇：《〈中国青年周刊〉》，高君宇著，山西省史志研究院编：《高君宇文集》，太原：山西古籍出版社，1996 年，第 183 页。

④ 笔者注：即赵一曼。

替他们打主意，等他们晓［得］你爱帮忙（可以参看《中国青年》周刊），肯来亲近你了，再来说联合、觉悟的话”①。1925 年 1 月，郑佑之写信给李坤泰：“介绍马克思学说的书目，是《中国青年》二十四期。现在我已买齐了，请勿念！”② 20 世纪 20 年代，李坤泰在“难于上青天”的川南山区能够读到《中国青年》等党团刊物，显然离不开郑佑之这一基层党员的帮助。

一些参与北伐的党团员也积极向身边的亲友推介刊物。1926 年 8 月 27 日，黄埔军校的陈毅安写信给长沙省立第一女子师范学校学生李志强：“我希望你多看新书籍，《向导》及《中国青年》无论如何是要看的，没有钱我来同你设法。”③ 11 月 28 日，陈毅安寄给李志强《少年先锋》，并再次嘱托她课余之暇“必定要看《向导》《中国青年》”④。1926 年 9 月 22 日，范船僧写信给范小华：“我看你还是不要想再到什么学校去读书，而去学生意，或做徒弟好了！在现在资本主义的社会内，我们是不能享到受高等教育的福气的。我们又不要因此而丧心悲痛，应该鼓起我们革命的精神，努力于革命。……《响导》和《中青》过几天我当想法子代你定一份。”⑤

（三）新式学校订阅或销售刊物

新式学校往往订阅或收藏了大量进步书刊，为学生阅读党和团的刊物提供了便利。1921 年 8 月，毛泽东等人在湖南长沙船山学社旧址创办了全国第一所研究马克思主义与革命理论的新型学校——湖南自修大学。为了方便学员自学，自修大学将原有船山学社的藏书楼改为图书馆，并购置了大量新式书刊。学员阅读的资料既有《共产党宣言》《科学的社会主义》《英哲尔士论家庭的起源》《工钱劳动与资本》《价值价格与利润》等马恩原著译本，也有《新青年》月刊、《共产党》月刊、《先驱》半月刊和

---

① 郑佑之：《给赵一曼的信》，郑佑之著，中共宜宾县委党史研究室编：《郑佑之文稿》，重庆：重庆出版社，1997 年，第 49 页。

② 郑佑之：《给赵一曼的信》，郑佑之著，中共宜宾县委党史研究室编：《郑佑之文稿》，重庆：重庆出版社，1997 年，第 55 页。

③ 陈毅安：《致李志强的书信》，陈晃明编：《陈毅安烈士书信集》，长沙：湖南人民出版社，1985 年，第 49 页。

④ 陈毅安：《致李志强的书信》，陈晃明编：《陈毅安烈士书信集》，长沙：湖南人民出版社，1985 年，第 55 页。

⑤ 船僧：《长沙来信》，象山县政协文史资料委员会编：《范船僧》，1997 年，第 34、35 页。

《中国青年》。[①] 湖南自修大学被军阀赵恒惕强行封闭后，自修大学的附设学校改为湘江学校。湘江学校学生阅读的课外读物包括：《政治经济学浅说》《告农民书》《三民主义》《中国青年》《向导》《战士》《政治周报》《湘江》等。[②] 1925 年 3 月 11 日，湘江学校师范部的贺尔康在日记中记述了有关阅读经历："今日早起，闻铃声即到教室里点了名，拿一集'中青'便到校舍背后操场坪的右侧一坟山上。树华和谭忍两同学也随后而来。首做过一会儿呼吸运动，便看《中国青年》。"[③]

1924 年 12 月 6 日，团粤区委写给团中央的信中指出，许多学校图书馆阅书报室人数甚多，有介绍出版物之必要。在信中，团粤区委罗列了 101 所广东学校、6 所广西学校、13 所福建学校的地址，请中央以赠阅的方式寄《向导》与《中国青年》各一份。[④] 内中，即有集美学校师范部书报室。集美学校是陈嘉庚、陈敬贤兄弟致力于教育救国创办的新式学校，重视向学生介绍新知识、新思想。曾就读于集美学校师范部的罗明回忆，图书馆藏有许多新旧图书，"特别是关于革命思想的宣传教育书刊"，"最受学生欢迎的《新青年》《向导》《中国青年》和广东出版的《人民周报》和《少年先锋》等都很齐备"。罗明经常与同学去图书馆读书看报，"集美学校图书馆是传播革命思想的一个好地方"[⑤]。

一些学校本身即是《中国青年》的重要销售点，自然为本校师生阅读刊物提供了"近水楼台"之便。1924 年 4 月 16 日，上海大学义务书记和部分学生为满足该校同学购买书报的需求，组织成立上海大学书报流通处，"经售国内各大书社的出版品——社会科学、新文学、自然科学一类的书籍和刊物"[⑥]。该书报流通处即由团上海地委把持，出售《中国青年》《前锋》等党和团的刊物。[⑦] 团安庆地委在安徽省立第一师范学校设立了书

---

① 《湖南自修大学学员阅读的书刊目录》，张腾霄主编，俞圣祺、陈维雄、李冠英副主编：《中国共产党干部教育研究资料丛书（第一辑）》，北京：中国人民大学出版社，1988 年，第 53－54 页。

② 《湘江学校学生阅读的课外读物》，张腾霄主编，俞圣祺、陈维雄、李冠英副主编：《中国共产党干部教育研究资料丛书（第一辑）》，北京：中国人民大学出版社，1988 年，第 147 页。

③ 《贺尔康烈士的日记》，《湖南历史资料》编辑室：《湖南历史资料（一九七九年第一辑）》，长沙：湖南人民出版社，1980 年，第 35 页。

④ 《团粤区委给团中央的报告》，广东省档案馆、广东青运史研究委员会编：《广东青年运动历史资料（第 1 册）》，1986 年，第 322－327 页。

⑤ 罗明：《厦门集美学校初期的革命活动》，曾昭铎、黄坤胜主编：《厦门革命回忆录》，厦门：厦门大学出版社，1992 年，第 4－5 页。

⑥ 黄美真、石源华、张云编：《上海大学史料》，上海：复旦大学出版社，1984 年，第 106 页。

⑦ 《团上海地委报告第三号》，中央档案馆、上海市档案馆编：《上海革命历史文件汇集（青年团上海地委文件）》，1986 年，第 57 页。

报流通处，除销售党和团的小册子外，还出售《中国青年》《向导》《政治生活》《中国学生》等刊物。①

（四）各地进步学生社团的组织

如果说具有现代化色彩的新式学校提供了学生阅读新式书刊的制度空间，那么学校中的各类进步社团即是学生阅读书刊的核心组织。1923年10月，党中央和团中央组织成立教育宣传委员会，并要求各地成立读书会形式的马克思研究会。② 在此背景下，各种以趣缘为核心的研究社团相继成立，成为推动《中国青年》阅读的组织力量。

在厦门，李觉民与罗明、罗扬才、刘端生、邱泮林等人在集美学校成立左派组织革命协进社，该社直接受共产党员杨匏安指导。革命协进社设有研究股，“研究社会实际问题和国际政治状况”。1925年2月，李觉民指出：“集美学校是福建青年的大集中处，无论那一县的人都有，共有二千青年，加入本社的约有二十县的人。假使我们有很好的方法来训练，革命前途是很有希望的！”团中央要求革命协进社“依照‘中青’指导多为青年活动，并多灌输立在无产阶级地位的国民革命理论，务使他们不为民校右派或国家主义者所摇动”③。

在陕西，亢维恪在三原第三师范学校发起成立青年同志共进社，“社员有相互辅助学行修养与事业之责任，社中认为有价值之报纸杂志，每社员至少须订阅两份；社中认为有价值之书籍，各社员必须购阅或借阅之，阅后须有相当之成绩报告”④。李秉乾在向团中央汇报陕西三原县学生状况时提及，青年同志共进社成员“非常纯洁而且急进，每人都常读《中国青年》与《向导》”，并谓“现代的中国青年若不读《中国青年》与《向导》，必定是个痴子，而且终久不会明白的”。该社成员“对于代英同志有一种极深切的信仰，而且早引为和他们是同志”。李秉乾“顺着他们对于《中国青年》及代英同志有浓厚的感情”，将青年同志共进社改组为渭北青年社，并从中发展团员成立了三原团支部。⑤

① 《团安庆地委九至十二月份宣传工作略述》，中央档案馆、安徽省档案馆编：《安徽革命历史文件汇集》，1987年，第50页。

② 《钟英（即中央）致各区、地方和小组同志信》，中国社会科学院新闻研究所编：《中国共产党新闻工作文件汇编（上卷）》，北京：新华出版社，1980年，第9页。

③ 《李觉民给团中央的信》，中共厦门市委党史办编：《厦门革命历史文献资料选编（1919年—1927年7月）（第1集）》，内部发行资料，1987年，第78页。

④ 《青年团体消息》，《中国青年》1925年第66期。

⑤ 《李秉乾关于学生状况及成立团三原支部等给团中央的报告》，中央档案馆、陕西省档案馆编：《陕西革命历史文件汇集（1924—1926）》，1991年，第375页。

二、“如何读”：《中国青年》的阅读与接受方式

“阅读并不是沿着一个方向发展的，而是因时、因地、因人群而异的。”① 如果说阅读的对象与群体关乎阅读行为的外部世界，那么阅读的方式则关乎读者的心灵世界。② 面对相同的文本，不同读者会产生不同的阅读与接受方式。总体而言，学生读者主要通过三种方式阅读《中国青年》：与其他书刊的比较式阅读、联系自身实际阅读、结合革命实践阅读。

（一）与其他书刊的比较式阅读

1924 年，宁波四中学生裘古怀在日记中记录了这一年的阅读书目，书籍涉及《伊索寓言》《西洋通史》《哲学概论》《红楼梦》《陶渊明集》《中庸》《大学》《论语》《楚辞》《易经》《佛经》《曾公日记》《三国志》《清代学术概论》，杂志则有《中国青年》《向导》《政治生活》《新建设》《宁波评论》等。

裘古怀多次在日记中记录阅读《中国青年》的感想：“与《中国青年》为良友，它能激励我去勤学，尤喜读恽代英、肖楚女的文章”③，“阅《中国青年》可以壮吾气”④。1924 年 1 月，《中国青年》第 13 期刊载《假期中做的事》和《中国农民状况及我们运动的方针》，号召青年在假期积极参与农民运动。6 月 5 日，裘古怀在日记中记载：“《中国青年》第十三期一日阅完”，“暑假在即，青年有同志从事农民运动，这是好机，我常常痴，每村、每乡真正有几个青年利用这机会，努力在各地方办些事，则青年之多，每处都有农民之受益很多，中国不久，即可有大多农民起而革命”。⑤ 阅读《中国青年》，坚定了裘古怀投身青年运动的志向。此后，裘古怀加入中国共产党，并担任青年团肖山县委书记，直至为革命事业献出生命。

1925 年冬，山东省立女子中学的谢怀丹在阅读《中国青年》时，也同

---

① ［美］罗伯特·达恩顿著，萧知纬译：《拉莫莱特之吻：有关文化史的思考》，上海：华东师范大学出版社，2011 年，第 141 页。

② 卞冬磊：《从报刊史到报刊阅读史：中国新闻史的另一种视角》，《国际新闻界》2015 年第 1 期，第 157 – 165 页。

③ 汪成法：《浙江早期团干部裘古怀》，浙江省青年运动史研究室编：《先驱者之歌：浙江青运人物传略（第 1 辑）》，1986 年，第 120 页。

④ 王燕：《裘古怀与他学生时代的一本日记》，《浙江党史通讯》1990 年第 9 期，第 13 – 17 页。

⑤ 裘古怀：《日记一则》，杭州市民政局编：《之江英魂——杭州英烈诗文选》，杭州：杭州出版社，2001 年，第 143 页。

时阅读了《平民生活》《政治生活》《平民日报》等党和团的地方书刊。11 月 25 日，“读《中青》八十五期：《如何应付眼前之国际进攻》《孔圣学术与英国之机关枪介绍》《苏俄侵略外蒙详记》。对第一篇未能有一个系统的概念，明日再看一遍。第二篇大意骂《泰晤士报》，内容为资本主义尤其是英国资本主义，恐惧中国人赤化，‘五卅’之机关枪示威，即是因为不安分守己地学习孔圣学术而从事社会主义研究，予资本主义以大打击。第三篇大意谓苏联实是援助外国而醒狮派证为侵略”。12 月 27 日，读《拥护青年工人运动》，“工人愈受压迫，愈有革命要求。局部的改良工人生活，岂非减少工人的革命要求？我以谓只有以积极的鼓动他们谋根本的改造，使他们不安于现生活，不应当局部的改造他们的生活、减轻压迫即减少革命要求”①。

另外，一些读者在阅读《中国青年》的同时也阅读国民党右派、国家主义者的刊物，并对此类刊物观点进行了批判。1921 年，李一氓离开家乡到上海求学，先后辗转于浦东中学、南京一中、大同大学、东吴大学等学校。这一时期，李一氓阅读的刊物除了《向导》和《中国青年》，还包括胡适等人主办的《现代评论》和《努力周报》、国家主义派的《醒狮》《孤军》以及鸳鸯蝴蝶派的《紫罗兰》等。他阅读的共产主义小册子包括《共产主义 ABC》《共产党宣言》《资本论入门》《阶级斗争》《社会主义史》《马克思经济学说》《马克思主义浅说》《社会主义讨论集》《社会科学概论》《马克思传》等。经过长时期的筛选，李一氓“在思想上否定《现代评论》派，否定《醒狮》派，逐渐形成一个倾向，走《新青年》和《向导》的道路”②。

（二）联系自身实际读

《中国青年》向来注重激发读者的主动性，途径之一便是引导青年结合自身经历思考刊物观点。因此，除了学习青年运动的理论与方法，一些青年学生也将《中国青年》作为指导学业、提升修养的重要凭借。

1923 年 12 月，恽代英在刊物第 8 期发表了《八股》一文，批判时下洋八股教育将英文、数学作为敲门砖，“造成了几千几万半通不通的英文、数学学者”，浪费了学生的时间与精力。③。南京的学生读者陈默若读毕此文“痛快至于极点”，“如我肺腑中流出，不觉为之手舞足蹈。我认这个问

① 谢怀丹：《一个 20 年代共青团员的日记》，《岁月屐痕：一个莫斯科中山大学女生的回忆》，福州：福建人民出版社，1991 年，第 15 – 16 页。

② 李一氓：《李一氓回忆录》，北京：人民出版社，2015 年，第 32 – 34 页。

③ 代英：《八股》，《中国青年》1923 年第 8 期。

题，实在关系中国很大”。[①]

此外，贺尔康也在日记中记述了依据《中国青年》提升写作能力的经历。1925 年 5 月 27 日，贺尔康向同学树华请教作文的方法，“我现在常想到不善作文章这一件事，着急得很，别的都不着急它。一文里，第一就是造句不好，而是很慢的，又要想许久许久，才作得一句，有意思发表不出来”。同学答复道，“我看书是每看一句书，自思一下，这句书如以我意，是怎样说出，怎样用字写出，然后看它一篇是怎样组成的”。贺尔康认为“他的这个方法是很好的”，决定“从今日起，以《中国青年》来读，照他的这个方法去做，读一篇后，须作一篇读书录。读一份后，就要把这份后端的问题[②]答出”[③]。其后，贺尔康在指导弟弟的学业时，也要求他“每日要作日记，以便练习作文，要有恒心，每日需要读一阵书”[④]。

（三）结合革命实践读

诚如编者所言，《中国青年》的职责与任务是“有系统地供给青年以革命人生观，革命理论，革命战术，革命经验，从思想言行各方面指出青年的应由之路”，力尽所能地满足中国青年在思想上的要求。[⑤] 这在很大程度上决定了读者的阅读方式，使其多为带着鲜明的问题意识，从中国革命的实际出发阅读《中国青年》。

1925 年，谢怀丹担任学校的支部书记后，将《中国青年》与青年团的工作紧密联系起来。在反思如何使工作进步时，谢怀丹认为要“多读书（革命书籍），多阅刊物（革命刊物），多阅报，多作文，多参加会，多接近同志，多练习口才，多对内谈话，多宣传，多通信（与发展对象通信）”[⑥]。11 月 23 日，谢怀丹阅读《中国青年》讨论“赤化”的文章，在日记中记录了心得与疑问：“你要去审查是否是应当做的工作？是否是为

---

① 代英：《勖读者》，《中国青年》1924 年第 12 期。

② 自第 55 期开始，《中国青年》设置了“研究题目”一栏。研究题目“提出该期所载各文中可供讨论之点，以为青年理论上与行动上的帮助”。其中许多题目与学生的切身实际密切相关，如：“穷苦不能安心求学，或受生活压迫的青年，有甚么方法可以改造他的命运呢？”（第 55 期）“你在开学以后预定要怎样做学生运动？”（第 62 期）“你们本地的学生联合会怎样？应当怎样改造？”（第 75 期）。

③ 《贺尔康烈士的日记》，《湖南历史资料》编辑室：《湖南历史资料（一九七九年第一辑）》，长沙：湖南人民出版社，1980 年，第 68 页。

④ 《贺尔康烈士的日记》，《湖南历史资料》编辑室：《湖南历史资料（一九七九年第一辑）》，长沙：湖南人民出版社，1980 年，第 71 页。

⑤ 《敬答读者》，《中国青年》1926 年第 140、141 期。

⑥ 谢怀丹：《一个 20 年代共青团员的日记》，《岁月屐痕：一个莫斯科中山大学女生的回忆》，福州：福建人民出版社，1991 年，第 11－12 页。

人民的利益？决定你的意志，勇敢地做去，不要顾及‘赤化’不‘赤化’。实际上说来，只有‘赤化’世间才得安。”11 月 27 日，读《中国青年》第 89 期：“在此期中，民族革命中的共产党为最重要。这篇所解答的疑惑点，差不多是社会一般人的疑惑。”[①] 12 月 22 日，读《中国青年》第 99 期《评胡适之的“新花样”》，“打消以前对胡适之之信仰（好感）”[②]。

12 月 27 日，谢怀丹借鉴《中国青年》第 99 期刊发的《怎样安置妻子》一文观点，劝说支部成员刘慕棠不要因为妹妹影响团的工作，“在革命成功以前，谁也不能拯救她的亲爱的人，使不过非人的生活”，“现在社会中过非人的生活的，不只你妹妹，整千整万的人，都在过非人的生活。我们正为要拯救这许多地狱中的同胞，努力革命工作”。[③] 面对刘慕棠不相信共产主义社会可以实现、革命工作只是附加工作等错误认知，谢怀丹向其解释帝国主义必然被打倒、世界革命必然胜利，并提醒刘慕棠“任何事情要站在团体（组织）的观点（立场）上去观察。共产主义有必然实现的可能，革命是最主要的工作”[④]。

三、“趋向于正确的革命之途”：阅读《中国青年》的影响

《中国青年》的使命是“为革命的青年作革命的指导”，“从各种反动思想中，引导青年趋向于正确的革命之途；廓清一般文化界湿热浓蒙之迷雾”[⑤]。在恽代英、萧楚女、林育南等编者的引导下，许多读者阅读《中国青年》后扫除了个人困惑，推动《中国青年》在身边群体的传播，最终走上革命的道路。

（一）提出个人困惑并得到解答

《中国青年》得到了学生读者的信任，众多学生纷纷投书，将刊物作为吐露心声、解答疑惑的对象。

其一，许多读者来信请教生活和人生的出路。上海大学的余泽鸿来

---

① 谢怀丹：《一个 20 年代共青团员的日记》，《岁月履痕：一个莫斯科中山大学女生的回忆》，福州：福建人民出版社，1991 年，第 13 页。

② 谢怀丹：《一个 20 年代共青团员的日记》，《岁月履痕：一个莫斯科中山大学女生的回忆》，福州：福建人民出版社，1991 年，第 14 页。

③ 谢怀丹：《一个 20 年代共青团员的日记》，《岁月履痕：一个莫斯科中山大学女生的回忆》，福州：福建人民出版社，1991 年，第 16 – 17 页。

④ 谢怀丹：《一个 20 年代共青团员的日记》，《岁月履痕：一个莫斯科中山大学女生的回忆》，福州：福建人民出版社，1991 年，第 17 页。

⑤ 《一百期以后的本刊》，《中国青年》1925 年第 101 期。

函："《中国青年》上不提起青年生活正当解决方法，总有好多人说是缺点，今期毕业同志多为生活问题牵制得很利害。"恽代英为刊物不能处处兼顾致歉，并指出毕业生生活问题非外国资本压迫下的政治经济状况可解决。[①] 如直隶磁县的青年学生王玄章在家受家庭压迫，离家又无独立谋生技能，不知有何工厂可投。[②]

其二，许多读者来函请教读书与求学相关问题。保定育德中学的王中秀认为："《中国青年》除抽象的说理以外，还应加以具体的东西的介绍。如《对于有志者的三个要求》那篇，逐条逐件都应附以现有的书籍，为作者所读过而承认有价值的，庶可引起读者看这种书的兴味。这书的出版发行地址，定价若干，亦可注上。"[③] 以及北京教会学校的学生刘忍询问如何打破教会学校和家庭的双重压迫。

其三，许多学生在各地参与社会运动，来信总结经验或请求指导。武昌的学生耿启明、杨帮立来信询问："对同学宣传国民革命无效，要怎样谈?"[④] 北京崇德学校的学生成立了自治会，但是对组织学生会的方法几无所知。[⑤] 湖北黄梅的学生来信询问怎样对付教职员离间学生的诡计。[⑥] 对此类来信，记者多建议他们把握学生心理，从学生自身利益说起，由浅入深地开展宣传，在团结学生的过程中唤醒他们的革命觉悟。

（二）推动刊物在学生群体中的发行与传播

1922 年，李觉民考入集美学校师范部。在刘仁静的介绍下，李觉民在该校代销《中国青年》及上海书店宣传主义的书。此前，学生"每日只在功课上用功夫，有时看看《水浒》等小说"。李觉民在该校代销《中国青年》后，"觉悟的分子就日渐增多了"。集美学校师范部学生总数近 600 名，大多数同学均阅《中国青年》，"每间房间至少有一份，一百份《中国青年》均在师范部销售"。李觉民利用销售《中国青年》的机会"多找新朋友，尽力宣传"，"表同情的同学日益加多"。他还与同学共同创办《星火周报》"专鼓吹我们的主义"。《星火周报》颇受学生欢迎，销量甚至大过《中国青年》，"对于同学的思想影响甚大"[⑦]。

---

① 泽鸿：《毕业生生活问题》，《中国青年》1924 年第 40 期。

② 王玄章：《生活与压迫虐待》，《中国青年》1925 年第 102 期。

③ 但一：《读什么书与怎样读书?》，《中国青年》1923 年第 8 期。

④ 《答问》，《中国青年》1925 年第 75 期。

⑤ 代英：《耶稣的力量》，《中国青年》1925 年第 100 期。

⑥ 黄标：《怎样对付教职员的诡计》，《中国青年》1925 年第 104 期。

⑦ 《李觉民给钟兄的信》，中共厦门市委党史办编：《厦门革命历史文献资料选编（1919 年—1927 年 7 月）（第 1 集）》，内部发行资料，第 65、67 页。

1924年，陈佑魁、夏明翰向团中央写信汇报《中国青年》在湖南的销售情况。该信附件《靖笳带来一万份〈中国青年〉销售情形一览表》显示，贺尔康一人在湘江学校销售《中国青年》235册，退回86册。[①] 向学生推销《中国青年》的经历在贺尔康的日记中多有体现。1925年3月9日，贺尔康“写了几张广告，介绍各同学定购《中国青年》”[②]。4月9日，贺尔康收到上海书店寄来的订阅《中国青年》收条，并向同学解释《中国青年》尚未寄到的原因：“这‘中青’之所以不能来，是受现在这万恶的军阀所禁止，因‘中青’是引导我们走解放的路，打倒帝国主义和国贼军阀的。民主的国家，人民言论、出版、集会、结社的自由都没有，比前的君主国家还要厉害。……我们无论如何都只有起来革命——打倒军阀帝国主义——才是我们的出路。”[③]

1925年2月，芜湖圣雅各中学高中部的王稼祥阅读了学校图书馆所有关于社会科学的书籍以及当时在书店中能买到的《新青年》《向导》和《中国青年》，“思想发生急剧变化”[④]。王稼祥认为，“现在唯一的希望，唯一的生路，就是结合无产阶级，根本推翻这个制度，取消私有制，实现社会主义的政策”[⑤]。1926年1月初，在莫斯科中山大学学习的王稼祥写信给堂弟王柳华，推荐他阅读《社会主义讨论集》《新社会观》《中国青年》及其丛书。[⑥]

（三）用党和团的思想武装头脑，进而投身革命事业

青年学生阅读《中国青年》，深入了解党和团的思想理论，进而接受和认同党、团的主张。1924年11月29日，《中国青年》第55期刊发了恽代英撰写的《为“国民会议”奋斗》，文章评述了孙中山的《北上宣言》以及共产党对于时局的主张，指出“妇女在政治上经济上教育上社会地位上，均应与男子享平等权利”[⑦]。李坤泰读毕此文“不觉喜极而泣”，“这真是数千年莫逢的大好机会呵！”“我们女界——尤其是青年女子，正当努

---

① 《明翰关于〈中国青年〉印刷、销售问题致中夏信》，《湖南青运史资料选编》编辑组编：《湖南青运史资料选编（第2辑）》，1988年，第559页。

② 《贺尔康烈士的日记》，《湖南历史资料》编辑室：《湖南历史资料（一九七九年第一辑）》，长沙：湖南人民出版社，1980年，第34页。

③ 《贺尔康烈士的日记》，《湖南历史资料》编辑室：《湖南历史资料（一九七九年第一辑）》，长沙：湖南人民出版社，1980年，第50页。

④ 徐则浩编著：《王稼祥年谱（1906—1974）》，北京：中央文献出版社，2001年，第10页。

⑤ 驾翔：《“食”与“爱”的本能与现代经济制度》，《狮声》1925年第1期。

⑥ 徐则浩编著：《王稼祥年谱（1906—1974）》，北京：中央文献出版社，2001年，第10页。

⑦ 但一：《为“国民会议”奋斗》，《中国青年》1924年第55期。

力参加此会，提出要求，求得将来果与男子平等，才不枉我们前此的牺牲。但同时亦赞成《中国青年》上面所提出的各种主张，尤其要望他们——有良心的男子——大家协同努力为我们青年男女求平等的幸福！”①

一些读者受《中国青年》的鼓舞参加各地的青年运动，最终投身于党的革命事业。陈修良在杭州女子中学高中部求学期间，自由地阅读了党与团主办的刊物，“《中国青年》给我很大的影响，我知道了帝国主义，军阀反动政府是青年的对头。我便下决心革命”②。1926 年初，陈修良考入上海国民大学，并加入青年团，“走上了为争取人民民主和民族解放的革命道路，再也没有回过头”③。读者杨松回忆在武汉的读书时光：“教员冯文清先生，在课堂内向我们讲了五四运动与新文化运动，并介绍我们多看新出版的文学书和杂志刊物。开始我喜欢读文学书籍，后来爱读《中国青年》。《中国青年》使我的思想起了大变化，把我引上了革命的道路。”④在董必武、陈潭秋的影响下，杨松于 1926 年加入青年团，并担任武昌团区委书记，积极引导青年学生和工农民众支援北伐。

余论

众所周知，青年学生在近代中国的政治舞台上扮演了重要角色。如果说辛亥革命爆发时，新式军队、会党仍是革命的前锋，那么到了国民革命时期，青年学生已经成为公认的革命主力军。王奇生的研究更是将国民革命称为“学生的革命”，青年学生先入国民党，再入共产党是彼时的革命之路。⑤ 但是，民国以降，政党纷争，主义繁杂，“乱哄哄你方唱罢我登场”。进步学生群体思想何以发生转向，最终走上了共产革命的道路？

显然，“主义”色彩的书刊扮演了青年学生集体左倾的“转辙器”。所谓“转辙器”，一如王汎森所言：“生活的力量不一定是单元决定的，不一定是简单的下层结构决定上层结构，它可以像铁轨上的转辙器一样改变行进的方向……火车还是向前跑，可是它的方向改变了，生活就是这样筛选

---

① 一超：《青年女子与国民会议》，《妇女周报》1925 年第 83 期。

② 《杭女中报告提要 1954 年 5 月 25 日》，华东师范大学中国当代史研究中心编：《中国当代民间史料集刊（18）：陈修良工作笔记：1957 年 4 月—1958 年 2 月》，上海：东方出版中心，2016 年，第 89 页。

③ 陈修良著，姜沛南、沙尚之编：《陈修良文集》，上海：上海社会科学院出版社，1999 年，第 6 页。

④ 杨松：《五四运动的二十年》，《中国青年（延安版）》1939 年第 2 期。

⑤ 王奇生：《党员、党权与党争：1924—1949 年中国国民党的组织形态》，北京：华文出版社，2010 年，第 29 页。

人的思想。"[①] 个体命运的"转辙器"，既包括客观境遇，如遭受家庭压迫、进入新式学校、参与重大学潮，也包括主观的意识形态，如进步书刊的影响。

不同于同时期理论色彩浓厚的《向导》，也不同于国民革命失败后更加激进的《布尔塞维克》，《中国青年》贴近实际、娓娓道来，更容易在潜移默化中向学生宣传"主义"。青年学生经由多种方式读到《中国青年》，与编者产生了超越亲缘和地缘的对话。一方面，个体的困惑经由刊物放大为公共舆论，吸引了有同类困惑读者的关注，其影响广泛而复杂。另一方面，编者将学生个体命运的不幸转喻为社会结构问题——学生唯有解放全社会，才能解放自己。由此，《中国青年》既培育了一个覆盖城市与乡村、中心与边缘的阅读公众网络，也引导诸多青年汇入大革命的洪流。有读者表示："五四运动后，中国出版界最足唤醒青年底沉梦，告诉青年以革命的理由，步骤的——以余所知，当推《中国青年》第一。读了《中国青年》而犹不动乎中——而犹漠然于国事者，除非他是个生来的蠢夫！"[②]

国民党并非没有认识到"唤醒"青年学生的必要性。但是，建立一个有效的青年运动舆论机关，始终是国民党的梦魇。1927 年 1 月，广东的国民党员朱节山慨叹："广州虽是革命的策源地，但在出版界想找得一种能够唤起青年的沉梦，指示青年以革命的理论和步趋，并指导青年解决他们自身种种问题的方法的刊物，实在是太少了，也简直可说一种都没有。"国民党右边有国家主义派的《醒狮》《独立青年》，左边有共产党的《新青年》《中国青年》《向导》，自身却没有一个"中枢的言论机关"，其结果便是"陷于堕落的青年也有，陷于悲哀的青年也有，陷于倾覆不着实际的青年也有"[③]。这种窘境，甚至"清党"后的国民党右派也不得不承认："以前，整个的学生运动，握在 CY[④] 的手掌里，那时候，CY 的理论，就是青年运动的理论；《中国青年》就是学生的中心的言论机关。"相较之下，"国民党仍然缺乏一个中心的言论机关。这种缺乏，在事实上形成目前很悲观的状态"[⑤]。在此情境下，面对《中国青年》的强势宣传，大批青年学生集体左倾，甚至改宗转党，也就不可避免了。

---

① 王汎森：《思想是生活的一种方式：中国近代思想史的再思考》，台北：联经出版事业股份有限公司，2017 年，第 46 页。

② 悚祥：《〈中国青年〉与文学》，《中国青年》1924 年第 36 期。

③ 朱节山：《对现代青年的要求》，《现代青年》1927 年第 25 期。

④ CY，即《中国青年》的英文名称 *China Youth* 的首字母缩写。

⑤ 孟衍：《建立中心的言论机关》，《中国学生》1927 年第 1 期。